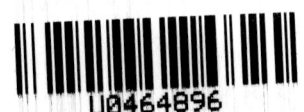

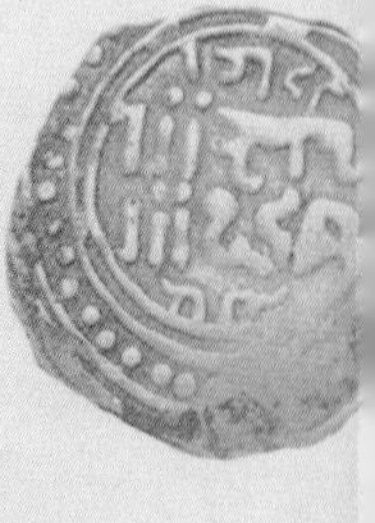

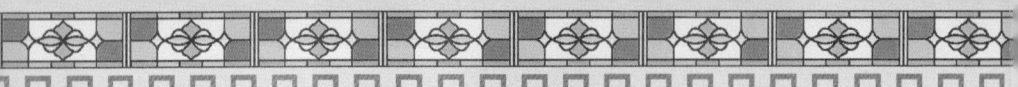

中央民族大学国家“十五”“211工程”建设项目

主　编　李　丽

副主编　肖小勇

考古与文物研究

中央民族大学出版社

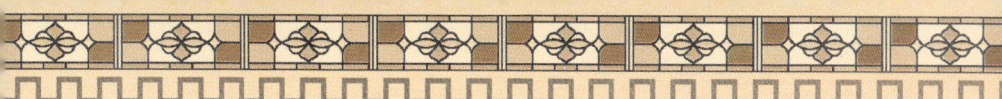

图书在版编目（CIP）数据

考古与文物研究 / 李丽主编. —北京：中央民族大学出版社，2007. 8
ISBN 978-7-81108-259-3

Ⅰ. 考… Ⅱ. 李… Ⅲ. ①文物—考古—文集②文物—鉴定—文集 Ⅳ. K854. 2-53

中国版本图书馆 CIP 数据核字（2007）第 148801 号

考古与文物研究

主　　编　李　丽
责任编辑　凌　弘
封面设计　布拉格
责任校对　张　兰
出 版 者　中央民族大学出版社
　　　　　北京市海淀区中关村南大街 27 号　邮编:100081
　　　　　电话:68472815(发行部) 传真:68932751(发行部)
　　　　　　　68932218(总编室)　　　　68932447(办公室)
发 行 者　全国各地新华书店
印 刷 厂　北京宏伟双华印刷有限公司
开　　本　880×1230(毫米)　1/32　印张:16. 875
字　　数　430 千字
印　　数　2000 册
版　　次　2007 年 10 月第 1 版　2007 年 10 月第 1 次印刷
书　　号　ISBN 978-7-81108-259-3
定　　价　35. 00 元

民族学社会学教材与研究丛书总序

民族学与社会学学院的前身是建立于1952年的中央民族学院研究部。在20世纪五六十年代，研究部曾汇聚了中国大部分民族学与社会学的顶尖人才，如中国民族学与社会学的开拓者潘光旦、吴文藻、杨成志、吴泽霖、费孝通、林耀华和李有义等人，以及他们的学生陈永龄、宋蜀华、施联朱、王辅仁、吴恒和王晓义等著名学者。

20世纪80年代初，研究部更名为民族研究所，不久又建立了中国第一个民族学系，20世纪90年代扩大为民族学研究院，2000年更名为民族学与社会学学院。半个世纪以来，名称和建制的变化，并没有影响她致力于民族学教学与研究的宗旨，经过几代人的努力，从该院毕业的民族学专业的学士、硕士和博士已遍布全国各地，多为栋梁之材。同时出版了大量在国内影响巨大的专著和教材。如潘光旦、吴文藻、费孝通等人的文集，林耀华主编的《民族学通论》、宋蜀华的《民族研究文集》、陈永龄的《中国民族学史》（英文版），还出版了全所历年研究成果的论集《民族研究论文集》。这些出版物的共同特点是，以实地调查的材料为基础，以中国的56个民族为主要研究对象。几十年来，这已成为民族学与社会学学院几代人的学术传统。

民族学（文化人类学）毕竟是一个自西方传来的学科，在中国发展历史较短，几十年来又多次受政治运动的影响，所以与我国一些传统的老学科相比，中国的民族学无论在专业的理论、方法和研究成果方面，都是一个比较年轻、比较薄弱的学科。因此，今后本学科的重点是加强民族学专业的基础理论和方法的建设。为此，我们认为需要长期坚持两个方面的工作：

一、积极了解和借鉴国外学者有关的理论、方法和实践。这就要求我们既要翻译、介绍国外一些经典的名著，又要随时掌握国外研究的动态，将其最新的代表性作品翻译介绍给国内的读者和同行。

二、继承我院50年来的传统，坚持实证性的研究方法，以中国的56个民族为主要研究对象，紧密联系实际，加强实地调查，以此为基础，进行理论的总结，为建立独树一帜的、有中国特色的民族学理论而努力。

我们认为有必要使我们的学科建设和理论研究进一步系统化、规范化，并且在研究成果的基础上不断更新教材。因此，我们于2000年成立了“民族学教材与研究丛书编委会”，目的是以民族学与社会学学院为基础，系统地编辑出版民族学专业的教材和以实证性研究为主的专著、调查报告和论文。编委会将重点支持以下内容的教材和著作：

1. 民族学专业主干课和紧缺的必修课教材。

2. 以实地调查资料为基础的专题研究著作。

3. 国外民族学名著或前沿理论与方法的译著。

4. 有重要学术资料价值且规范的田野调查报告。

5. 本院教师实证性研究的论文集。

我们要求教材的编写者，应具有多年讲授该课程的资历，并且发表过有关的研究论文。我们要求丛书中的教材和论著应参考并引用国内外最新的相关研究成果，能够与国际学术界对话。我们希望经过若干年的努力，本套丛书能够为民族学与社会学学院50年学术传统的发扬光大，为中国民族学学科的建设和中国民族学在国际学术界中较高地位的确立做出贡献。

杨圣敏

目　　录

办班记（代序）

这部教材是在我院文物博物馆专业研究生班所用讲义的基础上编写而成的，其中包含了各位授课老师的心血，大多是老师们几十年研究的心得。这部教材的编写从研究生班创办之始即已启动，现在终于完成了最后的定稿与编排，即将问世，喜悦的同时，10 年来办班的坎坎坷坷、甜酸苦辣也再次涌上心头。

1996 年我们学院受国家文物局的委托，为全国的边疆和少数民族地区培养一批从事文物、博物馆和考古工作的高级人才，此项计划得到教育部的批准，称为该专业的研究生课程班。至今该班已举办了 7 期，所培养、毕业的学员达 400 余人。现在，这些毕业的学员都在全国各地的民族文物、博物馆和考古工作中大展身手，多数已成为该领域的栋梁。每当他们在工作中的捷报传来，我都会感到深深的欣慰。

那时候办这个研究生班的目的，一是为了完成国家文物局的委托，为民族文物工作培养人才；二是为了通过这项办学活动，加强我院的民族文物和博物馆专业的建设；第三则是为了“创收”。所谓“创收”者，是 20 世纪 80 年代以后中国高校常用的一个词，就是自己想办法增加一些额外收入以补教育经费之不足。

我当时已任院长，虽然我们学院是当时学校唯一的国家级重点学科点，但拨给我们的经费却少得可怜，甚至比校内其他院、系的经费还要少。为了开展必要的教学和科研活动，我作为院长，必须想办法创收。于是千方百计寻找机会，最后经过与北京大学文博学院竞争，得到了这份办班的创收机会。与北大文博学院相比，我们在文物考古方面的师资明显逊色，但我们对边疆少数民族地区的综合性知识，特别是在民族学角度的研究和积累处于全国高校中首席的地位。另外一个打动国家文物局领导之处的是我们办学的认真态度和诚心。为此，当时研究院的办公室副主任余梓东教授与我一起，不知跑了多少趟，去国家文物局介绍我们的办学计划、教学方案，具体到学员宿舍、师资来源、教材准备等几乎所有细节。我们的诚心终于打动了文物局领导，主管副局长彭卿云先生经过与我的多次深谈，决定由我们学院而不是北大文博学院来创办这个研究生班。能够得到这个机会，我还要感谢马沙老师，她多方说动自己在北大历史系考古专业读书时的老同学们，请他们在舆论上和授课时给予支持。

尽管在国家文物局内部，有人对我们能否办好这个班持怀疑态度，但我们终于接下了这份任务。记得开学典礼时，彭卿云局长亲临学院讲话祝贺，至今回想起当年的琐细往事，我仍然对彭局长的支持和信任满怀感谢与敬佩。同时也感谢在关键时刻仗义执言的宋兆麟教授，作为全国文物考古界的权威学者，他曾亲自找国家文物局的领导介绍和推荐我们学院，并驳斥了有人对我们学院办学能力所造的谣言。

接下来就是一系列办学的具体事务。我们要自己解决学员的宿舍、教室等一切办学条件。记得我和马启成、白振声老师一起，在盛夏酷暑中骑着自行车到处寻找合适的房屋，问遍了学校周围几乎所有的旅社和出租的房屋，最后终于租下了学校博物馆后院的一排平房。那里原为几间仓库和办公室，年久失修，我们要自己去购买桌椅、床铺、褥子，粉刷墙壁，修理暖气、厕所，新建洗衣房，挂窗帘、门帘，还为学员们买了篮球、排球、羽毛球等体育用品。武小燕、马沙、戴成萍、冯秋菊、刘军、良警予、贺兰凤、马尔曼等人与我一起为此忙了一个暑假，为学员们创造了一个安静整洁的居住环境。

第一期报名的学员共 80 人，经过考试，我们录取了其中的 38 人。他们来自新疆、西藏、海南、广西、内蒙古、甘肃、青海、吉林、福建、贵州、河南、黑龙江等省区。刚开学几天，就有学员由于听到一些谣言而对我们的研究生班产生了怀疑。记得一天深夜，戴成萍老师打来电话，说有人动员全体学员集体去国家文物局告状，说我们不具备办班条件，要求退学。情况紧急，而我当晚远离学校，来不及赶到现场，于是戴成萍老师与她丈夫（北京大学的李正孝教授）一起急忙驱车赶到学校，和班主任刘军老师一起，反复解释，劝阻了欲去国家文物局告状的学员。此类困难和误解以后还发生过多次。记得第二学年还未结束，有人提出要成倍地增加房租，否则就要把学员的铺盖扔出去。当时我又气又急，正不知如何处理，我们学院的分党委书记，性格刚烈的马启成教授站了出来，他说："谁敢不讲理，谁敢扔学生的铺盖，就打断他的腿。"把不讲理的人挡了回去。现在回想这历历往事，心中还感苦涩，同时也满怀感谢，感谢那些与我一起渡过难关的同事们。

为了保证教学质量，我们聘请了一批在全国文物博物馆和考古学界公认的一流学者任教。其中有史树青、单国强、孔祥星、李辉炳、叶佩兰、宋兆麟、周南全、李红军、董德义等人。这些人不仅在国内都属于顶尖级学者，有的在国际学术界也赫赫有名。由他们承担主要的专业课教学，很快就引起了轰动，不少外校和校内其他院系的学生也纷纷前来旁听，但教室座位有限，我们不得不在教室门口设岗，每次只允许 80 人进入教室听课。为了提高学员的外语水平，我们为该班 38 名学员聘请了 4 位英语老师，将学员划分成不同水平的小班授课。我自己也多次听课，与教员一起研究如何提高外语教学水平。第一届学员毕业时，外语通过率在北京高校的同类研究生班中排名第一，该班获得硕士学位的比例也是同类研究生班中最高的，该班还有多人考取了博士研究生继续深造。国家文物局对这样的结果深感满意，多次向我们表示感谢。从1997年开始，我们就将每位老师讲课的内容经录音整理出来，又经老师们自己修改而编印成内部使用的教材。这些工作主要由马沙老师、戴成萍老师和我本人在一些学生协助下完成。

此后，为了创收，我们还在内蒙古、新疆创办研究生班。首要的问题就是招生。在新疆是与新疆职工大学联合办班。当年研究生班还是个新事物，特别是在边疆地区，人们对此全不知晓。新疆职工大学要求我们与他们一起去新疆几个城市边宣传边招生。于是我们利用暑假奔赴新疆，当时一起去的有白振声、戴成萍、张海洋老师，特别令我感动的是已70余岁高龄的宋蜀华教授也与我们一同前往。我们相继到乌鲁木齐、吐鲁番、石河子、克拉玛依等城市做招生宣传，很快第一个30余名学员的班就开课了。但所有学员都是在职学习，而且住地太分散，无法完全集中在一个城市听课。于是我们就奔波于几个地方授课。有时一天驱车几百公里赶到另一个城市，稍事休息就去上课。记得那次我和白老师都因劳累而咽喉肿痛，但学员们集中一次不易，我是白天上课晚上打点滴，总算坚持了下来。在我们的努力下，新疆班最后办到了100多人的规模，多数学员都由于在研究生班提高了学历而得到职务职称的晋升，其中有多位晋升为厅级干部。

办班的社会效益是明显的，同时也为学院创收了资金。按学校的规定，研究生班学费收入的40%归学校，其余的60%用于办班的讲课费、管理费、教室租用费、教具课本等成本，再余下的就是学院的创收。

10年来，我们为学校和学院创收了100余万元。我们用这些经费为学院购买了投影仪、幻灯机、录音机、电风扇、电暖气等设备，装修了会议室，为资料室购买了部分图书，为学院的会议室和每间办公室安装了空调（我们学院的办公室是全校各院系办公室中最早装上空调的），每年还用这些经费组织全院的各种学术和其他活动。例如2002年的院庆活动及数百人的学术会议，全院教职工每年几次的集体聚会和旅游，在年底给每位老师发一点奖金，给班主任一点补贴等等。特别值得一提的是2004年，为了纪念我们学院的几位前辈学者，在我的提议下，从研究生班的创收费中拨出18万元，为潘光旦、林耀华、陈永龄、宋蜀华4位老先生设立了以他们4位命名的民族学与社会学奖励基金，主要用于每年奖励学生和青年教师在学习和科研中有突出表现者。虽然钱不多，但每年评上此奖的青年教师和学生们都深感荣耀。

现在，我们学院的经费比10年前已有了10倍以上的增长，应该说已比较充足。我们的研究生班仍在继续，其运作已走入正轨，我还在担任院长，但已不必如过去那样为办班操心了。其实，办班在高校中本是副业，对于一个院长和教授来说，没有人会将此视为你的政绩。10年来，在中央民族大学，为办班花费如此大量的时间和精力，在院长和教授中恐怕仅此一例。回想办班10年的辛苦，有时我也问自己，在正值个人学术研究的高峰期投入那么多时间、精力去办班，是否太不值得。但我仔细考量，觉得自己为此所做的牺牲应该都是有意义的。

佛教说人要积德行善，伊斯兰教说人要帮助别人，基督教说人要爱人，我不信教，但我是党员，党章上说要先公后私。不管从哪个角度看，这都是一件有意义的好事。因为10年来，我们学院每一位教职工多少都从办班中得到了益处，学院的各项工作，特别是科研教学工作也明显从中得到了益处。这本教材的问世也再次表示了办班的价值。10年办班的酸甜苦辣是值得的。

本书内容具体分工如下：

“黄河上游史前考古概述”，谢端琚；“中国文明起源的探索”，严文明；“匈奴考古发现及研究概况”，乌恩；“晋侯墓地的发现与研究现状”，徐天进；“从考古资料看唐宋时期与伊斯兰世界的文化交流”、“西夏王国与西夏瓷”，马文宽；“隋唐雕塑”，齐东方；“中央民族大学民族博物馆馆藏台湾少数民族文物及其民族学价值”，李丽；“西藏金铜造像艺术的演进”，陈庆英；“古代漆器发展简史”，张荣；“中国古代印玺”，罗伯健；“明清家具鉴赏”，胡德生；“中国古代钱币与鉴定”，董德义；“中国古瓷”，李红军。李丽博士在本书的出版过程中，从联系作者到整理、编著及定稿，都亲历亲为，为本书的顺利付梓付出了许多辛劳。黄益飞同学也为本书的校对出力颇多。特向以上各位教授、研究员等同志表示诚挚的谢意。

杨圣敏

2006年6月9日

黄河上游史前考古概述

谢端琚

黄河上游地区包括甘肃、宁夏、青海三省区，北与内蒙古自治区接壤，东邻陕西省，南接四川省，西连新疆维吾尔自治区，西南与西藏自治区为邻。该地区是我国内地通往中亚、西亚的必经之地，自古以来为中西交通的要道，地理位置十分重要。

黄河上游地区的河流两岸谷地和台地上都有发育良好的肥沃土地，加上水源丰富，交通方便，成为古代先民劳动、生息的场所。因此，我们的先民在这里便留下了丰富多彩的古文化遗存。

一

黄河上游地区史前考古工作肇始于 1920 年，法国人桑志华（Pere E. Licent）在甘肃省庆阳县（今属华池县）城北赵家岔和辛家沟发现旧石器时代的文物。1923—1924 年，瑞典学者安特生（J. G. Andersson）在该地区进行地质考察时，发现了马家窑、半山、马厂、齐家坪等古文化遗址多处。安特生在 1925 年出版的《甘肃考古记》中把甘肃古文化分为齐家、仰韶、马厂、辛店、寺洼和沙井六期。后来的考古发现和研究证明，他错误地把齐家的年代排在仰韶之前，实际上仰韶文化要比齐家文化早。

安特生对黄河上游地区的考古有开创之功，但是他的观点是错误的。

20世纪40年代，裴文中、夏鼐先生等老一辈考古学专家在黄河上游及其支流渭河、洮河等流域进行了考古调查和发掘工作，并且都有专著。例如，裴文中的《甘肃史前考古报告》和夏鼐的《齐家期墓葬的新发现及其年代的改订》，均是20世纪40年代出版的。他们所做的调查发掘工作和研究成果，为后人进一步开展该地区的考古研究工作奠定了扎实的基础。

中华人民共和国成立之后，国家重视考古事业的发展，谱写了中国考古学的新篇章。20世纪五六十年代，配合国家的基本建设进行了大规模的考古调查发掘工作。1955年10月，中华人民共和国文化部和中国科学院联合组成了黄河水库考古工作队。1956年开始对甘肃省刘家峡水库区进行考古调查工作，刘家峡原属于永靖县，在兰州南部；考古队在刘家峡水库区范围内经过全面调查，共发现古文化遗址176处，包括马家窑文化、齐家文化、辛店文化等不同时期的文化遗存。

在调查基础上，相继又发掘了几处文化内涵比较丰富的遗址，它们是永靖县范家村、马家湾、大何庄、秦魏家、张家嘴、姬家川等遗址，均属于刘家峡水库区内的文化遗址。这几处遗址出土的遗物属于史前时期的不同文化遗存：范家村和马家湾遗址属马家窑文化，大何庄和秦魏家遗址属于齐家文化，张家嘴和姬家川遗址属于辛店文化。这个时期在刘家峡水库区外，还发掘了武威皇娘娘台、兰州青岗岔和青海都兰县诺木洪等遗址。其中秦魏家遗址的发掘引人瞩目，如发现齐家文化墓葬138座，包括合葬墓24座。合葬墓以夫妻合葬为主，男性仰身直肢、女性侧身屈肢。这种葬式涉及女性的身份问题，曾引起学术界热烈讨论。发掘者认为墓里的女子是被迫殉死的，郭沫若先生在《对临夏遗迹合葬墓的一点说明》（《考古》1964年第8期）中提出，“由男女合葬墓中的骸骨情况来看，很可能是女子自愿殉死的。女子屈肢，依附在男子的左肩，表示着依依不舍的情态”，指明这些女性不是被迫死的，而是自愿殉死。他的看法引起了考古界的广泛注意。所以，这个发现极为重要。它的发现对研究齐家文化的社会性质和婚姻形态提供了重要的实物资料。不管这些女子是在哪种情况下死的，这种葬式已很形象地反映出当时的婚姻形态是一夫一妻制。

20 世纪七八十年代，考古发掘工作做得较多，可以说是考古事业进入了繁荣时期。同期先后发掘了甘肃兰州曹家嘴、广河地巴坪、永昌鸳鸯池、秦安大地湾、王家阴洼、东乡林家、玉门火烧沟、永登蒋家坪、天水师赵村、西山坪和青海乐都柳湾、大通上孙家寨、民和核桃庄、阳山、循化阿哈特拉、湟中潘家梁以及宁夏海原菜园村等 10 多处遗址。其中秦安大地湾遗址发掘规模较大，揭露面积达 13700 多平方米，发现新石器时代房址 240 座，窖穴 342 个，墓葬 79 座，窑址 38 座，出土陶、石、骨器等 8000 余件。师赵村与西山坪遗址揭露面积 6895 平方米，发现新石器时代至青铜时代房址 39 座，窖穴 72 个，窑址 6 座，墓葬 27 座，出土陶、石、玉、骨器等 2000 余件。这里首次发现了秦安大地湾一期、仰韶、马家窑、齐家文化连续不断的地层叠压关系，从而揭示了黄河上游史前时期从早到晚的文化发展序列。乐都柳湾遗址发现新石器时代至青铜时代墓葬共 1700 多座，这是迄今所知规模最大的一处原始社会时期的公共墓地。大通上孙家寨墓地，发掘出 1130 多座墓葬，这个墓地主要内涵是卡约、辛店文化的，也有马家窑的，最重要的发现是引人瞩目的舞蹈纹彩陶盆，盆外边饰有 3 组舞蹈纹，每组有 5 个人。

20 世纪 90 年代至今，进行较大规模发掘的有甘肃省武山傅家门、青海西宁沈那、同德宗日等遗址。傅家门遗址发现史前时期房址 11 座，窖穴 15 个，墓葬 2 座，出土石、骨、陶器等文物约 800 件，包括马家窑、齐家、辛店、寺洼文化等多种文化遗存，它对我国物质文化史的研究具有重要的学术价值。宗日遗址发现有马家窑文化墓葬，随葬品中最引人注目的是舞蹈纹彩陶盆，盆外表绘有舞蹈纹 2 组，一组为 11 个人，一组是 13 个人。还有一个彩陶盆绘着两个人抬着一个圆形物，形象生动，寓意耐人寻味。

黄河上游地区考古工作取得了丰硕的成果，据统计该地区经调查已发现史前文化遗址 3200 多处，已发掘的遗址 80 多处，发掘清理的墓葬 8000 多座，发表的调查、发掘简报、正式报告和论文等约 400 余篇。

二

黄河上游地区史前文化五彩缤纷，复杂多样。有哪些史前文化呢？现在这里做个简要介绍。主要的有：大地湾一期文化、师赵村一期文化、仰韶文化、马家窑文化、齐家文化、四坝文化、卡约文化、辛店文化、寺洼文化、诺木洪文化、沙井文化等 10 多种。下面依年代早晚顺序，分别论述。

大地湾一期文化 黄河上游地区年代最早的新石器时代文化遗存。因首次在甘肃省秦安县邵店村大地湾遗址发现而命名。主要分布在渭河中上游地区，经发掘的有大地湾和天水西山坪等遗址。发现有半地穴式房址和圆形或椭圆形窖穴。当时居民经营农业，经发掘出土有黍和油菜等炭化十字花科的植物种子，推知黍为当时居民的粮食，油菜为副食品。生产工具有石刀、斧、亚腰形石铲和打制石核、石叶等，不见穿孔器。葬俗流行长方形竖穴土坑墓，单人仰身直肢葬，一般有少量陶器等随葬品。经营制陶业，有以夹细砂红褐陶、灰褐陶为特色的陶系。主要器类有圜底钵、三足钵、圜足碗、杯、筒腹平底罐和筒腹三足罐等（图一）。以交错绳纹、波折形堆纹和红彩宽带纹为主要纹饰。大地湾遗址还发现彩绘符号 23 片，用红彩绘在陶钵内壁上，种类有“个”、“<”、“W”等多种不同形式。这种符号可能具有记事或有某种寓意的功能。这是一项重要发现，对探讨古文字的起源具有重要的学术价值，年代为公元前 6220—前 5360 年。

师赵村一期文化　因首先在甘肃省天水市太京乡师赵村发现遗址而命名。其分布范围与大地湾一期文化大体相同，主要分布在渭河中上游地区。已发掘的遗址有天水师赵村与西山坪等遗址。发现有圆口锅形、口小底大袋形窖穴。经营农业，有梯形石斧、长方形石刀、带柄石杵和磨盘等生产工具。经营制陶业，陶器是当时的主要生活用具，器类有圜底钵、圈足碗、平底盆、圆腹三足罐、鹅蛋形三足罐和侈口深腹瓮等（图二）。纹饰有绳纹、划纹、锥刺纹、附加堆纹和红彩或黑彩宽带纹等，以黑彩宽带纹为主。其年代晚于大地湾一期文化，而早于仰韶文化。绝对年代为公元前 5300—前 4900 年。师赵村一期文化是新发现的文化遗存，填补了黄河上游地区史前文化发展序列中重要的一环，在学术上具有重要的意义。

仰韶文化　因首先在河南省渑池县仰韶村发现遗址而得名。在黄河上游地区主要分布在甘肃东部地区。已发掘的遗址有秦安大地湾、王家阴洼、天水师赵村与西山坪等多处。发现有方形、长方形和圆形半地穴式房址及大型建筑物等。有众多的袋形和锅形窖穴。经营农业，出土大量的穿孔石刀、梯形石斧、锛、条形凿、石弹丸等生产工具。葬俗流行长方形竖穴土坑墓和瓮棺葬等，葬式以仰身直肢葬为主，其次为二次葬，也有一定数量的合葬墓。较为特殊者，是在王家阴洼墓地发现在墓坑左侧还挖有一个放随葬品的椭圆形或圆角方形的土坑。

仰韶文化制陶业发达，据其内涵的差异，可分为半坡、庙底沟等类型。半坡类型最富特征的陶器有圜底钵和盆、蒜头细颈壶、葫芦口尖底瓶、葫芦口平底瓶、大口尖底罐、折腹罐、鼓腹小平底瓮和鱼纹彩陶瓶等（图三）。纹饰有彩绘、绳纹、弦纹、锥刺纹和附加堆纹等，彩绘图案别具风格，纹样是以直线、斜线、直边三角、方块等组成的几何形花纹，还有鱼纹等像生性花纹，并且多属于写实性动物纹。庙底沟类型陶器的主要器类是曲腹碗、卷沿盆、双唇尖底瓶、深腹瓮、盆形甑和带有火门的陶灶等，还有双耳圜底钵、小口平底瓶、大口小底盘和轨状口深腹瓮等是很具有地区特征的器物。彩陶纹饰是以圆点、曲线、弧边三角形、月牙形等元素组成二方或四方连续的几何形图案，画面华丽。还有鸟纹、蛙纹等像生性花纹，形象生动。纹饰突出的特点是以曲线为主旋律，线条圆润流畅，与半坡类型彩陶以直线为主旋律迥然不同。半坡类型的年代要比庙底沟类型早，前者为公元前 4899—前 3819 年，后者为公元前 3999—前 3523 年。

马家窑文化 因首次发现在甘肃省临洮县马家窑而得名。这是在黄河上游地区最有特色的新石器时代文化遗存。分布范围广泛，在甘、宁、青境内的黄河及其支流渭河、洮河、湟水和西汉水等流域都有疏密不同的分布。经调查发现这时期的文化遗址共 2200 多处，已发掘的有甘肃东乡林家、天水师赵村、西山坪、武山傅家门、兰州白道沟坪、广河地巴坪、永昌鸳鸯池、青海大通上孙家寨、同德宗日、乐都柳湾、民和阳山和宁夏海原菜园村、曹洼等 30 多处。发现有圆形或方形的半地穴式房址，在林家遗址发现有吕字形房址，在门外附建一方形门斗，结构较为特殊。在房址周围往往有长方形窖穴和圆形袋状窖穴。经营农业，粟为主要农作物。有长方形穿孔石刀、凹背刀、齿刃刀、两侧缺口刀、斧、铲、磨棒和磨盘等生产工具。还有骨针、锥、笄、镞和石刃骨器等，石刃骨器的一侧或两侧挖有凹槽，在槽内嵌石片，这是很有地区特色的骨器。墓葬发现较多，已清理的墓葬共有 2500 多座。葬俗除流行长方形土坑墓外，还发现石棺墓和火葬墓、土洞墓等，形制比较多样。据其文化内涵和年代早晚的不同，可分为石岭下、马家窑、半山、马厂四个类型。

石岭下类型　因首次发现在甘肃省武山县石岭下村而得名。主要分布在甘肃东部地区，天水、武山一带为其中心区。其文化内涵既保留庙底沟类型的特点，又孕育了马家窑类型的文化因素，具有两者之间的过渡性质。可以说它是由庙底沟类型直接演变发展来的。陶器的主要器类是碗、盆、壶、鸟纹瓶、鲵纹瓶、彩陶罐和陶屋模型等（图四）。彩陶纹饰主要以圆点、弧边三角、弧线等元素组成的几何形花纹和鲵鱼纹、变形鸟纹等动物纹。鸟纹主要表现鸟首、颈部及羽毛的形态。鲵鱼纹有学者认为应是人面蛇身纹，也有学者认为它是龙的化身。年代为公元前 3800—前 3200 年。

马家窑类型　主要分布在洮河、湟水等流域。陶器多呈橙黄色，质地细腻。陶器类有舞蹈纹彩陶盆、双人抬圆形物彩陶盆、蛙纹钵、三联杯、细颈瓶、双耳壶、葫芦形罐、彩陶瓮、陶筐和锅等（图五）。彩陶花纹繁缛，造型别致，内彩发达，花纹线条均匀，花纹以旋涡纹为主要旋律，优美流畅。还有栩栩如生的蛙纹和饶有情趣的人物纹。众所周知的舞蹈纹彩陶盆，除在上孙家寨出土一件外，在宗日墓地也发现一件，前者是三组舞蹈人，每组 5 人。后者舞蹈人是两组，其中一组为 11 人，另一组为 13 人。同时还发现双人抬圆形物彩陶盆，画面神秘，年代为公元前 3400—前 2700 年。

半山类型　因首先发现在甘肃省广河（旧属宁定县）半山而得名。主要分布在黄河上游及其支流洮河、湟水、渭河等流域。这类文化遗址经调查已发现 200 多处，经发掘的遗址有兰州青岗岔、花寨子、土谷台、广河地巴坪、景泰张家台、天水师赵村、西山坪、青海乐都柳湾、民和阳山和宁夏海原菜园村等 10 多处。

半山类型有不少文化因素是承袭自马家窑类型的，但有它自身的文化特点，突出表现在彩陶方面。彩陶特别发达，据统计，彩陶量占出土陶器总数的 60%，地巴坪遗址出土的彩陶占陶器总数的 90%。器类有钵、深腹盆、鸭形壶、长颈壶、彩陶壶、侈口瓮、单耳罐、双耳罐、人像罐和彩陶鼓等（图六）。在阳山墓地发现几件彩陶鼓，造型似象脚鼓，鼓的表面彩绘三角纹、波折纹等图案，鼓通长 35—42.9 厘米，造型别致，是研究古代鼓乐器的难得标本。纹饰有绳纹、附加堆纹和彩绘等。彩陶花纹主要为带齿边黑彩和中间夹红彩组成的多种几何形图案。典型纹样有二方连续的旋涡纹、葫芦形纹、圆圈纹和平行多道齿带纹等，并盛行在大口器内壁施彩。黑红彩对比鲜明，画面富丽夺目，图案设计巧妙，不论正视或俯视，都能看到一幅完整而美丽的画面。

马厂类型 因首先发现在青海省民和县（旧属碾伯县）马厂塬而得名。主要分布在黄河上游及其支流洮河、湟水等流域，河西走廊也有它的遗迹，最远可延伸至酒泉市境内。经调查已发现 600 多处，经发掘的遗址有兰州白道沟坪、永靖马家湾、永昌鸳鸯池、永登蒋家坪、乐都柳湾、民和马牌等多处。马厂类型是从半山类型直接发展来的，所以两者的文化内涵有很多共同之处，但在彩陶方面却存在明显的差异。陶器表面处理不如半山类型精细，有的陶器腹上部往往还施一层红色或紫红色陶衣。器类除半山类型常见的钵、盆、豆、壶、罐等外，还新添了许多罕见的器物，如葫芦形罐、提梁罐、斗形器、人面彩陶壶、人像彩陶壶等（图七）。纹饰有绳纹、划纹、锥刺纹、附加堆纹和彩绘等。彩陶纹饰以黑彩为主，黑红彩也有，但数量较少。花纹图案最常见的是四圈纹和蛙纹，次为连弧纹、回形纹、太阳纹、菱格纹和方格纹等。在圈纹旁边还缀满各种各异的小花纹，其单独纹样达 400 多种。蛙纹又分为全蛙、半蛙、蛙肢等不同部位。有的在彩陶壶的腹下部还画有各种彩绘符号。数量可观，仅柳湾墓地就发现画有符号的陶器共679件，包括139种不同形式的符号。最常见的符号有“十”、“一”、“1”、“0”等多种。这种符号可能是原始氏族的徽号或制陶者的一种特殊标志。我们认为，这些史前陶器的符号中和甲骨文似有一脉相承的关系。因此，如果要追溯甲骨文源头的话，陶器符号可能就是它的源头，换句话说，中国文字的起源应在这里。

齐家文化 因最早发现在甘肃省广河县（旧属宁定县）齐家坪而得名。分布范围广泛，在黄河上游及其支流渭河、洮河、大夏河、湟水和西汉水流域等都有分布，发现遗址1100余处。已发掘的遗址有甘肃秦安寺嘴坪、武威皇娘娘台、永靖大何庄、秦魏家、广河齐家坪、灵台桥村、天水师赵村、西山坪、武山傅家门、乐都柳湾、贵南尕马台、西宁沈那、宁夏西吉兴隆镇、固原海家湾等，共20余处。齐家文化可分为东、中、西三区，东区以师赵村、七里墩类型为代表，中区以秦魏家类型为代表，西区以柳湾、皇娘娘台类型为代表。其中柳湾和师赵村类型系20世纪七八十年代新发现的文化遗存，年代为公元前2100—1900年。各遗址中发现的白灰面敷地的房址，为该文化建筑上的突出特点。在师赵村遗址发现规模较大较完整的聚落遗址，有20余座成组的建筑群，形式多样，结构较规范，为齐家文化具有代表性的建筑。同时还出土一批制造精美的玉器，种类有玉璜、环、琮、璧等，其中玉琮和玉璧是同出土在一座墓内，这在甘青地区尚属首见，这为齐家文化的玉器的研究增添了新的资料。同时发现了众多的袋状窖穴、锅形窖穴等，还发现较有特点的“石圆圈”祭祀遗迹。经营农业，生产工具除磨制石刀、斧、铲、锛、磨棒、磨盘外，还有用动物下颌骨或肩胛骨制成的骨铲。当时居民种植的农作物主要是粟，经营制陶业和冶铜业。陶器以泥质红陶、夹砂红褐陶为主要陶系，典型的器类有双大耳罐、高领双耳罐、单耳罐、侈口罐、盆和豆等（图八）。花纹主要是绳纹、篮纹和彩绘等。彩陶用红彩或紫红彩绘，有蝶形纹、蕉叶纹、菱形网格纹等图案，独具风格。冶铜业是齐家文化居民在手工业生产中的一项突出成就。在皇娘娘台、秦魏家等10余处遗址都发现有红铜器或青铜器，共出土60余件。器类有刀、锥、斧、凿、矛、匕、镜等。在沈那遗址出土的铜矛，长达62厘米，是迄今所知齐家文化中最长的一件青铜器。在尕马台墓地第25号墓出土的一面饰有七角纹的铜镜，是我国古镜中年代最早的，其形制与安阳殷墟发现的有些相似，但年代要比安阳发现的早。因此，它对研究中国铜镜的起源等问题提供了重要例证。齐家文化遗址出土的数量可观的红铜器和青铜器，谱写了中国古代冶金史上光辉的一页。

在大何庄等遗址，还发现较有特点的“石圆圈”祭祀遗迹和卜骨等遗物。这是当时存在占卜习俗的反映。齐家文化墓葬发现较多，已发掘清理的约有1000座。其中，引人注目的皇娘娘台和秦魏家两墓地出土的两人成年男女合葬墓和三人男女合葬墓，葬墓中男性皆仰身直肢，女性均侧身屈肢，并面向男子。这种合葬墓的出现，既说明男子在社会上居尊或处于统治地位，女子降至从属和被奴役的境地，同时又反映了婚姻形态已由对偶婚过渡到一夫一妻制，并有少数人或家长过着一夫多妻的生活。在合葬墓中，还发现有成年男子和儿童合葬墓，这些迹象表明齐家文化的社会发展阶段是父系氏族社会行将崩溃的军事民主制时代。

四坝文化　因首先在甘肃省山丹县四坝滩发现而得名。主要分布在河西走廊东起山丹西至安西一带。经发掘的遗址有玉门火烧沟、酒泉干骨崖和民乐东灰山等。发现有日晒砖、夯土墙和用砾石垒砌的房址，反映当时有用日晒砖或砾石构造的建筑物。经营农业或畜牧业。有带肩斧、亚腰斧、穿孔锄、长方形刀、马鞍形磨盘和磨棒等具有特色的石制生产工具。经营制陶业和冶铜业。陶器有罐、壶、盆、豆、鼎等，罐类数量多，形式多样，可分为单耳、双耳、四耳等多种带耳的陶容器（图九）。纹饰有绳纹、弦纹、划纹、戳印纹、附加堆纹和彩绘等。彩陶的器表多施有一层紫红色或黄白色陶衣，彩绘涂料较浓重多呈黑色，富有凸起感。主要花纹有波折纹、菱格纹、三角纹、手印纹和形似狗、马、蜥蜴等动物纹。另有“X”、“Z”、“N”等符号花纹。冶铜业比较发达，出土的数量和种类都比较多，如火烧沟墓地有106座墓，均随葬数量不等的铜器，共200多件。器类有刀、斧、匕首、矛和权杖首等20多种。其中四羊饰权杖首，制造工艺精湛，是一件较贵重的铜器，应属于礼器。铜质既有红铜和青铜，又有新发现的砷铜，如东灰山遗址即出土12件砷铜。这是一项重要的发现，说明青铜时代之前曾存在一个冶炼和使用砷铜的时期。砷铜的发现具有重要的学术意义。

卡约文化 因首先在青海省湟中县卡约村发现而得名。卡约为藏语地名，因“约”和“窑”字音近，故曾也称为卡窑文化。主要分布在黄河上游及其支流湟水流域。共有1700余处遗址，已发掘的遗址有大通上孙家寨、循化阿哈特拉、湟中潘家梁、湟源大华中庄、贵德山坪台等10多处。发现有方形或圆形半地穴式和地面起建的房址，有的在房址周围还设置河卵石垒砌的围墙。有石刀、斧、臼和骨铲、镞及木箭等生产工具，经营农业兼狩猎业。制陶业不甚发达，陶器类比较简单，常见的只有高领双大耳罐、短颈双耳罐和侈口绳纹陶等几种（图十）。但在彩绘上有一特点，即在陶器口、颈部内外壁施红彩一周，似一条红彩带。彩陶纹饰有三角纹、波折纹、勿字形纹等几何形纹和鹿、羊、蛙等动物纹。冶铜业较发达，为当时手工业中的一项重要成就。据统计，已发现各种铜制品达1449件。种类有铜镜、刀、斧、矛、戈和鬲等约20多类。其中，鸠首牛犬饰铜权首、鸟形铜铃、人头像铜饰和牛、马、羊、犬等铜像饰，造型奇特，构思巧妙。墓葬发现较多，已发掘出土2000余座，存在独特的葬俗，以竖穴偏洞墓、带龛墓和二次扰乱葬墓最具特点，并普遍随葬马、羊、犬、牛等牲畜和用金、铜、骨、石、玛瑙等不同质料制造的色彩斑斓的装饰品。年代为公元前1600—前600年。

辛店文化 因首先在甘肃省临洮县辛店村发现而得名。主要分布在黄河上游及其支流洮河、湟水、渭河等流域。共有360多处，已发掘的有甘肃永靖张家咀、姬家川、莲花台、崖头、马路塬、青海民和核桃庄、上孙家寨、柳湾等10余处。该文化内涵丰富多样，可分为山家头、张家咀、姬家川等三个类型，其中山家头类型年代较早。其文化内涵既继承齐家文化的主要成分，又孕育了辛店文化的因素，明显具有由齐家文化发展到辛店文化的特点。发现有长方形半地穴式房址和袋状窖穴等遗迹。居民经营农业和畜牧业。有带肩石斧、环状石器、两侧缺口刀、磨棒、磨、臼和骨铲等生产工具。畜牧有羊、牛、犬、猪等哺乳动物，以羊为主。制陶业发达，陶器类有双耳彩陶罐、腹耳壶、瓮、袋足鬲、单耳杯和彩陶靴等多种（图十一）。彩陶占一定比例，彩绘有连续回纹、波折纹、双勾纹和狗、羊、鹿等动物纹等，其中形似一对羊角的双勾纹最为常见，也是辛店文化彩绘的一个突出特点。在柳湾遗址发现一件彩陶靴，其造型与长筒靴相似，堪称彩陶珍品。葬俗方面的材料较多，已发掘的墓葬共633座。葬制除常见的长方形土坑墓外，还有竖穴偏洞墓、带龛墓和石棺墓。葬式流行仰身直肢葬和二次葬，少数为侧身屈肢葬和俯身葬等。年代为公元前1400—前700年。

寺洼文化 因首先发现在甘肃省临洮县寺洼山而得名。主要分布在黄河上游及其支流泾水、渭河、洮河等流域，共30多处。已发掘的遗址有寺洼山、西和栏桥、庄浪徐家碾和合水九站等。居民经营农业和畜牧业，有石斧、锛、刀和陶纺轮、弹丸等生产工具。畜牧有羊、马、牛等哺乳动物，以羊为主。并经营制陶业和冶铜业。陶器造型独具风格，以马鞍口双耳罐为代表的器物是该文化所独有的陶器，不见于其他文化遗存。并与其伴出的有鼎形三足器、袋足鬲、腹耳罐、豆、侈口罐、双耳罐和五联杯等（图十二）。铜器类有铜刀、戈、镞、矛、剑等武器和铜铃、镯、泡等装饰品，发掘墓葬212座。葬俗流行长方形竖穴土坑墓，葬式有仰身直肢葬、二次扰乱葬和火葬等多种。火葬墓最早是在寺洼山发现的，它是把死者火化后将骨灰装在一个马鞍口陶罐内，并在罐的口部用石片遮盖。这是寺洼文化有别于其他文化的一种葬俗，年代为公元前1400—前600年。寺洼文化可分为安国和寺洼两个类型，在陶器上明显不同，安国类型的马鞍口双耳罐的口沿两侧置一对环耳，耳端和口沿相接处下凹成弧形，呈小马鞍口，加上口沿两长边的一对马鞍口，成为两对遥对的马鞍口，可称为双马鞍口双耳罐，而与寺洼类型的单马鞍口显然有别。寺洼文化与邻近地区古文化的关系比较复杂，年代比它早的有齐家文化，与其年代相当的有辛店文化，比它晚的为西周文化。由于这类古文化内涵的多样性，它们之间的关系也显得比较复杂，以致在学术界存在不同的认识。有学者认为，辛店文化甲乙两组与寺洼文化的寺洼、安国两种类型，只能说明同时并存互受影响的结果。也有学者认为，寺洼文化与周文化的关系十分密切，寺洼文化是周文化形成与发展的一种重要因素。从碳十四测定结果看，辛店文化与寺洼文化的起始年代是相同的，均为公元前约1400年，由此推定两者可能是同时各自发展的两支古文化遗存。

诺木洪文化 因首先在青海省都兰县诺木洪搭里他里哈发现而得名。分布范围不大，仅限于青海柴达木盆地及其周边地区。共发现39处，经发掘的只有诺木洪遗址一处，发现由几个沙土包组成的聚落遗址，平面布局呈圆圈形，中间形成一个广场。其间有土坯围墙、房址、土坯坑、圈栏等建筑遗迹和瓮棺葬等。居民经营农业兼畜牧业。有长方形带柄斧、带槽斧、圆刃斧和刀、带肩锤等石制工具。经营制陶业和冶铜业。陶器类多样，有圈足碗、单耳盆、四钮盆、瓶、单耳或双耳或四耳罐、双耳四钮缸、双耳瓮和陶塑牦牛等（图十三），其造型有别于其他文化遗存。还有少量彩陶片，但不能复原成完整器。另外，新发现一件陶塑牦牛，椭圆形头，双眼长鼻，弓身垂腹，肥体短尾，憨态可掬，耐人寻味。铜器类有带銎五孔铜钺、带銎斧、弧刃刀、翘锋刀和柳叶形镞等独具风格的铜器。还出土骨哨和穿有四个音孔的骨笛，实为难得的原始吹奏乐器。尚有用羊毛纺成的绳、线、条带、布制品和用牛皮制成的革履等手工制品，为该文化居民具有特色的产品。年代约公元前1900—前800年。原测定的数据为公元前2195年，这个数据似嫌过早，可摒弃不用。

沙井文化　因首先在甘肃省民勤县沙井村发现而得名。主要分布在河西走廊石羊河、金川河等流域。经发掘的遗址有永昌三角城、蛤蟆墩和东西岗、柴湾等墓地。发现有圆形或椭圆形房址和土城堡，在土城堡四周筑有土围墙。居民经营农业兼畜牧业。有带柄石斧、半月形刀、宽刃锄、环形石器、磨石、杵、臼等石制工具。经营制陶业和冶铜业。陶器类有单宽耳杯、宽耳罐、双耳圜底罐、平底罐、瓶、鬲、豆和双耳壶等（图十四）。还有彩陶，全为红色彩，花纹有横竖短线纹、三角纹或锯齿纹、水波纹、网格纹等和各种不同形态的鸟纹等动物纹。在彩陶上描绘的鸟种类多，形态各异，有天鹅、大雁、鹳和野鸭等。其姿态或成列遨游于水面，或站立地上，或垂首小憩，或引颈长鸣，写实逼真，富有情趣。铸造的铜器有铜刀、镞、带銎斧、铃和铜牌等。还有一些金耳环和金属器等装饰品。葬俗方面的材料较丰富，共发现墓葬629座。流行竖穴偏洞墓、双竖井土洞墓和火葬墓等具有特色的埋葬习俗。双竖井土洞墓是先挖两个直径约1米的圆坑，深1.5米，然后再将两坑底部贯通成一个过洞作为墓室，这种墓的结构较为特殊。葬式以仰身直肢葬为主，少数为侧身屈肢葬、二次葬和合葬墓，年代为公元前900—前400年。

三

这一部分要探讨黄河上游史前文化遗存的族属问题。从上述文化遗存中可以发现，该地区史前文化与古代少数民族有着很密切的关系。根据古文献记载，这个地区最早的先民是古羌人。羌最早见于甲骨卜辞中，尤其是在殷代武丁时期记载得特别多。有“伐羌”、“获羌”等祭用羌奴的卜辞。据胡厚宣先生统计，记有人祭资料的甲骨有 1350 片，卜辞有 1992 条。被杀者共 14197 人，其中羌人就有 7426 人，当时的殷人将羌人当作奴役的对象。还有卜辞记有殷人与 40 多个方国或部落都进行过战争，其中有一方即为羌方，反映殷代在对外关系中与羌人较为密切。在周代有部分羌人进入中原与华夏民族杂居，战国时期羌人无弋爰剑被秦人拘执为奴，后来逃回本地被推为酋长。秦汉时分为烧当、先零、武都等许多部落。东汉时在羌人地区设西海郡，徙汉人入居。魏晋至唐宋时，又有宕昌、白兰、党项等部。东晋时，烧当羌曾经建立了以长安为中心的后秦政权，成为当时的五胡十六国之一。北宋时，党项羌在今宁夏、甘肃等地建立强大的西夏割据政权，其首领多受中原王朝册封。在历史发展中，羌人逐渐与汉族或其他族群相融合。现在生活在四川茂汶羌族自治区等地的羌族应为古羌人的后裔。

关于黄河上游史前文化的族属问题，最早用考古学资料论证族属问题的是著名考古学家夏鼐先生，他在《临洮寺洼山发掘记》一文中提出：“洮河流域在古代适在氐羌的区域中，并且由文献方面我们知道由春秋直至唐代，氐羌中有些部落确曾行过火葬的。这次火葬制遗迹的发现，增强了寺洼文化和氐羌的关系。”这给我们有很大启发。之后不少学者对此进行讨论，有的认为卡约、寺洼及辛店文化是以羌人为主体的西戎诸部落遗存。有的把齐家文化、马厂文化，乃至上溯到半山、马家窑类型，看作是羌人文明的前驱。但据近年来考古新资料的研究，我们认为与羌人关系最密切的应是青铜时代的辛店文化。

首先在地望上考察，羌人的活动区域与辛店文化分布的中心区是一致的。《史记·周本纪·正义》引《括地志》云：“陇右岷、洮、丛等州以西，羌也”，文中提到的陇右岷、洮等，即指现在甘肃岷县、临洮等地区，而临洮辛店村正是辛店文化首次发现命名地。再从考古发掘出土的遗物分析，彩陶上的纹饰突出表现羊、狗的形象。如在双耳彩陶罐和彩陶瓮上往往以羊、狗、羊角纹作为花纹的母题，并成为鉴别辛店文化的一个重要标志。这也许就是许慎《说文解字》所云：“羌，西戎牧羊人也”的一些真实写照。羊在羌人生活中居重要地位，他们把羊作为图腾崇拜的对象。现今羌民各种宗教活动中最有特点仍是羊神。他们认为羊是神的代表或化身。在《氐与羌》一书中载：“今四川羌民……唯以两羊角象征羊神，供于壁上，又端公（羌民巫师）所戴羊皮帽有两角，亦由羊皮做成。”羌人不但在日常生活中不能缺少羊，而且死后还得杀一只羊为伴。这在姬家川辛店文化墓中发现有实例，即在墓主人的头上方随葬一只羊。古羌人有火葬的习俗，《荀子·大略》云：“氐羌之虏也，不忧其系垒也，而忧其不焚也。”辛店文化也有火葬墓，曾在民和县中川喇嘛坟发现辛店文化墓内尚留有被火烧过的人骨，同时在木棺旁还随葬辛店文化典型的陶罐。在永靖张家嘴遗址发现有完好的骨笛，可能与“羌笛”有关。据研究，骨笛最早是羌人发明的，故名“羌笛”。马融《长笛赋》云：“近世双笛从羌起”，可见这种乐器被称为羌笛不是毫无根据的。辛店文化发现这种乐器不是偶然的巧合，羌人爱好文化艺术，擅长挑绣技艺，其图案大都以现实生活或自然景物为题材。如植物中的花草、动物中的鹿、羊、鱼、鸟和人物像等，还有变形回纹、锯齿纹、菱形纹、条带纹等几何形花纹，都可以在辛店文化的彩陶图样中找到相同或类似的花纹。总之，从上述的地望、生活习俗、宗教信仰、文化艺术等方面考察，羌人与辛店文化的关系比较密切，可以说辛店文化中的先民是羌人的后裔。

四

黄河上游地区进行史前考古工作，迄今已有80多年的历史了，经文物考古界同仁的努力，不仅在野外调查发掘工作取得了巨大收获，而且在室内学术研究上也取得了丰硕成果。现在可简要归纳为以下几项：

首先，初步建立黄河上游地区史前考古学文化的发展序列和编年。近年来新发现的资料与研究成果表明，该地区东部和西部的文化序列有别，东部地区不见四坝、卡约、诺木洪、沙井文化等。西部地区则未见大地湾一期、师赵村一期、仰韶文化半坡类型等文化遗存。

东部地区史前考古学文化的发展序列和编年。我们从秦安大地湾、天水师赵村、西山坪等遗址的层位关系和典型陶器等器物分析，可以排出东部地区史前文化（新石器时代至青铜时代）的发展序列及编年：大地湾一期文化（公元前6200—前5400年）→师赵村一期文化（公元前5300—前4900年）→仰韶文化（公元前4800—前3500年）→马家窑文化石岭下类型（公元前3800—前3200年）→马家窑类型（公元前3400—前2700年）→半山、马厂类型（公元前2600—2000年）→齐家文化（公元前2100—前1900年）→辛店文化（公元前1400—前700年）→寺洼文化（公元前1400—前600年）。西部地区史前文化发展序列及编年：马家窑文化石岭下类型→马家窑类型→半山类型（公元前 2600 年—前 2300 年）→马厂类型（公元前 2300 年—前 2000 年）→齐家文化→四坝文化（公元前 1900—前 1400 年）→卡约文化（公元前 1400—前 600 年）→辛店文化→寺洼文化→诺木洪文化（公元前 1400—前 700 年）→沙井文化（公元前 900 年—前 600 年）。

其次，大地湾一期文化的发现和研究，对阐明中国新石器时代早期文化的内涵等问题，具有重要的学术价值，这里发现有迄今年代最早的彩陶，为探讨中国彩陶的起源提供了极为重要的线索。同时还发现了炭化植物种籽，经研究为禾本科的黍和十字花科的油菜，其年代也是最早的。黍在黄河流域先民的粮食作物中占有重要的地位，它的发现，对探讨农作物黍起源于中国提供了重要的实物例证。

第三，师赵村一期文化在甘青地区系首次发现，过去只知道晚于大地湾一期文化的是仰韶文化半坡类型，不了解其间还有一个早于半坡类型的文化遗存，因此，它的发现在史前文化发展序列中填补了重要的一环。同时在西山坪遗址发现大地湾一期文化在下，师赵村一期文化在上的层位关系，首次从地层上表明了两者的相对年代，即大地湾一期文化早于师赵村一期文化，这在学术上是一个突破。师赵村一期文化还展现出它向仰韶文化半坡类型发展的轨迹，这为探寻仰韶文化的渊源提供了重要线索。

第四，大地湾遗址发现的仰韶文化大型房址（F901），保存较好，规模宏大，有主室、东西侧室、后室和房前村附属建筑，以料姜石和细砂为原料制成的近似混凝土的居住面，质地坚硬。这座房址结构复杂，工艺高超，为编写中国古代建筑史增添了新颖而难得的资料。

第五，发现马家窑文化石岭下类型的房址、陶窑和墓葬等重要遗迹，从而加深了对该文化类型内涵的认识，并进一步明确了它是介于庙底沟类型向马家窑类型过渡的文化遗存。马家窑类型的文化遗存比较丰富，并有不少新资料的发现，如完整而精美的全蛙纹彩陶钵和前所未见的陶筐等珍品，为该类型研究增添了新的内容。师赵村等遗址发现半山、马厂类型的遗物，虽然发现的文化遗存不很多，但新发现的地点便扩大了该类型东部的分布范围，也填补了东部史前文化发展序列中的缺环。

第六，齐家文化分布广泛，内涵丰富。可分为师赵村、七里墩、秦魏家、柳湾、皇娘娘台等不同类型。师赵村、柳湾类型是20世纪七八十年代新发现的文化类型，它增添了许多新的重要资料，扩大了研究领域，如在师赵村遗址出土的一批制造精美的玉器，种类有玉璜、环、琮、璧等，其中玉琮和玉璧是同出土在一座墓内，这在甘青地区尚属首见，这为齐家文化的玉器的研究谱写了新的篇章。通过对齐家文化发掘资料研究，进而对原始氏族社会解体及阶级产生这个社会急剧变化时期的诸多理论问题，如社会性质、经济形态、婚姻制度、宗教信仰等方面都进行了较深入的探讨，并取得了较好的研究成果。

第七，通过对玉门火烧沟、民乐东灰山等遗址的发掘与研究，对四坝文化的面貌有了更深入的认识，这里首次发现一批砷铜，是一项重要的发现。在世界冶金史上，青铜时代之前曾存在一个冶炼和使用砷铜的时期，四坝文化遗址砷铜的出土填补了我国古代冶金史中的缺环，所以砷铜的发现具有重要的学术意义。

第八，卡约文化墓葬发现较多，已发掘出土2000余座，存在独特的葬俗，以竖穴偏洞墓、带龛墓、二次扰乱葬墓最具特点，并普遍随葬马、羊、犬、牛等牲畜，有的把动物肢体分解成头、四肢、尾、蹄后放入墓内，并随墓主人相应的肢体部位摆放，这种奇异的埋葬习俗，对探讨古代丧葬史具有重要的学术价值。

第九，过去对辛店文化的认识仅限于发现地辛店遗址的资料，20世纪50年代后新发现了张家嘴、姬家川类型和山家头类型等，其中山家头类型年代较早。该类型既继承了齐家文化的主要成分，又孕育了辛店文化因素，明显具有从齐家文化发展到辛店文化的特点。它的发现对探讨齐家文化与辛店文化的承袭关系，提供了最有说服力的证据。这样既丰富了文化内涵，又扩大了研究者对该文化的研究视野。

第十，寺洼文化可分为安国和寺洼两个类型，后者为20世纪50年代新发现的文化类型，它的发现为研究寺洼文化增添了新的内容，这对探讨寺洼文化的特征、年代、分期和邻近地区古文化的关系等问题，具有重要的学术意义。

总之，黄河上游远古先民创造了丰富多彩、辉煌灿烂的史前文化，因此，这个地区应是中华文明的重要发源地之一。

参考文献

1. 夏鼐：《考古学论文集》，科学出版社1961年版。

2. 甘肃省文物考古研究所：《民乐东灰山考古》，科学出版社1998年版；《秦安大地湾》，文物出版社2006年版。

3. 中国社会科学院考古研究所：《师赵村与西山坪》，中国大百科全书出版社1999年版；《青海柳湾》，文物出版社1984年版。

4. 谢端琚：《略论辛店文化》，《文物资料丛刊》（9），1985年。

5. 李水城：《沙井文化研究》第2卷，北京大学出版社1994年版。

附图：

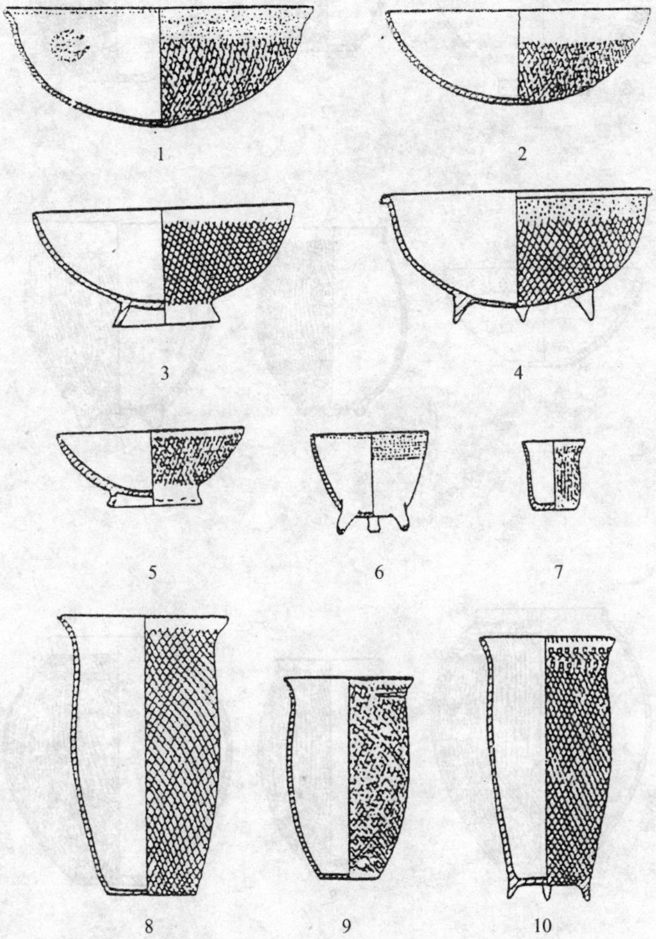

图一　大地湾一期文化陶器

1、2—圜底钵　3、5—圈足碗　4、6—三足钵　7—陶杯

8、9—筒形罐　10—筒形三足罐

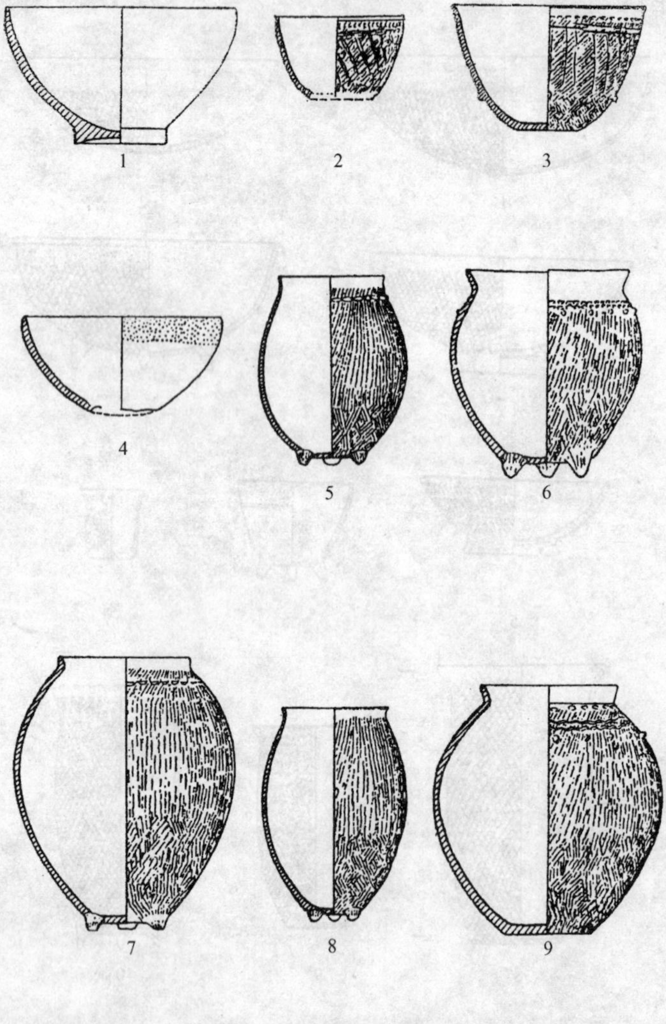

图二 师赵村一期文化陶器

1—圈足碗 2、4—钵 3—盆 5、6、7、8—鹅蛋形三足罐 9—瓮

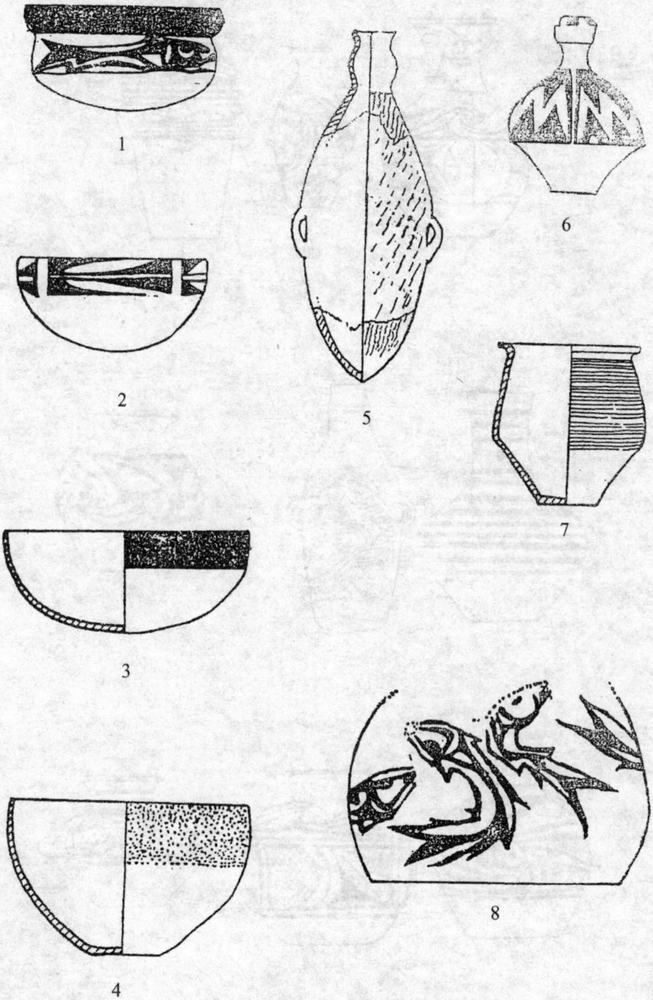

图三　仰韶文化陶器

1—盆　2、3—钵　4—碗　5—尖底瓶　6—细颈壶　7—折腹罐　8—鱼纹瓶

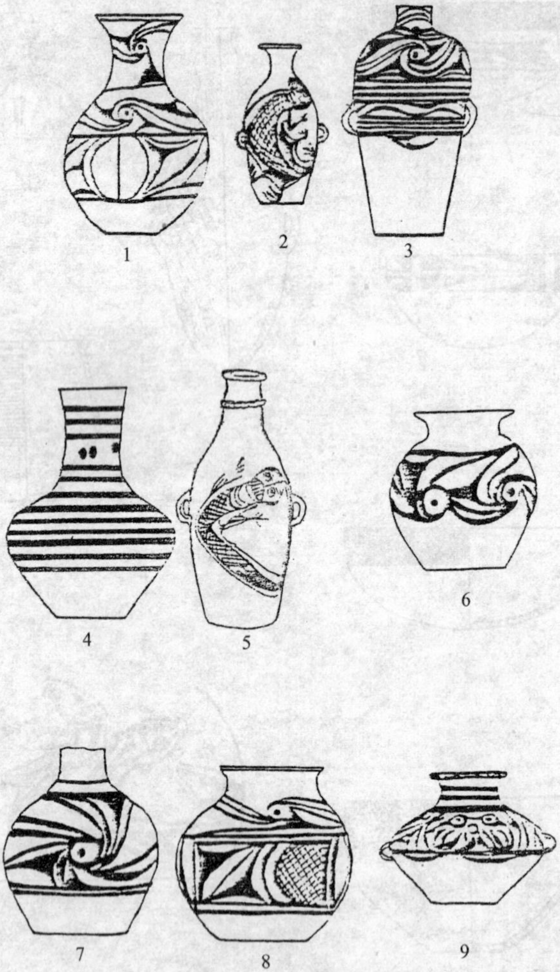

图四　马家窑文化石岭下类型陶器

1、3—鸟纹瓶　2、5—鲵鱼纹瓶　4—细颈瓶　6、8、9—罐　7—鸟纹壶

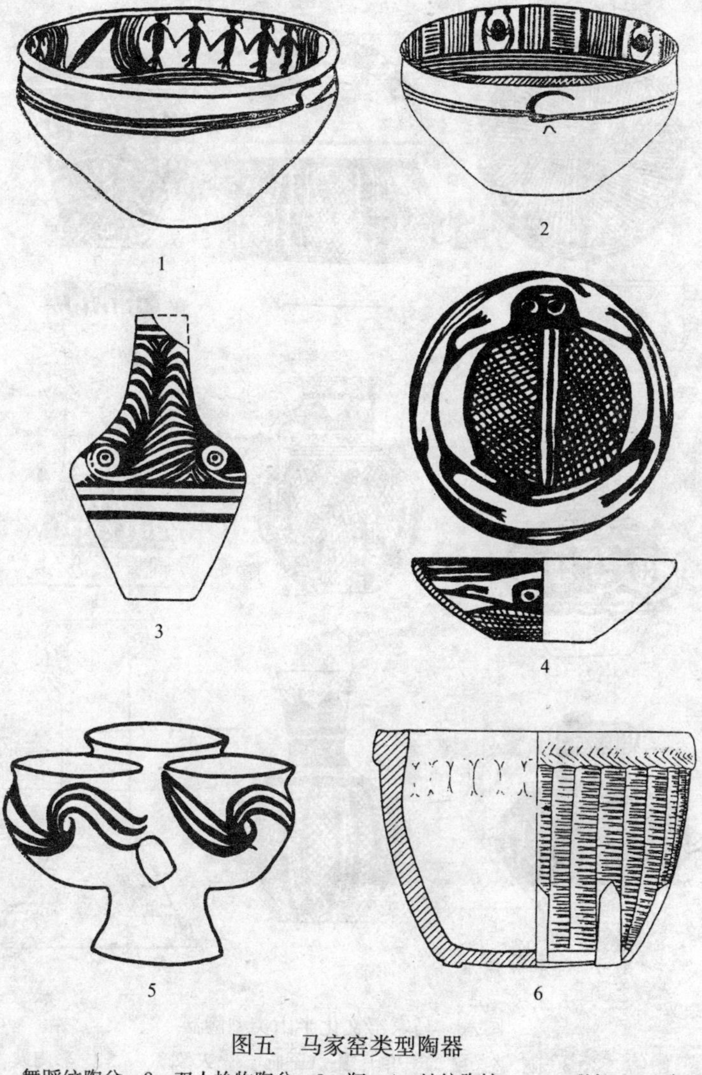

图五 马家窑类型陶器

1—舞蹈纹陶盆 2—双人抬物陶盆 3—瓶 4—蛙纹陶钵 5—三联杯 6—陶筐

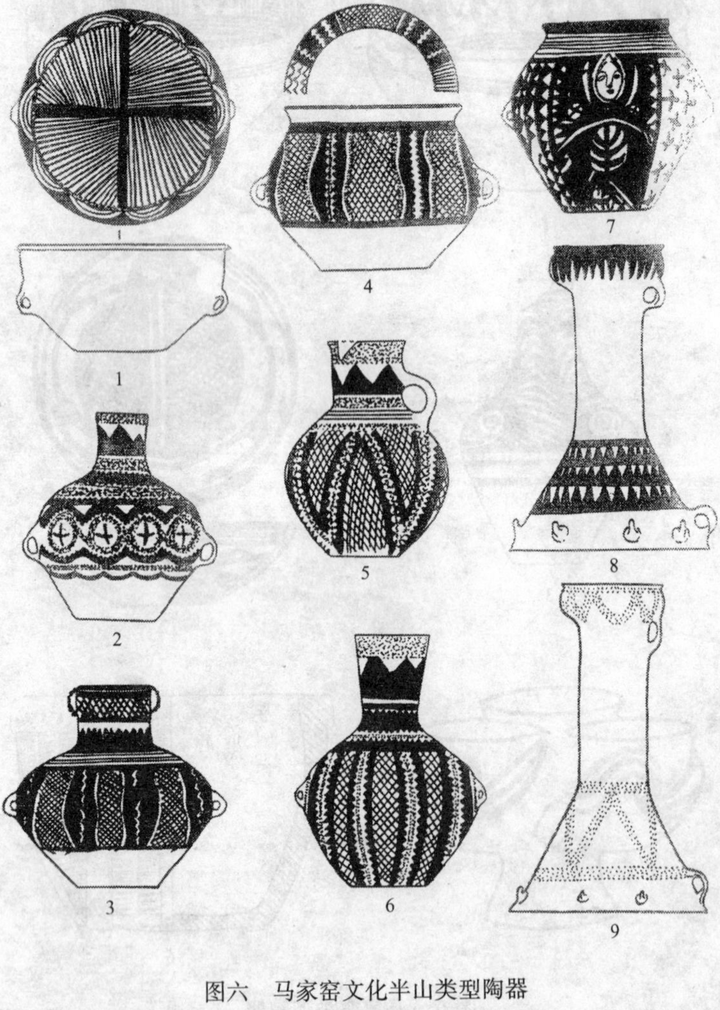

图六　马家窑文化半山类型陶器

1—盆　2、3—壶　4—罐　5—单耳罐　6—瓶　7—人像罐　8、9—彩陶鼓

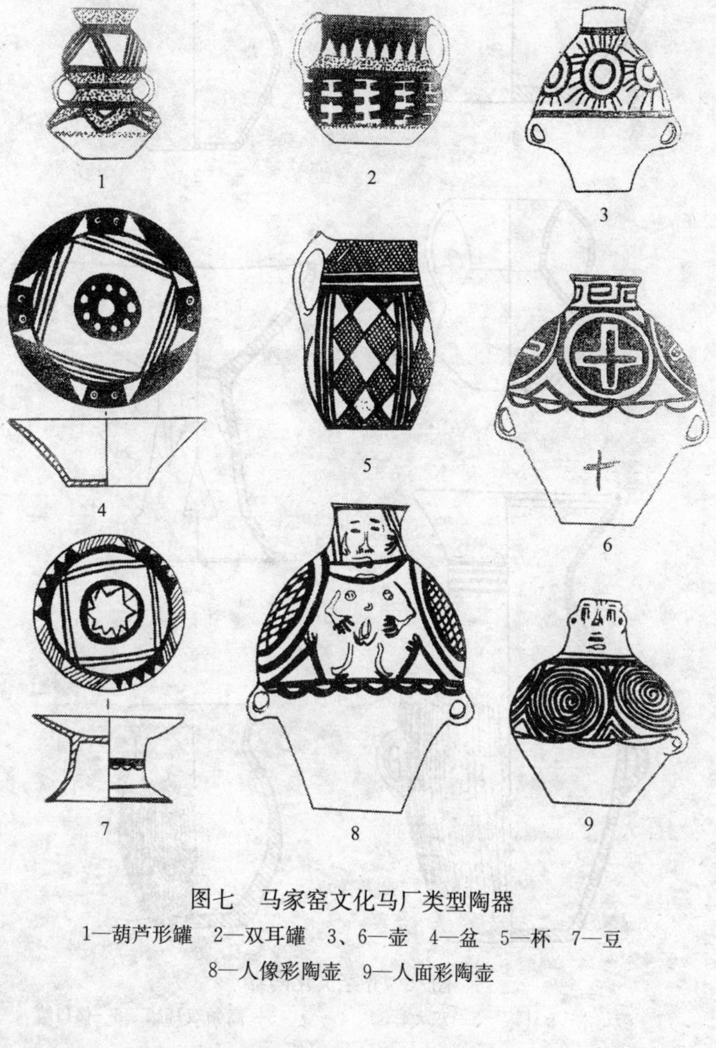

图七 马家窑文化马厂类型陶器

1—葫芦形罐 2—双耳罐 3、6—壶 4—盆 5—杯 7—豆
8—人像彩陶壶 9—人面彩陶壶

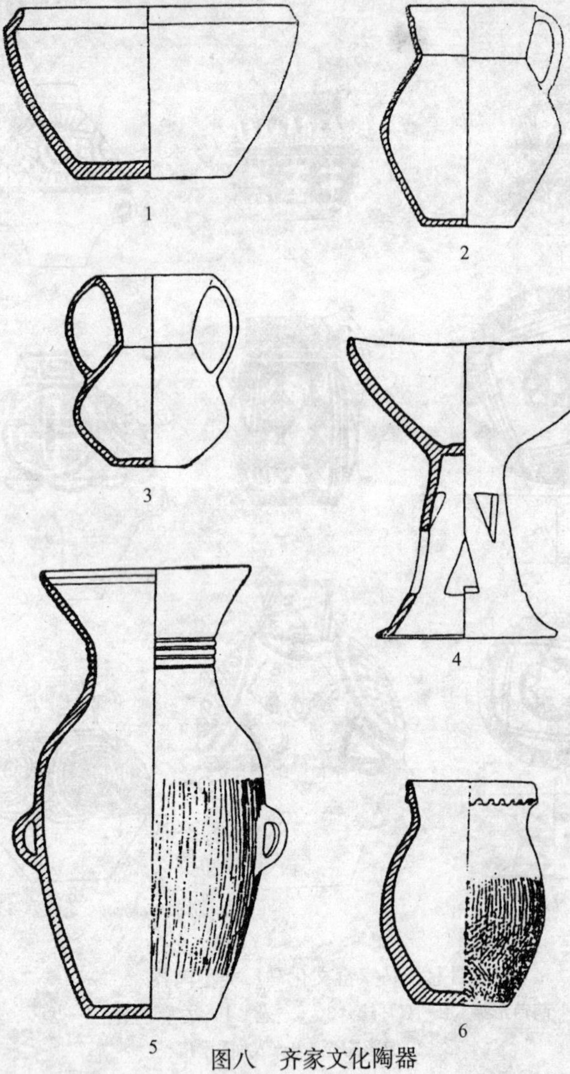

图八　齐家文化陶器

1—碗　2—单耳罐　3—双大耳罐　4—豆　5—高领双耳罐　6—侈口罐

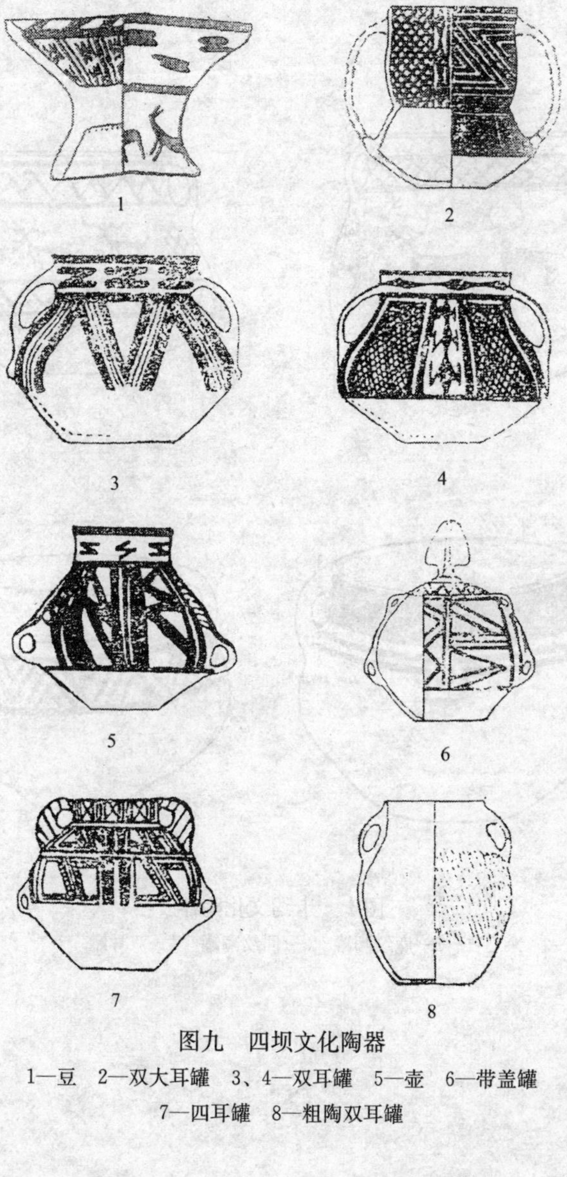

图九 四坝文化陶器

1—豆 2—双大耳罐 3、4—双耳罐 5—壶 6—带盖罐
7—四耳罐 8—粗陶双耳罐

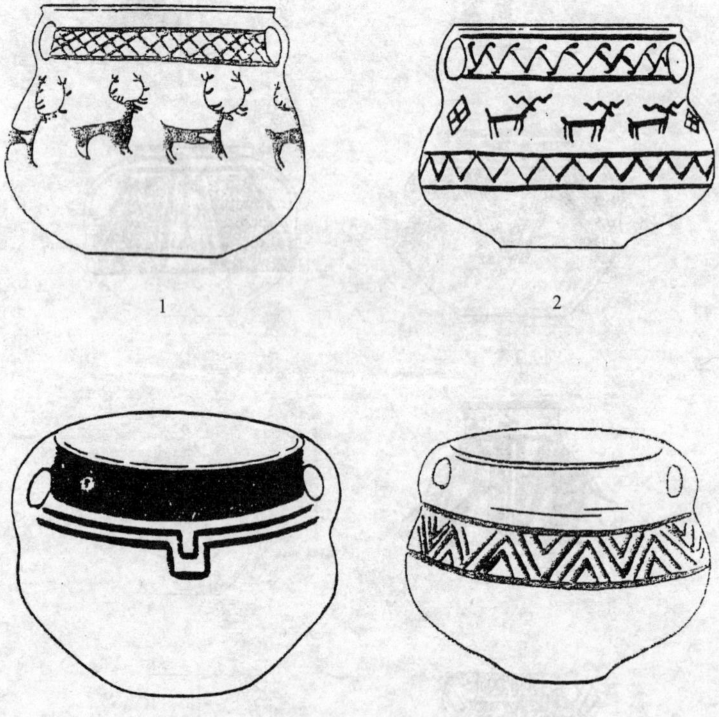

1 2 3 4

图十 卡约文化陶器

1、2—鹿纹陶罐 3—回纹陶罐 4—双耳罐

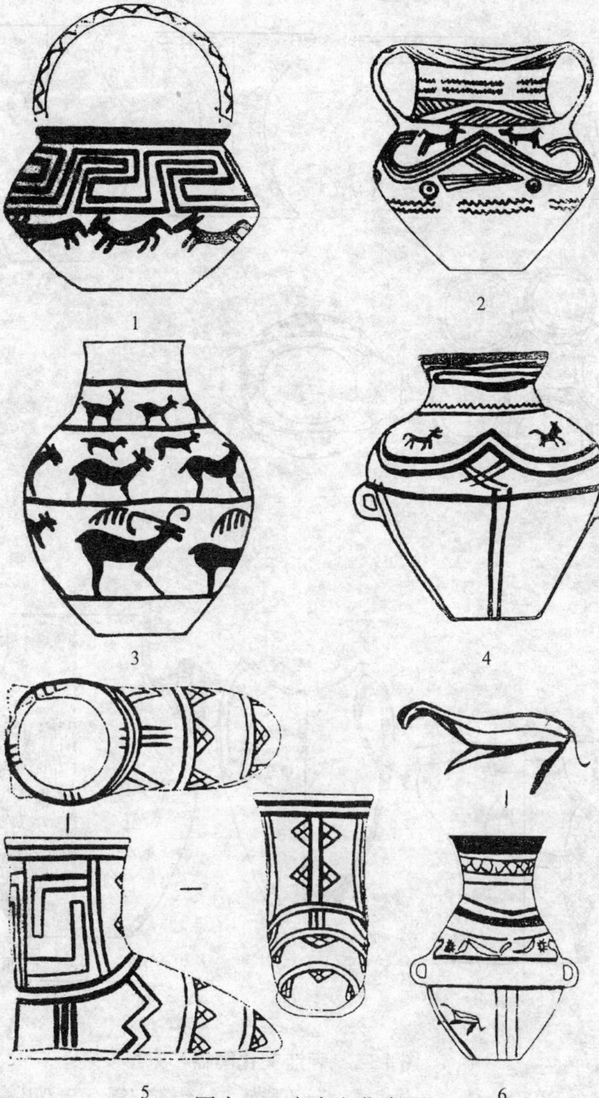

图十一　辛店文化陶器

1—罐　2—双大耳罐　3、4、6—壶　5—彩陶靴

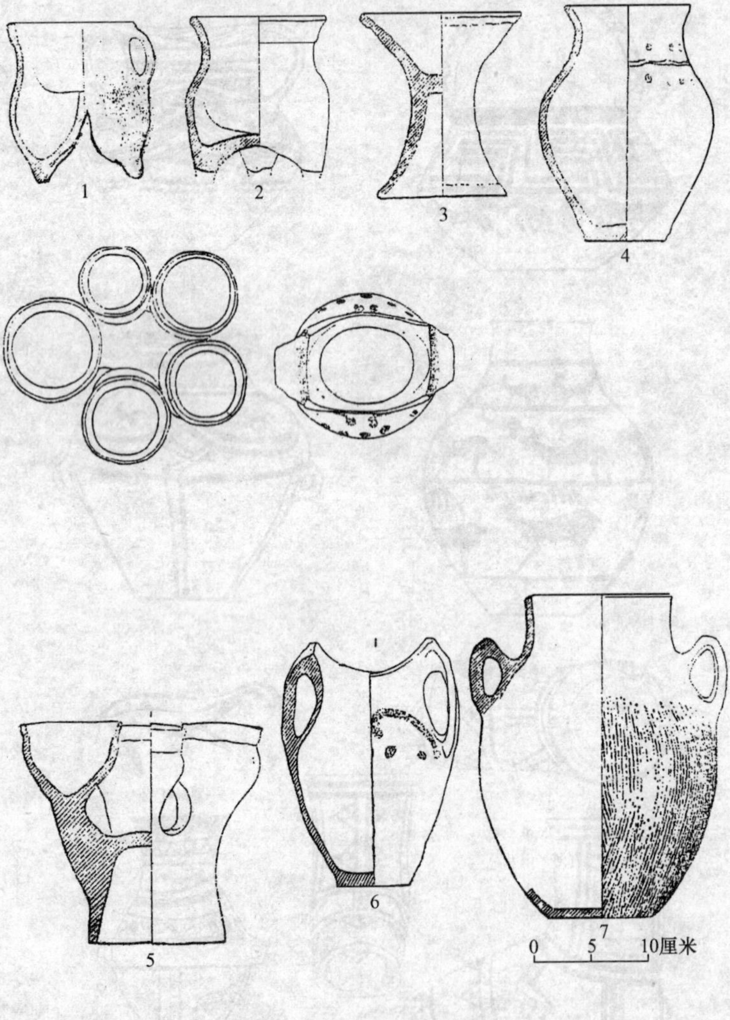

图十二　寺洼文化陶器

1、2—鬲　3—豆　4—侈口罐　5—五联杯　6—马鞍口罐　7—双耳罐

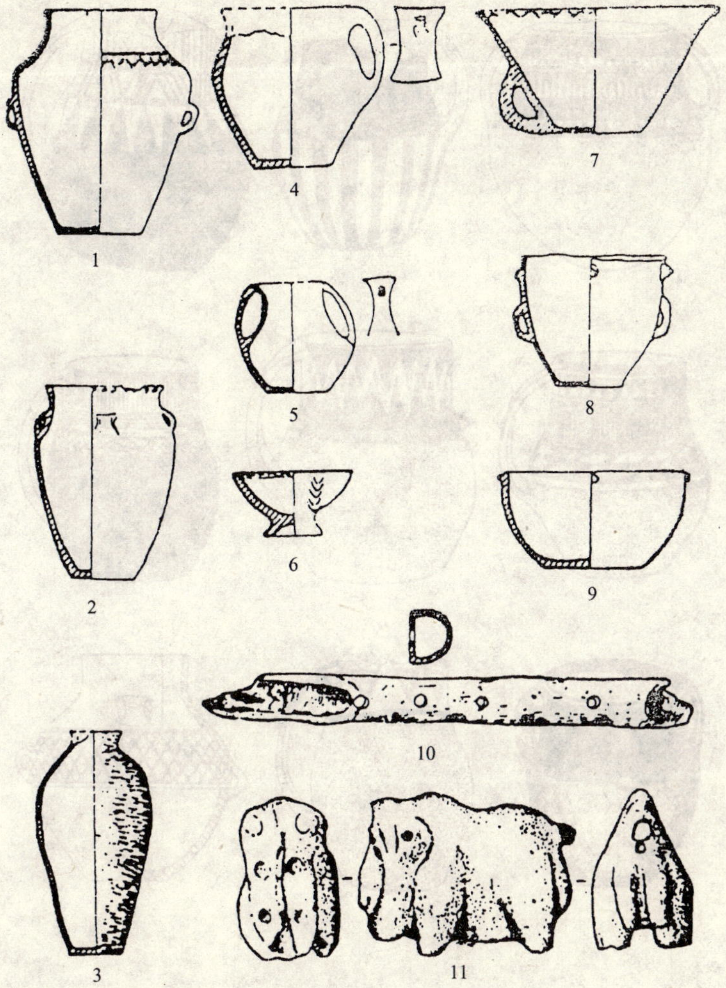

图十三　诸木洪文化陶器与骨器

1—瓮　2—四耳罐　3—瓶　4—单耳罐　5—双大耳罐　6—碗　7—杯

8—缸　9—盆　10—骨笛　11—陶牦牛

图十四 沙井文化陶器

1—双耳圜底罐 2—单耳杯 3、4、5、6、8—宽把单耳杯

7—双耳罐 9—彩陶壶

中国文明起源的探索

严文明

中国文明的起源，这一看似距离现实生活非常遥远的问题，现在却成了许多人关心的热门话题。不但中国人在研究，外国人也想了解个究竟。之所以会出现这种情况，一方面是因为科学研究的进步，特别是考古学取得了巨大的进展，使我们有可能得到一些比过去远为清晰的认识；另一方面则还有一个深刻的社会根源。

大凡关心当代社会发展的人，莫不深感西方文化在给人类带来巨大的物资财富的同时，也引发了不少社会问题。相形之下，东亚一些国家和地区的现代化虽然起步较晚，却获得了飞速的经济发展和比较健康的社会进步。人们发现他们的价值观念与西方大不相同，几乎都十分重视传统文化，同时有选择地吸收西方文化中一些有用的东西，创造性地解决自己国家民族的现代化问题。而这些国家和地区的所谓传统文化，实际上就是以中国儒家思想为主体的文化。它是那样的博大精深，不但能够比较正确地处理人与人之间的关系，还能正确处理人与自然的关系。它过去创造了中国古代文明的辉煌，今天经过适当的调整，在中国和东方各国的发展中仍然发挥着巨大的积极作用。这样一个伟大的文明所创造的文化遗产，乃是世界人民共同的财富，当然应该花大力气进行研究。而追溯这样一个伟大文明的起源，当然也是一件极有意义的事情。

从信古、疑古到考古

中国人历来以自己有悠久的历史和光辉的古代文明而感到自豪。但这个文明究竟是什么时候起源的，在世界文明史上又占有什么地位，以前是很少深究的。中国的第一部历史巨著《史记》是从《五帝本纪》开始的，五帝中的首位就是黄帝。尽管司马迁对五帝的历史将信将疑，毕竟并没有轻易放过，而是把它作为历史的开篇，后来的人也就相信黄帝是所谓人文始祖，中国文明就应该从他那个时候算起。这很符合孔圣人“信而好古”的精神，故谓之曰信古。

“五四”前后的新文化运动，把人们的思想从封建文化的束缚下解放出来。一些学者提出要用科学的态度整理“国故”。他们怀疑被儒家捧为圣人的尧、舜、禹等是否真有其人，是否真的实行过什么禅让制度。这样一来，中国文明起源的历史似乎要大幅度向后拉了。这些学者被称为疑古派，在一段时期曾经有过相当大的影响。

人们既不能盲目相信历史著作中的每一件事情，也不能仅仅停留在怀疑、辨伪的阶段上，因而需要寻求一种探索古代历史乃至史前史的科学基础。这就是要通过对古代实物遗存进行调查、发掘和研究的方法，来重新研究中国的上古史和文明的起源问题。这种以田野工作为基础的考古学研究，在我国是从1921年发掘河南省渑池县仰韶村史前遗址而开始的；但作为对中国早期文明的有组织的考古研究工作，则是从1928年河南省安阳市殷墟的发掘开始的。

因为考古学是通过古代人类的实物遗存来进行研究的，所以不受历史记载的约束，对研究史前史和早期文明史提供了一种特别有效的途径。下面谈谈考古学对探索中国文明起源的贡献：

1928—1937 年，在安阳殷墟进行了 15 次发掘，发现了商代晚期的宫殿基址和商王陵墓群，还有大量的铜器、陶器、石器、骨器，特别是发现了一个很大的甲骨文窖藏，从而证明殷墟是自盘庚迁殷直至纣王灭国，历时 273 年之久的商代晚期都城。由于这一发现，学术界才普遍接受中国文明至少应追溯到商代晚期。1955 年，在河南省郑州首先发现了商代早期的城垣遗址，其后经过 20 多年的勘探发掘，基本上确定那是商代早期的都城遗址。城址略呈方形，周长约 7 公里。城内发现有宫殿基址，城外则有多处铸铜、制骨、制陶等手工业作坊遗址。人们相信，中国文明至少要提前到商代早期。

1959 年，为寻找夏墟，曾对河南省偃师县的二里头遗址进行了试掘，发现了一种早于商代的文化遗存，后来被命名为“二里头文化”。往后又经过多年的发掘，在二里头相继发现了宫殿和宗庙基址，同时出土了许多青铜器、玉器、石器和陶器等。不少学者认为那应该是夏代的一个都城，于是中国古代文明就可以上溯到夏代了。

夏鼐先生在论述中国文明的起源时，正是按照考古发现的时间顺序一步一步地往前推的。最后他认为文明的起源还要往前推：“把文明的起源放在新石器时代中。”因为“不管怎样，文明是由‘野蛮’的新石器时代的人创造出来的。”（《中国文明的起源》，文物出版社 1985 年版，第 96 页）这个意见是非常正确的。下面，我想把中国新石器时代文化的发展历程和主要成就稍稍梳理一下，看看我们“野蛮”的祖先是怎样一步一步地走向文明的。

走向文明的脚步

近年来的考古发现和研究成果表明，中国新石器时代大约是从公元前10000年开始的，一般可再分为三个发展时期。

早期（约公元前10000年至前7000年）的年代大约相当于西亚的前陶新石器，但中国各遗址中都已有了少量的陶器。这个时期最重大的成就可能是农业的发现，不过现在还没有找到确实的证据，考古学者们正在努力探索。

中期（约公元前7000年至前5000年）是原始农业得到较大发展的时期，并已初步形成了南北两个农业体系。北方的黄河流域已经普遍种植粟、黍等旱地农作物，单是河北省武安县磁山遗址一处，便发现了成百的粮食窖穴，其中有大量粟的朽灰，如果换算成新鲜粮食当在10万斤以上。南方的长江流域多种水稻，近年在湖北省的城背溪文化和湖南省的彭头山文化中，都发现了稻谷遗迹。位于淮河上游的河南省舞阳县贾湖遗址，也发现了年代很早的碳化稻米。年代相当于中晚期之交的浙江省余姚县河姆渡遗址，更是发现了大量稻谷遗存和相关的农具。由于农业的发展，形成了较长时期定居的农村，从而为往后向文明社会的发展奠定了初步的物质基础。

晚期（约公元前5000年至前3000年）是中国新石器时代文化大发展的时期，中原地区的仰韶文化，山东地区的大汶口文化，辽宁西部和内蒙古东部的红山文化，长江中游的大溪文化和下游的马家浜文化等，都属于这一时期。这时农业聚落遗址分布的密度明显增加，规模也有所扩大。每一个聚落中往往有近百座房屋，按照凝聚式和向心式结构排列，体现集体的精神和平等的原则。这个时期还流行多人二次合葬墓，即在人死后先对尸体进行暂时处理，等肉体腐烂后再把骨骼收拾起来，同亲近的人一起埋葬。每座墓合葬从数人到数十人不等，最多者可达 100 余人。各墓的随葬品很少差别，而且也不强调个人所有，这显然也体现着集体精神和平等的原则。

大约从公元前 3500 年起，这种状况开始有所改变。我们看到无论是在聚落内部还是在聚落之间，都已出现了明显的分化。在聚落内部，个别房子造得特别讲究，规模往往也比较大，而大多数房子仍是简易的窝棚。在多数聚落的规模并无显著变化的同时，少数聚落却发展得特别大，出土遗迹遗物的规格也比较高，说明它们已发展成为当时的中心聚落，是社会分化的一个明显的标志。墓葬的情况也发生了相应的变化。少数大墓开始设置木棺，有的在棺外还建一木椁，随葬品可多达 100 多件，质地也特别精良。而绝大多数小墓则无棺无椁，随葬品十分简陋，有的甚至一无所有。贫富分化在这里看得非常清楚。

在辽宁省西部的凌源牛河梁发现了一处红山文化后期的祭祀中心和贵族墓群。所谓祭祀中心包括“女神庙”、方形祭坛和圜丘等一大群建筑。所谓女神庙是一个半地穴式的房屋，现在仅清理表面的一部分堆积，就发现至少有五六个人体塑像和个别禽、兽的塑像。人体塑像有的和真人一样大，有的还要大两三倍。体表圆润光洁，突出乳房和臀部，像是女性，故谓之女神庙。庙旁有用石头护坡的表面平整的巨大的长方形祭坛。这组建筑的前方数百米，在一处很显眼的山坡上，用石头砌成一个巨大的阶梯式圜丘，推测也是作祭祀用的。

贵族墓葬分布在祭祀遗迹的附近，有 10 余处，每处一两墓或四五墓不等。每墓中心有石椁，有随葬玉器等贵重物品。墓上垫土，四周砌石。有的砌两三层台阶，宛若祭坛。其外围还往往竖置一周筒形陶器。有的墓上面有若干小墓，也有石椁，有的也随葬玉器。这些小墓的死者当是墓主人的随从或近侍。这样看来，牛河梁所反映的红山文化后期的社会已经明显地分裂为贵族和平民两个阶层。贵族有自己单独的墓地，而且由于这个墓地同祭祀中心结合在一起，可见宗教也是由贵族所把持的。可以设想，如果没有一个相应的由贵族组成的权力机构，这些贵族的地位是难以维持的。这样的社会，已经同过去那种人人平等、共同劳动、共同消费的原始共产主义社会有所不同了，这是走向文明社会所迈出的非常重要的一步。

大约从公元前3000年到前2000年的1000年间，生产技术已有较大的发展。除石器制作更加精良外，还能制造一些小件的铜器，种类有刀、削、锥、凿、斧、铃和指环等，在青海的齐家文化遗址中还发现了小型的铜镜。这些铜器的质地不尽相同，有些是红铜做的，也有少数是青铜或黄铜做的，后二者可能与矿石成份较杂有关。由于铜器在当时生活中已占有一定地位，过去把这个阶段的文化遗存统统划归新石器时代晚期的做法就不尽合适了，有必要列为铜石并用时代，作为新石器时代向青铜时代转变中间的一个过渡时代。又由于这个时代的考古学文化主要是龙山文化及其同时代的诸文化，所以在考古学上又称为龙山时代。

龙山时代除农业较过去有较大发展外，手工业的成就更为突出。一是铜器的制造已于前述。二是制陶业中普遍使用快轮，它需要有厚重的转盘以加大惯性，要有稳固且磨擦系数又小的转轴和轴承，还要有传动设备，这大概是人类历史上发明的第一种简单机械，从而大大提高了陶器的生产率。三是玉器制造向高精方向发展。当时已经广泛地用切割方法和管钻法加工玉材，然后用琢磨和抛光方法使其润滑光亮。大部分玉器还用圆雕或半圆雕、浮雕、透雕和线刻等方法进行装饰，成为艺术价值极高的工艺品。玉器的种类已很复杂，有专门用于宗教仪典的琮和璧，有象征军权的钺，有各种佩戴的装饰品如发笄、耳环、手镯、带钩和璜、管、珠等，还有很多穿缀在衣服或其他软质物件上的饰件。有些玉器是作为组装件或镶嵌物来使用的。例如一件玉钺的木柄头部要装玉龠，尾部要装玉镦，柄身还镶嵌许多排列成花纹的玉珠。有些漆盘、漆杯和漆壶上面也镶嵌很多玉珠或玉片。这些漆器显然也同玉器一样宝贵。当时丝绸业已经开始发展，良渚文化的遗址中就发现过丝线、丝带和绸布片等。所有这些手工业的成就大部分是为贵族所垄断的，于此可见当时社会的分化达到了何种程度。

这个时期的建筑业也有巨大的进步，一些房屋建筑已经大量地使用土坯砌墙，用石灰涂抹墙壁和地面。夯筑技术更是得到了广泛的应用，有的房屋有夯土台基，有些坟山也用夯土筑成。由于有了夯筑技术，使得营建大规模的城垣成为可能，而各种类型的城堡确实就在这个时候从地平线上冒出来了。

到目前为止，已经发现的龙山时代的城址大约有 30 多处，分布于河南、山东、湖北、湖南和内蒙古等省区。如果以后加强考古调查，相信还会发现更多的城址。河南和山东境内现已发现 10 座城址，其中较大的如河南辉县孟庄和山东章丘城子崖的面积都有 20 万平方米左右，较小的如河南淮阳平粮台则仅有 3.5 万平方米。但后者做得比较讲究，已发现有东、南、北三座城门，南门两边设有门卫房，门道的地面以下还设有通向城外的陶质排水管道。有的城周围设濠沟，有的则由人工修成高坡。湖北和湖南境内发现了 6 座城址，有的呈方形，有的近似圆形或椭圆形。浙江省余杭市良渚遗址群的中心区也应是一座城址，周围还有若干祭坛和贵族坟山，组成一个巨大的遗址群。内蒙古的情况有所不同，那里多随山势用大石头砌筑城垣，这种山城往往坐落在险要的地方，多数应是军事城堡，少数较大的山城里面也有数量不等的常住居民。

城的出现应当是战争经常化和激烈化的产物，这是由于生产的发展加深了贫富分化的程度，人们创造的许多财富为少数贵族所占有。他们贪得无厌，还要觊觎别人的财物，于是发动一次又一次的掠夺性战争。这个时期出现了大量制作精致的石钺和石箭头，是军事活动激烈化的直接反映；各地还发现许多乱葬坑，坑中往往丢弃数具乃至数十具尸骨。有的身首异处，有的作挣扎状，有的骨骼上还带有射入的石箭头，显然也是战争激烈化的直接证明。中国古代把城叫做国，城里人叫做国人。《考工记》说“匠人营国，九经九纬”，是说建筑师修城，城内街道纵横各九条，十分整齐。国有时也包括部分乡村，即所谓野。包括城乡的政治实体有时也叫做邦。传说黄帝时就有万国，尧舜的时候有万邦。大禹的时代也是“天下万国”。万者言其多也，并不一定就准是万个国家。总之是一种小国林立的局面。以后因为相互征伐兼并，到商汤时只剩了三千余国，周武王灭商时会于盟津的还有八百诸侯。龙山时代据放射性碳素测定刚好早于夏代，众多城址的发现证明那时已处于小国林立的局面，与传说中的五帝时代正好相合。所以我认为龙山时代可称为中国的古国时代，是真正的英雄时代。

把前面的意见归纳一下，中国原始农业的发生和发展为文明的起源奠定了初步的物质基础。直到仰韶文化后期，即大约从公元前3500年开始，才迈开了走向文明的脚步。进入龙山时代以后则加速了走向文明的步伐，有的地方甚至已经建立了最初的文明社会。到了夏代，中国古代文明的雏形已经具备，到商周时代更是集其大成。从秦汉起又进入到一个新的发展阶段，其特征需要有专门的论述，此不赘述。

单中心还是多中心

在关于中国文明起源问题的讨论中，不仅有一个起源的时间和阶段问题，还有一个起源的地方问题：是本地起源的还是外来的？如果是本地起源的，那么是在中原还是在别的地方？或者说是单中心还是多中心起源的呢？几十年以前，中国文化西来说曾经风行一时，那是某些西方学者在资料很不充分的情况下提出的一种假设，没有任何事实根据。自从中国革命取得成功，考古学随之取得巨大的进展，大量资料无可辩驳地证明中国文化是本土起源的，外来说已经基本上销声匿迹了。现在谈论得比较多的倒是首先从中原起源，然后向周围传播扩张；还是同时在许多地方起源，相互影响传播，最后因中原地理位置优越而获得了较快的发展呢？

在 20 世纪五六十年代，中原中心论或中原起源说是颇占优势的。一个最基本的事实是，夏、商、周三个彼此递嬗的朝代都是在中原或是以中原为核心地区的。如果承认夏是中国历史上建立的第一个王朝，或者如当时一些人主张的那样，只有到商代中国才真正进入文明时代，那么中国文明无疑就是在中原首先发生的。何况夏、商、周都有一个独立走向文明的历史，那时在别的地方还没有发现任何文明起源的证据。无怪乎加拿大华裔学者何炳棣在系统论述中原地区在中国乃至东亚文明起源中的地位时，把中原黄土地带比拟为“东方（文明）的摇篮”，并把它作为其专著的名称。

在一个时期，有些学者把文明起源的中原中心论加以延伸，认为中国史前文化也是以中原为中心的，这明显地与实际情况不相符合。针对这种情况，苏秉琦先生在 20 世纪 70 年代初就提出在全国范围内划分考古学文化的区系类型问题。开始是分为十区，后来又归并为六大区，这就是所谓多中心说。

20 世纪 80 年代，与文明起源相联系的考古新发现一个接着一个。先是在甘肃省秦安县大地湾发现了一个巨大的仰韶文化遗址，其中心建筑 901 号房子的面积达 290 平方米，分前堂、后室和东西两厢。前堂大柱子的直径达 90 厘米，地面和墙壁都抹有一种类似水泥的涂料，其规模和建造技术在中原的仰韶文化遗址中都还没有见过。它应该是一个中心聚落的中心“殿堂”，说明甘肃省的东部早在公元前3500年就已迈开了走向文明的脚步。

与此同时，辽宁省凌源县牛河梁遗址发现了红山文化后期的祭祀建筑群和贵族墓地。正如前节已经指出的那样，它是走向文明的重要信号，在中原地区同时期的文化遗存中也还没有类似的例子。

在浙江省余杭市的良渚遗址群中发现了巨大的夯土台基，推测它可能是一座城。其周围有人工筑成的反山、瑶山和汇观山等祭坛和贵族墓地，墓中随葬的玉器和漆器等，数量之多与品位之高，也是同一时期各文化中所仅有的。有的学者据此推测良渚文化已有某种形式的国家组织，已经进入早期文明社会。

在湖北省天门市石家河发现的屈家岭文化晚期的城址，面积达100万平方米，是现知龙山时代30多座城址中最大的一座。那里显然也存在一个文明起源的中心，其发展水平大概不会低于良渚文化。

有趣的是上述地点都不在中原，而是分布在中原的四周地区。有的学者甚至认为这时中原是比较落后的，只是到夏以后才逐渐发展起来。我个人觉得中原近年的考古工作做得不够，所以暂时显得文化发展水平还不如四周地区。日后工作跟上去了，肯定还会有所发现的。即使到那个时候，也无法证明中原的文化发展水平就一定比周围地区高，更无法证明周围诸文明的发生一定是受中原文明的激发或竟是中原文明传播的结果。所以中国文明并非仅仅从中原发源，而是有许多起源中心的，这差不多已成为大多数考古学者的共识。

有的学者觉得文明起源固然不是在一个地方，但最后只有中原才形成了夏商周文明，别的地方几乎都没有了下文，这样实质上还只是一个中心。其实，在夏朝建立的时候山东就已经有一个有穹国，其实力之强大足以在一个时期夺取了夏的政权，即所谓“因夏民以代夏政”。近年在山东章丘城子崖遗址发现了一座岳石文化的城址，面积达20万平方米，城垣建筑技术十分先进，证明当时东夷的确有自己的文明。到了商代，四川广汉三星堆发现的巨大城址和高度发达的青铜文化，并不比中原商文化逊色多少。江西新干大洋洲的青铜文化，也是一支不同于商文化的、具有很高水平的青铜文化。两地都存在着与商文明颇不相同的文明，只是没有进入正式的历史记载，现在被考古学家恢复起来了。由此可见，多中心起源论才是符合历史实际的。

中国文明起源的模式

中国文明既然是在若干地方起源的，各地方走向文明的道路或方式当然就有可能不大相同。苏秉琦先生曾经用裂变、撞击和融合比喻各地文明起源方式的不同，这可以说是对文明起源模式的一种探索。张光直也注意到中国各地的新石器文化有明显的不同，他称之为区域文化；同时这些区域文化又有越来越密切的关系，从而组成为一种相互作用圈，或称之为文化互动圈。大约在公元前3000年的龙山时代，在这个互动圈的基础上发生了中国文明的起源，这是对文明起源模式的又一种探索。我认为在研究中国文明起源的模式时，有两个因素是应该特别留意的，一个是地理环境，一个是史前文化的背景。

中国地理环境的基本特点是自成独立的地理单元，并且有一种天然的多元向心结构。这需要作一点解释。首先，中国的地形像一个大座椅，背对欧亚大陆而面向海洋。它的四周为高山、大川、沙漠、海洋所环绕，从而形成为一个独立的地理单元。在交通不发达的情况下，很难同境外发生经常性的文化交流，因而中国史前文化基本上是本地起源和独自发展的，文明的发生和早期发展也基本上是在没有外界重大影响的条件下进行的。但中国又是一个地域辽阔和地形非常复杂的国家，由于各地的自然环境不同，在漫长的史前时期，逐渐发展出富有地方特色的文化，其发展水平也颇为不同。例如广大的西北和西南地区因距海甚远，地势又高，雨量稀少，大陆性气候十分显著，在新石器时代难以发展农业，所以遗址稀少，往往多细石器而较少陶器，文化发展也十分缓慢 。东北地区因纬度较高，无霜期较短，在新石器时代仅南部一些地区发展了农业，渔猎经济则比较发达。陶器出现虽早，器形却比较简单，主要是筒形罐，文化的发展也是相对滞后的。华南气候炎热，雨量丰富，植物繁茂，照理是非常适于人类生存和发展的。但丰富的食物资源可能正是阻碍农业发展的重要原因，所以华南新石器文化发生虽然很早，却长期没有显著的发展。

相形之下，黄河中下游和长江中下游气候较适宜，又有较宽广的平原和肥沃的冲积土壤，因而分别成为粟作旱地农业和稻作水田农业的起源地和中心区域，新石器文化得到迅速的发展，在全国范围内成为文化最发达的区域，可称之为东方的两河流域。

由于这个两河流域位置比较适中，文化发展水平又比较高，所以在全国范围的新石器文化中起了凝聚的核心作用。不过这个地区范围仍然很大，不同地区的文化仍然有较大的差别。根据文化的特点和发展谱系，大致可以分为六个地区，即中原区、海岱区、燕辽区、甘青区、两湖区和下江区。推测四川也应自成一区，但至今因考古工作做得不够，实际情况还不清楚。每个文化区既是相对独立的，又是相互有联系的。假如把每个文化区比喻为一个花瓣，那么全中国的新石器文化就很像是一个重瓣花朵。这样的格局对于后来文明的起源及进一步的发展产生了决定性的影响。

中原区在新石器时代乃至铜石并用时代的文化发展水平虽不见得比周围地区高出多少，但因为地理上处于中心的位置，能够博采周围各区的文化成就而加以融合发展，故自夏以后就越来越成为文明发展的中心，华夏文明就是从这里发生，以后又扩展到更大范围的。海岱区史前文化的发展水平并不比中原低，在某些方面如制陶制玉等甚至比中原更先进。从这里产生的东夷文明，长期成为与华夏对峙的力量，直到战国时才完全融合于华夏文明之中。两湖区是稻作农业起源的重要地区，古为三苗所居，后来发展为荆楚文明。下江区从河姆渡文化和马家浜文化开始就一直比较发达，到良渚文化时期达到高峰，那里应是古吴越文明的发祥地。后来同荆楚文明一起，逐渐成为华夏文明的一部分。燕辽区、甘青区和四川的巴蜀区等也有类似的情况。这就是说，由于中国自然地理提供的客观条件，使中国史前文化发展成一种重瓣花朵式的多元一体结构。更由于这种结构本身所具有的凝聚与向心的作用，因而能够在文明产生以后的发展过程中，相邻与相近的文化逐步融合，从而使文化的统一性越来越强，具体表现为花心部分越来越大。即使由于文化发展不平衡规律的作用，使内部结构时有变动，甚至出现某些时期的政治分裂局面，但就文化与社会的层面来说，却仍然是多元一体的态势。它是一种超稳定的结构，是中华民族特别强固的凝聚力所产生的根源。明白了这个道理，不但有助于我们正确地认识中国的历史，也将成为团结亿万炎黄子孙建设光辉未来的精神力量。

匈奴考古发现及研究概况

乌　恩

一、匈奴的历史概况

匈奴是中国北方有影响的古老民族，在中国的历史上乃至世界的历史上都占有重要的地位。在中国古代文献当中，如《史记》、《汉书》、《后汉书》、《三国志》等都有关于匈奴的列传。所以关于匈奴的历史、政治事件等一些重要历史活动，特别是匈奴立国以后的一些情况，先秦文献中都有比较详细的记载。

根据《史记·匈奴列传》的记载，匈奴出现在战国晚期，并记述了匈奴的名称、活动范围和基本的历史发展概况。根据文献记载，匈奴最为活跃的时期为：冒顿单于立国至北匈奴西迁（公元前209年—公元91年）。匈奴在中国北方地区活跃了300年。南匈降汉后还持续了一段时间，到北朝初期就基本与汉族及其他少数族融合了。匈奴一度曾是北方的一个强族，在战国晚期与赵、燕、秦等诸侯国为邻。为了防止北方匈奴族的南下，赵国、燕国和秦国都修筑了长城。到西汉时，汉朝廷实行和亲政策，与匈奴通好，这个阶段也相当长。汉武帝同匈奴打了45年仗，给匈奴以严重的打击，造成匈奴内部分裂。大致发生两次大的分裂，公元前53年，5个单于争位，重新组合后变成南北对峙局面。公元48年，南北匈奴正式分裂，到公元91年，南匈奴与汉朝廷和鲜卑联合，击溃北匈奴并迫使其西迁，从此中国北方进入一个新的历史阶段。

匈奴强盛时占地广阔，北至贝加尔湖，南至阴山，东尽辽河，西逾葱岭，西域都在它的管辖范围之内。匈奴将这些地区分成三个区域：中央区（现蒙古人民共和国、外贝加尔和中国北方之区域），由单于直接管辖，东面由左贤王管辖，西面由右贤王管辖。

二、匈奴文化遗存的考古发现及其研究简况

根据现在发现来看，匈奴遗存主要集中在中央区。年代范围为公元前 2 世纪—公元 2 世纪。1896 年，俄罗斯学者戈林采维奇首次在外贝加尔发掘匈奴墓地，直到 1902 年，发现了两处墓地，一处叫伊里莫瓦，一处叫德列斯堆。在伊里莫瓦发掘了 33 座墓葬，在德列斯堆发掘了 26 座。当时发掘者并不知道是匈奴墓葬，经过后来的考古发现证明，是典型的匈奴墓地，从此揭开了匈奴考古的序幕。

此后，1912 年，俄国的一个采金者在蒙古诺音乌拉发现一座大墓，引起俄国学者的注意。1925 年，前苏联科兹洛夫率领了一个考查团到诺音乌拉进行发掘，发掘了 8 座大的贵族墓葬和一些普通墓葬。大型贵族墓葬都有墓道并棺椁结构齐备，属于单于和贵族的墓葬。其中，5 号和 6 号墓中均发现带汉字铭文的“漆耳杯”，有的有建平五年等 69 个汉字，为断定墓葬的年代和族属提供了有力的证据。1928—1929 年，索斯诺夫斯基在原来发掘的伊里莫瓦墓地又发掘了一些墓葬。另外，在外贝加尔地区发现了两个居住遗址和一个古城址，在都连村遗址出土了很多有关农业、手工业的遗物。古城叫伊沃尔加古城，出土的遗物与都

连村出土的一致，证明是匈奴的文化遗迹。1929年以后，前苏联对匈奴的考古发掘工作就停顿下来了，大约20年没有什么重要的考古发现。1949年，苏联考古学家继续在外贝加尔地区进行发掘，也有重要发现：一个是继续发掘伊沃尔加古城，并在古城附近发现了一个大墓群，一共有216座，属于与古城同期的墓地。在另一个地点又发现了一个叫切列姆霍夫的墓地，当时发掘了20多座墓葬。到目前为止，在俄罗斯外贝加尔地区经科学发掘的有伊里莫瓦、德列斯堆、切列姆霍夫墓地及都连村居住址和伊沃尔加古城址。

在蒙古境内，主要是由前苏联的一些学者进行发掘，还有匈牙利等国家的学者也在蒙古境内进行考古发掘工作。其中最重要的是诺音乌拉墓地。另外，还发掘了高勒毛都、达尔汉山等墓地。除此之外，在蒙古境内还发现了10余座有围墙设防的小型城址。

在中国境内，因为匈奴考古起步较晚，匈奴遗存发现不是太多，迄今已发现几处：一处在内蒙古准格尔旗西沟畔，发现了一些墓葬，出土了属于汉代匈奴的遗物。一处在内蒙古东胜县补洞沟，发现了一些东汉时期的墓葬。一处在宁夏同心县李家套子，发现一批属于东汉时期的匈奴墓葬。一处在同心县倒墩子，1985年发掘了20余座墓葬，出土了丰富的遗物，包括陶器、青铜带饰等各种装饰品。另外，在青海大通县上孙家寨发现东汉晚期的砖室墓，墓葬结构和随葬品与汉墓没有什么两样，但它出土了一颗匈奴的铜印，表明墓葬属于匈奴人。陕西长安县客省庄发掘的140号墓，是一座匈奴墓葬，出土了动物纹青铜带饰等典型匈奴遗物，在汉王朝都城附近发现匈奴墓葬，对研究汉王朝同匈奴的关系提供了直接的证据。在陕西省铜川县枣庙也发现了一座匈奴墓，出土了动物纹青铜带饰。迄今为止，在中国北方地区总共发掘匈奴墓葬50余座。

另一个问题是匈奴与鲜卑是同时代的两个民族，鲜卑也留下了很多文化遗存，但目前对匈奴和鲜卑的文化遗存进行鉴别上还存在一些问题。譬如：在内蒙古呼伦贝尔盟扎赉诺尔发现的一些墓葬，有人认为是属于匈奴的，有人则认为是属于鲜卑的。另外，在内蒙古察右后旗二兰虎沟发现了一些墓葬，有人认为是匈奴的，有人认为是鲜卑的，意见也不一致。在辽宁的西丰县西岔沟发现了一批墓葬，目前也存在几种不同的看法，一种意见认为是匈奴的，像辽宁的孙守道同志就一直主张是匈奴的墓地，当然也有一些学者考证是乌桓的，还有其他的一些说法。

再谈一下关于匈奴考古的研究。前苏联学者鲁金科出版了一本书叫《匈奴文化与诺音乌拉巨冢》。他比较详细的介绍了诺音乌拉的考古发现，像政治、经济、军事各方面都进行了些阐述。还有就是日本的梅原末治，出版了日文版《蒙古诺音乌拉发现的遗物》一书，对该墓地的发现作了比较详细的介绍。还有前苏联的科诺瓦洛夫，他写过一本书，叫《外贝加尔的匈奴》（俄文）。再有一个就是达维多娃，一个女考古学家，她出版了一本书叫《伊沃尔加遗迹群——外贝加尔的匈奴遗存》，主要介绍外贝加尔发现的古城、古墓的发掘情况。蒙古的学者主要是道尔吉苏荣，出版了一本书叫《北匈奴》（蒙古文），主要是根据中文文献并结合一些考古发现撰写的。

我们国内研究匈奴史的研究者很多，像内蒙古的林干，他已经发表《匈奴史》、《匈奴研究论文集》等很多书籍了。他不是搞考古的，但他利用了一些考古的资料，进行了一些深入的研究。另外就是内蒙的田广金发表了几篇论文：《匈奴墓葬的类型和年代》、《近年来内蒙古地区的匈奴考古》，还有他的夫人郭素新发表了《试论汉代匈奴文化的特征》。我也发表了几篇论文：《试论匈奴与鲜卑遗迹的区别》、《论匈奴考古研究中的几个问题》和《匈奴族源初探》。

三、匈奴文化的主要特征

如前所述，在外贝加尔地区发现的匈奴遗址和墓地20余处，包括一处居住遗址和一处古城，发现墓葬近千座，其中已发掘的墓葬有近400座。在蒙古人民共和国境内发现墓地30多处和古城10余座，发现墓葬2000余座，其中发掘500余座。中国北方发现7处墓地，发掘墓葬50余座。

文化特征主要有：

墓葬的结构。墓葬的结构基本上是土坑墓，长方形竖穴。有的有葬具，有棺有椁。在外贝加尔发现的墓葬地面还有标志，堆积有石堆。当然，大墓表面有封土，也有墓道，这是贵族墓葬。在我国北方发现的都是土坑墓，砖室墓是后来的特殊的现象。另外还有偏洞室墓，在倒墩子发现几座这种墓葬。砖室墓在青海发现几座，墓葬结构和随葬品都与汉墓一样，有五铢钱和铜镜，但墓里出土了一颗“汉匈奴归义亲汉长”的官印。它是南匈奴归汉后的一个小官吏的墓葬，虽说是匈奴墓，但也明显的汉化了，这对于研究南匈奴怎样逐渐的跟汉族融合提供了很重要的证据。

倒墩子匈奴墓地属于西汉中晚期。匈奴墓葬的殉牲习俗也很有特点，就是不用整只牲畜，而是用牲畜的头和蹄，主要是牛和羊。随葬品包括陶器、青铜器、石器等。陶器主要是罐，肩部有波折纹，这是匈奴陶罐的一个最典型特色。青铜器很少有兵器，主要是工具和装饰品。最典型的是透雕或浮雕的青铜带饰，包括动物纹和几何纹，有的浮雕带饰还表面鎏金。从发掘的这些带饰来看，内容有双驼、双马、双牛、双龙、龙虎相斗、龟龙相斗、鹰虎夺羊、双人跤斗、佩剑武士、武士骑马捉俘等，颇具游牧民族特色。

西方一些大的博物馆都收藏有这种青铜带饰。解放前，一些古董商到河北、山西、内蒙古等地去收购，并流向国外。美国赛克勒基金会就收藏1000多件这类青铜器，其中就包括青铜带饰。此前由于这些青铜带饰都是收集而来，用途不明。后来在德里斯堆墓地发现这种带饰是连在腰带上的，倒墩子墓葬的发掘进一步证实了这种器物是腰带上的装饰。通常都是成对发现，花纹相似。

四、匈奴的定居、农业和手工业

由于匈奴考古资料的不断积累，为匈奴的经济、文化方面的研究补充了一些新资料，但同时也引起了一些学术争论。

匈奴的定居、农业、手工业的问题，一直是大家讨论的问题。过去一般都认为匈奴是游牧民族，没有定居的生活。但是，新的考古发现为定居提供了证据。在外贝加尔发现的古城、定居点就说明匈奴有定居的。在蒙古中央省的特列勒金古城，平面呈正方形，每边长235米，围墙外有沟，四面有门，在城内发现了瓦当、筒瓦、板瓦、方砖等，这些都是汉式的建筑材料。中央省还有一个古城叫高瓦—道布，平面近方形。南北367米，东西360米。中间有一个高台建筑基址，56×45米，高3米的建筑，说明小城中间还有一个中心建筑。伊沃尔加古城的周围有四条围墙。在城内发现了房址50余座，还有窖穴、炼铁炉，出土了陶器、铁铧犁、铲头、镰刀、锄头等，还有铜镜。另外，都连村遗址发掘的遗物比较多，但没有围墙。陶器、青铜器、房址、窖穴，在一些陶器和磨刀石上发现了一些汉字。关于这些古城的性质，目前还存在一些争议。我个人认为，这些古城不是匈奴人居住的，很可能有很多汉人逃亡至此，或是被俘的汉人到匈奴本土后在此从事农业和手工业生产。当然，也不排除有部分匈奴人也住在城内。另外，在南西伯利亚哈卡斯共和国阿巴坎发现了中国式的宫殿建筑，1941 年发掘，由东西大殿构成，发掘比较完善，发现了暖气通道，建筑材料有筒瓦、板瓦、瓦当、铺首等纯粹的汉式建筑材料，在瓦当上还发现了“天子千秋万岁常乐未来”等汉字铭文，这是一个典型的汉式宫殿址。苏联女考古学家叶芙秋霍娃认为是李陵的宫殿，中国学者周连宽认为李陵不可能住这么豪华的宫殿，他认为是王昭君长女须卜居次云的宅第。不管怎么说，有汉人建筑是事实。根据出土犁、铲、磨刀石等生产工具来看，匈奴境内存在农业生产是可以肯定的。

另外，在一些墓葬中还发现了粮食遗存。当时的自然条件，在外贝加尔有农业生产是可能的，有相当的一部分人在那儿从事农业生产。因为，光靠牧业生产是很难维持生活的。据中国古代文献记载，在汉匈和平相处的年代，汉朝廷每年都赠给匈奴礼物，其中必有粮食和铁器。但光靠汉朝廷的供给，也还是满足不了匈奴的需求。所以，我认为，当时农业作为牧业的补充是完全可能的。

手工业方面也有些证据，比如：制陶，发现过陶窑；金属冶炼，发现过炼铁炉、铜渣和铜甘锅。另外发现了一些制骨和皮毛加工的作坊遗迹。还发现过一些陶器、骨器半成品。在匈奴墓里发现过一些木器。棺椁制作也很精致，有的还涂漆并有彩绘。还发现了一些凳子、椅子、伞等器物。所以有木器加工也是完全可能的。刚才提到在陶器和磨刀石上刻有汉字，如“仇”、“党”、“岁”、“役”等，也反映出当时可能有一大批汉人在匈奴居住。考古发现为此提供了重要的实物资料。

五、匈奴族源的探索

这是学术界比较感兴趣的问题。最初是根据文献资料来推断匈奴族源问题，但因为对文献的评价和认识不一样，所以，得出的结论也不相同。司马迁在《史记》里认为匈奴是夏人的后裔，这种看法现在看来是不能成立的。王国维的看法最具有代表性，它认为“胡”是匈奴的自称。而胡是与商周时的鬼方和战国时期的戎是一脉相承的，所以匈奴的祖先就是鬼方。这种看法，在学术界很有影响。当然，也有些不同的说法，像蒙文通、黄文弼等老先生，就认为“义渠”是匈奴人的祖先，义渠是活跃在甘肃宁夏等地区的古老民族。也有人认为匈奴不是本土的，是从西边来的。自从近代考古兴起，对匈奴族源的认识有了新的看法。中国学者认为匈奴起源于阴山一带，鄂尔多斯青铜文化就是早期匈奴文化。像田广金先生在最早发表桃红巴拉墓地材料时就直接用的是匈奴。以蒙古学者道尔吉苏荣为代表的学者认为匈奴的族源是同分布于蒙古北部的石板墓文化的居民有关，很多俄罗斯学者也附和此说。第三种是前苏联专门研究匈奴文化的米尼亚耶夫，他长期在外贝加尔从事匈奴墓葬的发掘，他认为匈奴同鄂尔多斯、蒙古西部的文化遗存没有关系，而是同分布于辽西和内蒙古夏家店上层文化有关系，他的根据主要是墓葬的结构，因为两者都是石椁墓或石板墓。

我认为第三种意见是不能成立的。至于前两种，不能偏重一方，既不能偏重于青铜器文化，也不能偏重于石板墓文化，而应综合考虑。《史记》记载：西北有林胡，楼烦之戎，燕北有东胡，山戎。各分散居溪谷，自有君长，往往而聚者，百有馀戎，然莫能相一。

这段话主要讲冒顿杀父立国以前的千余年的情况，我认为这里面主要有三层意思：第一就是匈奴自古以来是土生土长的，不是外来的，经历了千余年，是一个漫长的过程。其次，匈奴的起源是多源的，是由各个分散的部族聚合而成，冒顿统一各部后才最终形成的。我觉得解决匈奴族源问题，关键是在匈奴统一即冒顿立国之前这段历史。而这段时期，又恰好是文献中最缺的一段。冒顿立国以后（前 209 年以后）的历史，文献都有记载，世系都可以列出来。但它以前的记载则极少，而考古资料可以填补这一空白。

这一段相当于春秋战国时期，这一时期在蒙古和外贝加尔地区分布有石板墓文化，而且范围也是可以确定的。北到外贝加尔，南到蒙古戈壁滩，东到大兴安岭，西到杭爱山。出土的青铜刀等青铜器，确实具有一致的风格，这是一方面。在另一方面是戈壁沙漠以南的中国北方地区，相当于春秋战国时期的文化遗存，在内蒙古的准格尔旗、杭锦旗和伊金霍洛旗境内，发现了桃红巴拉、阿鲁柴登、西沟畔、玉隆太、速机沟等墓地。在阴山南麓的和林格尔、崞县窑子、呼鲁斯太、毛庆沟、饮牛沟等墓地，年代相当于春秋战国时期，文化遗物都有很多相似的因素。普遍殉牲，主要是马、牛、羊的头和蹄子。随葬品，早晚期有所不同，早期多数是青铜短剑、刀、鹤嘴斧及马具等。到晚期，铁器增多，像短剑、鹤嘴斧等有铁制者，带饰也有铁制品。早期流行的装饰品，在晚期就很少出现了。这一时期流行的某些装饰品、马具、陶器等，在后来的匈奴得到充分的表明，它们之间存在文化方面的连续性。

上面介绍的蒙古、外贝加尔的石板墓文化和我国北方像内蒙古、陕北发现的这些相当于东周时期的文化遗存，从陶器、装饰品等随葬品方面看，都有相似之处，但也存在明显的不同之处。北方是石板墓，南方是土坑墓，但有些葬俗和殉牲等习俗是一致的，反映出他们有统一的基础。从另一方面来看，我们在第一部分讲到了匈奴的分裂，开始只是南北对峙，为什么后来就分裂了呢？我个人感觉是与族源有关系，古文献里有林胡和楼烦的记载，林胡可能就是指北匈奴，楼烦可能是南匈奴的一部分，这个楼烦一开始就被吞并了。从出土的文物看，南北之间在文化内涵方面存在相似之处，说明有统一的基础。我想，在对匈奴族源的探讨上，不应该单看石板墓文化或土坑墓文化，也不是鄂尔多斯的青铜文化，而应综合考虑。我认为，匈奴族源是多源的。

六、匈奴与中原地区的紧密联系及其对中华文化发展的贡献

匈奴地处亚洲中部的腹心地带，南面是发达的黄河农业文明的中心，东面是黑龙江和滨海的农耕文化，西面通过阿尔泰、图瓦同西亚发生联系。由于它所处地理位置的优越性，随着向外扩张、对外联系的加强，同汉族即中原地区的关系逐渐密切，接触频繁。关于这方面，古代文献中都有详细记载。在匈奴墓葬中发现了一些来自中原地区的遗物，最有代表性的就是铜镜，除中国北方的一些墓葬以外，像蒙古境内的诺音乌拉及外贝加尔的匈奴墓葬都出土了汉代铜镜，大多是两汉时期的，初步统计共出土了22件。另外一个就是漆器，漆器是中原地区的产品，在匈奴墓葬中共出土漆器30多件，主要是漆耳杯，在外贝加尔和诺音乌拉的贵族墓里，如5号和6号墓里，都出土了带汉字铭文的漆耳杯，有的漆耳杯上有“建平五年”等69个汉字铭文。建平五年相当于公元前2年。所以，有人推测，这只漆耳杯属于匈奴单于乌珠留若鞮，因为他在公元前1年来长安朝拜过，这个漆耳杯可能是汉朝廷送给他的礼物，因为这上面是“建平五年”（公元前2年）。这件漆耳杯，不但有年号，还有工匠和作坊的名字，所以是蜀地制作的。当时的四川是专为朝廷制作漆器的重要之地，在匈奴墓里发现这种漆器，说明当时汉朝廷曾以漆器作为礼品送给匈奴单于。第三类是丝织品，像外贝加尔和蒙古境内的大型墓葬中都发现丝织品，有些大的木棺内部都是用丝绸包裹的。出土

的衣物包括长袍、长袖衫、肥裤、鞋垫、额带、小旗、发囊、袋子等。这些都是用丝织品做的，其中有些有文字，无疑是来自中原的产品。有些丝织品还保存得比较完整，诺音乌拉墓里出土的衣服有些还完整地保存着。在大型墓葬中发现很多辫子，这些辫子装在发囊里，发囊都是用丝绸做成的。推测这些辫子是用来殉葬的。这是比较文明的做法，即用辫子代替人牲。另外在发辫的头上绑着丝织小袋，里面装着指甲，表明指甲是生命的代表。出土的丝织品数量很多，而且很多都相当高档，有的还印有龙凤图案，有“皇”、“仙境”等铭文。第四种是五铢钱，五铢钱是汉代通行的钱币，在匈奴墓葬中也多有发现，个别墓里发掘的五铢钱多达 187 枚。五铢钱的发现也有助于断定墓葬的年代。另外，还发现了一些铜灯、铜壶等来自中原地区的产品。匈奴贵族墓葬有棺椁结构，都是用圆木制成，与汉朝贵族墓葬的做法相似，说明匈奴高层仿效汉朝王室的埋葬习俗。这也反映出匈奴和汉族的关系是很密切的。

匈奴在中国北方活跃了 300 年，首次统一了北方，对中华文化的发展确实做出了贡献。首先从经济方面说，匈奴人从事畜牧业，除马牛羊以外，还饲养骆驼等动物，汉朝的牲畜显然是从匈奴输入的，养马术对中原的畜牧业是有很大影响的。另外，像赵武灵王推行“胡服骑射”，实际是向匈奴的前身林胡、楼烦等少数民族学来的。中原地区原本都是步兵作战，作战不灵活，自从实行“胡服骑射”之后，骑兵灵活性加强，与匈奴的对抗加强了。另外，匈奴的一些文化艺术，特别是独具草原民族特色的青铜器及丰富多彩的动物纹装饰艺术，为中华文化增添了光彩，甚至对世界都有一定的影响。特别应当指出的是，匈奴统一了北方，结束了北方的分裂局面，这为后来中华大一统的形成打下了基础。

七、匈奴考古研究中需要探索的问题

一个是游牧畜牧业的形成问题，引起学术界的广泛关注。从漫长的历史过程来看，游牧畜牧业延续了这么长的时间，是什么条件促成的？通过我自己的考察，从新石器时代到青铜器时代早期，在北方匈奴活动的这个区域内，农业是相当发达的，像东部内蒙古的敖汉旗的兴隆洼文化遗址，是国内最完整的农业文化聚落遗址。再往下就是红山文化，再往下是夏家店下层文化。在蒙古境内也发现了彩陶、石磨盘、农具等，说明先前确实存在农业文化。那么，为什么在青铜器时代晚期就发生变化了呢？出现了半农半牧的经济形态。到了公元前 7 世纪之后逐渐形成了游牧畜牧业经济，而且长期存在下去，这是一个很值得进一步研究的课题。

第二个问题是如何区分匈奴和鲜卑文化遗存的问题。匈奴和鲜卑处在同一个时代，交错存在。但匈奴占先，后来北匈奴西迁，南匈奴南下降汉，鲜卑就占领了匈奴旧地。现在的问题是如何鉴别两者的文化遗存。这也是目前还没有完全搞清楚的问题。我国发表的几批有关鲜卑的材料，目前就有争议，而且既然鲜卑占了匈奴故地，为什么目前在匈奴故地尚未发现鲜卑的文化遗存呢？

第三个问题是关于匈奴西迁的命运问题，目前也不是搞得很清楚。这里是指从考古学上尚未搞清楚。根据文献记载，北匈奴西迁以后，到了西亚，一直打到东欧，就是今天的匈牙利等地区。早年，匈牙利有一位老先生，一直在蒙古考察，他认为匈牙利人的祖先就是原来的匈奴人。关于南匈奴，降汉以后，到东汉晚期，在文化面貌方面，匈奴已经丧失了原有的文化内涵。像青海大通县发现的匈奴墓葬，如果不是出土一件铜印，就无法断定墓葬的主人是匈奴人。所以，上述这些问题确实值得思考和深入研究。

晋侯墓地的发现与研究现状

徐天进

天马—曲村遗址位于山西省南部曲沃和翼城两县的交界处，东距翼城县城12公里、西南距侯马城区（新田遗址）30公里。遗址所在为侯马盆地的北部边缘。海拔约600米。东西走向的乔山（亦名塔儿山）在其北、绵山（覆釜山）和翱翔山（翔山）居其东、南与紫金山（绛山）遥遥相望。遗址向西约25公里有汾水由北向南流过。源于乔山的釜河由东北向西南流经天马村东、三张村南、而后注入汾河。这里的气候属于暖温带大陆性季风气候，年均温12.6℃，年降水量525.7毫米。遗址的分布范围大致在天马、曲村、北赵、三张四个自然村之间，东西约3800米，南北约2800米，总面积约近11平方公里。晋侯墓地即位于上述已知遗址范围的中部。

一、晋侯墓地的发现及发掘经过

天马—曲村遗址发现于1962年，翌年进行过小规模的试掘和钻探。为寻找并确认晋的始封地，自1979年初开始，北京大学考古系（时为历史系考古专业）和山西省考古研究所（时为山西省文物工作委员会）联合组成了以邹衡教授为中心的考古队，在天马—曲村遗址开展了持续十余年的大规模的考古发掘和研究工作。期间发掘了近千座西周至战国时期的晋国中小型墓葬及数万平方米的居住址，大量的珍贵遗物及丰富的遗迹不仅向世人重新展现了晋文化的风貌，同时也为我们清楚地勾画出了晋文化由发生、兴盛到衰落的历史脉络。邹衡先生在调查发掘工作开始之后不久就曾提出，天马—曲村遗址应是晋国的始封地——“唐”之所在，也即晋国早期的国都——“故绛”之所在。此观点由于缺少地下出土文献和大型宫殿建筑基址、诸侯陵园等相关考古证据的支持，而在相当一段时间内未被学术界所普遍接受。直到1992年在遗址的中部发现并确认了晋侯墓地，这个问题方才取得了比较一致的意见。

经过两千多年的世道沧桑，晋国早期的繁华之地渐渐地被历史的尘埃所湮没，昔日的景象也早已不复存在。可能自汉代以来，晋国早期都城的确切所在已在人们的记忆中模糊不清乃至消失了。也正因如此，该遗址才能幸免于历史上各个朝代的盗掘破坏。直到20世纪80年代的后期，这里仍是全国范围内同时期遗址中保存状况最好的一处。

天马—曲村遗址的被盗大约始自1986年，此后盗掘之风日甚一日，至20世纪90年代初，达到了令人震惊的程度。1992年初春，寒假刚刚结束，北京大学考古系的邹衡、徐天进二人为整理往年的发掘材料，并编写《天马—曲村》发掘报告，前往设在曲沃县曲村镇的考古工作站。途经太原时，耳闻去年腊月间在天马—曲村遗址的北赵村曾有大规模的盗掘事件发生。据云，盗掘者携带枪支武器，并有警车开道，挖出的许多“宝物”，都是用汽车及拖拉机拉走的。当时我们对此传闻将信将疑，抵曲村后不久又不断听到类似的消息，遂引起了我们的警觉。经访查得知确切地点在北赵村南。4月3日，刘绪、徐天进二人赶到北赵村南约300米处的盗掘现场，虽然盗坑已经回填，但盗掘所出墓内积炭遍地皆是，其间夹杂大量的绿色铜锈和铜器的小碎片。凡具一般考古经验的人都不难判断，被盗之墓当是大型的积炭墓葬。刘、徐二人回到工作站后向邹衡先生详细报告了所见情况。4月4日上午，刘、徐陪同邹衡先生再次到现场，又发现了一个新炸的盗洞，据现场近旁的窑工说，盗洞是4月2日晚上炸的，4月3日晚还曾发生过枪战。鉴于事态的严重性，我们一致认为有必要立即向有关部门的领导汇报。于是邹、刘、徐三人当日下午即赶往曲沃县城，找到县政府分管文教的王震副县长，向他通报了北赵墓地被盗的情况及所造成的重大损失，并强烈希望县政府能够对此事件予以高度重视，并立即采取强有力的保护措施，以防止再次发生类似的盗掘事件。遗憾的是，我们的报告似乎并没有得到政府领导们应有的重视。由于当时看不到政府方面任何的积极反应，而墓地仍面临着被继续盗掘的危险，于是，徐天进受邹衡先生之命，于5日下午乘火车由侯马赶回北京。翌日上午抵京后匆匆向北京大学考古系的领导介绍了情况之后，即赶往国家文物局。他向文物局的有关领导详细地汇报了北赵墓地被盗掘的情况，并提出申请，希望立即对墓地进行抢救性发掘。国家文物局领导得知情况后非常重视，当时即命正在北京参加全国文物局局长会议的山西省文物局局长张希舜回太原处理此事，并同意由北京大学考古系和山西省考古研究所联合对北赵墓地进行抢救发掘。与此同时，邹衡先生赴洛阳参加为张政烺、宿白两先生举办的纪念会。在会上，他向与会的其他专家学者介绍了北赵墓地被盗的情况。大家听后都感到非常的震惊和气愤，并一致认为，此事事关重大，应该尽快向最高一级的政府机关反映。遂于4月5日，以与会代表的名义，直接向国务院办公室报告了北赵的盗墓事件。4月6日，国务院的有关部门即打电话向山西省政府了解相关情况。4月8日，省、地、县三级的监察、公安、文物部门的领导赶到曲村，对盗墓事件进行调查。刘绪陪同察看了盗掘现场，并递交了有关情况的书面材料。在经过一段时间的紧张筹备之后，成立了以北京大学考古系李伯谦教授为领队、由北京大学考古学系和山西省考古研究所联合组成的考古队。晋侯墓地的首次发掘也于 1992 年 4 月 18 日正式开始。首次发掘工作历时 60 余天，至 6 月 30 日结束。只清理了被盗的 M1 和 M2 两座墓葬。虽然由于被盗严重，墓内随葬物品已所剩无几。但通过这次发掘我们对该墓地的年代和性质有了比较明确的认识，也从此揭开了晋侯墓地大规模考古发掘的序幕。

第二次发掘从 1992 年的 10 月 16 日开始，至翌年元月 11 日结束。在和第一次发掘的间隔期内，M8 又遭盗掘，其中后来成为学界讨论焦点的晋侯稣钟及鼎、簋诸器多流失境外，其中部分后被上海博物馆抢救购回。此次发掘了 M9、M13、M6、M7 和 M8 共 5 座晋侯及其夫人的墓葬，还有 8 座附属于大墓的祭祀坑。另外还探明了 M32、M33 的位置及规模。

第三次发掘在 1993 年 4 月至 7 月间进行。发掘了 M31、M32 两座晋侯夫人的墓葬及附属于 M31 的 3 座陪葬墓，并探明了 M62、M63、M64、M91、M92 和 M93 的位置及规模。

第四次发掘自 1993 年的 9 月 11 日始，至 1994 年 1 月 6 日结束。共发掘了 M62、M63 和 M64 共 3 座晋侯及其夫人的大墓及附属于该组墓的 20 余座祭祀坑。

第五次的发掘自 1994 年 5 月至 10 月进行。清理了已探明的 5 座大型墓葬，即 M33、M91、M92、M93、M102，还有属于 M93 的 20 余座祭祀坑。

经过近两年时间的发掘，晋侯墓地的发掘暂告一段落。总共清理晋侯及其夫人的墓葬 8 组 17 座、陪葬墓 4 座、祭祀坑数十座，并探明车马坑 5 座。由于工作的疏忽，原以为在墓地范围内已不会再有其他的大型墓葬，但最近得知，就在 M1、M2 的北侧略偏西处还有一组两座带墓道的大墓，并有附葬的车马坑。现在虽然还不能够确定它们的具体年代和墓主的身份，但根据已揭露的迹象，可以肯定这是又一组晋侯及其夫人的异穴合葬墓。对它们的发掘正在进行中。不管最后的发掘结果如何，都肯定会对迄今为止晋侯墓地各墓排列的意见产生或多或少的影响。

二、对晋侯墓地研究的现状

自晋侯墓地发现并发掘以来，自始至终受到学术界的高度关注。由于这是目前为止同时期、同规格的墓地中保存最完整、排列最清楚而且也是随葬品最丰富的一处，因此，该墓地的发掘为考古学研究所提供的信息和材料是多方面的，尤其是对于周代的考古学研究而言，更具有重大的学术意义。有的学者甚至将其与20世纪初安阳殷墟甲骨文的发现相并论，由此亦可见其学术价值之一斑。由于田野考古的工作尚未结束，发掘所获资料的整理亦未彻底完成，已经刊布的内容只是其中的一部分，因而在一定程度上影响到了研究工作的深入和全面开展。仅就目前已经发表的研究成果来看，已经取得了许多引人注目的成绩。其具体内容大体可以归纳为以下几个方面。

（一）墓葬的年代及墓主的身份

墓葬年代的确定是其他诸多相关研究的基础和出发点，因此，关于这方面的讨论持续的时间最长，也最为热烈。目前学术界对整个墓地的起始年代已取得比较一致的意见，即最早的M9、M13的年代大体与西周穆王前后相当，最晚的M93、M102则和东周初的平王时期约略同时。但就各墓的具体年代及其所属墓主的看法则尚未统一。第一次发掘的M1、M2虽然被盗严重，墓内随葬品已所剩无几。但发掘者根据仅存的少量遗物并结合已经积累的考古经验，还是对两座墓葬的年代及其性质做出了比较接近事实的判断。

即认为两墓的年代相当于西周晚期，并审慎地指出“墓主应该是晋国诸侯一级的贵族”，该墓地“是一处晋国高级贵族的墓地”，并列的两墓“很可能是夫妻异穴合葬墓”。

第二次发掘 M9、M13、M6、M7 和 M8。其中 M6、M7 被盗严重，M8 也已被盗，但尚有部分存留，M9 和 M13 保存完好。发掘者根据陶鬲及其他遗物的时代特征，将已发掘的 7 座墓葬的顺序做了如下的排列：M9、M13—M6、M7—M1、M2—M8。认为 M9 和 M13 的时代最早，大致相当于西周早中期之际的穆王前后，M6、M7 大约在西周中期偏早阶段的恭、懿之时，M8 则相当于西周晚期的宣王之世。此次发掘第一次出土了有晋侯名号的铜器，据此，墓主的身份得以确定，从而也肯定了该墓地的性质。M8 所出晋侯铜器作器者有二：“稣”和“斷”。发掘报告的作者认为：“稣”即《晋世家·索隐》所记晋献侯，而“斷”则不见史书记载。由于该墓所出鼎为“稣”所作，簋和壶则是“斷”之器，因此墓主究竟是谁未作肯定，而只是根据《晋世家》的记载及出土物的时代特征，将 M8 的墓主限定在晋献侯和晋穆侯，其年代范围则放在周宣王之世。

第二次发掘的材料刊布之前，上海博物馆发表了从香港购回的由晋侯墓地盗劫的晋侯铜器（可以确认出自 M1、M2 和 M8）的部分材料。1994 年 1 月，晋侯墓地第二次发掘简报发表，两批材料的刊布，共有“㔨”、“稣”、“斷”三个晋侯名号可资判断 M1 和 M8 两墓墓主的身份时的重要参考。

第四次的发掘于 M64 出土了“晋侯邦父”鼎。经第五次发掘之后，又新增了“僰马”、“喜父”两个晋侯的名号。至此共有六位明确的晋侯名号。按理讲，将这些名号与所出墓葬相对应，即可确定各墓的墓主，但事情并非如此简单。一是这些名号多与《晋世家》所记晋侯名字不合，因此不能一一对应。唯有晋侯“稣”见于《史记·晋世家·索隐》（献侯籍下“《系本》及谯周皆作苏”)，可定其为晋献侯之名，但又因晋侯稣钟铭文中的纪年与文献所记献侯在位的时间不合，而使问题变得愈发复杂。另外，还有一墓同时出土两三位晋侯作器的情况，这也给墓主的判断带来一定的困难。大家们各述己见，聚讼纷纭，迄今仍莫衷一是。

在第四次发掘结束后，刘绪曾著文对各墓的排列及整个墓地的时限进行了讨论。他从墓葬的规模、积石积炭的现象、随葬品的特征、车的随葬、玉石“覆面”的使用、棺椁的饰物及口含物的变化等诸多方面，论证了墓葬的早晚顺序，即 M9、M13—M6、M7—M33、M32—(最西未掘者，后编号为 M93、M102)—M1、M2—M8、M31—M64、M62、M63。并推测“两排之间未发掘的一组可能稍早于 M64 组”。墓地年代的上限相当于西周的昭穆之时，下限在两周之际(1994)。

第五次发掘简报综合历次发掘的材料，将已发掘的 8 组墓葬按时代早晚排列如下：M9、M13—M16、M17—M32、M33—M91、M92—M1、M2—M8、M31—M62、M63、M64—M93、M102。同时根据各墓随葬品的时代特征及铜器上的晋侯名号，并参考其他学者的研究成果，将其与《晋世家》所记载的晋侯世系相比照，对各墓的墓主作了初步的推测，即：

M9（晋侯）武侯　　M6（?）成侯

M33（僰马）厉侯　　M91（喜父）靖侯

M1（執）釐侯　　M8（酥）献侯

M64（邦父）穆侯　　M93 文侯（?）

围绕着墓葬的排列顺序及墓主身份的讨论，意见分歧较大。由于篇幅所限，恕不能一一备举各家的具体考证，择其要者列表如下：

表一 对晋侯墓地各墓排序及墓主的几种意见

作者 / 墓号	第五次简报	李学勤	李伯谦	邹衡	张颔	马承源	裘锡圭	孙华	黄锡全	卢连成	冯时	张长寿	李朝远	刘启益	朱凤瀚	断代工程
M9(晋侯)	武侯	武侯	武侯					变父	武侯	靖侯 ②		晋侯 ①			成侯	武侯 (?)
M6(?)	成侯	成侯	成侯					武侯	成侯 (僰马)	厉侯 ①		釐侯 ③			厉侯 (僰马?)	成侯
M33(僰马)	厉侯	厉侯	厉侯					成侯	厉侯 (喜父)	釐侯 ③		穆侯 ⑤			(僰马?) (喜父)	厉侯
M91(喜父)	靖侯	靖侯	靖侯					厉侯	靖侯 (⿰革丸)	献侯 ④		文侯 ⑥			靖侯 (⿰革丸)	靖侯
M1(⿰革丸)	釐侯	釐侯	釐侯			厉侯	厉侯? 靖侯?	靖侯	釐侯 (⿰革丸)	穆侯 ⑤	釐侯 (⿰革丸匹)	靖侯 ②			釐侯 (盺)	釐侯
M8(稣盺)	献侯	献侯	献侯	穆侯	献侯/文侯	献侯	献侯	献侯	献侯 (稣)	文侯 ⑥	献侯	献侯 ⑥	文侯 (⿰革丸)	穆侯	献侯 (稣)	献侯
M64(邦父)	穆侯	穆侯	穆侯				穆侯		穆侯		穆侯	⑦			穆侯	穆侯
M93(?)	文侯	殇叔	文侯						文侯			⑧				文侯 (或殇叔)

①、②、③为作者对各墓由早及晚的排列顺序，未注明者自上而下依次排列

表二 晋侯墓地 AMS 测年数据

墓葬 晋侯墓	墓葬 夫人墓	所出金文侯名	《晋世家》对应的侯	样品	实验室编号	^{14}C 年代 (BC)	拟合后日历年代(BC)	《晋世家》年代(BC)
M9	M13		武侯(?)	M9 人骨	SA98089	2784±50	935—855	
				M13 人骨	SA98090	2727±53	930±855	
M6	M7		成侯				910—845	
M33	M32	僰马	历侯	M33 陪葬墓 M108 人骨	SA98091	2734±50	880—831	
M91	M92	喜父	靖侯				860—816	858—841
M1	M2	对	釐侯				834—804	840—823
M8	M31	断(靳)	献侯	M8 木炭	SA98155	2640±50	814—796	822—812
				M39(夫人陪葬墓)人骨	SA98092	2684±50	814—797	
				M11 (M8 祭牲)	SA98094—1	2560±57	810—794	
					SA98094—2	2612±50		
					SA98094A—2	2574±51		
M64	M62 M63	邦父	穆侯	M64 人骨	SA99043	2671±38	804—789	811—785
				M87 (M64 祭牲)	SA98095	2555±50	800—785	
				M64 木炭	SA98157	2541±53	800—784	
M93	M102		文侯 (或殇叔)	M93 祭牲	SA98096—1	2517±57	789—768	784—781 殇叔 780—746 文侯
					SA98096—2	2595±50		
					SA98096A	2531±53		

(引自《夏商周断代工程 1996—2000 年阶段成果报告》第 18 页,表 6)

最新公布的《夏商周断代工程 1996—2000 年阶段成果报告》，发表了晋侯墓葬的部分 AMS 测年数据，其拟合后的日历年代与第五次发掘简报及大多学者对各墓的排列顺序有着惊人的一致，由于每座墓只公布了一个数据，这个数据是否是唯一的结果也不易断然肯定。因此有些学者对此持谨慎的态度。尽管如此，这些数据的刊布对确定各墓的相对早晚顺序及墓主的确定应该还是具有一定的参考价值。

1. 唯王三十又三年，正月既生霸戊午；

2. 二月既望癸卯；

3. 二月既死霸壬寅；

4. 三月旁死霸；

5. 六月初吉戊寅、丁亥、庚寅。

据《晋世家》和《十二诸侯年表》的记载，晋献侯稣在位的时间为周宣王六年至十六年（公元前 822—前 812 年）。若定钟铭的“王三十又三年”为宣王三十三年时，晋献侯已死去多年，当然也就不可能刻此钟铭。若设其为厉王三十三年的话，则晋献侯尚未即位。那么问题究竟出在何处呢？争论由此而起。兹将就此问题发表的几种观点简述如下。

就年代学研究而言，在整个晋侯墓地中 M8 出土的晋侯稣钟有着至为重要的意义。这套编钟共两堵 16 件，其中 14 件曾盗失境外，后由上海博物馆抢救购回，最后两件尚留在 M8 中，由此可知晋侯稣钟的确切所属。钟铭以锐器镌刻，共 355 字。记载了王三十三年晋侯稣率兵随周王巡省疆土，并受命伐夙夷立功受赏之事。其中涉及记时历日者有以下数条：1. 唯王三十又三年，正月既生霸戊午；2. 二月既望癸卯；3. 二月既死霸壬寅；4. 三月旁死霸；5. 六月初吉戊寅、丁亥、庚寅。据《晋世家》及《十二诸侯年表》的记载，晋献侯稣在位的时间为周宣王六年到十六年，前 822—812 年）。若定钟铭的“王三十又三年”为宣王的三十三年时，晋侯稣已然死去多年。若设其为厉王三十三年时，则晋侯稣尚未即位。那么问题究竟出在何处呢？争论由此而起。兹将就此问题发表的几种主要观点简述如下：邹衡依晋侯稣钟铭“唯王三十又三年”，认为 M8 的年代上限为周宣王三十三年（前 795 年）。由于《晋世家》记录，晋献侯立于周宣王六年（前 822 年），卒于周宣王十六年（前 812 年）。宣王三十三年当晋穆侯十七年。因此，晋侯“稣”不可能是晋献侯，而只能是晋穆侯。晋献侯名“稣”应是《世本》之误（1994）。刘启益则直接主张“稣”为穆侯之名（1997）。马承源认为，铭文中的二月癸卯和壬寅两个日干是当时的刻手倒置所致，若将两者调整过来，其记时合于厉王三十三年（前 846 年），也合于“四分月相说”。并由此指出：《晋世家》所载晋侯稣在位为宣王时有误，司马迁对晋侯世次的记载亦未必可靠（1996）。陈久金对马氏的上述意见提出了异议。指出马氏在利用张培瑜《西周历法和冬至合朔时刻表》时没有考虑厉王时用朔还是朏作为月首，若以朏为月首，则稣钟的日序就不合于四分月相说，另外马氏没有讨论六月。前 846 年（厉王三十三年）不能容纳“六月初吉戊寅”。因此，此年不是稣钟记事之年。陈氏认为，在改动“二月”两个干支中的一个字后，其日序可以和前 794 年相合，因此，宣王三十三年有可能是前 794 年（1997）。李学勤也认为钟铭的“三十又三年”就是厉王三十三年。其时“稣”以靖侯孙的身份率兵打仗，编钟系随厉王作战时的战利品，铭文则是“稣”即侯位后所刻，故称号也依刻字时的身份而改变。这样的解释虽然可以调和厉王三十三年和晋献侯在位时间的矛盾，但有违西周金文中对先王称谓的惯例（1996）。从铭文的内容似乎也看不出追记往事的痕迹。王占奎认为钟铭的三十三年是共和元年（前 841 年）以来的第三十三年（前 809 年）。他从有关千亩之战的年份和成师的年龄中找出了《史记》的矛盾，以及殇叔在位 4 年可能是误算所致。提出了西周纪年中宣王纪年可能是从元年到六十年，而不存在共和单独十四年的新说。司马迁所言“自靖侯以来，年纪可推”应该是可信的，只是在推算的过程中有小误而已。将共和十四年单独计算，当是后人整理的结果（1996）。冯时依据金文纪年的惯例，对晋侯稣钟的纪年形式进行了探讨。认为钟铭所记并非同年之事，其分界点在两“二月”之间。并将首见之二月所记之事定为宣王三十三年，后见之二月所记则为宣王三十五年事（1997）。新近公布了M8的碳14C测定结果。据报告，由中国社会科学院考古研究所和北京大家两家实验室所得碳14C的测定年代分别为距今2630±30年和2620±20年，取平均值为2625±22年。经由高精度树轮校正曲线校正的年代为前808±8年。依仇士华、张长寿先生之意见，此结果恰与晋献侯的卒年（宣王十六年，前812年）相合，由此证明晋侯稣确为晋献侯，《史记》所载晋献侯的卒年是可信的。那么钟铭的“王三十又三年”就肯定不是宣王三十三年，而只能是厉王三十三年了（2000）。

对此问题发表意见的还有裘锡圭、李伯谦、王恩田、张闻玉、刘启益、黄彰健、李钟操等先生。参加讨论的学者虽然对某些问题的看法有共同或相近之处，但也不乏相互的辩驳。上面所介绍的几种意见在相互的商榷中多有其弱点被指出。因此，目前为止还没有哪种意见可以为大家所普遍接受，而且似乎也看不到在近期内取得一致性意见的可能。不论是要依钟铭来订正司马迁之误，还是坚信文献而试图改动钟铭之讹，都不是一件易事。该钟铭的面世为学人带来欣喜的同时，也捎来了许多难解的困惑。这个问题的最终解决仍有待来日。

（二）晋侯墓地与周代的埋葬制度

晋侯墓地由于其保存状况的完整和排列的有序，为周代埋葬制度的讨论提供了弥足珍贵的材料。对于周代的公墓墓位安排上是否存在“昭穆制”的讨论由来已久，但由于没有理想的考古材料为依据，因此史学和考古学界对此问题的争论一直聚讼未决。基于对晋侯墓地各墓的排列顺序的不同认识，亦导出了两种截然不同的意见。卢连成认为报告作者对晋侯墓地各墓的排序尚有再讨论的必要。他根据陶鬲的形态特征，重新对下列各墓的埋葬顺序做了排列：M7—M13—M2—M8，由此否定北排墓葬由东往西的排列顺序。他还对各墓的具体年代做了论证，认为M9、M13组的年代可能在穆王之后的共、懿之际，M6、M7组则在穆、共之时。关于M8的墓主，他同意文侯说；对M64、M62、M63组的墓主是谁的问题未涉及。经过一番论证后提出：可将8组大墓分作东、西两区，东区6组墓葬的早晚顺序可重新排定为：M6、M7—M9、M13—M32、M33—M91、M92—M1、M2—M8、M31(实际上他只是调整了第1、2组墓葬的顺序)。西区两组墓葬的早晚顺序未予排定，但绝对年代要晚于东区的墓葬。基于这样的排列结果，卢氏认为东区的6组晋侯大墓的坑位可能仍然遵循着西周昭穆排列的礼制。即M7居于中位，昭组大墓有M9、M1，穆组墓葬有M33、M8。在穆组位上还有M91，由于该组墓葬的位置和墓主的头向均较特殊，被解释为处在穆组中的“祧位”(1996)。李伯谦先生则在对各墓的年代及墓主进行论证之后，同意第五次简报提出的8组墓葬的早晚排列顺序，认为晋侯墓地8位晋侯的墓位是依父子先后次序安排的，丝毫看不到“先王之葬居中，以昭穆为左右”的迹象。同时还指出，在与晋侯墓地大体同时的卫国、燕国、虢国等公墓区亦不见“昭居左，穆居右，夹处东西”的格局。因此，怀疑《周礼·春官·宗伯·冢人》所记载的这种昭穆制度可能并不存在(1997)。孙华对卢连成的观点亦提出了异议。孙氏认为卢氏对晋侯墓地的排序有违客观实际，并从多方面指出了其不确。因此，基于此而提出的按昭穆顺序来安排墓位的意见也是站不住脚的(1998)。李氏还就西周“公墓”的墓地选择、夫妇异穴合葬墓中男女性的墓位、墓祭与墓上建筑等问题做了比较全面的论述。认为西周时期已有墓祭，但尚未出现墓上建筑。孙氏认为晋侯墓地与文献中所记载的包括王、诸侯、卿大夫等不同等级，且"各以其族"埋葬的"公墓"还有所不同〔这一点刘绪先生也曾指出(1994)〕。由考古发现的实际情况来看，周代的墓地形态要比《周礼》所记载的"公墓"和"邦墓"两大类复杂得多。此外，他也就墓地的规划、墓上标志及夫妇异穴合葬等相关问题发表了意见。秋山进午以晋侯墓地的材料为中心，对该墓地夫妇异穴合葬的形式、晋侯墓地的形成及独立和文献所载"公墓"、"邦墓"的问题进行了论考。他认为，晋侯墓地至迟在西周中期开始独立，这和当时晋侯权力的确立有着密切的联系。《周礼》所记"公墓"和"邦墓"之制，只是战国时代或其以后的现象，而不能上溯至西周时期。所谓的"昭穆制"亦同样很难理解为西周时期通行的制度(1996)。

(三) 器用制度

由于晋侯墓地墓主身份明确，而且大多墓葬的随葬品保存完好，因此对研究当时的器用制度也是一份绝好的材料。孙华通过对晋侯"对"组铜礼器组合的复原，认为该墓地晋侯墓的用鼎制度属于少牢五鼎之制。其规格为卿大夫或下大夫的等级，因为晋之始封仅为"爵卑而贡重"的甸服偏侯。孙氏还就周人的棺椁制度、饰棺之制、缀玉覆面(瞑目)的使用等级、用玉制度等问题进行了讨论(1995、1997)。孙庆伟根据 M31 和 M63 所出的佩玉，和文献记载的佩玉相比较后指出，文献中所谓的由珩璜牙琚等物组成的佩玉事实上并不存在(1996)。孙机将晋侯墓地所出的由多件玉璜和玉管、玉珠等组成的佩饰名之为"多璜组玉佩"。认为这些组玉佩多为墓主人生前佩戴之物，不可笼统地归为葬玉之类。"组玉佩是贵族身份在服饰上的反映之一。身份愈高，组玉佩愈长愈复杂；身份较低者，佩饰就变得简单而短小了。这种现象的背后则与当时贵族间所标榜的步态有关，身份愈高，步子愈小，走得愈慢，愈显得气派出众，风度俨然。”(1998) 曹玮对晋侯墓地各墓所出随葬品进行了梳理、比较，从随葬鼎、簋之数的不同、编钟、甗及兵器、工具的有无；方壶、圆壶的差异和玉器的数量等方面，指出了晋侯和夫人在使用随葬物品上的诸多差别。这种现象的背后当隐含着某种制度的存在(1998)。李伯谦由对 M63(穆侯夫人)出土玉器的分析，指出当中包含了一批商代的玉器，根据出土情况来看，这些玉器的性质已不再具有宗教的意义，而只是墓主人生前的玩物。由此说明周人用玉观念的变化(1998)。

(四) 晋侯墓地与晋国始封地

当天马—曲村遗址大规模的考古工作开始不久的时候，邹衡就曾提出这里有可能就是晋国早期都邑之所在。晋侯墓地发现之后，邹氏再次著文重申旧说。并进一步提出“晋自叔虞封唐，至孝侯徙翼十二侯，又武公代晋至景公迁新田，历时共 370 余年，皆立都于绛，即史学家所称之“故绛”，亦即今天马—曲村遗址(1994)。李伯谦先生在对晋侯墓地的分析后也指出“晋侯墓地及其所在的天马—曲村遗址所处的地理方位、起始年代、延续年代等都表明它不是‘穆侯迁绛’之绛，不是‘成侯迁曲沃’之曲沃，也不是燮父徙居之晋，而只能是西周初年叔虞所封之唐。也就是春秋时期屡见于传的晋都翼，从叔虞始封直至晋献公八年(前 668 年)‘始都绛’以前晋国并未迁都。”(1993) 刘绪在基本同意上述意见的同时，根据晋侯墓地最晚的墓葬的年代（穆侯夫妇）及整个遗址兴衰的情况，就天马—曲村遗址作为晋都的终止时间提出了另一种可能，即穆侯时或仍有迁绛之举 (1994)。

田建文对天马—曲村遗址“故绛”说提出了质疑。他在文章中提出三点疑问：

1. 晋侯墓地是否在晋都“故绛”之中？2. 天马—曲村遗址西周早期的面积并不大。3. 该遗址尚未发现城墙或大型夯土(宫殿) 基址等与晋都直接相关的建筑遗迹。并认为“唐与故绛绝非一地”，而翼与故绛是同地，其地或在翼城县的苇沟—北寿城遗址（1994）。由于在天马—曲村遗址的田野工作仍十分有限，我们对整个遗址的布局还没有彻底的了解。田氏所提出的问题的确存在。但根据已有的诸多发现例来看，晋国的早期都城即或不在现知的遗址范围之内，却也绝不会相距太远。

（五）其他相关研究

M64 出土楚公逆钟一套共 8 枚，在钲、鼓部有铸铭 68 字。这是在晋地出土的最早的楚器，具有十分重要的学术价值。李学勤对简报发表的释文作了补充并就相关问题进行了讨论。李氏根据该钟的铭文，重新隶定了宋代著录的楚公逆钟的铭文。由该钟铭中“纳享赤金九万钧”的记载，推测约合五六百吨，而其产地可能就是有名的大冶铜绿山。楚公逆钟出于晋侯邦父（穆侯）墓，“可能是当时馈赠，也可能是战事所得。”（1995）黄锡全先生对楚公逆钟铭亦进行了详细的考证。对钟铭的释读与李氏有所不同。黄氏释“夫壬四方首”之“四方首”为四方方国的首领，“夫壬”读作“敷任”，意为分担。结合上下文的意思，被理解为：楚公逆为祭祀其先祖，祭祀用品由四方首领承担。而李氏则认为“四方首”是楚公逆祭祀先祖、先世大臣和四方之神时的祭品。比较而言，似以黄说为是。楚公逆，据孙诒让考证即楚君熊鄂，对此多无疑义。熊鄂在位为周宣王二十九年（公元前 799 年）至三十七年（公元前 791 年），与出土该钟的 M64 的墓主晋穆侯在位的时间（公元前 811—公元前 785），约略相当。因此，这套编钟也为确定 M64 的年代及墓主的身份提供了旁证。M63 随葬杨姞壶一对，有铭“杨姞作羞醴壶永宝用”九字。这是首次发掘出土的杨国铜器。围绕着“杨姞”的问题，一种意见认为，杨姞是杨国之女，壶出自晋侯夫人墓中，有可能是姞姓杨国嫁女与晋时的媵器，该墓的墓主人可能就是杨姞（李学勤，1994；王光尧，1995）。另一种意见则认为，壶铭的行文格式证明该壶是已嫁女子自作之器，而非媵器。杨姞是姞姓女子嫁予杨国后的自称，姞为母国的国姓，杨则是夫国的国名。文献记载，杨为姬姓，后被晋所灭。杨姞壶出在晋侯夫人墓中，当是晋灭杨时所得，后被用于随葬（王人聪，1996）。李伯谦在全面梳理了周代彝铭中的妇女称谓之后，结合对相关史实和出土背景的分析，认为将“杨姞”解释为姞姓杨国女子的自称更为合理。这个姞姓杨国可能也在今洪洞坊堆—永凝堡一带，宣王时改封为姬姓杨国（1998）。王子初就晋侯稣钟的音乐学问题做了深入的探讨。王氏根据钟的形态特征，将 16 枚编钟分作 3 式，并由编钟的演变规律推断：Ⅰ式钟的年代应在康王以前的西周初期，Ⅱ式钟的年代约当康王之世，而Ⅲ式钟则可定在恭王前后。“它们的形制特征，显示了西周甬钟演变成形的轨迹”。“晋侯稣编钟的音域自小字组的 a 至小字组的 c4，从低到高跨越三个八度又一个小三度，这在当时是极为罕见的，”在中国乐律学史上有着不可替代的学术价值（1998）。其他尚有多套编钟和编磬的测音工作没有进行，我们相信，这些材料定将会对中国上古音乐史的研究产生积极而又深远的影响。高至喜就晋侯稣钟的来源问题发表了自己的意见。他从编钟的锈色（合金成分）、钟铭的镌刻及编钟的形态特征三个方面，来说明这套编钟并不是晋地铸造之物。在指出了晋侯稣钟和江南所出甬钟的若干相同、相似之处后，高氏认为该套编钟来自江南，并以 M64 出土楚公逆钟为佐证。晋侯墓地的发掘及资料的整理和研究都尚在进行当中。随着考古工作的深入和发掘资料的全面刊布，今后定会有更多、更好的研究成果随之问世。让我们一起期待着！

从考古资料看唐宋时期与伊斯兰世界的文化交流

马文宽

一、引　言

唐帝国（618—907）是一个比较开放的朝代，它对域外的文化尽量加以吸收，对域外的一些宗教，如佛教、祆教、摩尼教、景教、伊斯兰教都不排斥。因而，大唐文明不仅继承了汉代以来的文明，而且也吸收了许多域外的文明。我们知道，著名的史学家向达写过一本名为《唐代长安与西域文明》的书，是他的成名之作，也是一部不朽的作品。他在书中介绍了长安与西域之间的文明。唐代首都长安是一座繁荣的城市。与唐代同时，在西亚地区即阿拉伯半岛以及两河流域等广大地区形成了阿拉伯帝国，它以后逐渐向外扩张，其西边一直到大西洋海岸，控制了直布罗陀海峡；东边已达帕米尔高原，接近中国边界；北控地中海到达欧洲的比利牛斯半岛，整个西班牙领土那时都属于阿拉伯帝国；南边控制了西印度洋的广大海域。这个范围大体上是西临大西洋，东到中国边界，北达欧洲的西班牙，南至东非海岸。当时大唐帝国与阿拉伯帝国是世界上最主要的两大帝国；大唐文化与阿拉伯世界的伊斯兰文化在东西两方交相辉映。

阿拉伯帝国居民大都信仰伊斯兰教，是一个以伊斯兰教为国教的大帝国。它的创建人是穆罕默德(约 570—632)，他生于麦加。从 610 年起，他不断受到真主的启示秘密传教，三年以后公开传教。632 年穆罕默德逝世，这时阿拉伯半岛已大体统一，此后为正统四哈里发时期(632—661)。哈里发的意思是真主使者的继承人，后来在政教合一的伊斯兰教国家也含有国家领袖的意思。第一位哈里发是阿布·伯克尔(632—634)。第二位哈里发是欧麦尔(634—644)。此时期有两件重要的事件，一是从 634 年开始了向外军事扩张；二是在 639 年制定了伊斯兰历，亦称希吉勒历。即把公元 622 年穆罕默德从麦加迁徙到麦地那作为重要的历史事件，定该年为伊斯兰历(亦称希吉勒历)纪元之始。伊斯兰历纪元比公元纪年要少 622 年，但由于伊斯兰历属于阴历的一种，每年为 354 或 355 天，比公历少 11 天左右，经 33 年就会少一年左右。这是我们要特别注意的，否则纪年就会出现错误。第三位哈里发是奥斯曼(644—656)。这时期有两件重要的事件，一是经过 23 年的收集整理确定了《古兰经》的标准本，即"奥斯曼《古兰经》本"。此后一千余年全世界穆斯林所印、所写《古兰经》均根据此本，诵读都用阿拉伯原文；二是奥斯曼曾于 651 年遣使中国，开启了两国间的直接交往，至迟在 8 世纪中期伊斯兰教传入中国。第四位哈里发是阿里(656—661)。上述四位哈里发的任命都是通过选举产生。此后穆阿维叶建立了父子传承的世袭王朝——倭马亚王朝(661—749)，其后有阿巴斯王朝(750—1258)。倭马亚王朝和阿巴斯王朝前期的阿拉伯帝国，版图空前扩大，经济繁荣，文化昌盛。

从 9 世纪中期以后阿巴斯王朝开始衰落，但 969 年起在埃及先后有强大的法蒂玛王朝（909—1171）和阿尤布王朝（1171—1250）。这时伊斯兰文化中心从两河流域移到了埃及，开罗代替了巴格达。伊斯兰世界的航运中心也由波斯湾转移到红海。有一部影片《萨拉丁大帝》，萨拉丁就是埃及阿尤布王朝的创建者，他是抗击十字军东征的英雄。与此同时，我国经历了五代十国的短暂分裂割据后建立了宋王朝，其国力虽远不如唐代，但在海外交通与贸易上却超越前代，并继续与伊斯兰世界保持着贸易往来与文化交流。

上述说明，唐宋帝国（618—1279）与阿拉伯帝国（635—1258）在东西两方均创造出光辉灿烂的文化；而此时以基督教思想为指导的西方文化则处于一个相对的黑暗时期。当时的长安（洛阳）与巴格达（萨马拉），开封与开罗（福斯塔特）都是世界文明的中心。以儒家思想为指导的中国文化（东方文化）有着悠久的传承，但从不排除对域外文化的吸收。以伊斯兰教为指导的伊斯兰文化是在西方吸收了希腊、罗马、埃及文化，在东方吸收了波斯、印度、中国文化的基础上而形成的，也是中世纪文化发展的一个高峰。中国与伊斯兰世界文化交流极其密切，相互碰撞产生出极为绚丽的花朵，双方都对世界文化的发展做出了贡献。

对中国与伊斯兰世界文化交流课题的研究，在欧洲已有很长的时间，可以说从19世纪末就开始了，但中国在这方面的研究才刚刚起步。以前有些令人尊敬的老学者如北京师范大学的陈垣教授、白寿彝教授，北京大学的马坚教授，北京外国语大学的纳忠教授等，他们从文献上对此进行了极为深入的考察，对中国与伊斯兰文化交流的研究取得了极为突出的成果，但对双方物质文化的交流，由于时代和条件所限没有过多涉及。直到中华人民共和国成立以后，中国考古学进入了黄金时期，出土了大量的伊斯兰文物，这为中国与伊斯兰世界文化交流的全面研究创造了极为优越的条件。

二、中国出土的伊斯兰文物

1. 玻璃器

唐五代辽宋共出土伊斯兰玻璃器21批47件。唐五代出土玻璃器的地点有陕西省临潼、扶风、西安，河南省洛阳，河北省定州，江苏省扬州，湖南省常德，福建省福州，广东省广州。辽代出土地点有内蒙古赤峰、奈曼旗、通辽，辽宁省法库、朝阳，天津蓟县。宋代出土地点有河北省定州，安徽省无为、寿县，浙江省瑞安。出土最早的伊斯兰玻璃器是陕西临潼庆山寺塔基精舍出土的贴塑网纹玻璃瓶，塔基封闭年代为唐玄宗开元二十九年(741)。最有名的是扶风法门寺塔基地宫出土的18件伊斯兰玻璃器，种类有贴塑纹盘口瓶、拉斯特彩罂粟纹盘、刻花纹盘、刻画描金纹盘、素面盘、贴塑纹直筒杯、素面杯等。中国瓷器很发达，出口到世界各地，但玻璃器的生产质量远不及伊斯兰世界。伊斯兰玻璃器吸收罗马和波斯玻璃器的特点，很精致，外观非常漂亮，而且耐冷、热，适合于用作生活用具。

法门寺塔基封闭于874年，故其出土玻璃器年代应在此年以前，可提前几十年甚或百年。在773年广州有一个叫哥舒晃的地方官吏造反，唐代宗派大将陆嗣恭去平定，他在平叛时抢掠了停泊广州的国外舶商的货物，为了讨好皇帝，就把抢来的一个直径9寸的玻璃盘子送给了皇帝，皇帝以为至宝。不久，当宰相元载获罪被抄家时，发现了陆嗣恭送给元载的一个直径1尺的玻璃盘。唐代宗知道后非常生气，欲治陆嗣恭之罪，因这有犯上之嫌。一代名相李泌则劝慰说："嗣恭新立大功，陛下岂得以一琉璃盘罪之邪。"皇帝听后怒气乃消，未给陆嗣恭治罪，而且以后还提升"嗣恭为兵部尚书"。"精勤吏事而不知大体"的陆嗣恭却因祸得福了。从这里可以看出，在唐代伊斯兰玻璃器是很贵重的，同时说明至迟在773年，伊斯兰商人就已把相当数量的玻璃器通过海路运至广州销售。

这些玻璃器上刻有虚实相间的斜方格纹、刻花描金纹、彩绘拉斯特彩纹、罂粟纹等。这些都是伊斯兰纹饰中经常见到的有代表性的纹饰。

法门寺出土的玻璃器都是皇帝贵族在安放舍利（佛骨）时所供奉的，因而是极其珍贵的。那么，为什么伊斯兰玻璃器会珍藏在佛塔中呢？在佛教经典中常有“七宝”的记载，即供佛的七种珍宝。在“七宝”中就包括有玻璃器。在唐代有数次迎请和安置佛舍利的活动，其时帝王将相、王公庶士争先参与施舍。这些佛教信徒只知用珍藏的精美玻璃器供养佛舍利，而未考虑这些玻璃器的产地及其纹饰所代表的含义。这些奉献物送到法门寺后就随佛舍利埋入了地宫。

法门寺出土的玻璃器具有很高的学术价值，一方面因为它们的完整性，另一方面因为这些器物有着确切可考的年代。

辽代的伊斯兰玻璃器均出土在佛塔和墓葬中，以奈曼旗陈国公主墓出土的伊斯兰玻璃器最为珍贵。其中刻花平沿细颈折肩瓶、磨刻花乳钉纹单把杯、磨雕四棱锥纹盘、压印纹敞口长颈圆腹瓶等均代表了当时伊斯兰世界玻璃制造工艺的最高水平。辽宁省朝阳市北塔出土的单把执壶的内底上还套有一小瓶，完整保存至今，可以说是世界上罕见的孤品。

辽墓辽塔出土的伊斯兰玻璃器意义在于表明了辽与伊斯兰世界有着密切联系。文献记载辽代与伊斯兰世界有少数使节来往，至于辽与伊斯兰国家的贸易往来则很少提及。辽墓辽塔出土的伊斯兰玻璃器还说明辽与伊斯兰世界的商贸往来及双方的使节往来是通过草原丝绸之路进行的。

目前发现北宋进口的伊斯兰玻璃器较少，仅 4 批 5 件，而南宋则无一件出土。然而文献中却有大量玻璃器进口的记载，这是应值得特别注意的，今后在考古中可能有所发现。

唐宋时期国产的铅、钡玻璃，不耐冷、热，而且易碎。南宋赵汝适在《诸蕃志》中记载了伊斯兰玻璃的优点，“琉璃（玻璃）出大食诸国。烧炼之法与中国同。其法用菘硝石膏烧成。大食则添入南硼砂，故滋润不烈，最耐寒暑，宿水不坏，以此贵于中国”。因之，唐、五代、宋、辽以及元代时都大量进口了伊斯兰玻璃。

新疆若羌瓦石峡出土的玻璃器有伊斯兰特色，但不是进口的，是喀喇汗王朝时当地制造的。喀喇汗王国的版图在中亚和中国新疆的部分地区，包括新疆的喀什、阿克苏、于阗及若羌以西。由于新疆西部从10世纪中期开始信仰伊斯兰教，很容易吸收伊斯兰的玻璃制造技术。

综上所述，唐宋时期进口了大量的伊斯兰玻璃器，丰富了人们的生活，也给中国文化带来影响。如内蒙古奈曼旗陈国公主墓与天津蓟县独乐寺塔出土的刻花平沿细颈折肩瓶，可能在北宋宫廷中也有收藏。北宋末期河南汝窑、张公巷窑曾仿制了这种形制的瓷瓶，南宋时杭州老虎洞窑、慈溪市寺龙口窑亦均有仿制。

这里简单谈一下古文献中的“流璃”（“镏璃”、“瑠璃”、“琉璃”）与“颇离”（“玻璃”、“玻瓈”、“玻瓈”）的含义及演变过程。从汉代到唐代，流璃均指人工制造的玻璃，颇梨则指自然之宝石。到了宋代玻瓈已不完全指自然之物了，有时也指人造玻璃。琉璃也不完全指人造玻璃，有时也指建材琉璃砖瓦。从元代开始玻璃与琉璃有了较固定的含义，即玻璃指人工制造的透明物品，琉璃则指人工制造的不透明物，如琉璃砖、瓦等。但有些时候仍然混用。在清代玻璃与琉璃的含义就与今天的概念相同了，两者混用已是个别的现象了。

2. 伊斯兰钱币

前述阿拉伯帝国从634年开始向外扩张，由于国土迅速扩大，需要建立庞大的行政机构和各种制度以巩固其统治，因而无暇建立新的钱币制度。这样就产生了其时钱币的仿制品以应急需。在帝国西部，于7世纪30年代后半期开始利用拜占庭金币原型铸造阿拉伯—拜占庭式金币，继而在帝国东部于651年起利用波斯萨珊朝银币原型铸造阿拉伯－萨珊式银币，以后还铸有阿拉伯－萨珊式金币。这种金币、银币的仿制持续了约60年，到倭马亚王朝哈里发马立克时才于696年进行了币制改革，在其时的首都大马士革建立中央造币局，制造统一规格的金币第纳尔、银币迪尔哈姆等。我国仅发现有币制改革前的阿拉伯－萨珊式银币、阿拉伯－萨珊式金币、阿拉伯－拜占庭式金币和改革后的阿拉伯金币4种。

阿拉伯－萨珊式银币的特点是正面有萨珊朝的帝王正面右视像，其右侧有钵罗婆文王名，左侧有钵罗婆文赞语。边框外左右及下方各有一新月抱星，右下角有阿拉伯文赞誉铭文，如"以安拉的名义"、"以至高无上的安拉的名义"等。背面有拜火教祭坛，其右侧有祭祀人，旁有钵罗婆文铸造地名；左侧祭祀人旁有钵罗婆文铸造年代。边框外上下左右各有一新月抱星。有些阿拉伯－萨珊式银币在正面框外或背面框外还戳有各种戳印。目前我国在新疆的苏巴什、乌恰、吐鲁番，陕西西安，河南洛阳，山西太原发现这种银币6批160余枚。

阿拉伯－萨珊式金币仅在宁夏固原唐使铁棒墓发现1枚。为单面压印，中间为一王者正面侧视像，头戴王冠，上有齿纹，脑后飘发，眼大而深，鼻高而尖，身穿铠甲，颈佩项圈。

阿拉伯－拜占庭式金币仅在西安唐墓发现1枚，在宁夏固原3座唐墓发现3枚。西安的为双面压印，正面有拜占庭帝王像，头戴王冠。背面中央上部有一末端为丁字形十字架立在一个地球上，下面有一四级座子。左侧有一马尔泰十字架，右侧有一八尖星纹。四周有文字不识。固原的有一枚为双面压印，上部有一孔，正面为一皇帝正侧面像，四周有铭文不全；背面为一胜利女神及长杖十字架等。另两枚为单面压印，中间为一皇帝正面像，四周有铭文不识。

阿拉伯金币仅在西安唐墓出土3枚，均为第纳尔。在币制改革初期，正面铸有站立的哈里发像代替拜占庭皇帝像。因伊斯兰教不允许崇拜偶像，不久便废除了在钱币上铸人像的惯例，专用阿拉伯文。如其中的一枚金币正面中央铸有“安拉（真主）之外无神，他是独一无偶的”。周边一圈铸有“穆罕默德是安拉的使者。安拉以中正的道和真理的教派遣了他，必定使他战胜其他一切宗教”。背面中央铸有“安拉是唯一的。安拉是永劫的。他不生育，也不被生”。边缘一周为“以安拉的名义，这第纳尔铸于八十又三年”。此年即公元702年。

我国出土早期伊斯兰钱币数量不多，但有其重要性。如前述固原出土的阿拉伯－萨珊式金币，证实了在倭马亚王朝确实存在这种金币，弥补了文献记载之缺。另外这些钱币在铸造不久后就流入我国，说明中国与伊斯兰国家从7世纪开始就存在着贸易往来和文化交往。

3. 伊斯兰金条和金属器

新疆乌恰县还出土有金条16根（10根长的与6根短的）。这些金条成色好，含金量达97成。但其形状不规整，重量不等且相差较多，这与我国金铤为内膜浇铸，较为平整，重量几近相等有别。故这些金条应是从伊斯兰世界进口的。

前述辽陈国公主墓还出土有两件錾花铜盆。一件为口沿外撇，腹内收成平底，内口沿錾刻一圈连珠纹和一圈阿拉伯文“安拉”的多次重写；内底錾刻三圈连珠纹，其内布满鱼子地纹与一个由两个三角形相错叠压而成的六尖星纹。另一件为八曲花口，浅腹平底，口沿下有两圈连珠纹，中间夹有一带连珠纹组成的缠卷纹饰；器内底中心为一圈连珠纹，内刻四个卷云纹。从两个铜盆的形制和纹饰来看无疑是进口的伊斯兰铜盆。

广东台山“南海一号”沉船出土一件锡壶和一件镀金银腰带。锡壶为直口、圆肩、平底，前有弧形长流，后有环形把手，盖为平顶直壁有锡条与把相连。这种形制的壶是我国回族同胞常用的洗浴用具——汤瓶。腰带为四股八条镀金银线编织而成，一端与一长条形带勾相连，另一端深入到一长管中，管后有四圆环相连用以调节松紧。这两件器物同出自一条沉船中，应是来我国的伊斯兰商人所用。

4. 伊斯兰陶器

福建福州，江苏扬州，广西桂林、容县，浙江宁波都出土有进口的伊斯兰绿松石釉陶器。其中以福州闽国刘华墓出土的三件大型贴塑纹陶瓶和扬州城南出土的双耳大陶罐最为有名。另外在扬州、桂林、宁波、容县均出土大量的这种陶片。伊斯兰绿松石釉陶器分布范围极广，在东非海岸的坦桑尼亚、肯尼亚，阿拉伯半岛的也门，西亚的叙利亚、伊拉克、伊朗，南亚的巴基斯坦、斯里兰卡，东南亚的菲律宾、泰国、越南，东亚的中国和日本都有发现。这说明 8—10 世纪时伊斯兰世界与上述各地有着密切的联系，在印度洋和太平洋形成了广泛的贸易网，也标志着其时伊斯兰世界的兴旺发达。

三、唐宋时期伊斯兰世界发现的中国文物

1. 瓷器

唐宋时期我国瓷器输出到伊斯兰世界近 20 个国家 100 多个地点，据不完全统计，仅长沙窑瓷在 14 个国家近 30 个地点有所发现，而伊朗就有 14 个地点发现。下面择要介绍如下：

巴基斯坦信德省布拉米纳巴德早在 1854 年进行考古发掘时就出土有唐和五代的越窑青瓷、白瓷和长沙窑瓷。1958—1962 年在发掘班布尔港时亦发现上述瓷器和广东青瓷（橄榄釉青瓷）。

伊朗发现唐宋瓷器地点约30处左右，主要分布在呼罗珊地区的尼沙布尔、马什哈德，德黑兰附近的赖伊、萨维，设拉子附近的加斯里·阿布·纳斯尔、菲鲁兹阿巴德，克尔曼东南的锡尔詹，西伊朗的苏萨，莫克兰海岸和内陆的蒂斯、沙里·达卡努斯，波斯湾东岸的西拉夫、达伊尔、比比卡屯、沙·阿卜杜拉、特勒莫拉格、米纳布、博斯塔内等。其中尼沙布尔、西拉夫和赖伊因都经过了大规模的考古发掘，出土的唐宋瓷器最为有名。

伊拉克出土唐宋瓷器以萨马拉最为有名。萨马拉曾在836—912年作为阿巴斯王朝的首都，1910—1913年德国考古队曾在此地发掘，出有越窑青瓷、邢（或定）窑白瓷、长沙窑瓷以及宋代的龙泉青瓷和景德镇窑青白瓷等。另在希拉、瓦西特、忒息丰、阿比鲁塔等地也有发现。

叙利亚的巴拉贝克、哈马发现宋代青瓷。

约旦的亚喀巴遗址位于红海东岸，发现1片长沙窑瓷。

埃及以福斯塔特（今开罗南郊）出土的唐宋瓷器最为有名，计有越窑青瓷、定窑白瓷、长沙窑瓷、龙泉窑青瓷、景德镇青白瓷。另在开罗、阿斯旺、红海港口库赛尔也有发现。

苏丹出土的唐宋瓷器以红海港口埃得哈布(哈拉伊布)为最有名,发现有越窑瓷和龙泉窑瓷。另在努巴地区也发现过宋代青瓷。

沙特阿拉伯的达兰位于波斯湾西岸，曾出土1片长沙窑瓷，现存伦敦不列颠博物馆。

巴林的巴林堡在1977—1978年考古发掘时出有宋代龙泉青瓷。1988—1989年A′Ali村发掘时出土9—10世纪的2片广东青瓷，2片长沙窑瓷和1片宋代白瓷卷边碗。另在吉德哈吉遗址曾出土有长沙窑瓷。

卡塔尔的纳曼遗址曾出土有1片长沙窑褐绿彩碗片。

阿拉伯联合酋长国的海特曾出土有2片长沙窑褐绿彩碗片。

阿曼的苏哈尔在1980—1982年发掘时出土有越窑青瓷玉璧底

碗、刻花碗，邢窑白瓷，长沙窑彩绘纹碗片、杯片、褐斑罐、褐斑贴花壶，龙泉窑青瓷，景德镇青白瓷，广东西村窑青釉褐彩瓷等。

也门出土（或采集）唐宋瓷器的地点较多，主要集中在亚丁附近的阿比安、津季巴尔，哈德拉毛地区的希赫尔、沙尔马以及红海沿岸地区的宰比德等地。出土的瓷种有越窑青瓷、邢（或定）窑白瓷、长沙窑瓷、龙泉窑青瓷、景德镇窑的青白瓷、广东西村窑的青釉褐彩瓷等。

索马里在许多古遗址中发现宋代青瓷。

肯尼亚的拉姆群岛中的曼达岛出土有晚唐和五代的越窑青瓷和白瓷，还出土有长沙窑碗。在拉姆群岛中的帕塔岛尚加遗址出土有越窑青瓷、邢窑白瓷、长沙窑瓷和广东青釉褐彩大罐等。

坦桑尼亚的桑给巴尔发现有越窑青瓷和长沙窑瓷。奔巴岛发现宋代定窑白瓷。基尔瓦岛发现有宋代的青白瓷、龙泉窑瓷、耀州窑青瓷、定窑白瓷和磁州窑瓷。

科摩罗的恩兹瓦尼出土有 2 片南宋青瓷。

唐宋时期的瓷器远销亚、非两洲的广大地区，以至于广大学者把中西海上交通称为“陶瓷之路”。而其时我国的海外贸易主要是与伊斯兰世界进行的。

2. 钱币

伊朗有两处发现中国钱币。霍尔木兹海岸的卡拉屯（在今米纳卜附近）早在 20 世纪 30 年代，考古调查时就发现 1 枚宋徽宗时的钱币和一些宋代钱币碎片。在波斯湾东岸的西拉夫港于 1967 年发掘时出土 1 枚金代正隆元宝；1968 年发掘时发现一钱币窖藏，出土 60 枚唐宋钱币。另外，早在一千年前阿拉伯文献《中国印度见闻录》就曾记载“在尸罗夫（即西拉夫）也发现铸着汉字的（中国）铜钱”。

巴林在 1977—1978 年的考古发掘中发现 70 枚钱币和碎片，

其中 3/4 是中国的钱币。在已做鉴定的 22 枚中国钱币中，唐代的 2 枚，北宋的 18 枚、南宋的 2 枚。

沙特阿拉伯的卡提夫位于波斯湾西海岸，曾发现北宋咸平通宝、绍圣元宝和南宋绍定元宝。

苏丹和埃及之间的埃得哈布港发现有宋代铜钱。

索马里有两处发现中国钱币。1898 年摩加迪沙出土有 15 枚唐铜钱。另外在摩加迪沙还收集到 8 枚铜钱，其中 6 枚是明永乐时期的，2 枚是清代的。1959 年在摩加迪沙采集到 35 枚钱币，其中 24 枚是唐宋明清铜钱，其中五代 1 枚、北宋 14 枚、明代（永乐）2 枚、清代 1 枚，其余 6 枚为碎片。另外布拉瓦发现 1 枚宋钱、1 枚清钱。梅尔卡发现 1 枚，时代不详。

肯尼亚有两处发现中国钱币。给地在 1948—1950 年出土 2 枚宋钱。1953—1954 年在安格瓦纳出土过中国钱币，详情不明。从 1948 年到 1962 年肯尼亚共发现中国钱币 6 枚。

坦桑尼亚有近 10 个地点发现中国钱币。达累斯萨拉姆在 20 世纪 60 年代初发现 1 枚碎片，年代不详。桑给巴尔岛早在 19 世纪 80 年代就曾发现有中国铜钱，但数目、地点不详。1945 年在岛东南部的卡将瓦出土 250 枚中国钱币，现保存有 176 枚唐宋铜钱。其中除 4 枚"开元铜宝"外，余均为宋钱。即真宗 7 枚、仁宗 14 枚、英宗 3 枚、神宗 48 枚、哲宗 15 枚、徽宗 21 枚、高宗 9 枚、孝宗 5 枚、光宗 1 枚、宁宗 14 枚、理宗 19 枚、度宗 8 枚、不详者 8 枚。因而这肯定是一处宋代钱币窖藏。1984 年在岛东北岸的福库干尼发现 1 枚宋"绍定元宝"，1 枚"淳祐元宝"。另外在岛的南部丁巴尼曾发现 1 枚 12 世纪晚期的中国钱币。马菲亚岛在 1916 年发现 1 枚宋神宗时的钱币；1955 年在基西马尼发现 2 枚宋代钱币。据统计马菲亚岛共发现中国钱币 9 枚，另 6 枚情况不明。基尔瓦岛早在 19 世纪 80 年代就发现一钱币窖藏，其中有 4 枚北宋时期的钱币。20 世纪初又发现一钱币窖藏，其中有 1 枚宋神宗时期的钱币。1958—1965 年基尔瓦岛进行了连续的大规模发掘，出土有 9 枚中国钱币，计宋仁宗宝元时的 1 枚、神宗熙宁时的 1 枚、元丰时的 3 枚、哲宗元祐时的 1 枚，余 3 枚为碎片。在这次发掘时还在海滩上捡拾到 14 枚中国钱币，计宋仁宗天圣时的 1 枚、宝元时的 1 枚、庆历时的 1 枚、神宗熙宁时的 2 枚、元丰时的 1 枚、哲宗元祐时的 1 枚、徽宗健中靖国时的 1 枚、宣和时的 1 枚、宁宗嘉定或理宗时绍定时的 1 枚，明太祖时期的 1 枚，字迹不清者 3 枚。

中国钱币在伊斯兰世界各地共发现 400 余枚，以宋代钱币为最多，唐、明和清代的较少。这一方面说明宋代海外贸易繁盛，钱币大量外流；另一方面也说明宋代海外交通发达。宋钱在波斯湾及东非海岸索马里、肯尼亚和坦桑尼亚为最多，这或许说明宋船不仅航行到波斯湾，进而远航至东非海岸。有学者认为摩加迪沙等地发现明代早期的钱币可能与郑和下西洋有关。

3. 铜镜

伊朗西部苏萨遗址伊斯兰时期地层曾出土 1 面唐代早期铜镜。伊朗西拉夫大清真寺遗址出土一面铜镜，发掘主持人认为是中国的，或者是中国铜镜的伊斯兰仿制品。

4. 纺织品

伊朗的莱伊曾发现几片宋代（11—12 世纪）的纺织品。

四、伊斯兰世界与中国文化的交流

中国与伊斯兰世界的文化交流是双向的，双方互有影响。这在双方陶瓷的器形、纹饰和生产技法上表现的特别突出。如在唐代以前就从西方进口无名异（钴料），唐代继续从伊斯兰世界输入。7世纪中期我国陶工首先将这种钴料作为呈色剂运用在陶瓷器上，到800年前后又运用在瓷器上，生产出著名的釉下唐青花瓷，继而将青花瓷出口到伊斯兰世界。为了产销对路我国陶工在瓷器装饰上又大量运用了伊斯兰纹样，如棕榈叶纹、菱形纹加散叶纹、排点纹、圈点纹、竖条文、不规则的斑点纹等。由于青花瓷在伊斯兰世界受到欢迎，当地陶工进行了仿制，生产出了有名的伊斯兰青花陶。这些说明文化技术的融合、交流是双向的，你影响我，我也影响你。附带言及，有些技术的交流是经过长时期的实践才实现的，如国外陶工模仿中国瓷器先是从器形、纹饰和装饰技法开始的，而真正地掌握制瓷技术则经过了千余年历程。中国以瓷国著称于世，生产技术领先世界达三千余年。其根本原因在于两点：一是生产原料不同，中国用瓷石或瓷石加高领土制胎；伊斯兰世界用粘土或用石英、粘土和熔块组合制胎。二是烧成技术不同，中国从商周以来的窑炉结构已从直焰窑发展成为先进的倒焰窑。其烧成温度可达1150～1300度，使瓷胎烧结。伊斯兰世界的窑炉结构则是直焰窑，只能烧到800度左右，很难达到1000度，因而无法达到瓷器烧成的温度。由于这两点，伊斯兰世界没有烧制出瓷器。直到1709年德国才烧制出真正的瓷器，1710年才建立欧洲第一家瓷厂，从而结束了中国制瓷技术的领先地位。国外从陶器向瓷器生产发展的道路虽然漫长，可一直是在中国瓷器不断的影响下才实现的，这也是文化交流的结果。

五、中国和伊斯兰世界的海陆交通

中国和伊斯兰世界的海路交通基本路线，是从广州或泉州等港口出发，穿越南海，经马六甲海峡到印度洋，再达波斯湾，进而可至红海及东非海岸；或从广州出发越过南海，经陆路穿过克拉地峡到达印度洋，继而如上述前行。如果不入波斯湾的话，也可以从阿曼的苏哈尔西行，沿阿拉伯半岛到达亚丁，然后入红海或向南航行至东非海岸。这些航线基本上是沿海岸航行。

宋代的交通情况基本与唐代一致，也是沿海岸航行。但到南宋时期开始了从马尔代夫群岛的马累出发横渡印度洋到达东非的航线。

从唐宋时期中国至印度洋的航线可以看出，在这条路线上大多是伊斯兰国家。附带说一下，郑和下西洋时也是大致走相同的航线，并在太平洋和印度洋开辟了许多新的支线航行，可以说郑和是连结中国与伊斯兰世界的伟大的航海家。

西夏王国与西夏瓷

马文宽

在中国历史上，北宋、辽、西夏和南宋、金、西夏形成两个三国鼎立，长达近200年。对于辽、金的历史我们比较清楚，但对西夏王国（1038—1227）的历史我们了解不多，故有“神秘王国”之称。下面我对西夏王国的概况简略介绍一下。

我们先看一看西夏王国的版图。西夏王国位于祖国的西北大地，它前期西界玉门，东邻黄河（陕西、山西交界处）、南抵肖关、北控大漠。在大漠中有个著名的居延海地区。这里有两个海子，分别叫苏古诺尔和嘎顺诺尔。此地因存有汉代烽燧和出土汉简（亦称居延汉简）而有名。从19世纪末叶开始就不断有外国探险家到这里来探险，近几十年来我国考古工作者也在这里进行了大量的工作，发现了大量的汉代文物和西夏文物。宋代以后，这里又有一个著名的黑城（也叫黑水城），是西夏和元代一个重要的城市，也是中西交通孔道上的一个据点。南到肖关，在今宁夏的海源县境内。西夏后期的版图有些变化，它的南界已扩展到今青海河湟地区。

西夏王国是以党项族为主体的政权。党项族究竟属于羌族还是属于鲜卑族，这在史学界曾有过争论。目前多数学者认为应属于羌族。党项族从北朝时就活动在祖国西北大地，在《北史》、《隋书》、《旧唐书》、《新唐书》、《旧五代史》、《新五代史》等史籍中都有《党项传》。在唐末黄巢起义时，党项族有一名叫拓跋思恭的首领，他帮助唐朝镇压了黄巢起义。由于他立有战功，唐朝升任他为夏州节度使，封夏国公，赐姓李。其地盘基本在陕北一带，占有夏、绥、银、宥4州。拓跋思恭以后代代相传，到了西夏著名人物李继迁掌权时发生了变化。他是一个很有作为的人，一直想把党项族的势力扩大，因此他四处侵占北宋的领土，史书中称此为“继迁开基”。982年时，他正式打出了反宋的旗号，领土不断扩大。到1002年时，他包围了灵州（在今宁夏灵武县）。灵州是西北地区的一个重镇，也是交通枢纽。当宋宫廷还在主战派和妥协派（放弃灵武）争论不休、相持不决时，李继迁已占领了灵州。李继迁把他的首府从陕北的夏州迁到了灵州，并改名为西平府。1004年李继迁身亡，其子李德明继位。李德明对宋朝表示友好，他统治西夏28年（1004—1031），通过休养生息，集聚了力量，扩大了地盘，占领了现在甘肃河西地区，包括张掖、武威一带，其势力已扩展到玉门关以东。1031年李德明去世，其子继位，就是西夏的第一个皇帝李元昊（1031—1048在位）。史书上评价他“雄毅多大略”。他早在做太子时，就对其父处理与宋的关系较为软弱表示不满，主张独立建元。他在称帝的前几年，就为当皇帝做了许多准备。1038年他正式称帝，国号大夏，北宋称之为西夏。以后西夏又经历了9个皇帝的统治，直到1227年被成吉思汗所灭。成吉思汗为征服西夏曾5次亲率大兵攻打，在最后一次才灭了西夏。西夏民族尚武，有很强的民族凝聚力，故有人说西夏灭亡不是因于它的软弱，而是成吉思汗太强大了。西夏王国共10帝，经历190年（1038—1227）。1227年成吉思汗在最后一次征西夏时死于前线的行宫。当西夏最后一个皇帝去投降时，蒙古军依照成吉思汗的遗嘱将其杀害，并占领了银川（兴州，元昊时改称兴庆府，夏桓宗时又改称中兴府）。由于蒙古军抱着为成吉思汗复仇的心理占领西夏，因而对西夏的一些物质文化进行了极大的破坏和洗劫，连西夏陵区内的巨大石碑也被砸成了小碎块。因此，西夏文物保存下来的极为稀少。

李元昊在位时创制了西夏文，这是用汉字的偏旁部首组成的更为繁复的文字，这种文字一直在西夏应用。现在认识西夏字的人很少，近几十年才开始深入研究这种文字。西夏文字的创制说明西夏有着较高的文化水平。

西夏人崇信佛教，因而修建了很多佛塔，现在还保存了一些。1976 年灵武县横山乡马坝村出土了一件银盒。在盒盖与盒底上均铸一个相同的梵字（悉昙字）。此悉昙字音译纥利俱、纥利、纥哩，是一个密宗种字，代表了阿弥陀佛或观音菩萨（阿弥陀如来的化身）。

西夏的冶金铸造业很发达，宋代太平老人撰《袖中锦》说："西夏剑"享有"天下第一"的美誉。这说明西夏的冶铁业水平很高。西夏陵区出土的铜牛长 1.2 米，重 188 公斤，全身镀金，比例适中，形象生动。西夏陵区还出土有金葡萄纹饰片、金花瓣形饰片、鎏金银饰件等。另外内蒙古临河县西夏城址出土有金剔指、金莲花盏托、金桃形饰件和金条形饰片等。这些金银饰件都非常精致美观。

西夏钱币非常精致，许多钱币学家和收藏家都对西夏钱币特别感兴趣。西夏钱币比一般的宋钱要好；另外西夏还创造了对文钱，即一个皇帝在他的一个年号中既铸有汉文钱又铸造西夏文钱，两种文字相对。如在位时间最长的第五代皇帝仁宗仁孝（1139—1193），他既铸有西夏文的天祐宝钱，又铸有汉文的天祐元宝。

西夏陵园颇为宏伟。西夏统治阶级为了显示自己至高无上的权力，也为了对人民显示出威慑力，不仅修建了壮观的皇宫，而且大建陵园。陵园在银川以西贺兰山脚下，占地面积约 40 平方公里。有 9 座帝陵，每座帝陵周围有陪葬墓，共约有 100 座。每一个陵园要占几万甚至十几万平方米的土地，最少也得 7—8 万平方米。西夏陵基本上是仿造宋代陵来建筑的，但又有自己的特点。陵前边有两个阙，后边有碑亭，前部有月城，葬尸体的地方在内城，外边有外神墙、外神门，四角还有角亭。西夏陵与宋陵最大的不同是陵台（坟堆），陵台呈八角形塔式，叫做八角塔式灵台。因为西夏人信佛，所以帝陵也建成塔式，逐渐收分成尖顶。陵园布局紧凑与灵台的特殊形式，体现了西夏陵园的独特风格。

解放后，经过几十年的考古发掘，西夏王国的神秘面纱在逐步揭开，西夏瓷器的发现就是其中一例。下面谈一谈西夏瓷的发现、发掘及其特点。

宋代是中国制瓷业的一个繁荣时期，与之同时的辽、金两代也有高度发达的制瓷工业，那么西夏王国有无瓷器生产呢？中华人民共和国成立后西夏瓷有一些零星的发现，但多不是正式的发掘品，因此其可信度多在模棱两可之间。比如 1956 年内蒙古伊金霍洛旗敏盖乡发现两件黑釉剔刻花经瓶，最初被定为元代，后又归为宋代，最后认为“可能与西夏有关”。上海博物馆馆藏一件黑釉小口瓶，腹部刻有西夏文。然而这些零星发现和传世品还不足以对西夏瓷进行总体叙述。1983 年，中国社会科学院考古研究所到内蒙古额济纳旗居延海地区对汉代烽燧进行大规模调查，期间也发现了西夏、元代的城址和居址，还发现了许多瓷片。其中有南方的龙泉青瓷，珍贵的元青花瓷、北方诸窑所产的磁州窑瓷、钧窑瓷等。尤其是采集到 1 件茶叶末釉褐色梅花点纹大瓮，胎质厚重，高 50 多厘米，直径约 40 厘米，颇像河北、山西之磁州窑产品。这时我考虑到如此之大的粗质产品不宜做约 3000 里的长途运输，估计在距居延海不远的地区可能有窑址存在。于是在居延海调查工作结束后，我就转到宁夏进行瓷窑遗址调查。当在灵武县以东 70 里的磁窑堡窑址调查时，发现一些具有宋代特点的瓷片，进而联想到此窑址位于西夏王国统治中心区，故推断其应是西夏时期的。此窑址处在煤矿区，而且有一条河流从其旁蜿蜒流过。北方的制瓷原料往往是处在煤矿露头处或其夹层中。如此磁窑堡具备了烧制瓷器的三个主要条件——原料、燃料和水源，如再加上人的创造劳动，瓷器就会应运而生。

1984—1986年，中国社会科学院考古研究所在此进行了三年的发掘，使鲜为人知的西夏瓷得以展现于世。西夏瓷的特点如下：

西夏瓷可分为白釉瓷、青釉瓷、黑釉瓷、褐釉瓷、紫釉瓷及茶叶末釉瓷。其中白釉瓷最具特色，是属于化妆土白瓷。因为这里的瓷土含铁量大，颜色较暗，故瓷泥在拉坯成形后，需先在胎体上刷一层白色泥浆（即经多次淘洗而含氧化铁极少的白色粘土泥浆），然后上釉入窑，烧出来的白瓷就称之为化妆土白瓷。另外还有少量的器物内外壁施两种不同的釉色，可称为复合釉瓷。

宋代瓷器最显著的特点是以造型和釉色取胜。宋代各大名窑产品多施高质量的单色釉，注重造型，线条准确、流畅，器形端庄优雅。西夏瓷产品也体现了这一特点。如西夏人崇尚白色，故生产的白瓷质量很高，造型工整美观。由于西夏窑用煤作燃料，其燃烧时火焰短，易形成氧化焰，烧成后釉色呈白中闪黄色或牙黄色。这种釉色属于暖色调，给人以温暖的感觉，加上其造型优美又给人以美的享受，故西夏窑以白瓷最具特色。

西夏窑生产的日用瓷有折腹碗、曲腹碗、高圈足碗、曲腹盘、折腹盘、深腹钵、瓷杯、高足杯、经瓶（亦称梅瓶，宋代称经瓶，如宋代文献记有“两经酒”、“三经酒”）、净瓶、花口瓶、葫芦瓶、双耳罐、深腹罐、香炉等。另外还生产有文房用具、娱乐用具、宗教用具、雕塑品和建筑材料。

西夏瓷装饰技法以剔刻花为主，可分刻釉、剔刻釉、刻化妆土、剔刻化妆土四种。刻釉是在胎体施黑或褐色釉后，待其稍干用刻刀在釉面上刻出花纹，近于阴刻。剔刻釉是在胎体施釉后，用刻刀剔掉部分釉面形成主体纹饰，近似于阳刻，但细部还需用刻釉技法刻出。这两种技法属于釉装饰。刻化妆土是在胎体上先施一层白色化妆土，阴干后刻出花纹，再罩以透明釉。剔刻化妆土是先用刻刀剔掉部分化妆，使之成为主体纹饰，再刻细部和地纹，然后罩以透明釉。这两种技法则属于化妆土装饰。上述四种装饰技法烧出的瓷器均利用了胎、釉或胎、化妆土之间的色差来形成优美的纹饰。

西夏瓷多用剔刻花装饰与其釉料配方合理有关。白釉剔刻花瓷所用釉的配方中，氧化铁很低，只有 0.66%，说明釉料经过多次淘洗，增加了白度；氧化钙非常高，达 13.47%，氧化钾和氧化钠加起来在 2%以下。这属于高钙、低钾钠釉，所以釉质较稀，釉层较薄，增加了透明度。这些保证了剔刻化妆土技法的使用效果。黑釉剔刻花瓷所用釉的配方中，氧化钙降低到 8%，氧化钾和氧化钠则增至 3%以上。这属于低钙、高钾钠釉。其特点是釉的浓度有所增加，釉层较厚。这样可以提高釉在高温下的黏度，从而避免流釉现象，保证了剔刻釉技法的使用效果。铁呈黑色，黑釉中氧化铁达 3%—5%。剔刻花瓷除白釉、黑釉外，尚有褐釉和茶叶末釉。

除剔刻花外，西夏瓷装饰技法还有点彩，属于釉装饰；印花、刻花则均属于胎装饰。

西夏瓷的装饰题材有人物，如婴儿攀花；动物有鹿、鱼等；植物花卉以牡丹花为最多，其他尚有莲花、梅花、菊花、石榴花，但数量较少。

西夏窑炉结构与作坊分布多与中原地区相同。窑炉分三个部分：火堂、窑室、烟囱。宋代以后北方瓷窑都用煤作燃料，西夏亦然。西夏瓷窑作坊中暖炕的设置较为突出。这与南方诸窑不同，南方气候湿润，拉坯成形后要放在室外晾干；北方干燥多风，必先在室内暖炕上晾坯，以免干裂。陕西黄保窑亦有暖炕的设置。

西夏窑装烧时使用匣钵，这是保证瓷器烧造质量采取的重要措施。匣钵保护坯体，防止灰尘杂物落在其上，还可以使坯体避免与明火直接接触，可使坯体受热均匀。同时匣钵可依次叠摞，提高了窑炉的装烧数量。匣钵的使用是中国陶瓷史上的重大事件。一般认为唐代才有匣钵，根据最新考古发掘资料可知，早在南北朝到东晋时就使用了匣钵。

西夏瓷碗、盘多采用叠摞覆烧法，即把碗、盘等器物倒扣叠摞在素烧的支顶具上来烧。在烧白釉瓷时还需先在支顶具上口及覆摞的碗足上撒一层沙粒；在烧黑、褐色釉瓷时则需先在坯体内底刮掉一圈生釉。这样在窑内高温烧制时可避免釉料与支顶具及两器间互相粘连。但在烧成后，白釉瓷的内底有一沙圈；黑、褐釉瓷的内底则有一圈涩圈。覆烧的结果是极大地提高了产量，降低了成本。磁窑堡窑的覆烧产品均口沿一圈无釉，形成芒口（或称涩口）。质量高的芒口瓷还要镶一圈金属口沿以使其美观，但这又增加了成本。涩圈与芒口对于器物的美观与使用来说均是不足之处，但从一般民众使用来说，涩圈瓷要优于芒口瓷。

西夏瓷的典型器物有扁壶、经瓶、墨书瓷片、“秃发状”人物塑像、瓷塑骆驼、文房用具、牛头埙、各种棋子等。

扁壶是西夏瓷中最典型的器物，就好像辽瓷中的鸡冠壶一样。扁壶为斜唇、小口、短束颈、扁圆腹，有大、中、小三种。大者正反两面的中间均有一圈足，反面圈足放置时起平稳的作用，正面圈足则起对称和加固胎体的作用。两侧有两耳或四耳，便于穿绳携带和提取。其正面多施黑、褐釉，白釉者较少。在釉（或化妆土）上剔刻花纹，在正面的圈足外多刻有对称开光，其内剔刻折枝牡丹并衬以花叶，由于剔刻面较大，胎、釉色彩对比鲜明。开光外刻划花叶和密集的弧线纹作为地纹，起了局部装饰的作用，但这体现出了局部块面色彩强弱的对比。总体来说，开光外刻划面小，胎、釉色彩对比较暗，但把开光内的主体纹饰衬托得更为鲜明。上述这种装饰方法是运用多层次色差对比，也就是说在总体色彩上的块面对比当中，还注意到了局部块面色彩强弱对比，从对比当中找对比，使主体、宾体纹饰非常谐调地处于同一画面之中。开光构图出现在各种器物上，是西夏瓷装饰的显著特点（图一、图二）。

图一 黑釉剔刻花双系扁壶

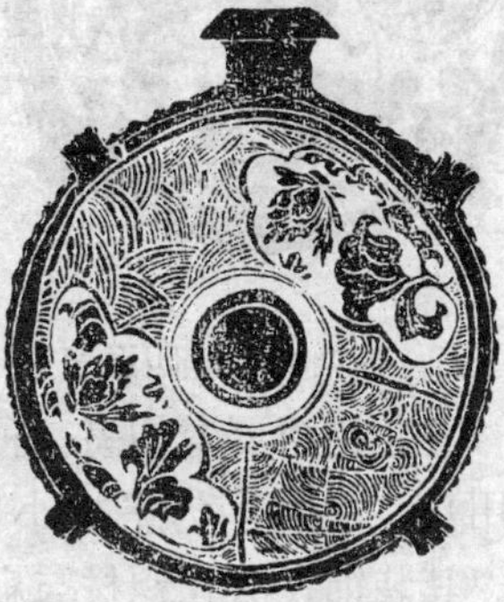

图二 深褐釉剔刻花四系扁壶

中小扁壶在正面无圈足，反面则有一凹足。中扁壶正面多剔刻以完整的画面；小扁壶均为素釉，直径多为 10 厘米左右，很易携带。西夏人都爱喝酒，平时在小扁壶中装满酒揣在怀里，想喝时就拿出来喝几口，很方便。我们在发掘时征集到一茶叶末釉小扁壶，据捐献人说是从废弃的古代矿道中捡拾的，这小扁壶似是古代煤矿工人带到矿下的，扁壶造型似从西域传入。

剔刻花扁壶的纹饰以牡丹花居多，因为牡丹花有雍容雅致的花姿，象征着人们生活的美满与富裕，使人观后感到内心充裕，因而也叫富贵花。宋代很崇尚牡丹花，西夏受其影响，成为一个时代的风尚。如一大黑釉扁壶上剔刻牡丹花缠绕整个画面，有 4 个花头都朝向中心。此画面未用开光构图，而是通过线条的粗细、宽窄和花、叶结构的巧妙处理使得整个画面主次分明，烘托出牡丹花的主题（图三、图四）。

图三 褐釉剔刻花四系扁壶

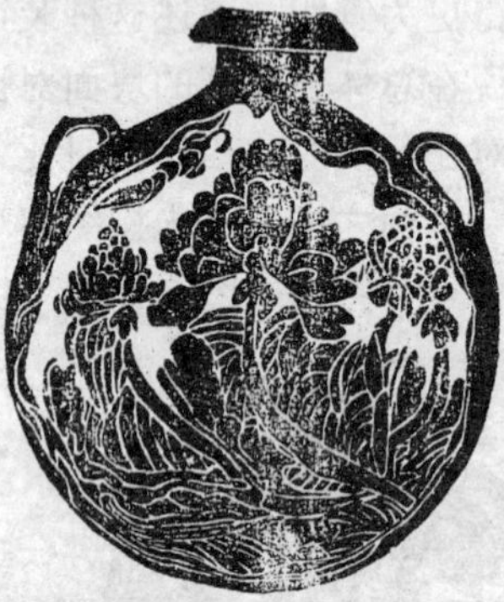

图四 褐釉剔刻花双系小扁壶

经瓶是西夏瓷的另一种重要器物，西夏人喜饮酒，可能为盛酒用具。经瓶多为平折小口、束颈、宽折肩、深腹修长、暗圈足。其装饰技法和题材与扁壶大体相同。其造型与纹饰给人以端庄、稳重的美感。有的经瓶在腹部开光内剔刻鹿衔牡丹花纹，颇为传神（图五、图六）。

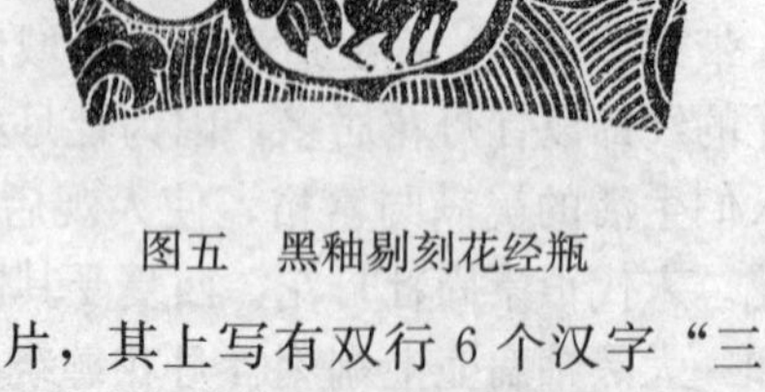

图五 黑釉剔刻花经瓶

汉文墨书瓷片，其上写有双行 6 个汉字“三十吊五十串”。中国从西晋以来在钱币制度上多实行“省陌（百）制度”，即把不到 100 个铜钱算作是 100 钱，如宋代官方“用七十七钱为百”，

图六　褐釉剔刻花经瓶

金代官方“以八十为陌”。西夏境内缺铁少铜、锡，钱币制造精致但数量少，多用宋钱。故“三十吊五十串”的意思是三十足吊等于五十吊（串）用，即西夏以六十钱为百。另外还发现有西夏文墨书瓷片。

雕塑艺术品中以人像最为突出，男性塑像的发式作秃发状。这代表了西夏人的风俗，说明李元昊时下达的“秃发令”在西夏境内历代都在严格执行。瓷塑动物以骆驼为多，也有少量的羊、狗、猪、豹等。

文房用具有砚台和砚滴。其中一圆形瓷砚台背面刻“黑砚台”三字，“砚”、“台”两字简写。这说明西夏时汉字已在简化。砚滴的注水口在底部，可称为倒灌砚滴。这种倒灌瓷器在宋、辽、西夏时都有生产。

娱乐用具仅发现埙和棋子。瓷埙为素烧，形似牛首，又称牛头埙，正面有两孔，上方有一孔吹之发声。这种形制的陶埙现仍在宁夏地区民间流行。素烧围棋子发现数百枚，黑、白两色，多为扁圆形。另有少数棋子刻有天干、地支，如丙、己、庚、寅等。其如何使用尚待进一步研究。另外还发现两枚圆形象棋子，其中一枚上刻“火”字。“火”字象棋子的发现解决了象棋史上的一个谜。现在使用的象棋一方有 16 个子，两方共 32 个子，由两人下棋。而在宋西夏辽金时期可能有三人象棋。宋代有三人下棋的棋书，但没有传到现在。那么三人象棋的有无一直是象棋界争论的话题。这个发现说明历史上有三人象棋。三人象棋每方18个子，包括将1，士、相、车、马、炮各2，卒3，火2，旗2。3人共54子。火走斜步，旗走2步，其他与两人象棋下法相同。此棋子可说明，西夏时除有两人象棋外，还有三人象棋。

还有一些反映西夏人民生活特征的瓷质器具，如：瓷釜，为直口外斜唇，下有宽沿（鋬），曲腹，凹足或平底。其大者直径达30厘米，最小的仅两三厘米。瓷釜在中原地区发现较少，金代的釜多为铁质。西夏瓷釜可能用为盛具。

瓷钩，发现较多，是西夏民众在草屋或帐篷内挂物用具，也可悬挂在马、骆驼身上用于携带物品。

瓷质建材，制作精致、硕大，反映了西夏宫殿、陵寝和佛教寺院规模宏大壮观。建材中的白釉贴面和凹心瓦件是本窑特殊产品。前者可能用于室内装饰，后者可能用于灵台建筑。

小口深腹瓶，形体硕大，高48.3厘米，褐釉。腹部刻有送葬狩猎图，前方为一惊慌奔逃之兔，其后有一鹘（海东青）在抓扑一鹅，后面又有一奔跑的狗在协助扑鹅或追扑逃兔。中间刻一马，鞍上插有幡旗，似刻有文字（不清），马后方刻有双靴挑灯（图七、图八）。此图反映西夏贵族用海东青扑鹅的狩猎场面；图后高靴挑灯可能反映了人死后走向祖陵的思想，冀望在阴间过着同人间一样的生活。此小口深腹瓶也有可能作骨灰罐用，因西夏人死后多火葬。

还有瓷质金刚杵、如意轮、数珠、莲花座、伞、圆形花饰、

图七　褐釉小口深腹瓶

摩羯鱼、力士、檫檫等，这些佛教用具的发现，说明西夏的统治者和居民信仰佛教密宗。

图八　黑釉剔刻花经瓶

根据出土资料研究，磁窑堡西夏瓷生产的起始年代应在西夏中期，即夏仁宗仁孝（1140－1193）时期或可早至夏崇宗乾顺（1087—1139）晚期。西夏瓷窑址除磁窑堡外，在灵武县回民巷、贺兰县插旗口、甘肃武威古城乡等地也存在。

下面谈谈磁窑堡存在的条件和其历史意义。

存在条件：

1. 自然条件有利，附近有煤、有原料、有水源。

2. 地理环境有利，它虽地处沙漠之中，但面对着具有塞上江南之称的银川平原及广大的西北地区，因而它有广阔的市场。

3. 灵武县自古就是历史名城和交通枢纽。唐代有八个边镇节度使，灵武是距长安最近的一个。安禄山叛乱时唐明皇带着杨贵妃逃往四川，他的儿子唐肃宗到灵武继承了皇位，并以灵武作为基地收复了两京，唐朝得以中兴。

4. 西夏王国的建立与发展需要制瓷业的建立。李元昊及以后历代帝王曾建造大量的行宫别墅、陵园与寺庙，而这些均需大量瓷质建筑材料。同时，随着西夏王国经济与文化的发展，势必导致人们对日常生活中不可须臾即离的瓷器需求日益加大。在这样的历史背景下，西夏王国建立了制瓷手工业。

磁窑堡窑址发现与发掘的意义：

1. 中国的古瓷窑址大多在黄河两岸、大江南北、华南地区，在宁夏从没有进行过窑址的发掘。磁窑堡瓷窑址的发掘填补了这一空白。可以说它是中国最西北的一处古瓷窑址，虽处在沙漠之中，但早在西夏时就生产出极为精美的瓷器。这说明中国素以瓷国著称于世绝非偶然。

2. 通过对磁窑堡窑的发掘，说明西夏王国有高度发达的制瓷手工业。它生产瓷器的质量，可与辽、金瓷器相媲美，并对中国北方制瓷业的研究有着重要的意义。

3. 磁窑堡窑的发掘为党项族、西夏王国历史及其物质文化的研究提供了极为丰富的实物资料。

4. 中华民族是一个多民族的国家，每一个民族都在中国历史上做出过贡献。对于古代民族的研究将为中华民族的总体文化增添新的内容。磁窑堡窑的发现与发掘对陶瓷考古和民族考古均有重要意义。磁窑堡窑址发掘后已被定为全国重点文物保护单位。

综上所述，西夏王国地盘不大，仅占有宁、陕、甘、青、内蒙古的部分地区，但它能与宋、辽、金相抗衡长达190余年，这应与西夏民族长期保持自己的鲜明特色，有很强的民族凝聚力有关。如西夏文的创制、推广和坚持使用；西夏钱币有汉文的，也有西夏文的，以使西夏人记住自己的族源；秃发习俗的保持与王朝相始终，众人秃发以标明自己是西夏人。在其他的一些发掘品中也有一些东西很有民族特点，这些说明只有保持民族特点和传统文化，才能维系民族的凝聚力。故金世宗时右丞斡特剌说："以西夏小邦，崇尚旧俗，犹能保国数百年。"

西夏王国灭亡近800年，党项族在历史上早已消失，西夏王国保存下来的文物虽极为稀少，但通过这次发掘可以看出，西夏王国所创造出的精神文明和物质文明是永存的，为中华民族文化的发展做出了贡献。

隋唐雕塑

齐东方

隋唐文物中的陶俑是反映隋唐文化极具代表性的文物种类，而且由于俑本身表现的是人，透露的历史信息更多，通过他们可以研究隋唐的社会状态。什么叫俑呢？《旧唐书·舆服制》载："孔子曰：明器者，备物而不可用，以刍灵者善，为俑者不仁。传曰：俑者，谓有面目机发，似于生人也。"这是唐朝人借用古人的阐述表达自己对俑的理解，而强调"面目机发，似于生人"，当然决定了当时俑的制作理念和表现方式。

墓葬中陪葬的偶人就是俑，是专门为死者准备的随葬品。在商周时代，很多墓里殉葬活人，后来认为葬活人不好，就改用模拟活人的俑来代替。俑的出现大约在春秋时期，此后沿用了两千多年，直到明清墓葬还随葬俑。在用活人殉葬时，无论殉葬者是大臣、后妃还是奴隶，数量都不可能太多，而用俑殉葬，数量和种类都可以大大地增加，因此用俑殉葬之风逐渐流行，最盛是在北朝隋唐时期。

俑原本指替代活人的偶人，由于仿照的是现实生活中的人，所以在衣着、装饰、色彩、手里的物品以及动作姿态等方面都能反映当时的社会风貌。也有把墓葬中出土的一些陶塑动物叫俑的，如马俑、骆驼俑，还有猪、鸡、狗、羊俑。

中国古代大多数时期都实行厚葬，虽然几乎各个王朝都有皇帝下过禁止厚葬诏令，那是因为厚葬过分，影响到整个社会经济、甚至政治，不得不禁止。但按照“忠孝礼仪”的思想，中国古代总的传统是厚葬。

厚葬在不同时期表现的形式不一样，唐代以随葬俑为特点，对死者送终的大肆铺张导致了俑的制造越做越精美。俑作为随葬品被埋在地下，不为人所知，但在办丧事的过程中可以向世人展示。《唐会要》记载：“王公百官，竞为厚葬，偶人象马，雕饰如生，徒以炫耀路人，本不因心致礼，更相扇动，破产倾资，风俗流行，下兼士庶，若无禁制，奢侈日增。望请王公以下送葬明器，皆依令式，并陈于墓所，不得衢路舁行。”

把随葬品做得那么精美，就是想让众人知道、看到，在一定程度上改变了以忠孝为出发点的厚葬的本义。厚葬死人实际上表达出活人的心理，有时是活人用以展示自己的财富、等级和权势。《旧唐书·李义府传》载，李义府官为宰相后改葬其祖父，丧事办得非常隆重。“王公已下，争致赠遗，其羽仪、导从、轜辒、器服，并穷极奢侈。又会葬车马，祖奠供帐，自霸桥属于三原，七十里间，相继不绝。武德以来，王公葬送之盛，未始有也”。送葬队伍庞大，抬着一些随葬的车马、俑往墓地送，长长的队伍从霸桥一直到三元（今陕西三元县）。这样做的目的就向世人炫耀自己的权势。

厚葬死人花费很大，很多人因此破产。即便这样，也有人要不惜倾资。因为赢得“孝”名，会对今后的仕途有好处。在封建观念中“欲求忠臣，必于孝子”，① 如获得“孝”的评价，可以带来升迁的机会。开皇二年（582）鄜州刺史达奚长儒母丧去职，“水浆不入口五日，毁悴过礼，殆将灭性。天子嘉叹，起为夏州总管三州六镇都将军。”② 稷州奉天令独孤思贞守丧时“三年斋

---

① 《唐会要》卷三八《夺情》。

② 《隋书》卷五三《达奚长儒传》。

居，七日不食”赢得名声，获得“特赐龟，加一阶，除乾陵署令”。[1] 极端的守丧行为能得到嘉奖，主要是社会观念中对“孝”的推崇。

送葬队伍行走在街上，如在当时的长安，就把这些俑等随葬品抬到街上游行，人们都会看到，所以俑是当时人们熟悉的形象。从考古发现看，并不是所有的人都能用俑来随葬的。现在发掘的上万座隋唐墓中，随葬俑的墓只是一部分，即便有俑随葬，俑的种类和数量也因墓主人的身份等级而不同。唐代规定人死之后，由官署按照官品大小来配备俑的数量。当时中央官府设立的一个叫甄官署的机构，其重要的职责就是制造包括俑在内的各种丧葬所需的冥器，俑的大小和样式都有规定。有的官宦人家要厚葬，官府给的俑的数量不够，就自己另行准备补充，这些俑可能来自民间作坊。除了官员外，一些有钱、有势的人，墓里也随葬俑，这些俑当然是来自民间作坊。俑在民间可以买卖，文献中有记载。《太平广记》收录的唐人笔记小说中就提到长安城里有专门卖凶器的店铺。凶肆里卖俑的推测也被考古发现证明，长安西市曾发现有陶俑，都城的市场不会有墓葬，出现为死者随葬用的俑，应该是过去卖俑的店铺留下的遗物。文献中还记载，长安东市、西市的凶肆之间还曾用丧葬用品、丧葬活动相互比较，甚至比赛，比赛时围观者达数万人。这可能有些夸张，却说明当时民间也提供丧葬用品。不过民间作坊的俑，应该不能超出政府关于礼仪等级制度的规定。

隋唐是一个等级社会，当然也反映在丧葬活动中。考古发现的各种类型的墓葬中，俑的数量和内容不同，就是等级制度在丧葬中的具体表现，而且区别非常严格。从一座墓葬随葬了多少件俑，这些俑表现的是哪些内容，就能得知墓主人的身份高低。目

---

① 周绍良主编：《唐代墓志汇编》，上海古籍出版社 1992 年版，第 1410 页。

前所知唐代墓葬中俑出土最多的是永泰公主墓和懿德太子墓，永泰公主墓出土俑 878 件，懿德太子墓出土俑 1065 件。由于唐代至今有 1000 多年，墓葬有破坏和损失，而且有些墓都被盗过，所以考古发现的数量与当时随葬的数量未必相符，但从中可以大体了解唐墓随葬最多的俑大概如此。郑仁泰墓出土俑 492 件，独孤思贞墓随葬俑 144 件，崔沈墓出土俑 38 件。郑仁泰官职为右武卫、右卫、右领军卫三大将军，又加上柱国、同安郡开国公。独孤思贞的官职是朝仪大夫、乾陵令、上护军，崔沈是文林郎。唐代官制有职、散、勋、爵，简单地说职事官是实权职务，散官表示官的一种等级，勋是因功而授，爵可以是继承，也有的是授的。人的地位主要是看职事官和散官，郑仁泰为正三品，独孤思贞是五品，崔沈属九品，可见不同官品随葬俑的数量是不同的。俑的数量是显示墓主人等级的一个重要依据。

考古发现墓葬中的俑的实际数量与文献中的规定显然有着很大的距离。文献记载唐开元时期丧葬的随葬品三品以上 90 件，五品以上 70 件，九品以上 40 件。但最高等级的墓中却有发现 1000 多件的，数量差距太大。文献记载和考古发现之间的矛盾就提出一系列问题，即把身份等级和俑的数量联系起来对不对？“九十件”是不是专指俑？当时人们对制度的遵守是否严格？唐朝文献专门提到一些特殊埋葬的情况，这是不是造成发现的俑和文献记载不相吻合的原因。如永泰公主和懿德太子，两人是唐高宗的子女，身份很高，但从史书上看，他们的墓葬还有一些特殊情况。武则天独揽大权时，对李氏家族进行打击，永泰公主和懿德太子因为私下议论武则天而被杀，只能草草埋葬。武则天死后，中宗继位，唐史上出现了著名的李唐复辟，江山又回到李氏家族手里，对武则天时期被迫害的人进行平反昭雪。首先把永泰公主和懿德太子重新埋葬，给予很高的礼仪，文献里称这两座墓“号墓为陵”。陵和墓概念不一样，只有皇帝、太子死后埋葬之处才能称为“陵”，一般的叫做“墓”。“号墓为陵”就是按照陵的规格埋葬，这种特殊的埋葬不能以一般制度来衡量。郑仁泰是“太原原从，西府旧臣”，参与了李唐从山西起兵推翻隋王朝到建立李唐帝国的过程，属于开国元老。而且李唐起兵时他只有16岁，一直在李世民手下。郑仁泰活到唐高宗的时候，那时像房玄龄、魏徵这些功臣都已经不在人世，开国元勋所剩无几，他的地位就非常显赫了。埋葬郑仁泰明显地带有特殊性，所以随葬的物品很多，这就属于特殊埋葬。这种比较特殊的墓目前发现了十几座，因此，认识墓葬等级和随葬品数量时，不能不把当时的社会情况联系起来考虑。

俑的种类很多，象征含义不同，摆放有一定位置。唐代墓葬形制很多，俑的摆放也和墓葬形制联系在一起。大墓都有专门放随葬品的龛，小一点的墓直接把俑放在墓室里。

俑象征的身份是不一样的，有镇墓俑、仪仗俑、家内俑等等。俑的组合变化也不一样，不是所有的种类自始至终存在。有些类别时代特色鲜明，有的还展示着区域性特色。一些俑只流行在一个特定的时期，反映当时人们的思想观念，俑的组合、数量是动态变化的，大体上分为三个时期。

第一个时期，隋到唐高宗时期（6世纪中叶到7世纪中叶）。这时期仪仗俑是主要内容。仪仗俑表示墓主人地位，古代官员出行时有前呼后拥的仪仗，根据官品大小之别，仪仗的人数和配备不同。墓中出土的仪仗俑与墓主人生前官职大小应该有关。隋唐都是通过战争、军事手段夺取的政权，建国以后确定的政治制度和等级制度，与军功利益和时代崇尚相联系，所以这些仪仗俑具有浓重的军事气息。仪仗队伍以牛车为中心，自西晋始，有身份地位的人坐牛车。《晋书·舆服志》载：“古之贵者不乘牛车……其后稍见贵之。自灵、献以来，天子至士庶遂以为常乘。”晋到唐初，有身份地位的人正式出行要乘坐牛车，故此时墓葬随葬品中有以牛车为中心的仪仗。这一习俗在盛唐以后才逐渐改变，身份高贵的人出行也骑马，传世绘画作品张晅的《虢国夫人游春图》描绘了春风得意的虢国夫人与女眷、宫人骑着华丽的鞍马出行游玩的情景，而且皇帝出行也常骑马。唐初的俑都是陶俑，或加彩绘，没有施釉。

第二个时期，唐高宗后期到唐玄宗以前（7 世纪后半叶到 8 世纪初）。这时仪仗俑虽然仍是主要内容，但武装气息开始减弱，而且仪仗俑中手持各种乐器的“音声仪仗”增多，即仪仗俑里面有很多拿着各种各样的笛、箫等乐器。牛车比较少见，取而代之的是装饰复杂、鞍鞯齐备的马，这些装饰非常复杂的马，是为墓主人准备的坐骑。当时还流行各种胡人俑和家内生活的仆侍俑。至于懿德太子墓出土的贴金人物俑、金甲马俑是特殊情况，一般的墓葬还未发现。古代军队打仗时战马也要穿甲，以防中箭或兵器相交时受伤。但金甲是表示等级的，不一定在战场上使用，它表现的是唐代进行重大仪式时皇太子的仪仗队。这个时期的俑很多是三彩制作。

第三个时期是唐玄宗以后（8 世纪中叶以后），仪仗俑减少，反映享乐生活的俑明显增多。俑突出表现的是狩猎、打球、娱乐歌舞、家居生活等。出现半身俑或称胸俑，即俑只有上半身，下边应是用木质等其他材质制作，而且还穿织物制作的衣服，由于长期埋在墓中，下部及装饰已腐烂。从 8 世纪后开始，俑急剧减少。

除了组合的变化，每类俑的形态在不同时期也不同。

镇墓俑一般放在墓门口，或者是甬道里，一般四件，两件镇墓兽，两件武士。这四件俑形体较大，文献中叫做“四神”，不是汉代以来流行的青龙、白虎、朱雀、玄武，而是“当圹、当野、祖明、地轴”。有的墓中还增加另两件比较大的俑，形象一为文官，一是武士，或两个都是武士。武士俑身上着军服，文官俑头戴进贤冠。

隋唐初的镇墓兽相对简洁，面目比较和善；武士的形象一般比较拘谨，呈站立姿势，面部通常进行细腻的彩绘描画。盛唐后，镇墓兽身上的鬣毛复杂，面目凶狠，武士俑不光铠甲复杂，脚下经常踩踏牛或小鬼，与石窟寺造像中的天王形象很接近，也常叫作“天王俑”。

总之，镇墓兽、武士俑演变的趋势是，装饰越来越复杂，塑造越来越精细，面目越来越狰狞，底座越来越高，但到唐代后期这种镇墓俑消失了。

此外，还有十二生肖俑，通常做成人身兽首，即人的身体，而头部分别做成羊、马、龙、鼠……也有直接做成人的形象，有站立的，也有坐着的，手里拿着各种生肖动物，在墓葬中按东、南、西、北不同方位摆放，有的墓专门设置一些龛来放置。十二生肖俑在南方的隋墓里已有，在北方地区出现较晚。

从北朝到唐初，不管男俑还是女俑，都比较清秀，人体比例比较适当，到武则天以后开始变胖。有人认为唐朝以胖为美，其实唐初清瘦形的俑占压倒的多数，演变趋势是越来越胖。到唐玄宗时期俑都比较丰满，造型也姿态万千。另外，女俑的发式多样，唐初发髻低矮的较多，武则天以后女俑发髻高的较多，式样多变，唐玄宗时期女俑的发式经常有宽大的鬓角，上部拧成环，抛到前后左右。

从女俑的装束变化中也能看出更深刻的社会时尚的变化。《大唐新语》记载了女性服饰的有趣变化：“武德、贞观之代，宫人骑马者，依周礼（北周之礼）旧仪，多着幂䍦，虽发自戎夷，而全身障蔽……永徽之后，皆用帏帽，施裙到颈，为浅露……神龙之后，幂䍦始绝……开元初，宫人马上始着胡帽，靓妆露面，士庶咸效之。”幂䍦遮掩全身，为女性出门时的穿戴，目的是不让人窥视。不久后流行戴帏帽，后来兴起戴胡帽，面部全都露出。这些社会风尚都在出土女俑中真实的展现出来。但这一时尚的改变也有波折，唐高宗就十分恼怒，指责戴帏帽、弃幂罶的做法“过为轻率，深失礼容”，并下令禁止，但也没能改变这一潮流，女性靓妆露面逐渐被社会广泛接受，帝王也顺应了这种观念。唐玄宗在开元十九年（731）颁布诏令：“妇人服饰……帽子皆大露面，不得有掩蔽”。时间相隔60年，两个皇帝的观念完全相反，由坚决反对到大力提倡，还矫枉过正地要求“不得有掩蔽”。

俑的材质变化也与时代和地区有关。例如三彩器在隋和唐初没有（有学者将彩瓷归入三彩，故将三彩追溯到北朝时期），考古发现最早的三彩器出现在7世纪（唐高宗时期）。664年的郑仁泰墓（为目前所知最早的纪年墓）里发现的三彩的器盖，以后三彩器逐渐流行。用三彩制造俑，最盛的是在武则天时期，8世纪中叶以后也逐渐消失。

懿德太子墓里出土了一件著名的绞胎骑马俑，俑身上有行云流水般的纹样，在瓷器研究中称“绞胎”或“搅胎”，制作方法是把不同颜色的泥料放到一起，挤压成形，成形后的器物就出现不规则的如“斑马”身上的花纹。据说还有一种“绞釉”，是将不同的釉料放到一起，烧成后自然形成纹样。绞胎打碎了可以看到外表的颜色和胎里的颜色相同，“绞釉”只是表面有花纹，胎里无花纹。懿德太子706年埋葬，这对“绞胎”器发明于何时是个重要参考。

新疆吐鲁番地区较为干燥，墓葬中的很多东西不容易腐烂破损，发现俑多是泥俑，塑造简洁，通过彩绘表现细节，反映当时情况很真实。

“偶人象马，雕饰如生”，就是说送葬用的俑等做得非常真实，生动地反映了现实生活。吐鲁番张雄墓和西安鲜于庭诲墓各出土两件形象、动作、表情奇特的男俑，有人称之为“宦官俑”，其实更可能是表现从事表演的“戏弄”形象。女俑中也有一些装饰华丽的，一般是细腰上束，长裙曳地，裙摆夸张，甚至描金。还有的特意表现出面敷脂粉，两颊涂绯，口唇点红，头顶额黄、花钿、装靥等。这些女俑可能表现的也是“演员”。

为表现女性爱美和注重打扮的社会生活，女俑中还有情趣浓厚、对镜梳妆的形象。目前所知宋代流行带把的镜子，但从唐代女俑有手持镜子的情况可以知道，唐代也出现了带把的镜子，只是尚未流行，目前没有被发现实物而已。

唐代有很多骑马俑，很多是用来表示仪仗，约8世纪开始出现不少女性骑马俑。女性骑马在当时很时髦，有的还穿男装，这些现象暗示着唐代女性在生活方式、思想观念上的特色，享受的社交权利和行动自由，超过此前的北朝和后来的宋代。

女俑的装束由幂离到帏帽、胡帽，直至靓妆露面，甚至还坦胸露肌，对人体美日趋关注和欣赏，在唐诗中可见“长留白雪占胸前”，“粉胸半掩疑晴雪”的赞美。这在汉魏以来传统的褒衣博带式装束中找不到依据，也很难在以后的朝代中找到例证，这是当时人们观念、主张的具体体现。

表现日常生活的俑种类繁多，隋代就有烧火做饭、执箕劳作等做家务劳动的俑，唐代这种俑做得更加精细，而且将整个家务生活更加细化地反映出来。吐鲁番唐墓的一组俑中有拉磨、擀饼、舂米、做饭等。此外还有包裹婴儿、小孩洗澡的俑，将生活反映得十分细腻、生动。

隋唐墓葬中还有一些表现伎乐歌舞的俑，不只是单件出土，组合起来就是一个完整的乐队，郑仁泰墓就出土了一组演奏与舞蹈结合的俑群。从伎乐歌舞俑中可以看出当时琵琶的形状，了解琵琶的演奏方法，以及排箫等乐器与其他时代的差异。不同的乐器和组合也反映唐朝乐舞的变化。唐代出现说书，把一些事情编成故事说唱，表现说唱的俑也被塑造出来。

唐代墓葬的马俑很多，其中有一种特殊的马——舞马。舞马是宫廷的一种娱乐活动，人们训练出能跳舞表演的马，这些马会随着音乐做出各种各样的动作。唐代许多人写下了有关舞马的诗，与这些马俑的造型动作相吻合。唐代还盛行打马球，这是从波斯传到中国的运动，主要在宫廷和军中流行。文献记载来访唐朝的使臣和宫廷之间还进行过球赛，唐玄宗就曾是打马球的高手，很多皇帝也喜欢这一运动。如同唐墓壁画里有打球图一样，也有表现打马球的俑。

俑也反映了唐朝的对外关系，因为有大量胡人的形象涌现。“胡人”一词也大量出现在唐代的文献中，泛指来自西域一些国家和民族的人们，虽然有时是异族的一种蔑称，但有时也是对外族和外国人的赞美。胡人俑数量大增，说明当时对外交往关系的密切，也反映了唐朝对外开放的一种精神。唐朝的一些大城市如长安、洛阳、扬州等都有很多外国人居住。而胡人俑的特征是深目、高鼻、大眼睛，有的是直鼻梁，还有卷发、长胡须；从服饰上看有尖顶帽、圆顶帽、折沿帽，穿翻领衣等，尽管判断这些俑的民族、国别很困难，但是从这些俑的面目特征、装束，甚至手里拿的东西等可知是来自不同的地区。

在唐朝人的观念当中，胡人多与商旅有关，因此有些胡人俑被塑造成提壶背包的造型。手中提的是带把、有流，器身是扁圆的壶，也叫“胡瓶”，这种壶适合于游牧民族使用，因为口小，液体不容易流出，壶身扁圆，便于挂在马上。突出提壶、背包的细节，似乎在述说往返沙漠、戈壁的丝绸之路的艰难。

与胡人俑相呼应的是马和骆驼，胡人骑骆驼、骑马是隋唐俑中具有特色的一类，这些胡人通常穿翻领服，戴不同样式的帽子。还有胡人牵马、牵骆驼俑，尤其是与骆驼的组合，经常塑造出骆驼驮载的货物，明确表现出货物是整捆的丝绸。骆驼还有单峰骆驼，阿拉伯种的单峰骆驼，主要生长在中亚西亚地区。古代从这些地区往返中国通商，只有以骆驼为运载工具才能经过漫长的戈壁、沙漠。骆驼在丝绸之路上的重要性以及与胡人的关系，深深为唐人所知，胡人与骆驼的组合，就是杜甫“胡儿制骆驼”的诗句的注解。

胡人与骆驼俑中还可以看到一些丝绸之路上的生活细节，如骆驼除了满载丝绸外，有时驼背上还挂着作为食物的兔子、水壶等，表现沙漠戈壁旅途中的给养。甚至还有小猴，如果它不是在漫长枯燥无味的旅途中给人们带来乐趣的宠物，就是一种特殊观念的反映，因为在古人的认识中，猴与驼、马共存可以避免驼、马染上疾病。

塑造最精彩的是西安出土的两件载乐骆驼。中堡村唐墓的骆驼背上载有 7 个人，6 人奏乐，1 人唱歌或舞蹈。鲜于庭诲墓葬于开元十一年（723），载乐骆驼上共 5 人，4 人奏乐，2 个胡人、2 个汉人，中间 1 个站立歌舞的胡人。从驼背的面积和骆驼负重来看，这是现实生活中不可能出现的情景，只有夸张的表现和浪漫的艺术作品，才能这样想象往返丝绸之路上的人们的生活。

胡人俑千姿百态，不仅与歌舞、商人有关，还与狩猎、军人相联系。唐代呼鹰带犬的狩猎俑中多为胡人，将动物驯养为人类狩猎的帮手，在西亚、中亚的狩猎中很广泛。在华胡人拥有训兽和狩猎专长，常常担负起为贵族的狩猎活动服务的重任。从唐墓壁画上看，喂养、调教、使用猎兽的人也多为胡人。唐代狩猎在很多情况下，特别是在宫廷贵族中，有军事训练目的，文献记载唐朝有外族人和外国人从军，而且表现勇猛。

胡人与马的组合亦不奇怪，宁夏固原曾发掘一批隋唐墓，从墓志中可以看出墓主人姓史、米、康、安、何，为中亚粟特人后裔的墓。这个民族是古代著名的善于经商的民族，他们经常充当各族各国之间交往的译语人，即当翻译，中国和西方之间往来很大程度借助于粟特人。很多粟特人移居到中国，聚族而居，放牧也是他们擅长的技术，墓志中就记载了这些人生前在那个地区充当了唐朝中央官府牧场的牧马官。

通常所说的丝绸之路，是个借用名词比喻欧亚大陆之间的商品、文化交流。从宏观上看主干线有三条：一是北方沿绿色草原地带的草原路；二是沿着沙漠戈壁的点点绿洲上的沙漠路；三是南部海洋上的南海路。隋唐时期主要是通过沙漠路与西方进行交往，这条路行走大多要靠马和骆驼，而隋唐墓葬中出土的胡人、骏马、骆驼，形象地反映了当时中西方之间经济、文化上的交流，同时也展示了唐代对外开放的精神面貌。

中央民族大学民族博物馆
馆藏台湾少数民族文物及其民族学价值

李　丽

台湾地区的少数民族约40余万人左右，其中包括泰雅族、赛夏族、排湾族、鲁凯族、布农族、邹族、达悟族、阿美族、卑南族。此外，一部分住平地的称为平埔人，约有10万人左右。在我国进行民族识别中，以高山族作为台湾少数民族的统称。为了加强对台湾少数民族文化的知识普及与研究，自20世纪50年代以来，中央民族大学民族博物馆已收藏分编了台湾少数民族文物约400余件。这些文物是台湾少数民族文化的物质载体，在许多方面反映了台湾少数民族物质文化和精神文化的历史风貌，具有较高的文物价值和学术价值。国内如此集中收藏这方面藏品的博物馆很少，因此，笔者在此简单介绍一下这些文物的情况，并谈谈对这些文物的民族学价值的认识，以期引起人们对这批文物的重视和研究利用。

一、馆藏台湾少数民族文物的分类内容及数量

1. 生活用品类，这是馆藏台湾少数民族文物中数量最多的一类文物，约有200余件。主要包括各类器型的匙、勺、桶、瓦

壶、瓦杯、双连杯、陶碗、酒器、瓶、蒸具、量具、烟具和各种藤制品、葫芦器等。这些器物的质地大多为木、竹、陶、藤，还有少量的石、瓦、皮、铜质的器物和朱漆器。

2. 服装类，大约有50余件。主要有贝衣贝饰、麻质和绒质的长衣、纽扣衣、纽扣帽、胸巾、佩袋、腰带、裙围、皮帽、网袋、花布等。

3. 首饰类，有50余件。有骨、珠、竹、贝等各种质地的头饰、项饰、耳饰、臂饰、腕饰、胸饰和木梳、料珠等。

4. 宗教类文物有60余件。主要有各种木质图腾板和礼器。如祭盘、祈祷箱、神板、神杖、男女祖先门板、男女生殖崇拜像、雕版、人物雕像等。

此外，还有140余张反映台湾少数民族民居和生活的民俗照片。以上文物的主要特点是：生活用品多取材自然，造型古朴简洁，实用性强；服装与首饰则注重装饰与华美，制作精细复杂；宗教文物以木质为主，多以裸体人物和蛇的造像出现，极富象征意味。这批文物对我们了解台湾少数民族的历史和文化提供了弥足珍贵的实物资料。

二、馆藏台湾少数民族文物的民族学价值

中央民族大学民族博物馆馆藏的台湾少数民族文物和照片可以从多方面反映其传统文化特征。

1. 从陶器看台湾少数民族先民新石器时代的文化特征。

台湾少数民族的陶器有以下几个类型：

(1) 红陶。以排湾人的藤板红陶罐较为典型。该罐罐体高23厘米，口径13厘米。呈圆球形，翻口，肩部两耳，藤皮编制提梁，无釉的黄红色陶罐。

（2）素面陶。馆藏的一部分台湾少数民族小酒器、瓦壶、瓦杯皆为手工捏制无釉的素面陶。有若干件在器型上略微复杂，鼓腹，有耳。布农族的陶扁壶是这一类型中的又一种器型，它口小体大而扁，无装饰纹。

（3）无釉刻纹黑陶。如斗笠形的阿美族陶碗，为无釉灰黑色陶制，碗里戳花并刻菱形几何图案。与此类似的还有若干件陶碗、瓦壶。有些壶外还有藤编提篓。

馆藏无釉刻纹黑陶的陶器大多造型简单，但也有个别器物较注重装饰，具有宗教、审美等特殊含义。泰雅族的无釉黑色蛇瓶，上部收腰处有大小蛇浮雕装饰；有的黑陶罐外面还饰有人头浮雕。

陶器是新石器时代的重要文化特征。由放射性碳素测定的研究得知，台湾新石器时代自5000多年前以来连续不断地发展着各种类型的文化，如：大坌坑文化、圆山文化、凤鼻头文化。凤鼻头文化始于公元前2500年，延续到十六七世纪为止，分布地区在台湾岛中、南部海岸与河谷，是一组以红陶、彩陶和黑陶为代表的文化。因凤鼻头文化时间延续4000年左右，又可分为三期和三个类型：

（1）自公元前2500年起到公元前1500年，中南部海岸地区以印纹红陶为代表的文化。

（2）自公元前1500年起到公元初，中南部各地以素面或刻纹黑陶和贝丘为代表的文化。

（3）自公元初一直到十六七世纪，从北部到南部各地以印纹或刻纹黑陶为代表的文化。①

无釉刻纹黑陶、素面陶、红陶等具有凤鼻头文化的特点，这些陶器的主人，如布农族与阿美族，分布于台湾中部、南部，恰

---

① 参见陈国强：《台湾少数民族》，江西教育出版社1994年版，第67页。

是凤鼻头文化分布的范围。因此，这些陶器大多属于凤鼻头中晚期文化。这些印纹陶、彩陶和黑陶与大陆东南沿海发现者相近，不如黄河流域仰韶文化和龙山文化的黑陶精美，制作技术较差，应该是由仰韶文化和龙山文化发展传播而来的。在高山族中直至近现代还保留着绳纹陶器的制造方法。[①]

凤鼻头遗址地层表明，下层是大坌坑文化，中层是印纹红陶文化，上层是印纹或划刻的黑陶文化。考古学研究表明凤鼻头三期文化不仅与台湾少数民族有直接关系，而且与大陆东南沿海的新石器时代等古文化息息相关，是大陆东南沿海文化的传播与发展。馆藏的这部分陶器展现了凤鼻头文化序列的不同特点，博物馆可选择典型器物，展示这些器型的文化序列。

2. 反映了台湾少数民族衣食住行独特的文化特点。

古代台湾少数民族长期保持裸形跣足之习。山地民族一般用兽皮、树皮与自织的苎麻布制成衣服。由于“地不种棉，故无纺绩，尺缕寸帛，皆自外来”。[②] 绸缎来自江浙，海通后，洋布盛行。据《台湾省通志·同胄志》记载，土著服装款式大体分若干类型：北部地区（泰雅、赛夏、北方阿美）着无袖胴衣（背心）、胸衣、腰带等；中部地区（邹族、布农）有鹿皮背心、斜挎胸袋和腰带；南部地区（排湾、鲁凯、卑南和南方阿美）穿长袖上衣、半腰裙，女子分为短衣长裙（泰雅、赛夏、邹族、阿美）和长衣下裳（布农、排湾）。雅美男子着对襟短背心加丁字裤，女子是背心加腰裙。

馆内藏有阿美族的纽扣衣，以纽扣为饰；有泰雅族的长衣，红绒地，黑布边，对襟，饰铜铃珠子；还有布农族的麻布长衣，衣袖和袖口绣彩线花纹。

---

① 林惠祥：《台湾石器时代遗物的研究》，载《厦门大学学报》1955 年第 4 期。
② 连横：《台湾通史》，商务印书馆 1983 年版，第 428 页。

珠衣是台湾少数民族服饰的珍品。泰雅人喜穿珠衣。它是无袖无扣不开领的对襟上衣，在红、白、棕色的麻布底上缀成排成串的细小贝珠，一件珠衣往往要缀数万颗贝珠，极其华美精致。现在陈列厅展出的一件泰雅人珠衣就是用了近8万颗贝珠缀制而成的。馆藏有贝衣10余件，这些珠衣如今在台湾也很难看到了。

馆内还藏有胸衣、腰裙、腰带、腰佩袋等，多以麻布织成，挑绣几何形花纹或绣花，饰以贝珠，穿戴起来朴实中透着灵动。

台湾北方气候较寒冷，人们习惯穿戴皮帽皮背心。馆藏有数顶鹿皮帽、獐皮帽、猪皮帽。此外还有藤制盔甲。

馆藏的台湾少数民族首饰有臂饰、腕饰、耳饰，多以獐牙、动物骨片、贝珠制成；头饰、项饰、胸饰，多以彩珠贝珠串之。显然这是原始古老的审美习俗。及至民国，“妇女首饰，多用金银，一簪一珥，随时而变。富家则尚珠玉。”①

馆藏的台湾少数民族服装服饰，大多为民国以前的物件，从图案、样式到质地、做工都保留了传统的民间风格，对于我们研究其生产生活状况、审美意识乃至工艺水平都具有十分重要的参考价值。

台湾产稻。馆藏有若干米臼、长杵、谷种筒、小米斗量、木斗等器物，反映了台湾少数民族的稻作文化。捕鱼、狩猎也是他们的重要经济活动，猪、鹿等动物常常是其木雕表现的题材；一些竹刻火药筒成为体现狩猎活动的精彩实物。馆内一竹刻火药筒，外刻有人头、三角形、H形的图形。人头图案有祭祀鬼神、祈祷丰收的意图。三角形、H形图案应是蛇纹与蛇骨的简体表现符号，与其宗教崇拜意识有关。

居住建筑方面，台湾少数民族的民居保留了古越人的干栏式建筑特征。最早记录台湾少数民族的要算三国时沈莹的《临海水

---

① 连横：《台湾通史》，商务印书馆1983年版，第428页。

土志》，他说：夷州居民似安家之民“悉依深山，架立屋舍于栈格上，似楼状。”直到清代末年还有生活在树上似人猿的“鸡距番”，由于他们常年生活在树上，脚趾长得像鸡类趾。如今阿里山邹族的公廨和仓房多架屋于桩上似楼居，馆内存有相当数量的民国时期台湾少数民族的民居照片。如布农族的“肯达朋人的住宅”、“卓社人的住家”、泰雅族“南澳番的住家”、邹族“阿里山番的住家”、排湾族“辣依社的头目住宅”等，以及反映他们日常起居生活的照片。

交通方面，台湾少数民族自古擅长舟楫，据记载原始水上交通有涉渡、匏器、艋、独木舟、竹筏等。匏器又称葫芦，古代台湾少数民族当作盛物容器和渡水工具。《诸罗县志》载：“室内葫芦，累累以百十计，多为富。大者容二斗。嫩时味苦不可食，俟坚老，截顶出瓢，选其小而底相配者制为盖，泽以鹿脂，摩挲既久，莹亦如漆。番人于役，用装行李，雨行不濡。传递公文，遇大水，取置其中，载于首而渡。”

馆藏葫芦器 10 多个，有的葫芦器还用藤条编成篮套裹住，更便于携带。艋即独木舟，是古代台湾少数民族常用的水上交通工具，大小不一，小的只容一二人乘坐，大者可容二三十人。我馆就保存了台湾少数民族雕刻的艋模型，它约一米长，首尾上翘，外部雕绘施彩，雕刻着执梭人物和蛇纹、水纹等图案。

馆藏木雕反映出的台湾少数民族的运载方式也是多样的，以背负、顶载为主要形式。有体现男子身背网袋和野猪、鹿头的木雕，有体现女子头顶柴捆的木雕，形象逼真，生动传神，既体现了民俗民风，又是难得的古代艺术品，成为展示台湾少数民族文化的珍贵展品。

3．馆藏的大量台湾少数民族木雕生动地反映了古代台湾少数民族的宗教意识和审美情趣等精神文化活动。

台湾少数民族古代信奉万物有灵和祖先灵魂的原始宗教，拜蛇是他们重要的民俗文化特征。

排湾族崇拜一种毒蛇，称为“龟壳花”，不敢杀害，甚至在酋长家屋中备一小房以作巢穴。其屋饰、器物多雕蛇、绘蛇纹，以表敬意。馆藏一“木雕蛇纹人首像”，刻画了一个正面祖先像，头顶两侧绘有象征祖灵的百步蛇一对，颈头横置一双头蛇，眼睛镶贝片，造型古朴写实，刀法简练。有的木雕祖先像，几同真人般大小，身体全裸，目镶贝片，性别明显。除写实外，也在器物上刻以简省体的蛇形、蛇鳞、蛇脊骨等体现拜蛇的宗教意识。另外还有刻有蛇纹或蛇形图案的木刻双耳连杯、木梳、木蛇纹壶、陶雕蛇瓶以及用于占卜祭祀的宗教法器祭盘、祈祷箱等等，不一而足。

拜蛇习俗还体现在台湾少数民族保持的文身习俗中。因其先民源于古越人，古越人喜刺蛟龙花纹。《隋书》载：古越人“妇人以墨黥手，为虫蛇之文”。这种文身习俗一直流传到现代。泰雅人、赛夏人、排湾人和阿美人都喜欢在脸、手臂、手掌以及臀部、腿和脚背刺刻花纹。现在馆藏的台湾少数民族民国期间的图片，仍表现出其断发文身和装饰身体的民俗特征。

笔者在马来西亚国家博物馆也看到了与台湾相同的人形木雕，从考古学和民族学研究角度看，这又关系到文化交流和传播的另一个问题。我国东南古代越族曾在新石器时代渡海入台，成为今日高山族的主要先民。楚灭越，秦始皇灭楚与开发岭南，与汉武帝灭南越和东越，南方的百越民族于是撤离大陆，经若干次的迁徙而退居今日的南洋。[①] 一些高山族先民融入了南洋的马来人。由闽粤到台湾，再转道菲律宾及马来群岛，是历史上形成的一条重要的民族及文化的迁移路线。马来群岛发现与台湾类似的手工木雕制品，应是自古以来文化交流传播的结果。

---

① 凌纯声：《南洋土著与中国古代百越民族》，《中国学术史论集》第 4 册。

4. 有些文物还反映了台湾少数民族的历史事件与古老习俗。

中央民族大学民族博物馆保存有两尊郑成功的雕像。一尊为石刻，是郑成功褒衣博带的文官形象；另一尊为木雕，郑成功着头盔战袍，一手直指前方，气宇轩昂，体现出郑成功所向披靡的大将风采。

中央民族大学民族博物馆保存的木雕吴凤像，刻画的是一位老者形象，面目轮廓清晰，浓眉高颧，鼻阔眼大，一副刚毅慈祥、宁静平和的好好先生模样。雕像背后有“义人吴凤像”墨迹。该文物记载着古代台湾邹族的一个历史事件。

清朝，台湾少数民族仍然保留着古老的“猎头”习俗。每到秋收时节，“出草”猎取敌人或外部落人的头颅祭祖娱鬼神，谓之“作飨”。馆藏“木雕携子提头像”和部分照片体现了这一古老习俗。

吴凤是清朝在台湾设政的一名通事，他办事公正，为当地百姓所敬重。为了革除陋习，他佯装百姓，让猎头者误取自己的头颅，献出了生命。此事震惊并教育了当地百姓，使他们终于放弃了猎头习俗。阿里山百姓修建了“阿里山忠王祠”，奉吴凤为阿里山神，百姓也雕像供奉。连横在《台湾通史吴凤列传》中详细记叙了这一历史事件，并对吴凤给予了高度评价，曰：当“顶礼而祝之，范金而祀之”。馆内保存的木雕“义人吴凤像”正是这段历史以及古老民俗的生动见证。

中央民族大学博物馆馆藏的台湾少数民族文物，从物质文化、精神文化等多个层面体现了古代台湾少数民族的衣食住行和精神意识活动，为民族学的研究提供了大量实物资料，也丰富了博物馆的展示内容，目前，中央民族大学博物馆已展览了部分台湾少数民族文物，我们应该很好地加以研究和利用。

西藏金铜造像艺术的演进

陈庆英

藏族的金铜铸造工艺在佛教传入西藏以前就有了很长的历史，吐蕃王朝初期的金铜铸造工艺本来就有很高水平，因此在佛教传入吐蕃以后用金铜来铸造佛像，是十分自然的事情。早期西藏的佛教造像受到来自汉地和南亚印度—尼泊尔的佛教造像风格的深刻影响，同时经过100多年的发展，到赤松德赞兴建桑耶寺的时候，已经出现了西藏本地的佛教造像风格。藏传佛教后弘期开始以后的金铜造像，一直有两种风格：一种是随着“上路弘法”和阿底峡入藏而兴盛起来的受印度克什米尔造像风格影响的造像；一种是随着“下路弘法”而来的受汉地和中亚造像风格影响的佛像。元、明、清三代，西藏建造的一些巨型金铜佛像是各个时期的西藏的金铜佛像制作工艺的代表，可以结合文献的记载进行深入的研究。

到西藏去访问或者旅游的人，都会听到（许多人还会多次听到）佛教是如何传入西藏的故事。这些故事都认为佛教在西藏的传播从一开始就和佛陀的两尊金铜造像有非常密切的关系。通常的说法是，在7世纪前半叶，吐蕃王朝的创建者松赞干布迎娶尼泊尔光胄王（vod-zer-go-cha）的女儿赤尊公主（khri-btsun）为王妃，赤尊公主是一个虔诚的佛教徒，她带到拉萨的嫁妆中最主要的是一尊释迦牟尼8岁身量的铜像，藏语称为觉卧米觉多吉（jo-bo-mi-bskyod-rdo-rje），译成汉语即是不动金刚佛像。后来松赞干布又迎娶唐太宗的女儿文成公主（据《新唐书》记载是唐太宗将一位宗室的女儿作为自己的女儿嫁给松赞干布），文成公主带到拉萨的嫁妆中最主要的是一尊释迦牟尼 12 岁身量的铜像，藏语称为觉卧仁波且（jo-bo-rin-po-che）或者觉卧益西诺布（jo-bo-ye-shes-nor-bu）、觉卧释迦牟尼（jo-bo-shakya-mu-ni）。为了安置和供奉所带来的佛像，赤尊公主在松赞干布和文成公主的帮助下新建了一座“羊土神变寺”（ra-sa-vphrul-pavi-gtsug-lag-khang，因为开始时由山羊驮土填湖，建成后地面光洁如仙境幻现，所以称为“羊土神变寺”，藏语地名拉萨 lha-sa 就是从该寺寺名的前两个字逻些 ra-sa 音变而来），后来又被称为“大昭寺”，寺内供奉觉卧米觉多吉像；文成公主新建了一座“惹莫且寺”（ra-mo-che-gtsug-lag-khang，因为建在叫着“惹莫且”的地方而得名），后来又被称为“小昭寺”，寺内供奉觉卧释迦牟尼像。据说在松赞干布的孙子芒松芒赞在位时，吐蕃与唐朝发生了战争，吐蕃担心唐朝会要回觉卧释迦牟尼像，就将其移到大昭寺的一个殿堂中隐藏起来，并在外面砌墙遮蔽。后来唐朝的金城公主嫁给吐蕃赞普赤德祖赞，她到拉萨后，努力寻找文成公主带到吐蕃的觉卧释迦牟尼像，最后从大昭寺将觉卧释迦牟尼像请出来，安置在大昭寺的正殿的中央，又把赤尊公主带来的觉卧米觉多吉像迎请到小昭寺中供奉。这两尊西藏最著名的佛像就这样调换了位置。

这两尊金铜佛像至今仍然保存在拉萨的大昭寺和小昭寺中，是最受藏族人崇拜的两尊佛像，同时也是与西藏历史上的重大事件联系最为密切的金铜佛像。后来有许多热心的佛教信徒和富有的施主，甚至有不少著名佛教大师为这两尊佛像做过多次贴金装饰，增加了黄金和宝石制成的头冠和衣饰等。例如，元代拉萨地区的地方首领蔡巴万户长和阿里地方的土王等人曾出资维修大昭寺，用 5 万斤铜和 500 两黄金为释迦牟尼佛像的佛殿建造了金顶。格鲁派的创始人宗喀巴大师在1408年年底就曾经为觉卧释迦牟尼像奉献新制佛冠和佛衣，接着在1409年正月创办拉萨祈愿大法会，在法会期间每天为觉卧佛像的面容涂金，初八和十五两天则为觉卧佛像的全身涂金。① 在这次法会以后，宗喀巴大师又创建甘丹寺，后来在西藏历史上占有统治地位的格鲁派由此形成。五世达赖喇嘛、七世达赖喇嘛和十三世达赖喇嘛时期都对大昭寺进行过大规模的维修，直到现代，对大昭寺的释迦牟尼像和不动金刚佛像每年都要涂金，隆重供祭。不辞千万里高原跋涉的艰难困苦，不辞生命危险，有的人甚至是磕着等身的长头到拉萨朝礼的佛教信徒，他们的一项最重要的大事就是绕行大昭寺，而绕行大昭寺实际上就是绕行和礼拜觉卧仁波且和觉卧米觉多吉。拉萨城中最著名的街道八角街和林廓路，就是千百年来信徒们朝礼这两尊金铜佛像的道路。每天早晚两次的绕行大昭寺的队伍，通常都在万人以上，浩浩荡荡的队伍肃穆庄严，使见到的人受到强烈的感染和震撼。一个地区和民族的政治和宗教的历史与两尊金铜佛像这样紧密地联系在一起，在整个佛教历史上也是十分罕见的。

由于进行过无数次的涂金和装饰，所以一般人都认为，现在看到的觉卧释迦牟尼像和觉卧米觉多吉像与当年文成公主和赤尊公主将它们带进西藏时的形象有了许多改变。同时由于这两尊佛像在藏传佛教中所占有的神圣地位，很少去除佛像的头冠和衣饰，因此一般人难以见到佛像的真正全貌，更不可能允许研究者对它们做任何的成分化验分析来确定它们的制作年代。我们只是从有关的书籍中知道，觉卧释迦牟尼像为坐像，高1.5米，铜

① 周加巷著，郭和卿译：《至尊宗喀巴大师传》，青海人民出版社1988年版，第254—256页。

铸，通体镏金。[①] 由于这些原因，在研究藏传佛教艺术史的学者的著作中，这两尊金铜造像并没有受到应有的重视，甚至有的学者把文成公主和赤尊公主带来佛像的千古流传的故事当作一种文学的虚构来看待，对此不予置评。实际上，从大昭寺的一些殿堂的建筑风格和竖立在大昭寺大门前的唐蕃会盟碑，尤其是赤德松赞所建的位于拉萨河南岸若玛岗地方的噶迴寺建寺碑，明确记载了松赞干布兴建拉萨大昭寺等寺院的事迹，足以证明大昭寺是建于吐蕃王朝时期的古刹。[②] 而且成书年代可以确定在 12 世纪的《娘氏教法史》就有关于这两尊佛像的详细记载，据信成书年代还在此之前的《拔协》也提到了金城公主进藏后寻找文成公主带进西藏的佛像的故事，[③] 这就从文献学的角度说明这两尊佛像至少是在吐蕃王朝的时代就在西藏受到广泛的尊奉。另一方面，我们从发表的这两尊金铜佛像的照片，也可以看出它们确实是唐代中原汉地和尼泊尔两种造像风格的代表。有学者指出："表现理想的佛需要善于体现佛性，善于表现那种超凡的而又能激动人心的神圣情态。艺术家把庄严、慈祥两种截然不同的因素融合在一起，使佛像既威严神圣，又慈祥感人。庄严而不可畏，慈祥而不可冒犯。唐代佛像之所以激动人心，也许正是在追求塑造佛性中，创造了寓慈祥于庄严的美的佛教造像典型。"[④] 还有学者在分析唐代佛像的特点时说："龙门奉先寺卢舍那佛高十七米多，

---

① 西藏自治区文物管理委员会编，索南旺堆、张仲立主编：《拉萨文物志》，1985 年，第 20 页。

② 王尧编著：《吐蕃金石录》，文物出版社 1982 年版，第 151—165 页。

③ 娘尼玛沃色（myang-nyi-ma-vo-zer，1124—1192）所著的《娘氏教法史》(chos-vbyung-me-tog-snying-po-sbrng-rtsivi-bcud)，西藏藏文古籍出版社 1988 年版，第 197—272 页。拔塞囊著、佟锦华、黄布凡译注：《拔协》，四川民族出版社 1990 年版，第 3—4 页。西藏学者巴桑旺堆最近考证，《拔协》的主体部分应当是写作于吐蕃赞普赤德松赞的时期。

④ 金维诺：《石佛遗珍》，见徐政夫：《观想佛像》，艺术家出版社 1998 年版。

面圆颐丰，微睁的秀目，是通过上眼皮的下垂造成的，狭长的眼角，凝重的双眼，微微向前倾斜的身体，都给人关注世间疾苦、温和可亲之感。而高大的身躯、主尊的地位，在整尊造像的烘托下，又显得神圣肃穆，犹如人间君王，驾临一切之上。‘功成妙智，道登圆觉’的主尊威严，与近在咫尺、和蔼可亲的慈悲心怀，巧妙地融合在卢舍那佛一身。”[①] 而这一时期的印度－尼泊尔的佛像为帕拉王朝的造像风格，其特点是“帕拉造像建立在笈多美术的基础上，印度东北本土特色浓厚，与克什米尔像某些细节相互影响，但风格迥然有别，面貌颇具印度人特点，如上眼睑突显，嘴唇丰厚，眼大有神，体形粗壮，但与克什米尔像发达的肌肉刻画不同，身材曲线流畅圆润。”[②] 而拉萨的觉卧释迦牟尼像和觉卧米觉多吉像，仅从我们现在所能看到的佛像的面部，就可以体会出 7 世纪到 8 世纪时南亚和汉地的佛像造型风格的这种差别。笔者曾经问过许多次朝礼过这两尊佛像的家在拉萨的藏族朋友，他们也说尽管拉萨民间传说这两尊佛像在不同的时间有不同的表情，但总是感到觉卧释迦牟尼慈悲可亲，觉卧米觉多吉威严肃穆。应该说这种自觉上的差异准确地反映了最早传入西藏的这两尊金铜佛像确实在造像风格上属于两个不同的系统。

事实上，藏族的金铜铸造工艺在佛教传入西藏以前就有了长期的历史，藏文史料记载，在松赞干布的 27 世祖止贡赞普的时代，就能够制造多种刀剑武器，还制造了铜棺。[③] 公元 646 年，唐太宗征讨高丽后返回长安，松赞干布遣使奉献金鹅，祝贺唐太宗凯旋。“其金鹅黄金铸成，其高七尺，中可实酒三斛。”唐代以

① 冯贺军：《中国佛教造像风格的演进》，见徐政夫：《观想佛像》，艺术家出版社 1998 年版。

② 王家鹏：《藏传佛教金铜佛像图典》，文物出版社 1996 年版，第 16—17 页。

③ 班觉桑布著，陈庆英译：《汉藏史集》，西藏人民出版社 1986 年版，第 82—83 页。

十斗为一斛，吐蕃所献的金鹅可装酒数百斤，可见工艺并非寻常。唐玄宗时，吐蕃多次进献金鹅盘盏和金银器玩，有时一次达数百件，而且形制奇异，工艺精绝，唐玄宗下令在宫门陈列，让百官参观。[①] 可见吐蕃的金铜铸造工艺本来就有很高水平，因此在佛教传入后用来铸造金铜佛像，应当是十分自然的事情。

尽管由于“朗达玛灭佛”和吐蕃王朝崩溃后的长期战乱，吐蕃王朝时期西藏的佛教造像遗留下来的很少，但是我们从文献上还可以看到吐蕃王朝时期佛教造像的发展。当时应当有大批印度、尼泊尔、中亚和唐朝的艺术家受聘在西藏进行早期佛殿和寺院的装饰艺术创作和塑造佛像。《拔协》在记述赞普赤松德赞兴建桑耶寺塑造佛像时的情形时说：“雕塑匠问道：‘佛像是塑成印度式还是塑成汉地式的？’大师说：‘佛陀降生在印度。所以塑成印度式的吧！’赞普说道：‘大师，我希望让吐蕃喜欢黑业（指黑苯波教）的人们，对佛法生起信仰。所以无论如何，也请把佛像塑成吐蕃的式样！’大师说：‘那么把全体吐蕃民众召集起来，就照着塑成吐蕃人模样的佛像吧！’于是从召集起来的全体吐蕃民众中，挑出最英俊的男子枯达擦，照着他的模样塑造了二臂圣观音，挑出最美丽的女子觉若妃子布琼，照着她的模样在左边塑造了光明天女像，挑出最美丽的女子觉若妃子拉布门，照着她的模样在右边塑造了救度母像。照塔桑达勒的模样，在右边塑造了六字观音（四臂圣观音）像。照着孟耶高的模样，塑造了圣马鸣菩萨为守门者。”[②] 该书还说：“然后是中层佛殿，以麝香树和檀香树为木料，以野黄牛皮为塑像的材料，照着汉地的模样塑造。主像是大日如来佛，右边塑的是过去佛燃灯佛，左边塑的是未来佛

① 《新唐书·吐蕃传》。

② 拔塞囊著，佟锦华、黄布凡译注：《拔协》，四川民族出版社 1990 版，第 31 页。

弥勒佛，前面是晦日佛释迦能仁（即释迦牟尼）、八日佛药师佛、月中佛无量光佛；左右菩萨是亲近眷属八大弟子、大善知识（居士）无垢称、喜吉祥菩萨；愤怒护法是'哼'、'哈'二将，'哼'、'哈'是汉语。""上层殿的木料全用松树和杉树。塑像的材料用布和茅草。塑像以印度式样为准。"① 这说明正如觉卧释迦牟尼佛像和觉卧米觉多吉佛像所代表的那样，早期西藏的佛教造像受到来自汉地和南亚印度—尼泊尔的佛教造像风格的深刻影响，同时经过100多年的发展，到赤松德赞兴建桑耶寺的时候，已经出现了西藏本地的佛教造像风格。从桑耶寺建成到朗达玛灭佛的60多年间，是西藏佛教急速发展的重要时期，赞普赤德松赞和热巴巾都兴建过许多寺院，佛教造像也有了很大的发展。对于吐蕃王朝时期西藏的金铜造像，出自16世纪的一位主巴噶举派的活佛、西藏著名造像大师白玛噶波的藏文手稿《鉴别青铜佛像论——心愿口饰》（Li-mabrtag-pavirab-byedsmravdod-pavikha-rgyan），对西藏佛像雕塑中的各种艺术风格和运用的合金材料等进行了详细的记述。他把吐蕃王朝时期的金铜佛像分为三个时期：

松赞干布开始的早期法王所造，主要用红响铜（响铜，藏文称为"利玛"）制造，佛像面部饱满，脸部的上部比下部略大，表情愉悦，脸微长，鼻子造型美妙，眼睛修长，上下唇造型端丽、准确，身体伟岸，手脚柔软，衣褶小；整个雕塑造型精美。法座为单排或者双排的莲瓣组成的莲座，但有的佛像既无宝座，也无坐垫。佛像身披大氅，足蹬靴，显示西藏俗人的形象。佛像或火镀金，或用树脂或油脂涂光，或根本不涂任何东西。

赤松德赞时期（约755—797）的佛像大量使用"紫利玛"

① 拔塞囊著，佟锦华、黄布凡译注：《拔协》，四川民族出版社1990年版，第35页。

制作，与以前制作的佛像相比面型粗短，手指造型略欠精美；佛像表面敷有树脂或油脂，镶嵌设色；底部边缘衔接不是很完满；大多数佛像都带有三叶冠；法王塑像无头巾，发饰悬垂于肩部两侧。有的镀金（镀冷金），有的根本不敷任何脂液。

赤热巴巾时期（9世纪）所造佛像，与印度雕塑家创作的塑像相同，均用“白利玛”为胎浇铸，和印度（中部）所造佛像相同。不同之处是面型较小，眼睛镶嵌有白银和紫铜，镶嵌技艺高超（即所谓的桑塘玛佛像，特点是以白银为眼，紫铜为唇）。塑像造型优美，有三叶冠装饰。①

藏传佛教后弘期开始以后的金铜造像有两种风格：一种是随着“上路弘法”和阿底峡入藏而兴盛起来的受印度克什米尔造像风格影响的造像，藏文文书称为“噶当利玛佛像”。据说这些造像用天然铜混以金银的合金和“紫利玛”及“花利玛”作原料铸造，工艺十分精美。由于在噶当派的主寺热振寺供奉有许多这种佛像，所以称为“噶当利玛佛像”。② 另一种是随着“下路弘法”而来的受汉地和中亚造像风格影响的佛像，下路弘法的发源地青海河湟地区的唃厮啰政权为藏族部落所建立，盛行藏传佛教，曾经在其都城青唐城（今西宁）兴建广五六里的大寺庙，造大佛像，以黄金涂其身，并建十三层高的佛塔守护大佛像。③ 西夏王朝本来就与藏族有密切的亲缘关系，西夏佛教受藏传佛教的影响很深，噶举派和萨迦派的僧人在西夏王朝有很大的影响，有的还被西夏封为帝师、国师。西夏的佛教绘画、金铜造像也很发达，

---

① 参见扎雅活佛著，谢继胜译：《西藏宗教艺术》，西藏人民出版社1989年版，第141—142页。

② 参见扎雅活佛著，谢继胜译：《西藏宗教艺术》，西藏人民出版社1989年版，第142—143页。

③［宋］李远：《青唐录》，转引自祝启源：《唃厮啰一宋代藏族政权》，青海人民出版社1988年版，第275页。

至今还有不少文物遗存。西夏的佛教艺术又对西藏产生过重要的影响。

元代是西藏金铜佛像艺术发展的一个重要时期。由于元朝统一了西藏并且扶植萨迦派首领管理全国的佛教事务和藏族地区的行政，萨迦政权能够集中西藏各个万户的力量兴建萨迦南寺大殿这样巨大的佛殿，并铸造精美的大型金铜造像。萨迦寺中留存至今的有八思巴为纪念萨迦班智达而建造巨大的释迦牟尼镀金铜像和精美的背光，以及大量的本尊铜像和祖师铜像。夏鲁寺的金铜造像是这一时期西藏金铜造像的代表。八思巴 1269 年带到大都的工匠中，有著名的铸造铜像的大师尼泊尔人阿尼哥等 24 人，阿尼哥因造像技艺得到忽必烈的宠信，在元朝担任官职数十年。阿尼哥的儿子阿僧哥及弟子刘元也因铸造佛像而名重于当时。阿尼哥带来的尼泊尔艺术和藏传佛教及汉地的艺术在元朝宫廷逐渐走向融合，逐步形成了一支具有浓烈汉族特色的藏传佛教艺术创作流派，对后来明、清的宫廷和西藏本地的藏传佛教艺术都产生了重要的影响。据《元代画塑记》等文献记载，元仁宗皇庆二年(1313)，命宣政院院使也纳令阿僧哥主持塑造大圣寿万安寺内五间殿、八角楼的四座佛像，并禀明帝师由搠思哥斡节儿八哈失塑造。另外还塑造大小佛像 140 尊，其中南北角楼塑马哈哥剌等 15 尊……东西角楼塑马哈哥剌等 15 尊。皇庆七年（1320），又令塑工张提举和画工尚提举二人率众工匠在兴和路的寺院西南角楼内塑马哈哥剌佛像及伴绕神像，画十护法神。《元代画塑记》还记载了塑造和绘制这些藏式佛像所用的西藏的颜料和材料。[①]元代在宫廷中建造的藏式佛像，被称为“西天梵像”。杭州飞来峰的藏传佛教造像则代表了西夏的藏式佛教造像艺术和汉地造像

---

① 《元代画塑记》，人民美术出版社 1964 年版，第 8—10 页。

艺术的融合。①

明朝前期藏传佛教金铜造像有在南京和北京制作的“永乐利玛佛像”，实际上其制作年代是从永乐延续到宣德年间。扎雅活佛指出，永乐利玛佛像“铸像所用的材料是黄白色的响铜，这种铜的颜色与象牙色相近，黄色不很明显。永乐利玛佛像还可以细分为两类：1. 皇帝本尊像；2. 事奉佛像。‘皇帝本尊像’亦可称为‘誓愿佛像’，是旧永乐利玛佛像中较好的一种。‘皇帝本尊像’这个名称是指特意为皇帝个人观修而制作的佛像。其造型极为优美，焊铆缝隙光滑平整，脸呈‘国’字型，两眼细长，衣服紧贴躯体，衣褶线条清晰。由双排莲花瓣组成莲座，在莲座的上缘和下边镶嵌有珍珠，但有的佛像的莲座边缘并不镶嵌珍珠。佛像铸成以后要镀金，所镀金颜色艳丽。所有的皇帝本尊像都在莲座的上侧边刻有金刚杵。底座的内膛出口用盖子盖严实，然后用掺有朱砂的封蜡封好盖子周边的缝隙。在莲座上刻有‘大明永乐年施’，表明制作年代。‘事奉佛像’这个名称大概是指永乐皇帝召请众僧举行诵经事奉佛法仪式时使用的佛像。这些佛像略带白色，光洁度也不如皇帝本尊像，底盖极为简朴。”② 关于永乐时期为什么在宫廷制作大量的藏传佛教的佛像，国外有学者研究永乐时期明朝和西藏帕竹政权、噶玛噶举、萨迦派、格鲁派的首领们之间的使者来往和互相馈赠佛像的记载后指出：“就永乐青铜塑像来看，在这段时期内它业已展示出西藏和明朝、明朝和西藏之间连续不断的使团往来。更为重要的是，在大约 15 年的时间里所进行的一连串的塑像交换中，每一次都是以西藏一方首先开

① 熊文彬：《元朝宫廷的“西天梵像”及其艺术作品》，载《中国藏学》2000 年第 2 期。

② 扎雅活佛著，谢继胜译：《西藏宗教艺术》，西藏人民出版社 1989 年版，第 140—141 页。

始的。这同现存的永乐画像作品中所体现出的藏人容貌和肖像风格上的密切同源，和明廷中也许受雇于明帝国画坊的为数众多的藏人的持续存在，以及中部西藏（前后藏）对同一时代风格的紧紧追随等，所有这一切都指出了永乐风格确切的渊源。”① 实际上，我们知道永乐时期在明朝的宫廷中有许多从甘肃、青海藏族地区来的藏族僧人和工匠，如明成祖派往西藏迎请宗喀巴大师的使者侯显就是出身于甘南藏族地区的藏族人，而南京雕版印刷最早的木刻版藏文《大藏经》也是由这些藏族工匠完成的。所以永乐青铜造像应当是由藏、汉工匠在南京和北京共同完成的，永乐铜像的风格正反映了藏汉造像艺术融合的风格。由于永乐利玛铜像和法器制作精美，适于作为礼品赏赐和进贡，所以有不少永乐利玛佛像是在明代由皇帝赏赐给西藏的高僧和寺院的，到清朝时又由达赖喇嘛、班禅额尔德尼等西藏的宗教领袖作为贡品进献给了清朝皇帝。因此在清朝宫廷中有不少的永乐利玛佛像，甚至还有一些流落到了民间，本书所收的永乐利玛佛像，应当是循着这一渠道又回到北京的。②

比永乐铜像稍晚的西藏青铜造像是来乌群巴利玛（slevu-chung-li-ma）佛像（清朝宫廷中称为流崇干利玛，见王家鹏《藏传佛教金铜佛像图典》序言，流崇干即藏文的 slevu-chung-gi，意为来乌群的）。扎雅活佛指出：“来乌群巴利玛佛像指由艺术家来乌群巴铸造的佛像。这类经过镀金的铸像与明朝永乐利玛佛像极为相似，造型美观，盘起的双腿自然放松，双排莲花瓣环绕法座形成一个莲花团，两排莲瓣之间的连接处嵌入较深，花瓣

① 海瑟噶尔美著，熊文彬译：《早期汉藏艺术》，中国藏学出版社 1994 年版，第 169—170 页。

② 朱家溍：《故宫所藏明清两代有关西藏的文物》，收入《故宫退食录》，北京出版社 1999 年版，第 219 页。

脉络清晰，结构严谨。”[①] 关于来乌群巴的历史，在一世达赖喇嘛兴建扎什伦布寺的记载中可以看到。据一世达赖喇嘛根敦珠巴的弟子意希孜摩所写的《遍知一切之上师根敦珠巴贝桑布传—奇异宝串》（即《一世达赖喇嘛传》）记载，根敦珠巴 1447 年创建扎什伦布寺后，在 1458 年，“想到应当先在扎什伦布寺建造密宗五部佛（gsang-ba-vdus-pa-rigs-lnga）的像，以及为我等举行长寿仪轨而建造尊胜白度母像。首先，他派人将建造五部佛像的材料及功德钱（给工匠的薪资）送到前藏去，交给化现的工匠勒穷巴（slevu-chung-pa），勒穷巴造成佛像后送来扎什伦布寺。又由达孜巴（stag-rtse-pa）的一位能工巧匠先建造了一尊作为样品的尊胜白度母药泥塑像，然后再照此建造一尊一箭杆高的有加持力的殊胜的黄金尊胜度母像，根敦珠巴赠给他许多报酬，使他大为欢喜。”[②] 这里的化身的工匠“勒穷巴”（slevu-chung-pa），即是“来乌群巴”，而达孜巴（stag-rtse-pa）应当是拉萨东郊的达孜县的工匠。从这段记载看，“来乌群巴”应当是 15 世纪中期西藏拉萨地区的著名工匠。该书接着还讲述了根敦珠巴在扎什伦布寺建造强巴大佛像的详细经过：“为建立弟子们及众施主全都转生到弥勒净土，享受大乘教法的利乐的殊胜缘起，应当兴建这尊弥勒大佛像，根敦珠巴不仅派弟子们将这一指示传遍各方，而且他自己也全神贯注地考虑这一问题。当他思考应当请什么样的工匠来建造这尊佛像时，他召集高僧大德们来商议，一些人说勒穷巴（slevu-chung-pa）适合，一些人说拉堆绛的首领扎西仁钦（bkra-shis-rina-chena）适合，不过多数人一致认为应当请尼泊

① 扎雅活佛著，谢继胜译：《西藏宗教艺术》，西藏人民出版社 1989 年版，第 143 页。

② 意希孜摩：《一世达赖喇嘛传》的第四章兴建身语意依止处，收入印度达兰萨拉 1975 年铅印本《历辈达赖喇嘛传记》，第 260 页。

尔的工匠，他们说：‘建造这样的大佛像，尼泊尔工匠不仅技艺好，而且费用较低。’这时大德顿珠坚赞（don-grub-rgyal-mts-han）说：‘建议由有识者提出，决议由福德者断定。还是由上师你自己思考决定！’无论怎样，大家还是比较倾向于请尼泊尔工匠担任。此时根敦珠巴心想：‘要是请尼泊尔工匠，给他们的工钱就必须是金银和绸缎。’因此说：‘今天晚上还不能决定，待向三宝祈祷后再议。’此后，根敦珠巴邀请各位高僧，制作了糌粑丸子，丸子里放着写有各个工匠名字的纸条，对着尊胜度母祈祷后进行占卜，结果得到的授记说：‘由扎西仁钦担任工匠比较适合，但是会有大的违碍。’……当时有一批尼泊尔工匠在伦波孜（lhun-po-rtse）建造佛像，即派人通知他们，请他们来建造佛像，但是由于他们要的工钱太多没有谈成。于是按照以前的考察，决定从拉堆绛召请工匠。在当年春天（1460 年），根敦珠巴把他对大司徒（拉堆绛地方的首领）所提的教法方面的问题的答复对我们讲解了一遍，由我们笔录成册，派我给大司徒送去这份答复并且召请工匠，于是我在秋末去了拉堆绛，途中还在梅巴等地募化资财。冬季法会时我到了昂仁（ngam-ring），向大司徒呈上根敦珠巴的答复，大司徒十分高兴，但是召请工匠之事却因唐东杰布（thang-stong-rgyal-po，1385-1509，是著名的建造铁索桥和组织藏戏剧团的佛教大师）的作梗而被阻止。我没能立即动身，直到昂仁的祈愿法会结束后，我们才启程前往扎什伦布寺。回到扎什伦布寺，正是阴铁蛇年（1461 年）春季法会时……从当年住夏时开始，进行弥勒殿的土木工程。到蛇年（1461 年）秋天，从乃宁寺（gnas-rnying，在江孜县和康玛县交界的地方。宗喀巴大师曾多次到该寺学法，寺院规模宏大。该寺 1904 年毁于英国侵略军的炮火）请来了铜匠，并由一部分铜匠在朗浦（glang-phu）打造铜叶片等。此时众人又议论建像的工匠应请谁担任，根敦珠巴说：‘会有天界工匠毕夏嘎玛（bi-shwa-karma，古印度神话传说中的天界的工匠）从兜率天宫前来。’说完笑了起来。过了一个来月，纳塘地方的首领绛曲仁钦（snar-thang-pa-dpon-po-byang-chub-rin-chen）送来了弥勒（强巴）佛像的样品，是铸造的像，形制奇特。根敦珠巴说：‘就由绛曲仁钦设计安排，由重孜哇（vbrong-rtse-ba，在江孜和日喀则之间的白朗县，该地有一座大寺院叫重孜寺，在明代是一座大寺。该寺在1904年也遭到英军的严重破坏，“文化大革命”时又被毁过，现在重建的重孜寺规模比原来小很多）的铜匠建造。’遂决定由他们二人担任工头……第二天，根敦珠巴向化身工匠们（应当是指勒穷巴等人）显示了已加工的铜叶片。他们说：‘现在造像的材料已经具备，铜叶片也打造得很好。’事情已经开了头即可建立作坊。工匠们说：‘我们白天用手建造，晚上用心建造，会造得又快又好。’根敦珠巴说：‘作坊工头由绛曲仁钦担任是否适合？是不是再向三宝祈祷进行抉择？’工匠回答说：‘三宝虽然很尊贵，但是我的工艺是父亲教给的，而不是三宝教给的。’于是委任化身工匠为绛曲仁钦之上的负责人。根敦珠巴又问：‘大匠人，我们以前开了一个很大的头，现在不能不把它完成，现在材料还不那么多。’工匠说：‘诚然如此，不过会成功的，珍宝如同一眼好的泉水，水随尽随生。’开工之后，一些尼泊尔工匠看到藏人工匠选来挑去没有多少合适的人选，稍为生起傲慢之心，工作遂生散漫。此时工头在梦中见到嘉钦拉康（rgyal-chen-lha-khang）中有一个高大的黑色人，右手做期克印（威胁的手势），指着工匠们做威吓的姿态。工头惊怕，发出‘阿妈’的喊声。众人惊醒，问他：‘出了什么事？’他把梦境说了一遍，众人俱感恐怖，自那以后一刻也不敢松懈，努力造作。最先造成了弥勒佛像的头部，为此举行了开光和祈愿，此时头像眉间的白毫上出现了一朵花，右耳耳饰的中间出现了一尊像，有的人说是宗喀巴大师，有的人说是根敦珠巴本人的像，总之这是一尊自然生成的奇特的上师像，是所有众生的愿力所造成的。另外，在当时还举行了向护法神施食等仪轨，护佑尼泊尔工匠等建造佛像的工程顺利进行。当时，举行仪轨的僧人和建造佛像的工匠们都感觉到有神奇的精灵白天以人的形象晚上以神的形象出现，不断地促进建造佛像的工程。由于有这些神助，在不长的时间中，到阴水羊年（1463年）就建成了高二十五肘（一肘相当于正常人身高的七分之二）的合乎规格的奇特的弥勒佛像。作为弥勒佛像的胎藏，装入了许多高僧大德的舍利子以及佛、菩萨的舍利子，用各种珍宝建造的佛像。在弥勒佛像上下各个部分还按经典所说装入了许多咒文、佛经，以及各种药物、谷物、食品、绸缎等，诸物皆备。此外，佛像胎藏中还有一些其他任何人都不知道的宝物，是根敦珠巴夜间独自前往装入佛像胸间的，他还在佛像前一再祈祷发愿。”①这里所说的扎什伦布寺的强巴佛像，是在该寺大经堂西北的高11米的强巴佛大铜像，而不是九世班禅时期建造的高达26.7米的强巴佛大铜像。我们在这里不惜篇幅地（实际上，我们仍然删节了许多细节描述）摘引意希孜摩的记述，除了说明来乌群巴利玛佛像的时代外，还有两个原因：一是我们可以看到藏传佛教僧人建造金铜佛像的认真的态度，除了筹集资金和材料外，要举行多种法事仪轨，慎重选择设计图案，造出模型，还要认真地选择适合的工匠。佛像造成以后，要举行装藏的仪式。他们认为通过这样的仪轨建造的佛像才会具有加持的法力，才是合乎标准的佛像，主持建造佛像的高僧和施主才能因此积聚功德，造像的藏族工匠也才能通过造像完成一次宗教修行，得到佛和菩萨的护佑。二是我们可以看到当时在西藏的许多地方，如拉萨、拉堆绛、乃

---

① 意希孜摩《一世达赖喇嘛传》的第四章兴建身语意依止处，收入印度达兰萨拉1975年铅印本《历辈达赖喇嘛传记》，第262—270页。承蒙台湾政治大学民族学系萧金松教授1995年惠赠此书的复印本，在此顺致谢忱。

宁寺、重孜寺都有藏族自己的建造金铜佛像的工匠和艺术大师，来乌群巴即是其中的一个代表。西方的一些研究藏传佛教金铜造像的学者，在他们的著作中，将这些代表不同时期的西藏佛教金铜造像艺术的巨型佛像放在极为次要的地位，仅从他们收集的部分小型铜像出发，不仅否认元代以来汉地造像艺术和西藏金铜造像艺术的关系，而且否认西藏自己的佛教金铜造像艺术的风格和工艺大师的存在，他们片面强调阿尼哥以来印度－尼泊尔金铜造像艺术对西藏的影响，认为西藏的金铜造像都是出自尼泊尔工匠，或者是在尼泊尔工匠的主持下完成的，把尼泊尔工匠在西藏的作用夸大到完全占据主导的地位，甚至认为这种主导地位一直延续到清代。他们甚至在没有掌握资料的情况下就宣称“像扎什伦布寺弥勒佛这样纪念碑式的大型佛殿雕塑对藏族艺术风格的发展和演变史的重新构建没有太大的价值。这种大型镀金浮雕铜像无一例外几乎都是在尼泊尔人的监制下完成的，同时在战争期间极其容易被毁，之后可以用新塑的佛像来替换，或做一些新的部件同原有的部件重新组合而成。因此，这些佛像永远都不可能判断出准确的创作年代。”① 实际上，这些巨型的金铜佛像才是各个时期的西藏金铜佛像制作工艺的代表，仿制它们比仿制小型的铜像要困难得多，而且由于对这些巨型的金铜佛像的制作过程有详细的文献记载，可以使研究准确和深入。从元代以来，佛教在印度和尼泊尔都已经衰败，尼泊尔人主要是信奉印度教，尼泊尔工匠在西藏建造金铜佛像主要是以技艺赚取西藏的黄金和来自汉地的绸缎，他们与虔信佛教的藏族人在建造佛像时的心态有很大的不同，他们不可能是大型的金铜佛像建造的组织者和设计者。

---

① VonSchroeder，Ulrich，Indo-Tibettanbronzes，HongKong：VisualDharma-Publications，1981。冯·施罗德，熊文彬译：《印度和西藏的青铜佛像》，香港，可视达摩出版社，蒙译者惠允利用他的待刊译稿，谨此致谢。

出于宗教仪轨上的考虑，设计和主持建造金铜佛像的是西藏的高僧和工匠，尼泊尔工匠只是以他们的技艺参与建造，造像的艺术风格应当是西藏的，上述的这一段建造扎什伦布寺大经堂的强巴佛像的当事人和参加者的记载生动地说明了这一点。

与扎什伦布寺的一世达赖喇嘛建造的强巴大佛像同时代，还有几尊著名的巨型金铜佛像，而且这几尊巨像都是弥勒像，也即是强巴佛像。《西藏通史》中说："除了在西藏分裂时期的后期绰浦译师所造的绰浦寺弥勒大佛像和20世纪初期九世班禅大师图丹却吉尼玛新造的扎什伦布寺的弥勒大佛像以外，西藏著名的弥勒大佛像如昂仁（拉堆绛）弥勒大佛像、绒（仁布县）弥勒大佛像、扎什伦布寺大经堂的弥勒殿中的弥勒大佛像、哲蚌寺的弥勒像见者解脱等，都是在帕竹统治时期即公元15世纪中建造的。上述6尊用金铜材料建造的佛像，虽然大小方面有差别，但是总的说来，这些佛像不仅是在我国，就是在世界上也可以算得上是用金铜材料建造的佛像中的巨大者。"① 其中昂仁的弥勒金铜大佛像是1434年由拉堆绛的首领南杰扎桑主持兴建的，绒弥勒大佛像是1469年由仁蚌巴诺尔布桑波主持建造的，据记载高达39庹，即39个人的高度，其高度应在60米以上。

比来乌群巴利玛佛像稍晚的是白玛噶波利玛佛像，扎雅活佛说是"由艺术家白玛噶波铸造的佛像称白玛噶波利玛佛像，这类佛像铸好之后也要镀金，但铸件的接缝处的光洁度不如来乌群巴利玛佛像，镀金层也非常之薄。造型方面的特征有：下颏微突，身材苗条，僧衣饰有鲜花图案。"② 依据藏文史籍《白玛噶波传》

---

① 恰白、次旦平措等著，陈庆英等译：《西藏通史》，西藏古籍出版社、《中国西藏》杂志社联合出版，1996年，第472—473页。

② 扎雅活佛著，谢继胜译：《西藏宗教艺术》，西藏人民出版社1989年版，第143页。

记载，白玛噶波1527年生于工布地区，1536年被认定为主巴活佛的转世，迎入浪卡子县和江孜县交界地方的热隆寺坐床。他勤奋好学，拜过许多名师，著述也很多。他一生中创建寺庙10座，维修和扩建寺庙20座，在许多寺庙中兴建佛殿和主持建造佛像，有弟子徒众数千人。他还为拉萨哲蚌寺建造佛像捐赠了大量的黄铜。他于1592年去世。

清代藏传佛教的金铜佛像数量很多，留存至今的当以十万计数。依照制作地点区分，主要有以下几类：

清朝宫廷造像。清朝在康熙三十六年（1697）正式设立中正殿念经处，专管宫中藏传佛教事务，其职责之一就是铸造佛像。乾隆时期将雍和宫改建为皇家的藏传佛教寺院，同时大量铸造藏传佛教金铜佛像。乾隆时期的佛像有许多铸有建造年代，成为鉴别清代藏传佛教造像的标准。紫禁城出版社1992年出版了《清宫藏传佛教文物》，文物出版社1996年出版了王家鹏所著《藏传佛教金铜佛像图典》，对此已有详细介绍，故不在此赘述。

拉萨"多觉边肯"（vdod-vbyor-dpal-khang）利玛佛像。多觉边肯是位于布达拉宫山脚下的铸造工场，扎雅活佛说："铸造材料使用掺有大量紫铜的青铜合金。多觉边肯铸造的佛像质量最优。多觉边肯一些传统的艺术品，特别是工艺精细的艺术品，造型精美绝伦。多觉边肯铸造佛像的历史始自五世达赖喇嘛阿旺洛桑嘉措的时期，到西藏和平解放时为止，所有为噶厦政府制作的佛像或专为噶厦政府送礼而制作的佛像都在多觉边肯铸造，从而使得多觉边肯工场铸造的佛像非常之多。由于多觉边肯铸造的佛像质量优异，信誉好，因而这类佛像的知名度最高，在晚近期所铸的各种佛像中也最为难得。"①

扎什伦布寺利玛佛像，是由日喀则扎什伦布寺的工场铸造

① 民族图书馆《藏文典籍目录》（三），民族出版社1997年版，第135页。

的，知名度也很高。历辈班禅大师进贡的佛像，多属这一类。

德格利玛佛像，主要是在德格的八蚌寺铸造的，为康区金铜佛像的代表。由于与汉族地区接近，德格利玛佛像流入到汉族地区民间的数量不少，本书所收的金铜造像中，有相当数量的就是在八蚌寺铸造的。

藏传佛教小型的金铜造像的铸造工艺主要有两种：一种是“失蜡法”，即先用蜡制作模型，然后在模型的表面上均匀地涂上一层特殊调制的泥土或者石膏，晾至半干后用火烘干，当外形烧硬时，里面的蜡像会溶化掉。再向干硬的外壳即泥范中浇铸熔化好的铜液，待凝固后去掉泥范，一个铜像就铸造成了。所以每个用“失蜡法”铸造的铜像都是工匠根据原型制作的，能够表现工匠艺人的艺术创造和风格。另一种是模具法，与一般的砂型铸造的工艺大致相同，即是以现有的佛像或者固定的模具作为模型，把用四块木板围成的砂箱放到一个木板平面上，然后在砂箱中填入潮湿的类似黑色泥炭的泥沙土，填到三分之一时夯压挤实，将模型放入砂箱的正中位置，再填入泥沙土，一直填到和沙箱的顶边相齐，再夯实后，将预先留好的可以松开的两块边板的连接处松开一条隙缝，用锋利的长刀小心地将泥坯切成两半，轻轻地分开后，把泥坯中间的模型取出，然后对泥坯和泥坯的内层表面进行修整，保持光滑，并留出浇铸孔。然后在两半泥坯的接触面上撒上炭粉，防止粘接到一起。再把取出了模型的泥坯合到一起，将砂箱绑紧，等一天以后，再将泥坯分开，让它们干透。就可以用来进行浇铸。后来又出现了用两个砂箱来浇铸的工艺，先将一个砂箱装上适量的沙土，将模型放入，使模型刚好一半露在上面，夯紧挤实后在沙土的表面撒上炭粉，再放第二个沙箱，填入沙土，将沙土夯紧挤实。然后将两个砂箱捆到一起放置一两天后，将两个砂箱分开，取出模型，进行修整，让两个砂箱的泥坯干透后就可以进行浇铸。用模具法铸造的金铜佛像实际上是作为模具的佛像的翻造，它与模型的差别主要是工艺的精细程度和各个时期和地方常用的金铜材料的区别。而小型金铜佛像的铸造大多数是采用模具法，这就给鉴别小型金铜佛像的制作年代和艺术风格造成许多困难，所以对一些小型金铜佛像的制作年代问题，就是多年潜心研究藏传佛教金铜造像的专家，也会出现仁者见仁、智者见智的情形。

浇铸时在模心的中央要放一块近似方形的泥土团，使浇铸成的佛像有一个空腔，用来放置装藏的圣物。浇铸成的佛像还要经过一系列的加工，首先要用錾子对佛像面部轮廓、眼睛、鼻子、衣饰等部位略加整修，并将佛像的整个表面磨平擦光。有的还要按设计雕刻图案、花纹，一般还要镀金或者鎏金，需要上色的部位还要涂色。还有一些佛像需要镶嵌宝石珍珠等。经过精心的设计和细心认真的加工，一尊精美的金铜佛像才算是制作成功。[①]作为佛教信众供奉的金铜佛像，还要经过请高僧装藏，举行开光仪轨，制作的过程才算真正完成。

大型的金铜佛像的制作就更复杂艰巨，在动工之前要做许多准备工作，除了筹集资金和材料外，选择设计的艺术家和胜任的工匠头领也是很重要的工作。在这些确定之后，要制作佛像的小样，以观察制作后的艺术效果，甚至认为制作小样是否顺利是代表造像工程进展情况的征兆。如果不顺利，就要举行宗教仪轨来禳解，或者为了保证造像工程的顺利，先要建造有法力的护法神像。在做好了这些准备工作以后，才能召集工匠，建立作坊，按照设计将要铸造的佛像分成若干部件，分别铸造，然后将这些部

① 扎雅活佛著，谢继胜译：《西藏宗教艺术》，西藏人民出版社 1989 年版，第 144 页。

件铆焊到一起，再进行修整、镀金、镶嵌珍宝等工序。[①] 当然，最后的装藏和开光仪轨也更加隆重。一些巨型的金铜佛像往往耗时多年才能够完成，对这些巨型佛像的建造过程，藏文史籍中留下了许多详尽的资料，随着藏学研究的深入，发掘这些资料，将使我们对藏传佛教的金铜佛像艺术的认识更加全面和深入。

① 张天锁编著：《西藏古代科技简史》，西藏人民出版社、大象出版社，1999年，第167—168页。

古代漆器发展简史

张　荣

一、新石器时代漆器

漆是从漆树身上割取出来的一种液体，呈灰乳色，一般称为生漆或天然漆，俗称大漆；具有耐酸、耐热、耐磨和防腐蚀、防渗透、防潮、防霉等性能。黑漆和朱漆为最基本色漆，最常用。

在我国古代，有着丰富的漆树资源，贵州、四川、云南、湖南、湖北、江西、陕西、河南等地，在新石器时代早期，距今6千年多前，先民们已经会使用了。将提炼后的漆涂在各种器物的表面，制成日常器具和工艺品，就是我们所说的漆器。漆器是中国古代先民的伟大发明之一，经过数千年的丰富、完善和发展，成为极其精美的艺术品，这与漆器的轻灵、坚固、耐用，以及极易装饰的特性是分不开的。制作漆器一般分为制胎、施漆灰、髹漆、打磨抛光、温室烘烤等工序，其中制胎是基础。漆器的胎有木胎、麻布脱胎、纸胎、竹胎、皮胎、金属胎和陶胎等。髹漆的加工装饰方法，有平绘、彩绘、堆漆、镶嵌、雕填、描金、雕漆、漆画等，而且不同时期、不同地区，有着不同的工艺要求和装饰风格。几千年来，我国的漆器用途广泛，造型多样，工艺纤巧，色彩缤纷，成为举世瞩目的珍贵工艺品。

据文献记载，距今四五千年的舜、禹时代，食器和祭器（礼器）已经涂漆。但据考古发掘材料表明，早在距今六七千年前已经有漆器了。新石器时代漆器的考古发现主要有江苏吴江团结村遗址和梅堰遗址发现的一件彩绘陶杯，被有的学者认为是中国最早的陶胎漆器；浙江余姚河姆渡遗址第三文化层中，发现了最早的中国古代木胎漆器——漆碗；江苏常州圩墩遗址出土有有两件喇叭形木器；辽宁敖汉旗大甸子墓葬发现了两件近似觚形的薄胎朱色漆器，这是目前所知中国最早的薄胎漆器；山西襄汾陶寺墓地出土有鼓、圈足盘、长方盘、豆、案、俎、匣等彩绘木器；浙江余杭反山和瑶山良渚文化遗址出土了嵌玉高柄漆杯。

已知出土的新石器时代漆器的器型有：碗、筒、觚、杯、鼓、豆、尊、案、俎、盘、匣、勺、斗等，均以日常生活用具为主，其造型注重实用性。而装饰纹样正处于漆器发展的最原始阶段，装饰上极其简单，有的只是光素无纹，器表只髹红、黑漆。少数漆器外壁施以彩绘，用白、黄、黑、蓝、绿等色绘出条带纹、云纹、回纹和几何纹。漆器胎骨主要以厚木胎为主，制作工艺是挖制和斫制相结合。到新石器时代后期，又出现了陶胎漆器。

漆器的发明和使用，是人们利用自然、改善生活、体现爱美意识的综合体现；它最初是以生活用品为出发点，但在人们的制造过程中，又赋予了它美的内涵；而且随着人们对美的认识的提高，漆器所具有的美的特性也越来越丰富。

二、夏商西周及春秋漆器

（一）夏商漆器

夏朝时，古代的制漆业逐步走上了成熟和发展之路。目前，夏代漆器的考古发现比较少，已知的有河南偃师二里头遗址的漆匣、鼓、觚、盒、钵等漆器和辽宁敖汉旗大甸子墓地发现的觚形器、筒形器等漆器。到了商、西周、春秋时期，漆器制造已有了相当高的水平。但由于青铜器的广泛使用，漆器还很难列为社会生活实用器物的主流或代表。尽管如此，漆器仍然有了前所未有的发展。

商代漆器的考古发现地点比夏代多，且主要集中在河南安阳殷墟，在黄河中下游和长江中游一带也有发现。主要发现地点有河北藁城台西村遗址、湖北盘龙城遗址、河南罗山蟒张乡天湖村墓地、河南安阳殷墟等。

夏商漆器的品种以生活用具为主。夏代漆器器型有鼓、筒形器、觚、盒和漆棺等。商代漆器的器型有盒、盘、碗、豆、筒形器、钵、觚等日常生活用品；乐器有鼓；兵器有盾、甲、马车及丧葬用的棺椁等。这时的漆盒已有长方形和圆形两种。夏商漆器上的纹饰主要受当时陶器和青铜器的影响，以动物纹样和几何纹样为主，有饕餮纹、夔纹、雷纹、蕉叶纹、弦纹、圆点纹等，并出现了在花纹上镶嵌有磨制成圆形、方圆形、三角形的绿松石，还有的在漆器上贴有金箔。夏代漆器的胎骨，只有木胎一种。商代漆器的胎骨有木胎、陶胎和铜胎三种，其中以木胎为主，数量最多，而陶胎、铜胎则少见。商代的漆器上还出现了镶嵌工艺和贴金箔技艺，此时漆工有可能已经成为一项专门的手工业。

（二）西周春秋漆器

西周漆器自20世纪30年代以来，在河南、陕西、湖北等省不断有所发现，可惜大都残坏，不能看到完整的器型。直到80年代，在北京琉璃河燕国西周墓地的发掘，才使我们看到了西周漆器的面貌。西周漆器在中国古代漆器发展史上最大的贡献，是出现了嵌螺钿工艺。此外，在湖北圻春毛家嘴遗址、当阳赵巷、安徽屯溪、山东临朐、陕西宝鸡斗鸡台和竹园沟等地都有西周漆器的发现。春秋漆器的考古发现地点，主要分布在山东、陕西、山西、河南、湖北、江苏、安徽、浙江等省。主要发现有山东临淄东周殉人墓、山西长治东周墓、山西长子县东周墓、河南光山县黄君孟夫妇墓。

西周时期，漆器以木胎为主，兼有瓷胎；春秋时期除木胎外，还有竹胎、石胎、铜胎。漆器按照用途分，有生活用具、乐器、兵器、车马器和丧葬用品等。其中生活用品占主导地位，生活用具中以与同时代陶器、青铜器器型相同的器物为多数，如北京琉璃河燕国墓地出土的豆、盘、扁壶、方壶、罍、簋、觚、俎、彝、舟等，增加了漆耳杯、勺、奁、梳、篦、槌等类别。乐器有漆瑟等。兵器有盾、甲、矢、剑鞘之外，还有戈、矛、戟等。车马器中已有髹漆的竹、木车舆、车辕、车伞盖穹以及马饰等。丧葬用具有棺椁、镇墓兽和小木俑等。西周春秋漆器的装饰纹样除了已有的动物、几何纹样外，又出现了植物与人物题材。西周漆器的装饰纹样，主要有饕餮纹、夔龙纹、凤鸟纹、弦纹、雷纹、云雷纹、回纹和涡纹等。这一时期的装饰纹样继承了商代的技法，用彩绘与蚌片共同组成纹样。西周漆器上的几何纹样，只是作为主要纹样的衬托。过去，漆器研究者大都认为螺钿漆器始于唐代，西周嵌螺钿漆器的问世充分表明，开创嵌螺钿漆器工艺的时间，当在西周时期，这对漆器研究来说，无疑具有极其重要的价值。春秋漆器的图案有方形和圆形两种，方形图案主要施于案上，圆形图案主要施于盘上。用色以黑地绘红彩为主，题材分为几何形和写实两大类。写实性图案，构图严正规矩，用笔一丝不苟，线条纯熟流畅，描绘动物神态生动，其技法以线勾为主。

总之，时至春秋，漆器的制作日益精美，品种的丰富和装饰技法的提高，使漆器在青铜器衰微的时候异军突起，终于形成了战国、秦汉漆器的空前繁荣局面。

三、战国秦汉漆器

(一) 战国漆器

战国时期，中国古代漆器的制作进入了一个空前繁荣的时代。

战国漆器的繁荣与农业的迅速发展、社会分工的加速和手工业技术水平的提高密不可分。至迟到战国中期，漆器制造业已成为一个独立运作的手工业部门；特别是冶铁业技术的提高，使漆器制作在制胎和加工方面的水平也大大提高；商品经济的发展，使大量漆器产品以商品的形式进入了市场。在生活领域，漆器逐渐取代了青铜器。

战国漆器的考古发现，几乎遍及全国各地。楚国漆器的发现地点遍及湖北、湖南、河南、安徽、江苏、浙江等省，尤以江陵、长沙、信阳、随州的发现最为著名。楚国以外漆器发现地主要有四川成都、山东临淄、山西长治等。

综观战国时期的漆器，以木胎为主，并有陶胎、铜胎、皮胎、夹苎胎、竹胎、骨角胎。战国早期的漆器，主要是厚木胎。战国中期，厚木胎依然占主流，但已出现了薄木胎和夹苎胎的雏形。到了战国晚期，薄木胎和夹苎胎的漆器明显增多。在战国晚期的楚国漆器中，加嵌金属钮、耳、足和扣箍的贵重漆器增多了，这就是扣器，它成为楚国漆器中的珍品。皮胎漆器主要有漆盾和漆甲胄，竹胎漆器主要有漆卮，这两种胎质的漆器都比较少。

木胎制漆主要有斫制、挖制、卷制和雕刻四种。豆、勺、案、几、俎等，一般是用斫制法制成的；鸳鸯盒、卮、食具盒、耳杯等，一般是用挖制方法制成的；用卷制工艺制造漆器出现在战国中期，器物有卮、樽、奁等；雕刻制漆主要是一些动物造型陈设用品，如鹿、镇墓兽、木雕坐屏、虎座飞鸟等。实际上在一件漆器的制作过程中，上述几种方法往往同时使用。

战国时期的漆器，最常见的是日常生活用品，其次是军事和文化娱乐用品。有些漆器是模仿铜器和陶器的造型，如豆、盘、盒等。而一些构思奇特的模仿动物的造型，多出现在楚国漆器中，如曾侯乙墓出土的漆鹿、鹿座飞鸟；江陵天星观一号墓出土的虎座飞鸟；江陵望山一号墓出土的镇墓兽等，构思独特，成为楚人观念中魔幻世界的神物，它们是楚国文化中“巫”的传统在漆器制作上施加的影响；而鸳鸯豆、鸳鸯盘等，则反映了楚国文化浪漫的现实。

在漆器的装饰上，战国漆器因胎质和器型的不同，往往采用不同的制作和装饰方法。如陶胎、铜胎和骨角胎，一般是在器物上髹漆，或漆绘纹饰。同西周、春秋时期的漆器装饰相比，战国漆器已经有了飞跃，不仅装饰纹样、类别和数量大增，而且纹样也繁复多变，增加了漆器的观赏性。战国时期的漆器装饰纹样，主要是动物纹样、自然景象、几何纹样、神话传说、社会生活、植物等。在动物类纹样中，湖南、湖北楚国漆器多采用抽象的龙、虎、鹿、豹、狗、猪、蛙、朱雀、鸳鸯、孔雀、凤凰、雁、蟒、蛇、鸟及鸟兽的变形图案。写实的动物纹样装饰也很多，如包山楚墓中漆奁上的马、犬、猪和信阳楚墓漆瑟上的鹿、獐、狗等。自然景象作为漆器装饰题材，主要是各种变形的山、云以及星宿。特别是对云的处理，充分发挥了制作者的想像，变化无穷，如卷云纹、勾连云纹、云雷纹、变形三角形雷纹、勾连雷纹等，变中有不变，不变中蕴藏着变，极大地增加了漆器装饰的艺术感染力。几何纹样主要是圆点纹、圆圈纹、三角形纹、弧形纹、涡纹、菱形纹、方块纹、方格纹、方格点纹等，使漆器的装饰千变万化。社会生活类装饰主要出现在贵族使用的漆器上，所反映的题材多是宴乐、迎宾、车马出行、狩猎等。突出的是信阳楚墓出土的漆瑟，生动地表现了贵族的宴乐场面；曾侯乙墓出土的漆鸳鸯盒，则刻画了盛大的乐舞场面；包山楚墓的彩绘漆奁描绘出贵族出行的壮观场面。神话传说和巫术也是战国漆器装饰常见的题材，主要出现在楚国漆器中，如曾侯乙墓漆衣箱上的后羿射日、夸父追日、兽面人身神人；信阳楚墓出土的漆瑟上的戏龙、戏蛇，以及伏羲女娲、除病驱邪等内容。植物纹样的装饰比较少，主要有柳树、扶桑树、四瓣花等，并且多是起衬托作用的，很少作为主体装饰。

战国漆器的装饰手法主要有漆画、镶嵌、描金、针刻等。楚国漆器的装饰大量运用的是漆画，又可归纳为两大类：即反映社会生活的题材和描绘神话传说中的人物和奇异动物。前者常以贵族、乐师、舞女、猎人、巫师等人物形象为主体，以各种鸟兽、花草、树木、车马及一些连续图案为陪衬，组成车马出行、歌舞奏乐、狩猎、烹饪及巫师作法等内容的画面。装饰的色彩以红、黑最多，次为黄、蓝、绿、褐等，金、银色较少。绝大多数战国漆器都是以黑色为地，描绘红色花纹。西周时期出现的漆器与金工的结合，在战国时期得到了进一步的发展。战国漆器与金工的结合，多采用镶嵌铜环、铜蹄足、铜铺首衔环等，之后再进行髹漆、装饰。商周时期在漆器上镶嵌绿松石、蚌片、骨角等做法，在战国时期基本绝迹。描金银是指用笔蘸金银粉在漆器上描绘装饰图案，使漆器光芒四射，富丽堂皇，如长沙仰天湖 26 号墓出土的彩漆雕花笭床便大量地运用了金银描绘技法。针刻是指在漆地上刻画花纹而形成的有雕饰效果的装饰，是楚国漆器的主要装饰特色之一。由于用这种方法制作出来的纹饰细若游丝，奔放流畅，飘动感极强，在刻画云纹和奔驰的动物方面，效果更佳。

在战国中期的漆器上，较多地发现了一些烙印、针刻、刀刻和漆书的文字，如“成亭”、“成草”等作坊标志，“上”、“包”、

"素"、"造"等漆工标志，以及战国晚期秦国漆器上的"宦里"、"路里"作坊所在地标志，"孝"、"小女子怨"等工匠姓名标志等。这些都是战国时期漆器制造业成熟和发达的证明。

总之，考古发现证明，在战国时期，漆器在造型、用途、技艺、装饰等多个方面，都比商周时期有了飞跃发展，是我国古代漆器的第一个繁荣时期。

(二) 秦代漆器

从历史文献记载和考古发现的秦代简牍可知，秦代对天然漆的生产、运输制定了严格的法律，甚至对生产管理制度、器物类型的标准化等，都有专门的规定。在秦代，漆器制造已经发展为一个重要的手工业部门，并得到秦王朝的重视。目前，全国发现的秦代墓地有十几处，墓葬1000多座。1975—1978年在湖北云梦睡虎地进行的发掘，出土近700件漆器。

秦代漆器的器型有圆盒、盂、双耳长盒、圆奁、椭圆奁、笥、凤形勺、匕、扁壶、卮、樽、耳杯盒、耳杯、杖等十几种。而且所出土的各种漆器，除少数几件出于棺盖之外，其余均出于头厢，反映了秦人用漆器随葬的风俗习惯。秦代漆器以实用的生活日用品为主，以耳杯最多。耳杯从春秋战国以来就很流行，秦代的耳杯均为椭圆形，新月形耳，平底，形制大致相同。双耳长盒在秦以前的漆器中未见过。秦代漆器中的漆匕，实际是由武器中的匕首演变而来的，并非实用品，它们只是用于陈设、舞蹈以及陪葬。凤形勺则具有浓郁的楚文化色彩。

秦代漆器基本为木胎，制作方法主要有挖制、卷制、斫制三种。装饰上广泛采用植物纹样、自然景象、几何纹样，反映宴饮、歌舞场面的叙事画纹样虽然较少，但在对人体比例的把握和线条的处理上，已经具有了较高的漆画水平。朱、黑、褐三色是秦代漆器最常用的漆色，金、银二色较少见。一般容器是里涂红漆，器表涂黑漆；少数是里外均涂黑漆。大部分器物还在黑漆地上用红、褐漆绘鸟头纹、鸟云纹、凤鸟纹、鱼纹、梅花纹、云气纹、卷云纹、柿蒂纹、几何纹等20多种的花纹图案。这些图案优美生动，构思巧妙，线条勾连交错，流畅不滞，而且至今色彩艳丽如新。

秦代漆器的另一个显著特点是普遍都有文字和符号，有咸市、咸亭、素、包、张、上造、宦里、钱里、大女子□、许市等。从其制作方法来看，主要是烙印、刀刻、针刻和漆书。这些文字与符号中，主要是表明漆器作坊、漆工和制作者，是“物勒工名”的标记。

同春秋战国时期相比，秦代漆器在品种、器型方面都有了飞跃发展，制作更为精美，并且广泛应用于社会生活。秦代的漆器产量很大，商品生产的性质明显，促进了漆器新工艺的出现。

（三）汉代漆器

汉代漆器先后在国内外众多地点出土，如朝鲜、蒙古，中国的湖北、湖南、河南、广东、广西、贵州、安徽、浙江、山东等地。以湖北江陵、湖南长沙、江苏扬州所出数量最多，种类最为丰富。

汉代漆器的使用范围、制造技术、装饰手法等都继承并发扬了春秋战国特别是楚国漆器的精华。汉代的漆器有鼎、壶、钫、樽、盂、卮、杯、盘等饮食器具，几、案、屏风等家具种类很多，但数量还是饮食器具为多。

汉代漆器有木胎、夹苎胎、竹胎、金属胎、陶胎、牙骨胎、皮胎等，主要是木胎和夹苎胎。制作方法也有刮削、剜凿和卷制等三种。夹苎胎最早出现在战国时期，又称重布胎、脱胎。汉代的夹苎胎漆器是先用木头或泥土制成器形作为内模，然后用多层麻布或帛附于内模，干实以后，去掉内模，便剩下夹苎胎。夹苎胎具有坚实轻巧，不易走形或割裂的特点，属于技术要求严格，工序较为复杂的制胎方法。

汉代漆器的装饰工艺主要有：第一，漆绘，一般是在黑漆上绘红、赭、灰绿色漆，也有少量在红漆地上绘黑色漆的。第二，油彩，系用朱砂或石绿等颜料调油（可能是桐油）绘画于已髹漆的器物上，见于奁、几、屏风等器物。如马王堆汉墓出土的双层九子奁，是髹黑褐色漆为地，再在漆地上贴金箔，然后油彩描绘，色彩有红、黄、白、金、灰、绿等色。第三，针刻，即用针尖在已经涂漆的器物上刺刻花纹。汉代已经有“锥画”的文字记载，实际就是针刻的另一种称谓。这种针刻纹，见于小型器。但针刻技法往往不是单独运用的，有的要在针刻线条内填上金彩，形成铜器上特有的错金银的效果。如马王堆汉墓出土的双层九子奁中放置的一部分小奁，就使用了针刻加油彩的方法。第四，金银镶嵌，工艺有两种：一种是金银箔贴，即用金、银箔制成各种图纹，然后贴于器物的表面，产生类似“金银平脱”的效果。这种花纹一般为飞禽、走兽、车马、人物以及各种几何图案。另一种是所谓的“扣器”，西汉中期以后，盛行在漆盘、樽、奁等器物的口沿上镶嵌镀金或镀银的铜箍，在漆杯的双耳上镶嵌镀金的铜壳。这种技艺，在《盐铁论》上称作“银口黄耳”，在《后汉书》中称为“扣漆”。东汉时，有些漆器的盖子上附有柿蒂形铜饰，同时镶嵌水晶或琉璃珠，应当是“扣器”工艺的再发展。在汉代漆器中，金银镶扣漆器是最名贵的。

汉代漆器制造业内部有了更加明确和细致的分工。在贵州省清镇出土的一件漆杯上，有这样一段铭文：“元始三年，广汉郡工官造乘舆髹丬月画黄耳杯，容一升十六仑；素工昌、髹工立、上工阶、铜耳黄土工常、画工方、月工平、清工匡、造工忠造，护工卒史恽、守长音、丞冯、掾林、守令史谭主。”细致的分工不仅为漆器的大量生产创造了必要的条件，而且由于专业操作，技术更加娴熟，使制作出来的漆器也更加精美。

在汉代，青铜器的地位已经衰落，瓷器尚未进入人们的日常生活，因此，漆器成为汉代达官贵人身份和地位的象征。据桓宽《盐铁论·散不足》记载："一杯棬用百人之力，一屏风就万人之功。"制作一件漆器需要多道工序，费人、费力，也就增加了漆器的价值。《盐铁论》中还有"一文杯得铜杯十"的记载，所谓文杯，就是描绘图案的漆杯，其价值等同于十个铜杯，可见其珍贵。考古发现证明，在汉代，达官贵人们往往喜欢在其使用或制造的漆器上书写自己的姓氏或官爵，使之成为漆器私有的标志，成为身份和地位的象征，如"利王"、"王氏牢"、"轪侯家""大官"、"汤官"等铭文。

汉代漆器官营和私营并举，促进了漆器制造业的繁荣。在湖北江陵凤凰山出土的漆器，常见用隶书烙印的"成市草"、"市府草"戳记，这是由成都市府的作坊生产的，属于较早的汉代官营漆器。

到西汉后期，蜀郡、广汉郡工官成为最重要的官营漆器生产机构。工官由所在郡太守管辖，督造和司造官吏有着较多的层次，且官职制度时有变更。到了东汉中期，蜀郡和广汉郡工官便不再专门为宫廷制造漆器了，说明汉代的官营漆器制造业正在走向衰落，代之而起的，是由各地豪强地主经营的私营手工业作坊。虽然目前还没有发现明确的关于私营制漆业的史料，但从出土的漆器中，可以推断出汉代私营制漆业实际上在西汉时期就已经存在，并占有一定的地位。在江苏连云港海洲西汉霍贺墓中出土的一件漆奁上，有墨绘长方形印章，篆书"桥氏"二字，被认为是私人作坊的印记。官营作坊生产的大量漆器也可为私营作坊的佐证。如果没有私营，官营作坊也就没有必要在其所制造的漆器上明显地标明"官工造"了。

四、三国两晋南北朝唐五代漆器

(一)三国漆器

战国及秦、西汉是中国古代漆器的空前繁荣时期，持续时间长达400年之久，是漆器发展史上的第一次高潮。东汉中期以后，由于政治的动乱，漆器在人们生活中的特殊地位大有下降，漆器的生产开始减缓，但无论是魏晋还是唐宋，都有不少漆器新品种和制漆工艺涌现出来，已有的漆器品种和工艺也得到了不断的丰富完善和发展提高，并最终迎来了宋元时期漆器的复兴。

从考古发现来看，三国两晋南北朝时期的漆器，无论出土文物的数量，还是漆器的类别等方面大不如汉代，其中三国时期的漆器以东吴为主，如湖北鄂城东吴墓、安徽南陵麻桥东吴墓、江西南昌东吴高荣墓。安徽马鞍山朱然墓，墓主为三国东吴右军师、左大司马朱然，墓内漆木器约80余件。有案、盘、羽觞、槅、盒、壶、樽、奁、匕、勺、凭几、砚、虎子、屐、扇、梳、刺、谒等。比较精美的有宫闱宴乐图漆案、季札挂剑图漆盘、百里奚会故妻图漆盘、伯榆悲亲图漆盘、童子对棍图漆盘、贵族生活图漆盘、犀皮黄口耳杯、彩绘鸟兽纹漆槅。

考古发现表明，三国时期，漆器开始向多样化和实用化方向发展，镶嵌和彩绘技术更加成熟了，并成为这一时期的装饰特点。东吴朱然墓出土的漆器，最能代表三国时期漆器的发展水平。

首先，在朱然墓中，漆木器占出土器物总数的五分之三，且多以人物故事画为装饰题材，器类较多。其次，朱然墓及其他几处东吴墓葬中出土的漆器，种类很多，除常见的耳杯、奁、盘、盒等器形外，尚有槅、凭几、砚、屐和虎子等新的器型。其中的曲面下设三蹄足的凭几，始于三国而流行于晋至南北朝时期。在漆器装饰方面，出现了与汉代完全不同的风格，特别是以人物故事为题材的画面，不仅大量出现，而且一改汉代人物形象的呆滞，在注重写实的同时，流畅活泼，富于情趣。第三，东吴墓葬中出土的漆器上，绘有大量的以人物画为主的色彩鲜艳的漆画，丰富了关于三国时期的绘画资料。不仅人物刻画生动传神，而且采用了中国传统水墨画的没骨写意画法，构图巧妙，用色讲究。在漆画方面，三国漆画一改过去一器多画为一器单画的做法，极大地保持了绘画题材的完整性，是对汉代漆画的发展。第四，使研究者对犀皮漆器有了重新的认识。关于犀皮漆器，文献资料的记载意见不一。过去漆器研究者一般都认为犀皮漆器出现于唐代，而所知最早犀皮漆器实物，则是明代的。东吴朱然墓中出土的犀皮漆耳杯，比最早的文献记载还早 600 多年，比所见最早的犀皮漆器实物早 1300 多年，不能不说是一次十分重要的有意义的发现。

（二）两晋漆器

两晋时期，瓷器开始在日常生活中占据主导地位，漆器的考古发现虽然很少，却也在南北不同地区都有所发现。主要有广州西北郊、江苏南京东晋墓、南京六朝早期墓、辽宁朝阳、新疆地区以及江西南昌等。

南昌一带晋代漆器的发现为全国之首。在南昌西晋墓中出土有一批素面漆器，其中一件朱红漆槅中央朱书“吴氏槅”铭记，说明这一三国时出现的漆器新品种在西晋时已经流行。南昌 6 座东晋墓中出土漆器 26 件，有奁盒、平盘、耳杯、攒盒、凭几、箸、匕等，其中最精美的是彩绘宴乐图漆平盘、彩绘巡游图漆奁，用色丰富，有红、黑、灰绿、黄、橙等色，人物线条飘逸流畅；双耳漆托盘、扇形漆攒盒则是晋代新流行的漆器品种。

其他地区发现的晋代漆器也各有特点，如南京大学东晋墓中出土的漆器上有龙形、虎形镂金片，为曹操《上杂物疏》中的记载找到了实物依据。广州晋墓出土的耳杯，朱书“董南”，在漆片中还发现了“郑当大甲”铭记。朝阳东晋壁画墓出土了10件漆器，有大圆漆盘、椭圆形漆盒、长方盒、壶、钵等，除大圆漆盘外，均为素漆，髹饰工艺很高。结合南京江宁出土的素漆耳杯、奁等可知，两晋时期，在彩绘漆器之外，以简约为特点的素漆非常流行。

（三）北魏漆器

关于南北朝时期的漆器，考古发现很少，很难全面地考察和分析。目前所知这一时期最主要的发现是山西大同北魏司马金龙夫妇合葬墓出土的漆屏风，以及宁夏固原北魏墓中出土的漆棺板。

这件屏风描绘的是烈女孝子等内容，属于传统的汉文化。从漆画和工艺看，这件漆屏风继承了战国和汉代漆画的传统，色彩富丽，图像生动，边框精美。画面的人物描写使用了浓淡渲染，较好地表现了立体感和肌肤色调。从姿态中表露出了身份和纵深远近的关系。在构图上，采取了中心人物大于陪衬人物的手法，达到了突出主题的效果。屏风上大片的题记和榜题文字，是少见的北魏墨迹。

固原棺板漆画的主要内容可分为三部分：其一是反映墓主人形象的画面；其二是孝子故事画；其三是装饰图案和狩猎图。在表现方法、色调以及忍冬纹装饰图案的处理上，与大同北魏司马金龙墓中发现的屏风漆画有相似之处。但在艺术风格、故事题材、人物服饰、榜题书体等方面，两者又有所差异。尤其是固原棺板漆画上的联珠龟背纹、火焰纹以及佛教人物等，为司马金龙墓屏风漆画所不见。在汉代及其以前，一般漆器髹饰厚度为0.7厘米左右，而固原棺板漆画的厚度仅为0.2厘米。画面熟练地使用了描金和贴金法组成花纹，在绘画所表现的内容、技巧方面都远远超过了以前的髹饰工艺。画面的安排也疏密得当，繁而不乱，红、金、黄、蓝、橙、黑诸色明快而有感染力，敷色精细，衣纹生动，铁线自然流畅。这一切，无不说明固原棺板漆画代表了北魏乃至南北朝漆器发展的水平。

（四）唐代漆器

到目前为止，还没有发现明确的属于隋代的漆器。唐代漆器虽然有所发现，但数量非常少，日常生活用品更少。唐代漆器的发现主要有：河南郑州出土了一件羽人飞凤花鸟纹金银平脱漆背镜；河南洛阳出土了一件人物花鸟纹嵌螺钿漆背镜；河南陕县后川唐墓出土了云龙纹嵌螺钿漆背铜镜；新疆阿斯塔那墓出土了嵌螺钿木漆奁；江苏扬州发现10件唐代漆器，比较完整的只有两件碗、盘；湖北监利出土了一批珍贵漆器，有漆碗、漆盂、漆盘、漆勺、漆盒等；河南洛阳李景由墓出土了银箔平脱方漆盒；陕西扶风法门寺出土了一批精美的唐代漆器。代表性的器物有描金加彩黑漆宝函，是存放唐懿宗供奉的第一枚佛指的八重宝函的最外一层；另有一批描金漆俑及漆碗也是采用描金加彩工艺制成的；绿沉漆金平脱碗。

唐代漆器在金银平脱和嵌螺钿方面，有了较大的发展和提高。唐代的金银平脱技艺继承了汉代的嵌金银箔花纹漆器的传统，但雕刻更精，錾凿更细，实际上得益于唐代金银工艺水平的提高。琴的制作最能反映唐代漆器的主要成就，现藏故宫博物院的“九霄环佩”紫漆琴、唐肃宗至德元年制作的“大圣遗音”漆琴，以及日本正仓院收藏的花鸟人物金银平脱琴均是具有代表性的唐琴。

嵌螺钿技艺同金银平脱有相似之处，或是纯用贝壳，或是与玳瑁、琥珀、松石等并用，在漆器上产生浅浮雕式的装饰效果，广泛流行于唐代中期。唐代的嵌螺钿漆器在河南、陕西、新疆等地都有所发现。传世作品中有日本正仓院收藏的唐代紫檀螺钿五弦琵琶和紫檀螺钿阮咸，都是唐代螺钿漆器的精品。

据文献记载唐代已有雕漆，因此不少研究者将唐代作为雕漆的首创时期，认为唐开创了宋元时期盛行雕漆的先河。遗憾的是至今未发现唐代雕漆的实物。

（五）五代漆器

五代时期，社会动荡不安，漆器的发展有所衰落，但在江苏、浙江、成都一带，漆器仍有较大发展。正是这些地区漆器的发展，使五代漆器起到了承唐启宋的关键作用。四川成都出土了一些珍贵的五代漆器，有金银胎漆碟、鸟兽花草纹金银平脱册匣、银平脱朱漆镜盒、金银平脱朱漆宝盝；江苏扬州出土了圆形漆器底两件，一件朱书“胡真”二字，另一件朱书“胡真盖花叁两”六字；江苏苏州瑞光寺塔出土了花鸟纹嵌螺钿黑漆藏经匣；江苏常州出土有银平脱漆镜盒和素面漆器两种；浙江湖州飞英塔发现了一件嵌螺钿木胎黑漆经函。

五代时期的江南保持了相对的稳定，手工业得到继续发展，特别是吴越、后蜀等小国，在漆器制造方面还取得了相当大的成就。漆器制作中心转移到了南方，江苏、浙江等地成为漆器的主要生产地。在生活用品方面，漆器中的碗、盘、盒等，与同时期的瓷器形制基本相同。在素色漆器方面，保持了晚唐风格，在制胎工艺方面形成了新的木胎圈叠法。最能代表五代时期漆器发展水平的，是从苏州瑞光塔和湖州飞英塔发现的嵌螺钿漆器。无论是形制、种类还是技艺，其水平都超过了唐代，更超过了其他地区。总之，如果没有五代时期南方诸国漆器的发展，也就没有宋代漆器在南方的进一步繁荣。

五、宋元漆器

（一）宋代漆器

宋朝前后200多年，手工业在盛唐的基础上，有了进一步的发展和提高，特别是官办手工业管理机构极其庞大，瓷器、漆器等手工业产品广泛进入了市场。宋代漆器生产主要在南方，并形成了温州、杭州等漆器制作中心。目前我们所见宋代漆器，传世品很少，大都是出土器物。河北巨鹿，江苏淮安、金坛、沙洲、无锡、武进、常州，湖北武汉，四川彭山等地均出土了宋代漆器。辽代和金代的历史较短，都是少数民族建立的政权，在器物制作上除具有传统的游牧民族特点外，大都吸收了中原的风格。辽、金时期的漆器，考古发现仅有辽宁法库、山西大同两地，且基本上与宋代漆器的风格一致，因此把它们归为宋代漆器。

宋代漆器的主要品种有一色漆、描金堆漆、戗金漆和雕漆。

一色漆器是宋代的主要漆器品种，指的是器物通体髹一种颜色的漆器，又称“光素漆”。由于一色漆器没有任何装饰和花纹，质朴无华。从上述考古发现可知，宋代一色漆出土数量多，分布地域广，器物用途范围大，制作地点多。一色漆器以黑色为主，兼有红色、褐色、赭色和黄色等。器型有饮食用具中的盘、碗、碟、盒、钵、罐、勺、盆、渣斗等，还有茶具中的盏托，梳妆用具中的奁、粉盒、梳子，文具中的笔筒、镇纸、画轴，家具中的几，以及瓶、棒、剑等。花瓣形碗、盘以及各种造型的盒是这个时期的流行器型，碗、盘大都与同时期的瓷器造型相同。在制作工艺上，宋代一色漆多以薄木胎制成，特别是采用了五代就已定格的圈叠法。在宋代一色漆器上，多有铭文，由此可知其制作地点主要有温州、杭州、襄阳、苏州、江宁府、常州、湖州、四明等，证明了宋代漆器制作中心的南移，并集中在江浙一带。

描金是指用金粉调和，直接绘在漆器表面上的工艺。浙江瑞安慧光塔内出土的3件经函，除采用单纯描金工艺外，还在四壁周围及转角处采用了堆漆工艺。此外，苏州瑞光寺塔出土的舍利宝幢的须弥座上，也使用了堆漆做法。从出土的描金堆漆器物分析，该物为浙江温州所产，并在北宋时期比较流行。

戗金是在朱色或黑色漆地上，用针尖或刀锋镂划出纤细花纹，花纹内填漆，然后将金箔或银箔粘贴上去，经过打磨处理，形成金色或银色的花纹。江苏武进出土的南宋戗金漆器，为我们认识宋代戗金漆器提供了可靠的依据；戗金仕女图奁、出游图长方盒、柳塘图长方盒，技艺之娴熟，刻画之精细，均达到了炉火纯青的程度，是宋代戗金漆器的代表作，也代表了宋代漆器制作的最高水平。尤其是3件作品都有铭文，注明了制作时间、地点和工匠姓名，也证明了宋代戗金漆器的主要制作地在浙江温州。无独有偶，1991年江苏江阴夏港又出土了1件黑漆戗金酣睡江舟图长方盒，它与武进出土的戗金出游图长方盒似乎是姊妹篇，在画面构图或人物衣着等方面都像是表现同一地点、同一人物、同一题材。宋代戗金漆器已在三方面形成了自己的风格。其一，在画面构图上疏密有致，突出所要表现的主题；其二，在戗金工艺上采用细钩纤皴技法，物象细钩之间一一划刷丝。用较粗的线条表现物象的轮廓，用细线、细点表现物象的细部和层次，具有写实风格；其三，在艺术效果方面，无论是表现人物，还是表现花卉，已达到戗划与绘画浑然一体的效果。

雕漆的兴起是宋代漆器发展的一个突出成就。尽管文献记载唐代已有雕漆工艺，但确切的实物却至今未见，目前所见最早的雕漆实物是宋代的作品。对于宋代雕漆，历代著录很多，如《格古要论》、《清秘藏》、《髹饰录》、《金玉琐碎》。雕漆分为剔红、剔黄、剔彩、剔绿、剔黑、剔犀等若干品种。宋代雕漆目前仅见剔黑、剔红和剔犀三种。考古所发现的宋代雕漆，主要是剔犀。以雕刻线条简练、流畅大方的云纹、回纹等为主。国内出土的有十几件。即江苏金坛南宋墓出土的剔犀扇柄、江苏武进南宋墓出土的剔犀镜盒、江苏沙洲北宋墓出土的剔犀碗、四川彭山南宋墓出土的剔犀圆盒盖、福州市茶园山出土的剔犀盒等。这些剔犀漆器有红、黄、紫三色更迭的，也有红、黄、黑交替的，所雕花纹委婉生动，简练流畅，风格古朴，刀口磨制得光滑圆润。而且有的与脱胎工艺、镶嵌工艺有机结合，高贵华美。

（二）元代漆器

元代江南一带仍是漆器制造业的中心。浙江的嘉兴更是制作雕漆、戗金漆的中心，并涌现出张成、杨茂、彭君宝等制作漆器的能工巧匠。江西的吉安庐陵以善制螺钿漆闻名于世，杭州的戗金漆、苏州的雕漆、福州的剔犀漆等均闻名朝野。

元代漆器的考古发现有，上海青浦任氏墓出土了漆奁、瓶、盒等元代漆器，最为突出的是剔红东篱采菊图圆盒；江苏无锡出土了10件漆器，有八瓣莲花形朱漆奁、圆盒、盆、桶等；甘肃漳县汪氏家族墓出土了1件漆案；北京元大都遗址出土了1件嵌螺钿广寒宫残片，螺钿均为细小的螺钿片，并刻划细部纹饰，呈现出红、蓝、绿、紫的美丽光泽；北京延庆元代窖藏中有1件朱漆光素盘。盘底用朱漆书直行楷书三行：中行“内府官物”，右行“泰定元年三月漆匠作头徐祥夭”，左行“武昌路提调官同知外家奴朝散”。此盘是专供内府使用的，其制作时间为泰定元年（公元1324年）。

据文献记载，元代的漆器品种有11种之多，但从目前考古发掘和传世品看到的元代漆器，主要有4个品种，即一色漆、螺钿漆、戗金漆和雕漆。其中的雕漆已发展到登峰造极的地步，较之宋代有了巨大的变化。浙江嘉兴的张成、杨茂是元代最著名的雕漆能手，他们的作品已成为稀世之宝。元代的螺钿漆虽发现不多，但其高超的制作工艺，已由镶嵌厚螺钿发展到镶嵌五光十色的薄螺钿，更富有装饰意趣。

元代的一色漆器与宋代相比，出土数量很少，目前仅知有4个地区出土。一色漆的颜色有黑色、红色、珊瑚红色、褐色等。器型基本上与宋代漆器相同，只是宋代广为流行的花瓣形盘、碗，到元代则基本不见了，代之以圆盘、圆碗。元代的一色漆器，漆质光亮，器型端庄，风格质朴。

镶嵌在漆器上的螺钿有厚与薄之分，因而有“厚螺钿”与“薄螺钿”之称，由此形成了螺钿漆器的两大系列。“厚螺钿”又称“硬螺钿”，“薄螺钿”又称“软螺钿”。从现有的实物观察并参照文献记载看，元代以前的器物以镶嵌厚螺钿为主，从元代开始，厚、薄螺钿兼而有之。北京元大都后英房遗址中出土的嵌螺钿广寒宫残片，是国内唯一一件元代嵌螺钿漆器。

陶宗仪著录的《辍耕录》中对戗金漆的制作方法、装饰图案、制作地点作了详细地描述，遗憾的是国内目前尚未见到出土的或传世的元代戗金漆实物，而在日本却保存有数件元代珍贵的戗金漆作品。如日本兵库山本清雄收藏的“戗金人物花鸟纹经箱”，延祐二年（1315年）的戗金鹦鹉纹经箱，如出一人之手，都是标准的元代戗金漆漆器。

元代雕漆在宋代发展的基础上，取得了令世人瞩目的成就，并形成了名家辈出的局面。元代雕漆既有出土的，也有传世的，国内收藏的元代雕漆数量极其有限，还有一部分元代雕漆流失海外。

雕漆依据其所雕漆色的不同，分为剔红、剔彩、剔黄、剔绿、剔犀等若干品种，元代雕漆中只有剔红、剔黑、剔犀3个品种，其中有以剔红最多。元代雕漆的器形有：圆盒、长方盒、圆盘、八方盘、葵瓣盘、尊等，以盘、盒为多。装饰图案有花卉、山水人物、花鸟等。以花卉为主题的作品，一般不刻锦纹地，而是以黄色素漆为地，其上直接雕刻红漆或黑漆花卉，一般是在盘内正中雕刻一朵硕大的花，四周点缀小朵花及含苞待放的花蕾，主次分明，层次清晰，写实花卉与图案型花卉兼而有之。元代雕漆中喜用的花卉有牡丹、山茶、芙蓉、秋葵、梅花、桃花、栀子花、菊花等，8种花卉中既有单独表现的，如剔红栀子花盘；也有几种花卉施于一器之上的，如剔红花卉纹尊。以山水人物为主题的作品，一般刻有3种不同形式的锦纹，以表现自然界中不同的空间。这3种锦纹又简称为天锦、水锦、地锦。在不同的空间背景下刻画出树木殿阁，人物活动其间，如：东篱采菊、曳杖观瀑、闲情赏花、莲塘观景等，以表现超凡脱俗的文人士大夫形象为主。以花鸟题材为主的作品，以黄色素漆为地，不刻锦纹，在盘内或盖面雕刻各种花卉，花丛之中双鸟或振翅欲飞，或对舞嬉戏，如绶带牡丹、绶带山茶、鹭鸶芙蓉、双鹤菊花等。上海青浦县元墓中出土的雕漆作品剔红东篱采菊图圆盒，是出土的元代雕漆的代表作。

元代的剔犀作品极少，国内只有安徽省博物馆收藏的“张成造剔犀云纹盒”及北京故宫博物院收藏的“剔犀云纹圆盘”2件，流失到海外的剔犀作品则有一部分。元代剔犀作品具有粗犷豪放的风格，纹饰简单质朴而粗厚圆润，刚劲而有力度。

江南一带是元代漆器的制作中心，在浙江嘉兴、江西庐陵，涌现出张成、杨茂、张敏德、彭君宝等一批髹漆能手，他们成为元代制漆最为杰出的代表人物。张成、杨茂为嘉兴府西塘杨汇人，剔红最得名。张成的作品以髹漆肥厚、雕刻精细、磨工圆润而著称，其内容题材有山水人物、花鸟、花卉等。张成的漆器作品在国内仅存3件，一是安徽省博物馆珍藏的剔犀云纹盒，二是中国历史博物馆珍藏的剔红曳杖观瀑图圆盒，三是北京故宫博物院珍藏的剔红栀子花圆盘。杨茂的传世作品在国内只有3件，即北京故宫博物院珍藏的剔红花卉纹尊和剔红观瀑图八方盘，北京艺术博物馆珍藏的剔红梅花纹盘。张敏德唯一的传世之作是北京故宫博物院珍藏的剔红赏花图盒。

六、明清漆器

（一）明代漆器

明代对手工艺人给予较多的人身自由，使漆器制作工艺有了飞跃。明朝皇帝十分重视漆器的生产与制作，建立了相关的内府衙门，其中与漆器制作有关的衙门有御前作、内官监和御用监。明代漆器，考古发现并不多，更多的是传世品。山东邹县发掘了明鲁荒王朱檀墓，出土了戗金团花云龙漆箱、戗金云龙纹漆盒、剔黄笔管、戗金夹苎墩式罐、沥粉贴金匣等漆器；江苏江阴出土戗金人物花卉漆盒一对。盒底部刻“乙酉年工夫造”六字款识。

明代漆器的制作发生了根本性的变化，官办漆器作坊占据统治地位，民间制漆业仍存在，但规模较小。明成祖永乐时期，经济呈现出欣欣向荣的景象，漆器工艺得到了迅速发展，出现了明代漆器制作的第一次高峰。永乐十九年迁都北京，皇宫的御用监在原南京制作漆器的基础上，又在北京皇城内的果园厂建立了御用漆器生产作坊。据清初高士奇《金鳌退食笔记》记载，明初制作漆器的官办作坊为果园厂。北京果园厂的建立，不仅使制漆中心由南方转移到北方，同时，也从南方征调了一批能工巧匠，充实果园厂的力量，以满足皇家对漆器的大量需求。元代髹漆大师张成之子德刚，继承父业，并为明皇室效力，成为果园厂的管理人员。大批南匠北调，一方面充实了果园厂的力量，另一方面，把他们高超的髹漆技艺带入北京，对果园厂的漆器生产及漆器风格产生了重大的影响。

明代漆器的品种，在宋元漆器发展的基础上得到了突飞猛进的发展，《髹饰录》将漆器分为14大类，101个品种。明代漆器最为发达的，制作量最多的是雕漆，其次是戗金彩漆、戗金漆、描金漆、填漆、螺钿漆、百宝嵌、款彩漆等。

明早期漆器指的是洪武、永乐、宣德三朝制作的漆器。虽然我们至今没有见到有确切“洪武”年号的漆器，但山东邹县朱檀墓出土的漆器反映了明初漆器制作的水平。朱檀是朱元璋之子，这批漆器极有可能是皇家御用监所造。

明初的漆器至少有戗金漆和雕漆两类。《明太宗实录·卷二十四》中记载永乐元年、永乐四年和永乐五年赐日本国王源道义剔红漆器95件，剔红尺盘20个、剔红香盒30个。

传世的永乐雕漆以盘、盒为主，兼有盖碗、盏托、尊、小瓶、踏凳等，器型变化较少。永乐漆盘一种是圆形盘，浅式，圈足，盘表面为一整体，所装饰图案给人以整体感，这种造型的盘以装饰花卉为主；另一种盘的造型为盘边呈葵瓣状或菱花状，八瓣、十瓣不等，盘内与盘边装饰的内容不同，盘内以山水人物为主，盘边雕刻各种花卉。盒的造型亦有两种，一为“蔗段式”，一为“蒸饼式”，前者以装饰花卉、人物故事为主；后者以装饰花卉为主。

永乐雕漆装饰图案以花卉、山水人物为主，图案的处理具有一定的规范化。以花卉为主题的作品，一般雕刻在圆盘、蔗段式盒、蒸饼式盒上。图案的处理手法为，在盘内或盒面布满盛开的大朵花卉，四周枝繁叶茂，或衬托着含苞欲放的小花蕾，花朵饱满，画面具有完美的整体感。花朵以奇数布局，有三朵、五朵、七朵之分。三朵者均匀分布，五朵、七朵者，以正中为一朵稍大型的花卉，四周均匀地摆设着四朵或六朵稍小的花卉，似众星捧月，突出主题。以花卉为题材的雕漆，花卉之下一般不刻锦纹，而以黄漆为地，黄衬红色，鲜明醒目。这种处理手法继承了元代雕漆的风格，但不同之处为，元代以花卉为主题的作品，纹饰疏朗有致，而明永乐雕漆，花卉满布，有紧密之感。明永乐常用的花卉有牡丹、茶花、石榴、芙蓉、菊花、莲花等。以山水人物为主题的作品，一般雕刻在葵瓣式盘、蔗段式盒上。其图案的处理手法为在盘内或盒面上雕刻人物故事，图案下衬以分别代表天、地、水的三种锦纹。这三种锦纹与元代的处理手法相同，只是水纹的处理稍有变化。元代雕漆中的水纹有的似波浪滚滚，以弯曲的线条表现，仿佛水在不停地流动；而永乐时期的水纹基本固定为图案化的纹饰，以波折形线条表现。在三种锦纹之上雕刻人物、亭阁，人物活动其间，或携琴访友，或闲暇赏瀑，或高谈阔论，或五老相聚。多数反映的是文人士大夫清净、幽闲的生活。除雕刻花卉、山水人物图案外，永乐时期的装饰题材尚有，孔雀牡丹、云龙纹、云凤纹、灵芝螭纹等题材。

永乐雕漆的款识处理与元代张成、杨茂漆器相同。永乐雕漆的底，一般以黄褐色、黑色居多。款识在底内缘处竖刻“大明永乐年制”针划款，字体秀气，笔道纤细，似行书。在雕漆底部刻有明确的年号款识，以明永乐为开端，为以后漆器款识的处理奠定了基础。

永乐雕漆在制造技法和工艺上具有鲜明的时代特征，这时的作品一般髹漆层次较厚，少则几十道，多则上百道。雕漆风格继承了元代张成、杨茂的风格，精雕细刻，藏锋清楚，隐起圆滑，细微之处处理得精细而又恰到好处，如雕刻刀法娴熟流畅，图案的边缘磨得圆润光滑，不露棱角和刀刻痕迹。

宣德漆器仍以官办作坊果园厂为主。从传世的宣德漆器看，品种有剔红、剔黑、剔彩、戗金彩漆等品种。宣德雕漆的造型，盘有圆、方、荷叶式、菱花形，盒有蔗段式、蒸饼式、两撞委角方盒等。装饰题材与永乐时期基本相同，有花卉、云龙、云螭、山水人物等，图案的处理出现了“开光”技巧，在盒盖上或盘内以莲瓣式、葵瓣式、圆形作为开光，开光内装饰一种纹饰，开光外装饰另一种纹饰。开光一方面能突出主题，另一方面也能把两种不同的纹饰分隔开来，同时也可起到美化画面的艺术效果，这种方法在明、清漆器图案中常被运用。

宣德漆器重要的发展是剔彩漆的出现，剔彩林檎双鹂大捧盒是最早的剔彩漆器。宣德漆器的款识处理方法与永乐时期截然不同，改永乐针划款为宣德款楷书填金款。宣德款大部分在器物的底部，有的在底部正上方刻横款，从右至左为“大明宣德年制”，有的在底部左侧竖刻“大明宣德年制”，也有的在器底的正中部位竖刻“大明宣德年制”，少数在盖上刻款。宣德刀刻填金款成为明、清漆器款识处理的典范。

明代宣德以后，官办漆器作坊出现了停顿状态，造成停顿状态的直接原因，尚需进一步研究。我们按照漆器发展的过程及漆器风格的变化，把明宣德以后的正统至正德时期划分为明中期。明中期的漆器开始从简练大方的风格向纤巧细腻转变。这个时期的漆器品种有剔红、剔黑、剔彩、戗金漆等。明中期漆器以云南、甘肃制作的地方漆器较为突出。

雕漆的造型有了明显的变化，出现了梅瓶、四方委角盒、八方形捧盒、提匣、碗、笔筒、方盒、方盘、大型的长方匣、长方盒、扁壶、高足碗、棋子盒等，其实用性和观赏性完美地结合在一起。装饰图案更为丰富多姿，以花卉为题材的作品，是折枝花卉及花鸟题材的增多，如鸳鸯荷花、喜雀登梅、绶带牡丹、茶花小鸟、芦雁图等。以人物为题材的作品以历史故事为主，如五老过关图、牧牛图、文会图、渭水访贤、携友秋游、渔家乐、采药图、腾王阁图、雀屏中选、郭子仪故事图、岳阳楼图、八仙人物、婴戏图等。明中期漆器的雕刻风格有的保持了早期磨工圆润、藏锋清楚的特点，而有的作品则出现了锋棱不够圆熟的特征，说明了处于过渡时期的作品兼而有之的风格变化。此时，雕漆一般髹漆不厚，与早期那种髹漆层次厚，立体效果较好的风格略有不同，另一方面，无论是花卉题材，或人物故事题材的作品均刻有锦纹，早期黄漆素地之上压花的作法几乎荡然无存，而形成了锦上添花的表现手法。有几件流传至海外的弘治雕漆是这个时期唯一有年款的漆器，至少有4件弘治时期由平凉王铭、王琰制作的雕漆。云南是明中期制作漆器的重要地区。这批漆器一般髹漆较薄，漆色暗，无光泽，构图紧密，有繁缛之感。造型有扁圆形盒、圆盘、双耳扁壶、高足碗、棋子盒、碗等，这些器物所雕刻的图案不拘泥于一种形式，丰富多彩，具有浓厚的地方特色。图案中点缀有栩栩如生的螳螂、蜜蜂、游鱼、蚂蚱、蛇、蛙等多种小生物。

经过明中期80余年的缓慢发展，到明世宗嘉靖时期，漆器工艺出现了新的局面：官办作坊继续大量制作漆器，具有宫廷风格的漆器制作重又占据统治地位；漆器风格经过近百年变化，从早期简练大方，圆润精致的风格演变为崇尚纤巧华丽、繁缛细腻的新风格；漆器的使用范围扩大，出现了箱、柜、桌等新的漆器造型；漆器品种增加，除剔红外，剔彩、戗金彩漆亦大量制作，漆艺发展进入了一个新的时期。我们一般将嘉靖、隆庆、万历及万历以降的漆器划分为明晚期漆器。

嘉靖时期器物的造型有所突破，出现了许多新的器型。盘有六瓣式、梅花式、银锭式、茨菇式、荷叶式、菊瓣式及由大小三个盘依次套叠的套盘。盒有钵式、寿字、银锭式、方胜式、梅花式等。此外，还出现了瓜棱壶、柜、笔筒、小桌、八方斗、春字盒、把镜等新的造型。嘉靖时期的雕漆基本上有两种风格，一种为雕刻精细，刀法快利，锋棱虽显外露，但仍保持有明早期漆器那种圆润光滑的特征；另一种为雕刻不精，有粗糙之感，漆色亦不佳，不善藏锋，虽有磨工，但不圆润。嘉靖漆器的款识为刀刻填金楷书款，款识的位置均在器物底部正中，有“大明嘉靖年制”六字款。由于明世宗嘉靖帝信奉道教，所以嘉靖时期漆器的装饰题材，大都以长生不老、升仙、万寿为主题，如五老祝寿图、群仙祝寿图以及表现仙山楼阁的题材等，还出现了以文字组成的图案，如以松、竹、梅缠绕组成“福、禄、寿”三字。

隆庆朝共6年，漆器风格没有大的变化，流传于世的作品较少。据不完全统计只知有4件“隆庆款”的漆器。但此时问世的漆器经典专著《髹饰录》却是中国漆器发展史上的重要著作。《髹饰录》的作者黄成，号大成，又名黄平沙，是明代隆庆前后的一位著名漆工。《髹饰录》共分乾、坤两集，十八章，一百八十六条。《髹饰录》是了解中国古代漆器的发展、制作方法、漆器品种的一部重要的历史文献，同时也较全面地反映了明代漆器制作工艺的成就，具有重要的历史价值。

万历时期官办漆器作坊仍占据主要地位，漆器品种除剔红、剔彩、戗金彩漆仍继续制作外，还出现了“剔黄”、“描金漆”、“填漆”等新的漆器品种。万历漆器在造型、图案、款识等方面形成了有别于其他时期的风格与特点。在器物造型方面，出现了长方委角盒这一新的造型；在装饰图案方面，嘉靖时期追求升仙、长寿的题材此时不见了，取而代之的是双龙、龙凤、祥云、海水江崖为主题的图案，并出现了祈求吉祥、太平的吉祥图案。对锦纹的处理也较为独特，比例紧凑，细密整齐，万历之前或之后均无此特征。万历漆器款识的处理有别于其他朝代。此时的款识有两种情况，少数漆器底部刻“大明万历年制”款，多数的漆器款识加有干支纪年，款识的位置一般在器底的正上方。据不完全统计，万历漆器款识带有干支纪年的共有17种。

（二）清代漆器

清王朝是我国封建社会的最后一个朝代，其前期、中期政治统一，经济强盛；嘉道以后，由于国内阶级矛盾和民族矛盾的日益深化，以及西方列强对中国的掠夺和瓜分，使中国进入了半封建半殖民地社会，并逐步走向灭亡。

清代康、雍、乾三朝的工艺美术品，如玻璃器、瓷器、珐琅器、金银器、玉器、漆器等，无不制作精美，装饰华丽，体现了清代“康乾盛世”的气魄和时代特点；而嘉道以后，工艺美术的发展进入了低谷，在造型、装饰和制作工艺等方面，水平明显下降，虽偶尔也有精巧典雅之作，但总体上来说，比清前期有很大的衰退。漆器在康、雍、乾时期进入了漆器发展的黄金时代，主要体现在三个方面：第一，清代漆器是对几千年的漆器传统工艺的继承与发展。《髹饰录》中涉及的漆器品种，在清代已基本具备，而且有很多书中没有讲到的漆器品种，如多种漆工艺的运用与结合，也得到了全面的发展。第二，漆器制作得到了皇家的重视和提倡，形成了以造办处为主的宫廷漆器制作中心和地方漆器生产并存，共同发展，互相影响，互相借鉴的局面。宫廷造办处集中了全国各地的优秀制漆艺人为皇家服务，而地方制作的具有浓厚地方特色的漆器也以进贡的形式进入宫廷，极大地促进了漆器工艺的发展和提高。第三，清代漆器的制作和使用涉及生活中的各个方面，尤以宫廷漆器最为突出，大至宫廷典章用品、陈设品，小到生活日用品、文房用品和赏玩用品，无不有以漆器制作的。

最能代表清代漆器制作水平的是清宫造办处制作的漆器，清代已有的漆器品种有一色漆、描金漆、描漆与描油、描金彩漆、填漆、戗金彩漆、识文、嵌螺钿、百宝嵌、犀皮漆、款彩、雕漆等。其中雕漆的成就最大。清代雕漆又以乾隆时期制作的最多，有剔红、剔黄、剔彩、剔黑、剔犀等品种，雕漆作品的范围几乎涉及宫廷生活中的各个方面，典章礼仪品有宝座、屏风、如意等，家俱类有桌、椅、绣墩、柜、几等，陈设品有瓶、花觚、尊、插屏、天球瓶、炉瓶盒等，文房用品有笔筒、成套文房用具、笔管、笔匣等，还有大量制作的精美珍玩。

从清宫遗存的大量雕漆看，尚无顺治、康熙、雍正年款的雕漆器，最早也最多的是乾隆年款的作品，嘉庆款的雕漆仅有 1 件，嘉庆以后没有带年款的雕漆。御用雕漆不是在造办处制作的，而是在苏州制作的，清宫档案中有明确的记载。苏州织造制作的雕漆，从器形、花纹、落款方式等都听从造办处的指挥，大多数情况下乾隆皇帝都是亲自提出设计要求、尺寸大小，若不合格，还需要重新修改；若制作得精美，就受到皇帝的嘉奖。

清代雕漆继承了明代嘉靖和万历时期的风格，不善藏锋，刀痕外露，虽有磨工，但远不如明早期那般圆润光滑。尽管如此，清代前期雕漆工艺在表现形式之丰富、雕刻之精细等方面超越了前代，达到历史的峰巅。

嘉庆雕漆带有款识的 1 件是观鹅图笔筒，作品的雕刻刀法，图案风格，均保持有乾隆时期的特点。嘉庆以后雕漆工艺日趋衰落，至光绪时技法失传，慈禧太后六十寿辰时，令苏州承办漆器，惟雕漆一项，无人能制作。到民国时期，偶有几家作坊制作雕漆。

清代漆器的发展得到了皇帝的推崇。在清宫内，漆器的应用非常广泛，有帝王权力象征的宝座、殿堂和房间陈设装饰品、文房用品、饮食具、宗教法器、家具、化妆用具、乐器、吉祥器具、取暖用具，以及日常用品如盘、碗、盖盂、冠架等。总之，在清代，漆器已经渗透到宫廷生活的每一个领域，各地官员也将漆器作为重要贡品进贡朝廷。

清代的漆器制作以宫廷造办处为中心。造办处集中了全国各地的能工巧匠，具有雄厚的物质基础，不惜工本，制作出的漆器华丽精美，代表了清代漆艺的最高水平，同时也体现了皇家的艺术风格及审美情趣。除造办处外，全国还有许多地方制作具有浓郁地方特色的漆器，如扬州的镶嵌漆器、福建的脱胎漆器、山西的款彩漆器，贵州的皮胎漆器、苏州的雕漆、杭州的罩漆、四川的款彩、广东的堆漆雕刻、北京的雕漆等，都是各具特色的漆器。

中国古代印玺

罗伯健

中国古代印玺是中国传统文化的重要组成部分，印玺的演变过程蕴藏和折射出了诸多值得研究的历史文化现象。

一、印玺的一般常识

印玺的“印”字，在《说文解字》里头是一个会意字，其意思是一只手抓了一个节，这个节就是信物。从文献记载来看，它的起源似乎很早，比如说《后汉书·祭祀志》中说“三皇无文，结绳以治，自五帝始有书契。至于三王，俗化雕文，诈伪渐兴，始有印玺以检奸萌，然犹未有金玉银铜之器也。”这是说到三王（指夏禹、商汤、周文王）的时候，印玺就产生了。《逸周书·殷祝》篇里提到：“汤访杰而复薄（薄是商代的一个都城），三千诸侯大会，汤取天子之玺，至之天子之坐左，退而再拜，从诸侯之位。”

《后汉书》和《逸周书》都是后人成书，据现在的史料考证，《逸周书》记载的西周早期的一些东西是可信的。从《后汉书》和《逸周书》这两条文献来看，印玺应该起源于夏或者商，或者更早的三皇五帝的时候。但是，从目前考古材料发掘的不少商代的墓葬来看，即使没有被盗的墓葬，不管大墓、小墓，还是中型的墓葬，都没有出土商代时期的印玺。

20世纪30年代，古董收藏家黄浚将所收藏的东西集为一本书，名为《邺中片羽》。书中收录了三枚据说是殷墟出土的商代的印章（现收藏于台北故宫），质地是铜的，很薄，印面为方型。其中一枚印文为“亚罗示”，一枚印文为“翼子”，一枚印文不识（可能就是一种纹饰）。前两枚印文很像商代铜器上的族徽文字。根据近二三十年来对商代族徽文字的研究，这种族徽文字可能不是商代的族，很可能是氏，故族徽的说法是可以商榷的。因此，商代和西周有没有印玺一直没有定论。

印玺是比较重要的东西，但有关西周的文献中没有关于印玺的记载。从战国的情况来看，不管是哪一级官，一定要有国君赏赐的印，印玺是当官的凭证。西周有一种金文叫册命金文，册命金文在西周的中晚期已经成了一种制度。当时是世袭制度，周天子对诸侯卿大夫，新封的或者是继承父业的时候，都要举行册命仪式，在仪式中，周王要重申以前对继任者父辈或祖辈的任命，然后还要赏赐给继任者相应等级的服饰器具，同时要举行他所能享受的礼庆，礼庆中要使用礼器，用来祭祀祖先。在几十篇很完整的册命金文里，没有一篇提到有印玺。因此，认为印玺西周时就已经出现的证据不足。台北故宫所藏的这三枚印玺，有人认为可能是一些铜器上的碎片。

从文献和考古材料来看，印玺应该起源于春秋战国时期。《左传》和《国语》均有关于印玺的记载。《左传》记载鲁襄公参加楚康王的葬礼以后回到方城（楚国的一个地名），“公还，及方城。季武子取卞，使公冶问，玺书追而与之，曰：‘闻守卞者将叛，臣帅徒以讨之，既得之矣，敢告。’公冶致使而退，及舍而后闻取卞。公曰：‘欲之而言叛，只见疏也。’公谓公冶曰：‘吾可以入乎?’对曰：‘君实有国，谁敢违君!’”这里的“玺书追而与之”，鲁襄公写了一封信，并加了玺交给公冶。这就说明当时有玺书了。这是一条比较可信的文献记载，记载的是公元前 544 年，即鲁襄公 29 年的事情。

考古材料中春秋战国时候的墓葬已经有印玺出土。但是出土的印玺基本上都是战国时期的。确切地讲，春秋时期的墓葬里面，还没有发现有印玺出土。

印玺的产生，与政治关系密切。春秋战国时期，周王室已经衰微，各国之间战争比较多，大国争霸，诸侯纷纷想主宰天下。战国时期更是如此，大国掠夺小国，甚至吞灭小国的战乱比比皆是。这种从一统到战乱的政治局面，一方面形成各国之间军事活动比较频繁，另一方面又不可能锁国闭关。因为各国之间经济上的来往是不以政治家的意志为转移的，而且有许多经济活动是必须要进行的。比如货物的流通。而且在这种流通中，实物交流还是最原始的一种交流手段。这种频繁的经济活动，就需要一些作为信物的东西出现，印玺就是因为经济活动的这种频繁出现而出现的。所以，从政治、经济这两方面来看，商和西周时期出现印玺的可能极小。

印玺的名称，在各个时期是不一样的。春秋战国时期，印章称之为玺。玺有几种不同的写法，即“鈢”、“鉨”。宋代的很多著作把这样的字都称为印，而且把它的年代排在汉后，或者跟汉印排在一起，没有把它列为春秋战国或者先秦时期的印。

先秦时期，印章都称为玺，不称印。到了秦始皇统一中国以后，制定了一些典章制度，规定皇帝用的印才能称作玺，别人用的印只能称作印。而且将以前“玺”的好几种写法也统一了，即统一成“玺”。

汉代很多制度继承和延袭了秦代的制度，对印玺的制度也进行过规范和整理。汉时，除皇帝的印称玺之外，诸侯王、王太后的印也可称玺。如，陕西出土的一枚玉印，是皇后的印，称玺；诸侯王的印也称为玺，广州南越王墓出土了一枚金印“文帝行玺”。到了汉武帝太初年间，有的儒生认为汉朝是属土的，秦代是属水的，按照古代的阴阳五行来说，它们有相生相克的属性。汉能灭秦就是因为秦是属水的，汉是属土的，土能克水。汉朝属土，色以黄为上，数以五为用，所以汉武帝继位以后，很多不够五个字的印文，都要凑够五个字。比如说："臣相之印"，就加一“章”字，就变成“臣相之印章”，这样就凑够了五个字，“印章”二字作为印的一个称呼就是这样流传下来的，章也慢慢的作为印的专称了。如东汉时期的“合浦太守章”、“御使大夫章”等等。汉代除官印以外，还有一些私印，私印有时也称印信、信印等等。

唐武则天掌政，觉得“玺”跟“死”音近，不吉利，下令将“玺”字改成“宝”字。唐玄宗以后一直到清代，皇帝的印基本上都是使用“宝”这个专称。

唐末宋初，印玺出现了“记”或者“朱记”这两种名称，这两种名称多数是出现在官印上。宋代还有“合同”、“图书”这样的名称。“合同”印是南宋或金官府发行一种会子（纸币）专用的货币印鉴。“图书”章主要是用来收藏书画的，现在称印为图章，就是从这个时候开始的。

元代除了印以外，也有“押”。元押在传世的印玺当中占很大比例，“押”字最早出现在唐宋时期。唐末宋初时期，“押”一般是作为个人的名字而画出来的一种符号，一种标识，它的作用就是为了防止有人模仿。“押”在唐末的时候普及。元朝是少数民族建立的政权，官吏里头有很多蒙古人、色目人，这些人当中有好多人不会写汉字，所以就把“押”刻在印上，来代替姓名。所以，当时的印章，元代称作“押”或“花押”。这种“押”字印很多是用铜制成的，也有木头的，还有象牙的，玉的比较少见。到了明代出现一种叫“关防”或者“条记”的印。“关防”最初是一种半印，明太祖朱元璋的时候，发现有些官吏用官府的印章印在空白纸上作弊，所以太祖就规定用“半印”，只有将各持一半的印对起来才起作用。明代的官印一般称印的多。明末李自成建立政权以后，把印归纳为四种：一种叫作“契”，一种叫作“符”，一种叫作“记”，一种叫作“信”，这是比较特殊的叫法，只有李自成政权用，别的政权不用。

清代的印玺的名称就更多了。印除了还称为“宝”外，有称“印”的，有称“章”的，有称“印信”的，有称“关防”的，有称“条记”的，有称“图章”的，有称“图书”的，有称“图记”的。

历代印玺流传下来的非常多，故宫的罗福颐先生曾经统计过，明清以来到民国年间著录的印谱有146种，除去重复的或者赝品以外，一共有4万多枚。王仁聪先生对考古出土的有关材料作了比较系统的统计，1949—1980年，我国出土的历代印玺有600方左右。

印玺的分类按质地和归属的分类比较常用。

以质地（制印的材料）来分，金属类的有金、银、铜，此外还有玉、石、骨、角、玛瑙、琥珀等等，铜印是最常见的。从春秋战国一直到清代，绝大部分的印玺都是铜制作的。汉以后，青铜逐渐衰弱了，但是印玺和铜镜是个例外。用玉作印玺的数量也不少，而且，用玉作印玺的人一般是地位比较尊贵的，比如说，秦始皇不但规定皇上用的印叫玺，而且是用玉做成的。文献记载，汉代的皇帝有六玺，都是玉制作的，叫做皇帝之玺、皇帝行玺、皇帝信玺、天子之玺、天子行玺、天子信玺。陕西出土的皇后之玺，是玉印；长沙马王堆是西汉初期的墓葬，也出土了玉印，印文“利苍”两个字；广州南越王墓出土文帝行玺玉印。50年代出土的滇王之印，是一方金印；日本有一方倭奴国王印，也是一方金印，而且这方印跟滇王之印比较相似，这样看来此印应是当时汉王朝赐给这个倭奴国王的。从这些现象看，玉印和金印都是地位比较尊贵的人用的。但是金印的数量不多，银印也一样。骨头、牛角做的印也不多，出土最多的一次是在 1959 年，山西大同一个墓葬里头出过 5 枚牛角印。湖南长沙有座战国墓出土过 1 方角印。

另外，还有木头的、滑石的、绿松石的、玻璃的、陶的、铅的、炭精的（煤精的）、象牙的等等，但是数量都不是很多。明代中叶以后，流行文人之印，石印取代了铜印并占了主要的地位。鸡血石、寿山石、田黄等等都是石印，是石印中的上品。

按归属来分类的话，印玺可以分为官印和私印两大类。

官印是按官职的大小，品爵的多少来封授的，上到皇帝天子，下到县官乡长都有相应的各级官印。官印本身就是身份、等级、爵位、权力的象征。古代封官授印，罢官解印，封你当什么官就授相应的印，若不当这个官了，印就要上交，不能自己带走。先秦时就实行这种制度，西门豹曾经当过魏国的邺（今河北临漳西南）令，他第一年去的时候，无所作为。魏文侯让他别干了，说他没有多少作为，让他把印交出来，要罢他的官。西门豹请求魏文侯说：你让我再干一年吧！魏文侯同意了他这个请求，就把印又还给了西门豹。后来，西门豹确实大有作为。从这一则历史故事来看，说明当时这种制度很盛行，任免官吏时，印玺是一个重要的凭证。

官印是由国君授给的，皇上任命一个人当什么官就赐与他相应地位的，相应身份的，带有某种权力的印。当这个人不任这个官了，就要把印交回去。这种官印可以随身佩带，叫佩印。古代的印，特别是唐以前的印都有印钮，印钮可以穿丝带以便佩戴。根据记载看，现在墓葬里头出土的印，基本上都是殉葬品，不是主人生前使用过的印。现在流传下来的很多使用过的印都是军官印，这主要是因为当时战争比较频繁，军官随身佩戴的印，在主人战死后就遗落在战场上，被后人所发现而流传下来。古代的战争除了获取敌人的武器之外，印玺也是一种战利品。《史记》里头就曾经有过这样的记载。

私印，为个人铸刻使用，私印的传世品要比官印多，私印主要以姓名印最为大宗，另外一种叫做箴言吉语印，也属于私印的一种。箴言印顾名思义就是刻有警语、格言，也就是座右铭之类的东西，诸如说“正行”、“亡（无）私”这样的印。吉语印如：“千秋万世昌”、“宜官内（纳）财”这样的内容。还有一种是所谓肖形印，是以人物、鸟兽的图像作为题材的印，它的印面刻的不是文字，而是图形，一般是刻飞禽走兽、人物车骑，或者是神话传说里象征祥瑞的灵物，如：青龙、白虎、朱雀、玄武、羊（祥）、鹿（禄）、虎（福）、鱼（余）等。

除了从质地和归属分类外，也有人从别的角度进行分类，比如说以它的专名来分类，也就是可以分为玺、印、印章、宝、关防等等。

也有以朝代分的，比如说：战国印、汉印、魏晋印等等。

印玺的形式和钮制；印玺一般分为两部分，一是印台，一是印钮。印台底面刻字，称为印面，印面多为正方形，叫通官印。印面是正方形一半的叫半通印。方形印是古代印玺中最多见的，还有长方形（半通印）、圆形、菱形等。印钮是印玺中最有特色的东西，古代的印玺都有穿丝带的钮，便于将印佩带在身上。到了隋唐时期官印逐渐加大，官印才开始不随身佩带。印钮的形式是比较多的，也是最富于变化，最具有特色的，而且是最有意义的。判断印的年代，除了印文以外，印钮也是欣赏和判断印玺的重要组成部分。印钮形式多样，从汉代开始，印钮成为等级的标志，当时规定皇帝用玉玺螭虎钮，从实物看，它的身子有点像虎，有角。皇后用金玺螭虎钮，诸侯王用金玺骆驼钮，列侯用金印龟钮，丞相、将军用金章龟钮，奉禄二千石的官员用银章龟钮。一千石、六百石、四百石的中下级官印只能用铜印鼻钮。

最常见的是鼻钮，战国至明清均有。其特点是钮和钮上的穿孔都较细小，秦汉以后，印钮逐渐加大加厚，但其穿孔细小的仍称鼻钮。

瓦钮，钮像一块瓦盖在这印台上面，所以称之为瓦钮，瓦钮的穿孔比较粗大。瓦钮在汉代官印中普遍使用。

桥钮是瓦钮的一个变称，指钮像桥一样，跨度较大，与印台边沿齐平。

台钮，呈多层台状，称之为台钮。有的台钮有穿孔。

柱钮，顾名思义其形如柱。柱钮不一定全是方形的，有的是多棱的，还有圆形的。也有人根据柱的长短宽窄分别称橛钮、碑钮。

覆斗钮，又称坛钮，形如覆斗，上小下大，与印台合起来看，犹如方坛。

龟钮，多见于汉魏时期，因时代早晚龟的造型不太一样。

驼钮，骆驼钮主要见于汉王朝赐给周边匈奴、鲜卑等少数民族的官印。

鼻钮、瓦钮、龟钮这三种钮最常见，其它的都比较少见。印章的形制，主要说的是钮制。

印文的布局排列，历代治印者，谓之“款识”。印文以两个字、三个字、四个字、五个字的居多。印文之间，界格或有或无，印面四周，间或有栏。

先秦时期，印文布局比较自由活泼。从汉印开始，印文布局开始讲究规范严整。二字印，并列的可以从右读，也可以从左读。竖列则上下读。三字印，有的是右边有两个字，有的是左边有两个字，以右边两个字的多见，也有的是三个字并列，一般是右读的比较多。四字印以自右上起自右而左直行多见，右读；极个别有交叉读、回旋读或左读的。五字印。汉武帝太初年间，整顿印文（印制）以后，五字印比较多。汉代官印基本都是五个字，尤其是西汉的时候。一般官印是把整个印面分成六等分，前四个字各占六分之一，第五个字占三分之一，即占六分之二。私印就更灵活一些，私印一般是两行，有的左边有三个字，右边两个字。现在发现印文字数最多的是天津艺术博物馆的赵房子产印，有30个字。

印的字迹分朱文和白文。朱文就是印面字画是凸出来的，印出来的字是红色的，所以叫朱文。白文是因为印的字画是凹进去的，所以它印出来的笔画是白色的。隋唐以前印文以白文居多，我国纸张的普遍使用是在汉代以后，以前人们书写多用竹简和木简，竹简是劈下来的一根根竹片，木简也是做成长条的薄木片，字写在上面，然后用皮带或丝带编连起来，称为策或册，册字就是编连竹（木）简的象形。书牍传递时，将册卷成捆，打上结，加上盖板，盖板上绳子打结处有一个方槽，槽内填入软泥，用印章在泥上盖出印文，接收一方检视印文无损便证明书牍没有被打开过。因为使用封泥的缘故，白文的印章按在封泥上的字是凸出的，比较醒目，如果字是凹进去的话，就没有那么醒目了。隋唐以后，书写变为在纸张丝帛上进行，使用印面字划突出的朱文同样是为了清楚、醒目。它们性质只是使用的对象不一样而已。

古代印文的字体，跟历代所使用的文字基本上是一致的。但不同时期有不同的风格，所以印文字体也反映了时代的特征，表现了各个时期的不同的历史风格。印文字体按时代的早晚，大概有以下几种字体：一种是战国古文，先秦的印玺称为春秋战国印玺，这种印章上的文字就是战国古文。战国古文同战国的陶器、货币、简椟、兵器等器物上的文字比较接近。但是，战国的文字各个国家不太一样，所以印文字体也可以分成几个系统：东方的齐、西方的秦、南方的楚、北方的燕，中间的三晋。

战国古文以后是秦篆。秦统一六国以后，建立了中央集权国家，采取一系列维护统一的措施，其中有一条是书同文，就是把各个地区不同写法的文字统一起来。所以秦代的官印也好，私印也好，它用的文字基本上跟现在我们能看见的秦诏版、秦权、量上面这些铭文基本上是一致的，一般称之为秦篆。

汉篆是秦篆的发展，秦篆是柔润圆曲，汉篆是方正严谨，规规矩矩，它的笔道比较平直粗实，官印一般都用这种字体。汉代还有一种叫缪篆。“未雨绸缪”这个典故出自《诗经·豳风·鸱号》：“迨天之未阴雨，彻彼桑土，绸缪牖户。”没下雨的时候，先把窗户和门给拴上。“绸缪”从“纟”傍，是缠绕的意思，因为其字体比较弯曲回绕，笔道比较细，称为“缪篆”，就是取弯曲回绕的意思。缪篆用在汉代私印上，官印一般不用。还有一种鸟虫书，鸟虫书字体在春秋战国时期的铜器上有。它的特点就是有的画成鸟形，有的画成虫，所以叫“鸟虫书”。铜器上主要见于今江浙一带。汉印“鸟虫书”的字画比较弯曲，笔画作成鱼形或者是鸟头形，也是私印上使用的，官印一般不用。

悬针篆多见于魏晋时印文，其竖笔引长下垂，像悬着一根针一样，所以称为悬针篆。隋唐以后，印文字体多宗秦汉，但隋唐时期的官印比原来增大了好多（汉代时期的官印主要是2.5厘米左右，这是官印的一般长度，不会超过3厘米，到了隋唐以后增大到5厘米），不管是秦篆也好，汉篆也好，就很难把整个印面布满，所以就出现了九叠篆，顾名思义，就是把原来的一些笔画变得更加弯曲重叠，最多时有九个弯曲。九叠篆主要在唐宋以后出现得多一些，特别是官印里面。还有不少少数民族的字体，在印章里比较常见的少数民族字体有西夏文、女真文、八思巴文、还有满文。

印玺的用途。印玺所具有的功能与其产生和使用的社会背景密切相关。春秋战国时期，农业和手工业的发展促进了商业的繁荣。这时各国之间的经济发展虽然不平衡，但也需要社会产品的互相交换，互通有无，货物交换跟贸易往来需要一种作为凭证的信物。于是，作为经济活动凭证的印玺出现了，这是它的一个基本功能。另外，所有货物的流通需要征收赋税，征收后的东西，也要有一种标志作为凭证，这也是印玺的用途。从政治制度来看，西周以前基本上是王室世袭制，而且天子的权力是比较强大的，就是说以血缘关系为钮带的宗法制和世卿世禄制，是商周时期的基本制度。所以西周的册命金文里头，只有天子对诸侯进行册命，重申一些有关的命令或者一些勉符之类的东西，从一些册命制度来看那时没有印玺。就是说，一个人当官没有印玺这样的凭证，他祖辈、父辈是这个职务，他孙子、儿子也都是这个职位。但是，随着政治制度的变化，列国并立，战争繁多，天子的地位已经衰微，这种册命制度失去了它的权威性。因此，国君跟各级官吏之间，需要一个东西来做凭证，而且官吏在行使权力和实行自己的职责的时候，也需要有一个凭证，这个凭证就是印玺，因此印玺的用途之一就是职权的象征。

古代除了官职以外还有爵禄，印玺也是爵位等级的标志。

文献记载春秋战国时期有“物勒工名”的做法，即作为工具、用具、商品的制作者，要将自己的名字铭刻在器物上，表示取信或牌号的意义。这种现象在春秋战国器物上有所体现，所以印玺也是“物勒工名”的工具。

古代书牍往来、物品传递也靠印玺来封检。我国纸张的普遍使用是在汉代以后，汉以前基本是用木简或者是竹简，竹简和木简写好以后，编成册，然后把它卷起来，再拿一块板，中间刻一个槽，把绳结放在里头，然后盖上印玺，这样就说明封上了。接收者检视印文无损即表明未被打开过。现存的封泥就是当时盖印玺时用的泥，经过若干年的干燥以后变得非常坚硬。封泥到唐宋时期基本就没有了，这时候纸张绢帛逐渐代替了竹木简，印玺就直接盖在绢或纸上。钤盖印玺，要有印色，要有印泥，古代用的印泥主要有红的和黑的，叫朱印或墨印。所谓朱印，是用朱砂调制的印泥。《南齐书》上有记载，说陆法和在给梁武帝的启文上用朱印印在自己的名字上。国家图书馆馆藏的敦煌六朝写经，有的盖有“永兴郡印”四字朱文大印，这都是用朱印的最早记载和例证。

据说唐人有用墨盖印的，敦煌佛经中也曾发现过墨印。《印典》记载，唐代集贤院的图书印用墨，时间历久不变。

到了宋、元、明、清时，有一种社会习俗，父母丧期，服丧期间 100 天以内，用私印不能盖朱红色，用黑色的印泥来代替。曾经发现元代有过青色的印。明、清时还有一条规定，即在皇帝驾崩的 100 天以内，如果用官印的话，用蓝色，不能用红色，在清宫档案馆里有实物见证。

现在用印泥的这种方法，基本上是从明代才开始的。

二、历代印玺

就目前的研究和认识水平，先秦时期的印玺，我们将其笼统的称为战国时期或春秋战国时期的印玺。再往前的还没有认出来，考古材料中也没有确凿的早于此时期的印玺。先秦印玺，一般统称战国古玺，为何称它为古玺，而不是印呢？因为它自铭为玺，而没有称印。

战国古玺使用的是战国文字，也叫六国古文、大篆。战国古玺可以分成官玺和私玺两大类。

官玺可以从它的文字的凸出和凹进去，分成朱文和白文两种，其中白文官玺比较多见，凿款，印面一般是正方形，个别是不规则正方形或圆形的，多数是 2.5 厘米正方（魏晋以前的印面都在这个范围之内，隋唐以后，印面大于 2.5 厘米或者在 5 厘米以上。所以，拿出一方印，根据其大小可以断定出它的早晚)。有的私印小于1.5厘米，但是比较少。这种白文官印一般鼻钮比较多见，有的有边栏，有的有界格，就是中间呈“十”字，这种印玺一般称之为田字格。还有一种是朱文的官玺，朱文官印玺文是铸出来的，一般没有边栏。战国时期的印，印文布局比较自由活泼，往往根据文字笔画不一样而自由组合，没有一定规格，一个字可能占大半格。战国时期的官玺一般是以军官的印玺比较多见，官名很多，有司徒、司马、司寇、计官、伍官、左廪、右廪、左库、右库、攻师等。

私玺特征基本上跟官玺差不多，但是它的钮制更复杂、更多样一些。比如说有亭子的、有人形的、带钩形的等等。战国时肖形印有的跟姓名结合在一块，在自己的姓名里加上动物或鸟类形象，这种不拘一格的风气，真可谓是百花齐放。

根据官制、文字、地名等特点，战国的印玺大概可划分为几个系统。一是东方的齐玺，范围主要是指山东半岛，但它的影响和它的势力范围比它自己本身的疆域要大，一般包括周围的小国，如鲁、邾、滕、薛、莒、纪、杞、祝等。现在的山东的大部分，河南的东部，河北的东南部，以及江苏的北部都大致属于这个范围。齐玺有一些特点是其他地区没有的，如正方形的印面上侧或上下两侧有凸出的方楞，常自铭为玺或者信玺，有的自铭为节，另外，齐玺的官名有一些独特专称，如市师（管理市场的官员)、漆市、褚师。从印文字体看，个别字写法具有一些特色，例如“马”，齐国的“马”字跟晋国的“马”写法不一样，陈写作“陞”工师写作“叏”。如果碰见这样的字，则可断定它是齐玺。

楚玺，楚是南方的大国，江淮一带很多国家都被楚吞灭了。所以楚在战国七雄里其疆域是最大的，包括今天的两湖、安徽、河南南部。楚玺也具有战国时期玺的特征，它的印文布局比较自由，间有边栏、十字界格，楚的一些官名和各国不太一样，如连尹、莫敖、职室、职岁、军计，这都是楚国特有的官名，在文献里有记载。地名如江陵、郢、平阿均为楚地，印文出现这些地名，当属楚玺无疑。楚玺文字字体也有一些特殊写法，最具特色也最有普遍意义是玺字的金傍写作“金、金、金、畣”，与其他地区写作“坌”绝不相似，这是区别楚玺的重要标志。

燕是北方的国家，以北京为中心，包括河北的北部、辽宁的大部、山西及内蒙古的一部分。燕玺也有朱文、白文。有一种坛钮，坡形的钮座与印台之间有明显的过渡台阶，这是燕玺所独有，别的国家没有。另一个特点是，燕官玺的印文里常带“都”字，习惯称为“都官印”，“都”字前面是地名，“都”字后面是官职，如平阴司徒→平阴都司徒，燕的官印多半都是都官印。为什么要加“都”字，现在还没有确切的定论。台北故宫藏一枚方形大印，7 厘米见方，为烙马印，印文为“日庚都萃车马”，现存战国印玺里它是最大的。还有一种燕玺是条形的，多自铭为“鍴”,这也是燕玺的特征。

中原的韩、赵、魏是从晋国分成的三个国家，所以叫三晋印，包括周边的小国东周、西周、郑、卫、中山等，它的地域包括今河南的大部分、山西的中南部、河北的南部、陕西的东部、山东西部。这三国的官职、文字都比较接近，印玺的形制、印文的字体、内容都不易区别，除少数可以从地名归属来区别国别外，一般很难再分，所以将战国时期韩赵魏三国印玺统称三晋古玺。晋玺基本上也是多有朱文，白文较少，多数有边栏，没有界格。玺文风格比较工整清丽。根据地名来确定晋玺，例如：“修武鄙吏”、“文옿（柗）西疆司寇”等为魏玺，“平陶宗正”为赵玺，“武队大夫”为韩玺。三晋所独有的官名如发弩、啬夫、眡事鄙等，这是别的国家所没有的，对判别其国属有帮助。

战国秦玺传世的数量不算多。它的字体跟西周晚期青铜字体相似。印文中吉祥语比较多，是秦玺的一大特色。它的印面有边栏，有田字格或者日字格。

秦统一中国以后，制定了比较完整的官印制度，印玺作为国家授官任职和各级官吏行使职权的凭证。从中央机构到地方的郡、县、乡、亭、里各级官吏都在使用。秦代的官印基本都是铜的，从文献记载来看，从秦代始，天子、皇帝用印称玺，用玉，其他百官不能用。但是到目前为止还没有出土过秦代皇帝的印，但就目前所见秦官印，确实都自名印而不称玺。

秦代的官印也跟战国一样，一般都是鼻钮，也有覆斗钮（坛钮）、台钮、瓦钮。印一般分方形和长方形，方形的印面一般是2.2～2.4cm见方。秦方形印中有的不是方方正正，一边稍长而略呈方形。只有方形印一半的印叫半通印。从印台的厚薄来看，秦印的印台比较薄，一般是0.3～0.6cm。秦官印已有官署公章与官员专用印之分。秦官印印面都有边栏界格，方印一般是田字格，半通印是日字格，界格不像汉印那么规整，线条也不像汉印那样规范和笔直。印文的排列一般有四种：右上起上下读，右上起左右读，右上起交叉读，左上起交叉读。如右褐府印、茝阳少内、曲阳左尉、南宫尚浴四方印，作为排列的四种方式。

秦印的印文所用的文字是秦篆，印文基本是刻凿出来的白文，极个别为铸出来的白文。印文在界格里头分布比较满，但不是刻意追求满，还保留着战国时期印玺的自由风格。字体稍为显得长一些，结构比较松散，笔画的线条细柔软曲，转折的地方很婉转，显得圆润。因为“印”字几乎在每一方印中都有，不同时期的“印”字都有自己的特色，所以也是断代的凭证。秦代的“印”字在收笔的地方到中间或者稍后一点是往下折的。到了西汉的时候，私印跟官印一致，它的印文也是凿出来的白文。私印中，长的半通印比较多，半通印一般都有日字格。当然，除了方形印、半通印以外，还有比较少见的圆形印。从印面的布局来说，秦印还保留着战国时期印的布局风格，显得比较活泼一些，跟汉印比起来，显得比较有生气。被称为闲章或是闲文章这样的敬语跟格言式的箴言印，在秦印里头也占有一定的比例。比如说有的印是“中精外诚”、“思言敬事”、“正行”等等。

汉初基本延袭秦代的制度，到汉武帝的时候，先后两次规整印章制度，形成了汉印的风格，而且为后来历代所继承和延袭。

西汉印章一般分成两期。一期是汉武帝太初元年以前，就是公元前 104 年以前，称为前期，以后称为后期。西汉前期，官印主要是方形，以铜印为多见，钮式主要有鼻钮、瓦钮，还有蛇钮、鱼钮。蛇钮仅仅在汉初流行过很短的一段时间。鱼钮在高祖和文景时期多见，而且一般用在半通印上。印面一般是 2.5cm 见方，相比秦印，要稍大一些，印台的厚度是 0.6cm 左右，印文一般是铸出来的白文。多是没有边栏和界格的。印文笔画跟秦印的相比，更偏重方正、饱满，没有秦篆柔软细长的风格，而是方方正正的。印文排列跟秦印差不多，但是新出现一种从右起的回旋读。

西汉前期最难与秦官印区分的是有一部分带田字格的方印，以前笼统定为秦到汉初。根据历年的考古出土材料，经过学者研究比对，现在基本上可以把这种带田字格的印分开来了。代表性的文章是王人聪先生的《论西汉田字格官印及其年代下限》，王先生以考古资料、地点官名的考证，结合钮式及印文字体的特点选择了 19 方可推定年代的田字格官印及封泥详细论证，认为西汉初期官印的主流是无界格的形式，最为大量，而带田字格者仅为极小的一部分，它只是秦代官印风格特征的遗留。田字格印印面一般在 2.1～2.5cm 见方，印台厚度一般在 0.6～0.85cm 之间，鼻钮不作秦印中的斜坡式台面，即与钮相接的印背为平面。秦印没有像汉代这样的蛇钮和鱼钮，而汉印里面田字格的印上面有蛇钮和鱼钮，西汉初期界格的笔画比较笔直、规整，线条比较粗。印文排列一般有：自右上起上下读，右上起左右读，右上起回文读三种，与秦印明显不同的是新出现回文读，不再作交叉读。上述西汉田字格印与秦印区别的特征，同样存在于无田字格的早期汉印中。

西汉前期私印除了铜印，还有玉印、银印，木印。钮式有鼻钮、坛钮、覆斗钮。西汉前期出现龟钮，很少，目前能看到的最早的龟钮就是西汉时期的。西汉前期的私印，印文款式多有边栏，罕见田字格或日字格，田字格在官印里比较多，私印里则田字格比较少见。私印里印文一般也都是凿刻白文，大小在 1cm 见方，或者稍大一些，但没有官印大。私印里有缪篆和鸟虫书，缪篆是一种美术字，鸟虫书也是一种美术字。

西汉后期，也就是汉武帝太初元年以后，曾经下令整顿官印，“令通官印方寸大，小官印五分，王、公侯金，二千石银，一千石以下铜印”（《汉官仪》）。

太初元年，根据《史记·孝武本纪》记载，“夏、汉改历，以正月为岁首，而色上黄，官名更印章以五字”，根据《史记·集解》记载，“汉据土德，土数五，故用五为印文也。若丞相曰丞相之印章，诸卿及守相印文不足五字者以‘之’足也”。这两次对印章制度的规定，为汉代直至魏晋南北朝所沿用。从汉太初元年开始，汉代官印，印文文字最突出的特征是五字印的出现和“章”字的使用。按这种规定，官印要用五个字，不够五个字的，要补够五个字，使用五个字的职官范围有诸卿、守相。根据汉代的制度，凡是二千石以上的官吏都在五字印里，范围较广。使用“章”字印跟使用五字印的级别相同。西汉后期的官印，凡是二千石以上五个字的官印都称“章”，四个字的都称“印”，所以判断一方印是不是西汉武帝以后的官印，印文五个字和有无“章”字都是重要依据。秦、汉初有田字格，这只能容纳四个字，五字印的颁行，田字格势必废止，所以汉武帝以后田字格基本就消失了。王献唐先生对田字格的消失，在《五灯精舍印话》有精辟论述。

西汉后期五字印出现，界格、边栏就没有了，但印文的布局是非常规整的。四字印将印面等分为四等分，五字印一般等分为六格，最后一个字占印面的三分之一。

西汉后期钮制成为官秩等级的标志，什么级别的职官用什么样式的印钮有严格规定。最高级别的皇帝和皇后之玺用螭虎钮，陕西出土的“皇后之玺”及广州南越王墓出土的“文帝行玺”都用螭虎钮。诸卿、守相等二千石以上的高官用龟钮，龟钮也就从这个时期开始成为高级官吏的钮式通制。一千石以下的官吏用瓦钮。二百石以下官员用半通印，半通印一般是鼻钮比较多。

西汉前期官印印台，曾有人作过实测，其厚度平均值为0.65cm，后期印台逐渐增厚，约在0.6～0.9cm之间，魏晋变得更厚。印面大小则在2.2～2.4cm见方。

西汉后期的私印，传世、出土的数量都不少，质地有铜、玉、银、玛瑙、琥珀等，后两种是新出现的印材。私印因为不受官级的约束，印钮样式丰富。私印中两面印渐多见，大都为白文，两面均有名号，与东汉两面私印一面为名号，一面为谦称不同。

王莽建立新朝，统治时间比较短，但王莽在政治制度方面复故改制，尤其官名、地名在印章里头留下明显的特征，为我们认识新莽官印提供了有利条件。跟钱币、铜镜一样，新莽的印章铸造精良，官印以铜为主，也有少数的金印和银印，印面一般为正方形，大小在2.2～2.4cm^2左右，印台厚度在0.8cm左右。钮式有龟钮、鼻钮和瓦钮。龟钮铸造精细，钮高在1.2～1.4cm之间。龟钮一般有两种形状，一种龟甲呈圆形，侧视龟甲上部边缘为一弧线；另一种龟甲略呈椭圆，背鼓起，侧视龟甲上部边缘为一起伏不匀之曲线。两种形状的龟首都略向上伸出约5～6毫米，龟脚五趾张开作爬行状。新莽的官印印文布局比较匀称、规整，一般是五个或六个字，五个字分三行，最后一个字占一行，六个字的也分三行，都是从右读。新莽时期的印从内容、形制、字体等来看，有许多特色，赐给少数民族的印署国号“新”。王莽复古改制，将好多官名改了。这些特征对判断新莽的印很有帮助。如据《周礼》，改县令叫宰，“蒙阴宰之印”、“棘阳县宰印”即是。他使用五等爵，分公、侯、伯、子、男，“康武男家丞”、“延命子家丞”中的子、男是爵称。在新莽以前和以后，这种五等爵内容的在印章中从来没有出现过，如果有“五等爵”内容在印章里，那一定是王莽时期的印。还有王莽将一些地名也改了，如敦煌郡改为敦德郡，发现新莽铜印里有“敦德步广曲侯”等。新莽官印秩比二千石以上者称“章”，二千石以下称“印”。此为沿袭汉制未改。从用钮制度来看，新莽官印较混乱。汉制，二千石以上用龟钮，一千到四百石用鼻钮。莽印县宰即汉之县令、长，秩一千到六百石，依汉制只能用鼻钮，但新莽县宰印均作龟钮。军职如军司马、千人，秩在比一千石或以下，其印有作龟钮，有作瓦钮或鼻钮的。可知新莽时期没有统一用钮制度。

汉朝赐给匈奴、西域及西南少数民族的官印，钮式作驼钮、蛇钮。新莽时大多数用瓦钮，少数用龟钮，没有看见过用驼钮和蛇钮。赐给少数民族的印，冠上国名“新”字，比如：“新匈奴单于”。文献有记载。

新莽时期的私印出土的如陕西扶风墓墓中的“王忠之印”，洛阳出土的“王福之印”、“郭庆私印”等等，基本上是铜方印，有鼻钮、龟钮，大多数是白文，文字字形秀丽，笔道圆润纤细，不像官印那样方方正正。私印中出现了辟邪钮，这种钮式在魏晋时较多。

东汉的印章总体来说是承袭了西汉，没有太大的变化，官印以铜为主，也有少数金、银的。东汉官印钮式基本上是龟钮、瓦钮、鼻钮，印面 2.2～2.4cm^2。到了东汉的中晚期，半通印比较多见，规格比秦代汉初半通印稍大一些，大多数没有“日”字界格和边栏。使用这种半通印的是级别低的官吏。东汉官印里还有一种比较多见的武职印章，即将军印，多为凿刻而成，可能是由于战争的需要，许多官是临时任命，所以印章刻字比较随意，比较草率，不像西汉初印那么规整。东汉中晚期这种临时性形成的草率字体到了魏晋南北朝时更普遍了。东汉中晚期及魏晋南北朝时期，道教的传播比较广泛，印章中体现道教内容的印很多，像“天帝神师”，“黄神之印”，这跟当时社会习俗、宗教信仰有关系。东汉中晚期墓葬里出土的印，很多都充满了道教宗教色彩。这个时期出现了刻有“唯”字的印，比如说：“东阳唯”、“宜众唯印”等，印文中唯字的含义目前尚不清楚。

私印在东汉时期最明显的现象是两面印、子母印、三套印大量出现。有的印印台是空的，里面套一个印，叫子母印，套二个的叫三套印。印文以白文居多，有的字画凸出来，有的字画凹进去，形成半朱半白。印文除姓名、吉语外，有的在姓名四周或左右饰以四灵（青龙、白虎、朱雀、玄武）。刻出人物、车马、鱼雁、鸟兽等动物形象的肖形印也常见。这时期的套印中出现有谦称的印文，如“臣”、“妾”之类，这在西汉时极少见。

魏晋南北朝，即从三国（魏、蜀、吴）到隋的统一，大概是三百多年，这期间王朝纷立，战争频繁，遗留至今是数量众多的武职印章，即所谓的将军印及其属下的军官印。以这些印章的特点来区分，把魏晋南北朝这三百多年的印章分成三国西晋、东晋十六国南朝、北朝三部分。

三国西晋，印章的形式和钮制基本就延袭了汉代的风格，这个时候的将军印龟钮比较多，风格与东汉后期相近，龟的形状特点是龟首略长，斜向前上方伸出。印文的布局严整、字体工整、笔画平直，大多用方折。私印里出现了悬针篆，这种字体，下竖刻意拉长，收笔尖若悬针，故名。私印中最明显的是五面印、六面印的出现。五面印除印面外，印台四面也各为印面。六面印则钮作成方柱形，柱顶上也刻字。最具代表性的是江苏南京出土的“颜琳”印，是六面印。刻有姓、名、字、谦称，还有印章的常用语。这种五、六面印，印文多为白文，字画比较纤细，是刻出来的。

魏晋颁给少数民族的官印，印文首字均冠以魏、晋国号，朝代明确，容易识别。如“亲晋羌王”、“晋卢水率善仟长”显为晋印。“魏匈奴率善佰长”、“魏率善羌佰长”则是魏印无疑。

东晋十六国和南朝，将军印龟钮基本上保持三国西晋时期龟首长且向上翘的风格。这时诸国各自为政，所以这时官印钮制没有一定之规，龟钮也出现多种多样的形式。有的将军印不是龟钮，是鼻钮，鼻钮的钮面比较窄。一般在 0.5cm 左右，印台有的已经变得高而且大。可根据印文来分出是属于那一国的，流传印中能分辨出的数量不多。如：“亲赵侯印”、“归赵侯印”是赵国的。可根据地名来分辩，敦煌藏经卷上有一方“永兴郡印”文，较大，5cm^2，永兴的名称，从刘宋一直到唐均称县，只有南齐时改为郡，所以这方印肯定是南齐的。对那些特征不明显的就需要从其他方面来研究分析。南朝的官印的印文是刻出来的，刻得比较草率，字画较细，印面布局错落不齐，失去了汉印方正严谨的韵味。

北朝时官印印体增大到一般为 3cm^2，比汉代包括魏晋的印都要大一些，印增大了，钮也随之增大。北朝的龟钮最大特征是站在印台上，龟头长且上翘。龟的形状西汉初期是爬伏在印台上面，龟爪五趾分开，很模糊。龟首慢慢变长，到了魏晋时期，首更长且向上仰。龟在汉印从原来的爬在上面到此时已站立起来了。所以看龟钮可以判断印的早晚。

隋唐、五代。现在能明确识别出的隋印数量极少，著录有两方印是隋代的，一个是“广纳府印”，一个是“观阳县印”，均5.6厘米见方，朱文大印（魏晋以前的印极少有超过3cm²，以后逐渐变大，到隋唐以后突然变大。所以从大小也可以判断出它是什么年代的）。两印印背有开皇十六年的刻款，故一般据此年号定为隋物。当然也有人怀疑，因为唐印背上没有刻款，印背上有刻款是宋代开始的事，所以有人怀疑是后人刻上去的，但目前能确认唐印的也极少。到目前为上，唐印的数量也只有一二十方，所以社会上流传的唐印很值得怀疑。现在传世的唐官印有：“鸡林道经略使之印”，鸡林道一名始见于《新唐书·高宗记》，唐高宗上元元年，公元674年，唐伐新罗，以刘仁轨为鸡林道行军大总管。还有“唐安县之印”、“中书省之印”、“涪娑县之印”。这几方印根据内容来看是唐印一般问题不大。1973年在新疆吉木萨尔县唐北庭都护府故城出土一枚铜方印，“蒲类州之印”。陕西西安出土的“陕虢防御都虞侯朱记”有人认为是唐印，但是一般认为“朱记”见于宋代，所以这一方印是不是唐印，还值得考虑。在甘肃出土了一枚陶印，不是实用印。另外还有在新疆吐鲁番阿斯塔那古墓出土的唐代文书上有：安西都护府之印、蒲昌县之印、西州都督府之印、高昌县之印、柳中县之印、天山县之印，共六枚印鉴，印面5cm²左右，篆书朱文，根据传世和出土的印以及吐鲁番文书上的印鉴，综合起来分析，唐代官印有这么一些特征：印面一般5cm²左右；印文都是朱文；最后两个字都写着“之印”二字，某某之印；字体用篆书；印文的排列布局不严格划一；印钮是鼻钮；没有年款。官印里确定是唐印的数量不多，有的还存疑，有争议。至于私印基本上就没有看见过。敦煌文书的写经上有藏经印，它是印在写经上的。如：《大般若波罗密经》卷二六零经文末尾盖有“报恩寺藏经印”，在《法华经玄赞》上盖有“瓜沙州大经印”。两印均为略呈直长方形，一枚4.2×5.2cm，一枚为4.6×3.6 cm。唐代周边少数民族的印遗存不多，1961年在黑龙江省渤海国上京龙泉府遗址发现的“天门军之印”，钮饰、印文风格跟唐印一样。

五代十国的官印能确认的也极为稀少，传世品中比较有名的是“元从都押衙记”铜印。这方印是五代十国的梁印，长方形，5.5×4.6cm，印文是朱文楷书。但此印以楷书入印，在唐宋印里少见，所以有人认为这是伪造的。至于十国的官印，能确切知道的，如说四川成都王健墓出土一方“高祖神武圣文孝德明惠皇帝谥宝”玉印，王健是前蜀的国君，印长11.7厘米，宽10.7厘米，厚3.4厘米，印文里自称谥宝，所以这是一枚殉葬印，这方印是龙钮，头上有角，身上有鳞甲，但是玉质不是很好，文字比较草率，所以它是埋葬时赶制的一方印。故宫博物院藏《怀素自叙草书卷》尾有南唐李升在升元四年（940年）重装款，上有朱文“建业文房之印”印鉴，印文款式类唐印，这是目前仅见十国印章南唐的印。

隋唐时期国力鼎盛，经济文化都达到了空前的高度，但是传世出土的印章并不多，这是何原因呢？有人推测可能是自先秦以来形成的印玺艺术传统在秦汉时期发展到了顶峰时期，这时的印玺确实是非常好的，规整、严谨，有种泱泱大国的风韵含在其中。在魏晋南北朝时期已经走下坡路，所以在魏晋南北朝时期的印不如秦汉，所以再发展也已经没有多大前途了，同时又因为楷书大量在唐宋时期出现，篆书以及以篆书为主的秦汉印章风格失去了昔日的魅力，加上纸张广泛使用，大量书卷的出现，印章由盖在封泥上变成盖在纸张上，而钤印的印泥或尚在初创，隋唐时期正处于印章功能、使用方法的转变时期，故印章没有以前那么盛行，这是一家之言。总之，从目前的资料来看，唐代的印章确实是比较少。唐代发明了楷书。篆书作为一种艺术不再盛行了，隋唐时期开始由篆书向楷书转变，有人推测也许跟这种字体转变也是有某种联系的。

宋、辽、金、西夏时期。文献记载，宋“监司州县长官曰印，又下印、记者，止令本道给以木朱记”，说明宋的官印中州县长官称印，其僚属称记，无印记的称朱记。宋神宗于元丰六年间，即公元1083年，下了一道诏书，允许“自今臣僚所授印，亡殁并赐随葬，不即随葬，因而行用者，论如律”（《宋史·舆服志》），可见，至少在元丰六年前，原来生前所使用的印可以随葬。历史上秦、汉时规定封官授印，罢官时印要上交的，宋神宗六年时，容许官印可以随葬，所以说这从反面告诉我们，以前墓葬出土的印基本上不是实用印。由于有了政策上的改变，所以出土的宋代印章比隋唐时多。宋印很容易识别，宋官印特征是印背或者印侧上都刻有楷书的年号，或者是时间和铸造机构，比如内蒙宁城出土的“神卫左第四军第二指挥第五都记”铜印，印背刻有“太平兴国六年八月铸”。江西新建出土的“澄海第六十九指挥第三都记”铜印，印背刻“元佑六年二月少府监铸”。宋代的官印有铸造机构、年号、时间，从中可以准确判断印的年代。宋官印印文的书体和唐不一样，为使印文字划布满整个印面，所以故意将笔画增加曲折，字与字之间不截然分开，笔划相连，联为一体，以前的印都是一个字一个字，不相连。宋的官印印面大多不是方方正正，略成长方形，边栏比唐代的官印加宽。汉魏时期，印盖在封泥上，为了醒目，没有边栏，界格，唐时印在绢帛和纸上，同样为了醒目起见，边栏又出现了。到了宋代边栏逐渐加宽，明清以后，边栏就更宽。宋印的印钮跟魏晋南北朝时期龟钮、瓦钮、鼻钮不一样，印钮成板状，所以有人也称它为橛钮，有的有孔，有的没有。因为印加大了，到 $5cm^2$，原来能佩戴的，现在则佩戴起来不方便了，所以就出现了把柄，有的还有穿孔。

南宋时官印形体跟北宋一样，但印文却不一样，《宋史·舆服志》谓“南渡之后，有司印记多亡失，彼遗此得，各自收用，上方重铸给之，加‘行在’二字，或冠年号以别新旧，然欺伪犹未能革。乾道二年（1166）礼部请郡县假借印记者，悉毁而更铸”。因为南渡以后，军队纷纷逃亡，形势混乱，机构错综，官印互为用之，且新旧一起使用，即使不是同一系统的印也能使用，虽然新的加“行在”，旧的仍在使用，没法区别，混乱之极，因此礼部请求重新铸造。因此南宋的官印南渡以后都加了“行在”或冠以年号。这就为我们认识南宋的官印提供了依据。如“建炎宿州州院朱记”，建炎是年号，但有‘行在’二字的印尚未见实例。南宋的官印印背也有刻年款、铸造机构的，这跟北宋时一样，浙江杭州出土的“宣抚处置使随军审计司印”，背左侧刻“宣抚处置使司行府□铸”，右端刻“建炎四年二月”。宋代官印印文个别有作楷书的，“州南渡税场记”一例。从考古发掘来说确定是宋代私印的，有北宋时期的“与贞私印”琥珀印、“朱昱印章”铜印、“适”铜印、“引意”玉印、“张氏安道”铜印等，这都是考古出土的，数量不少，但传世品中能确指是宋代私印的还没有。私印中印钮没有一定之规，五花八门，有变形的兽钮、龟钮、橛钮，印文或朱文或白文，字体风格有细有粗，说明宋代私印没有一致的规范。

与北宋先后立国的辽，据祖国东北部，约有二百多年历史，辽是契丹族建立的王朝，所以印章用契丹文，契丹文是借用汉字的笔画而创造的，从考古出土来看辽印都是契丹文。内蒙昭盟辽太祖陵附近出土的铜印、新疆洛浦出土的印等都是契丹文。传辽宁开原出土的“安州绫锦院记”印、河北遵化出土的“清安军节度使之印”，有人把这两方印归为辽印，但它使用的是汉字，不是契丹文字，所以这两方印章究竟是不是辽的，还有疑问。这两方印的款式和文字跟宋印相近，故也有人倾向于定为宋印。辽代的私印比较少，传世的不多，有的如“开龙寺记”印，有人根据《辽史·圣宗纪》中有“上京开龙寺”记载定其为辽印，但是光根据文献把它定为辽印，得不到确认，是孤证。

公元1125年，金灭辽，过了两年，灭北宋，以后在100多年时间里，金和南宋南北对峙。金是女真族建立的王朝，领土广阔，金的州、府、县有200多，其于原居址设猛安和谋克，它既是一种军事组织，也是一种社会组织，300户是一谋克，10谋克是一猛安。金在辽地用辽官名，在汉地袭用汉官制。金印不管是出土的也好，传世的也好，数量都不少，《金代官印集》里收集了500多枚金代的官印，虽然不能说全部，但大部分都收在里面了。有人把金代官印分成三个时期，初期（金太祖收国元年至正隆元年，1115—1156）因为战争比较多，来不及制造和颁发这种官印，所以职官一般就沿袭宋朝或辽代的官印，即金初宋辽官印杂用。能确认的是金自己铸造的，一方是“阿里合谋克印”，另一方是“永兴军节度之使”之印，这两方印，印背都刻有年号，印文是汉字的九叠篆，基本同于宋印。中期（海陵、世宗时，1156—1189年）官印大多数是由礼部制造和少府监颁造的，印背刻“内少府”，以大定年间铸造颁发数量最多，铸造较精，外观光滑平整，钮多是长方板状（橛钮），钮的顶部有标识方向的“上”字，这样不致于倒用印。印背一般刻有楷书的年号及颁造机构，印台的侧面多刻有楷书印文或契丹文。这时金的官印，印文布局整齐规矩，篆体也利索干净。这个时期是金铸造官印最好、最典型的时候。后期（1191—1234）金王朝政局动摇，官印的颁造处于失控状态，除尚书礼部以外，中央及地方官府也自行铸造或颁发，官印大多粗糙，颁造机构名称杂乱，甚至有的史志无载，印背或印边刻款渐少或没有，钮顶上也没有“上”的标志，印文拙劣死板。有一部分金代的官印很好识别，是用五行即金木水火土或千字文（天地玄黄宇宙洪荒……）作为序号来编号。如“上京差委火字号之印”、“西京差委金字号印”、“副提控宙字印”、“行军万户地字之印”等。金代的私印比较少，难于确认，考古出土的有山西大同阎德源墓的五枚牛角印，根据墓志记载，墓主人死于大定二十九年。这五枚牛角印，有三枚正方形，两枚是长方形，印面在3～4厘米之间，印钮做成长方和拱形两种，字体是汉篆，写法有宋代古文的成分，为不太正规的篆体。从印文内容来看，这是道家印章。另外从北京大葆台金建筑遗址里出现过一方石印，书体不好。金代有“押”印，是属于私印的一种，印体比较小，一般是长方或圆形，铜钮。押印在宋以后比较普遍，到元的时候就更多了。根据文献记载，宋十五朝都有玉押，现在能看见的是在书画上有宋徽宗的押字，没有实物。

西夏，以银川为国都，疆域主要在西北。西夏是党项人建立的国家，西夏文跟契丹文一样，是利用汉字笔画来创制的。故西夏印章极好识别，但西夏文的识读却较难，有很多西夏文现在识读不出来，在印章里出现的字相当于汉字的什么字，一般来说，“首领”两字基本得到公认，西夏的官印印文内容很多都使用“首领”二字，西夏官印，主要是“首领”印，印文大概都差不多。

元是蒙古族建立的，官用的文字是八思巴文，它是借用藏文创制的，创始人是西藏喇嘛教首领八思巴，因此叫八思巴文，元代官印上的印文就用这种八思巴文。目前对八思巴文识读的不太好，但是一般印的背面有汉字的楷书印文刻款，同时有铸造的年款及机构名称，这样对我们区分元代的印章有很大的帮助。除了八思巴文以外，元代的官印也有用汉字篆书的字体的，只是字划屈曲重叠，为典型的九叠篆，这种九叠篆官印有一部分也在背面刻有楷书年款。元官印有一个普遍的现象，印面边框明显变宽。元代的私印，传世品也不多，但流传下来的元人书画作品里，有不少名号斋室的闲章，从中可略见一二。押印在宋金时就已使用，到元较普遍，流传下来最多的是元押。印形多种多样，印面有长形、方形、圆形、花瓣形、葫芦形、鼎形、桃形等。辽金元押印不好区分，有人就统称为元押。属于元时期的印还有一个就是元末农民起义军颁制的官印，史载义军领袖韩林儿在元至正十五年（1355）于亳（安徽亳县）称帝，建国号为宋，建元龙凤。在20世纪60年代，河南固始出土“元帅之印”铜方印，印背右侧刻有“龙凤三年十月”等字样，有纪年，所以它是元末农民起义军政权颁发的官印。该印9厘米见方，边框也很宽，印文是典型的九叠篆，跟元朝的官印形制一样。

另一支由徐寿辉领导的农民起义军颁制的印章也有发现，1968年湖北英山出土一枚印，印文“汴梁行省管勾所之印”，印比较特殊，外面是圆的，里面是方的。方框内是篆书的印文，方框外饰像是商周青铜器上的勾连雷纹，圆印边框也比较宽，印背刻有“太平二年七月□日”字样，根据史籍记载，徐寿辉在至政十一年（1351）九月，于湖北立国称帝，国号“天完”，建年号“治平”，传世“统军元帅府印”，印背的刻款“治平四年”，是徐氏官印。

明清官印，基本沿袭宋元形制，但印钮渐高，有人称它为直钮，这时“关防”作为印章的名称开始出现。明代的官印，印背一般都刻着印文、年款和监制机构，印侧上刻编号。辽宁沈阳的“辽海卫中千户所百户印”铜印，背款除印文以外，还有“礼部造，洪武二十三年二月”，印侧刻“海字二十六号”。按照明史记载：“百官印信……正一品至三品中的顺天、应天二府为银印，其余正三品至从九品俱铜印……未入流者铜条记”，南京博物院藏一枚荡寇将军银印，使用虎钮，应是一品到三品。

明代的私印，主要是以铜为主，钮以龟钮、瓦钮、鼻钮比较多，还能看见一些动物形状的钮。到了明代以后，文人治印之风盛行，私印主要是篆刻印章，不管是高官显贵，还是文人学士，各个阶层都在使用，所以反而传统的私印越来越少。

李自成建立的政权，国号大顺，李自成颁发的官印，不用印字，改印字为契、符、信、记，据说为了避父讳。故官藏一枚“辽洲之契”铜方印，是李自成政权的。还有一个农民起义军的领袖叫张献忠，他在成都也建立了政权，国号大西，年号大顺，有的印章，它的背款有大顺几年几月，所以一看就知道是张献忠政权颁发的官印。

清是满族建立的政权，清代官印的特点是印文汉满文字并存，两种文字对照。满文在乾隆之前用的是楷体，到乾隆十三年(1748)，才开始用满文的篆体入印。同治初年开始，又在满汉篆体之间，加上一行满文的楷书。还有一个特点，清代官印的汉字用小篆，不用九叠篆。清印的印背、印侧用汉满两种文字楷体刻出印文、监造机构、铸造年号及编号。清代官印编号很有特点，它是用年号的字首来编的，比如说乾隆，它是乾字××号，顺治年间，顺字××号。这一般刻在印台的侧面，所以一般称为边款，清代的官印一看边款，大致就能确定它是什么时候的。

三、判断印玺的办法

判断印玺年代有若干种办法。印玺年代有一个历史过程，经过了若干代人知识、经验的积累。从宋代开始，随着古代器物的大量出土，青铜器特别是礼器跟当时使用的相差很远，与礼书图谱上的古礼器图像也不同。为了恢复礼器的原貌，就将历代出土并保存下来的器物辑录起来，绘影画形，据此修正礼器的形制。于是，自朝廷倡导，辑录古代器物的做法在当时成了一种风气，从而形成了金石学。当然就涉及了古印玺，但当时只能笼统地将古印玺汇集起来，尚未能正确认识或判断它们的具体年代。尤其是对先秦古玺的认识，一直到清代学者程瑶田考释出古玺中的

“鉨”就是玺字，才把先秦古玺跟秦汉的印章区分开来。

判断印玺的年代，大致可从材质、形制、款识、印文内容和特殊标识等几方面着手。

材质。战国时期的古玺用玉作为材料不受限制，秦统一天下，规定天子才可以用玉，别人不能用玉。从秦到清代，按文献记载，皇帝印用玉，玉是帝后印专用的材料，百官印是不能用玉作材料的。长沙马王堆汉墓出土有一方玉印，墓主只是一个地方官，按照规定不能用玉作印，所以学者认为这不是实用印。百官印基本上是铜的，也有个别是金的或者是银的，根据汉书等史籍记载，汉武帝规整印章制度时，用金作为印材的，仅限于王、侯、太子、贵人、丞相、太尉、大司马、大司空、太师、太保等等这些高官，还有赐给少数民族的王印，如鲜卑、匈奴的王印。东汉用金作印材的范围基本上跟西汉相同，但个别的也有使用金印的，所以从历代来看，金印只限于高官。魏晋时期用金作印材的范围逐步扩大，传世有许多将军印是鎏金的。金印到了隋以后几乎看不见了。西汉的制度，二千石以上的高官才能使用银印。魏晋南北朝时，史载四品、五品以上的将军都能用银印，范围扩大了，但目前所见的南北朝时期的将军印中，没有银印，有人认为史籍记载有误。现在我们所看见的历代官印、私印基本上都是铜的，用铜的官印范围最广，从汉代开始一千石以下的官吏都用铜印。明中期石章使用普遍，私印基本不用铜了，但官印仍然是铜的。

形制。主要指印体形状、大小、厚薄、钮式等。

历代印玺的印体以方形的居多，总体来看，先秦到魏晋南北朝时期官印，印面大多为 2—3cm 见方，很少有超过 3cm 的。到隋唐时印体变大，印面一般在 5cm 见方以上，个别大的超过 10cm。还有一种方形印并不正方，而是一边稍长一点，这种印主要见于秦代，唐以后也有这种现象，但印体变大了。长条形的印，汉以前也有，但主要是在唐以后，尤其是在宋元明时，关防、条记多用此形式。半通印即正方之半，主要是在魏晋南北朝及以前跟通关印配合使用，由地位比较低下的地方官吏使用。隋唐以前的通官印基本上是2—3cm见方，隋唐以后达到5cm或更大。为什么印玺的印体会增大呢？主要是由于历代度量衡的单位值发生变化，历史上的单位值，不管是长度、重量都在变化。同为“方寸大”，绝对值却不一样，汉在2—3cm之间，隋唐以后，达到5cm或更大，越往后绝对值越大。古代的八尺相当于现在的五尺多一点，原因是官府征收赋税，古代多以实物如丝帛麻布五谷稻麦之类，均以长度、重量、容积作为计量单位，官府为了多征税，虽然计量单位没变，绝对值却不断增大。印台的厚薄也类似这个情况，总的趋势上印台是从薄到厚，秦代的官印印台厚度0.3—0.6cm，汉代0.6—0.9cm，魏晋南北朝时1cm，北朝时1点多，后超过2cm，最厚达3.4cm。

与印的大小、厚薄比起来，印钮的形式对于判断印玺的年代更为重要，因为印钮是最富于变化的。

鼻钮，是最早出现、最为常见、沿用时间最长的钮式，从战国到明清都有。战国时期的鼻钮是弧形的小环，可以穿带。秦代除皇帝皇后之外，百官印都用鼻钮。秦规定皇帝的印用螭虎钮。秦印鼻钮一般呈窄面的环状，一种是钮边比较薄，印背有台呈坛状的，流行于秦；一种是钮边比较厚，钮呈条状，印背平，印边直的，流行于秦到西汉文景时期。西汉鼻钮主要用在半通印上，仍然成窄面的环状。东汉时期，鼻钮变厚，呈厚边环状，钮边厚度在0.3cm以上，穿孔较小，印体较厚。东汉中晚期到晋，钮面变窄，十六国南北朝时期，钮面更窄，印台高大，钮与印台不成比例。鼻钮从战国弧形小环，到秦代呈窄面的环状，一直到西汉早期仍如此，东汉中后期钮边增厚，穿孔变小。南朝后期发展成碑状。

瓦钮主要流行于从西汉景帝到东汉早期，其特征是钮面宽，边薄，就像一块瓦盖在上面，这是汉印最常见的钮式。以后历代印钮也有作这种形状的，后期钮边增厚。

现存龟钮最早的官印是马王堆汉墓出土的“长沙丞相”印、“轪侯之印”，有人推测龟钮最早出现在西汉文景时期。汉魏时期，根据钮制，龟钮使用与否是有规定的。《汉旧仪》记载：“列侯，黄金印，龟钮，文曰印；丞相、大将军黄金印，龟钮，文曰章；……御史、二千石，银印，龟钮，文曰章”，一千石以下的官吏只能用鼻钮，龟钮是高级官吏用印的钮式。用龟作钮式，汉人应劭谓“龟者阴物，抱甲负文，随时蛰藏，以示臣道，功成而退也”。龟钮只能是二千石以上用，因此，汉代凡是用金、银作成的官印都是龟钮，部分秩比二千石的铜印也用龟钮。新莽官印用龟钮的范围稍微广一些，一千石的如县宰也可以用。到了魏晋时期用龟钮的范围更广，最低从八品官也有用的。龟钮根据其时代早晚，龟的形状也不一样。西汉文景时期是龟钮最早出现的时期，那时龟首短，龟身俯伏，四腿刻铸不清晰。汉武帝以后、新莽、东汉早期龟首微伸，四腿刻铸清晰，爪向外呈半立状，背或圆、或后部隆起，龟甲形状清晰，上多饰六角纹。龟钮这时期为官印中铸造最精良的。东汉时期龟钮与早期相近，但龟身背平而略长，不像西汉早期背是圆的，前腿的两个爪外向，后腿屈曲但爪不外向。东汉晚期、魏晋十六国、南朝，龟首长且斜向上方伸出，龟身俯伏而长，背纹简单，或直纹，或圆圈纹，光素者也不少。北朝，龟身巨大，四腿呈立状，龟首粗壮，大多平伸，龟甲形式多样，有的呈板块状，棱角分明。隋唐以后龟钮消失了。龟钮有这么几个阶段，一开始，龟首缩在里面，看不清楚，龟身爬在印台上面，四条腿分不清，到后来逐渐发展到分清腿爪，脑袋由小变大，逐渐前伸，到了最后，龟站立起来。

蛇钮主要见于汉初很短一段时间，大多出现在田字格印上。

汉王朝赐给少数民族首领的官印上有的用蛇钮。

鱼钮多见于高祖、文景时期。

驼钮，多用在东汉至两晋十六国时期中央王朝颁发给少数民族的官印上。东汉时比较写实，骆驼体型粗壮，驼峰、嘴、眼、鬃毛乃至遍体驼毛的刻铸都较清晰。魏晋时造型单薄，有的驼峰基没有了。

隋唐以后官印加大，不再穿孔佩戴，钮逐渐变成矩形的把手，称橛钮。明清时为便于把握，把手变得更大、更高，称杙钮。

印钮在隋唐以前式样也比较多，较复杂，具有等级官秩的意义。隋唐以后，式样简单，作为等级的标志已经淡薄了。从艺术角度看，隋唐以前更富于艺术性，隋唐以后更注重实用性。

可从某些特殊的形制来判断其朝代。如，两面印、三面印、五面印、六面印、套印等，这些只出现在私印上，官印不使用，战国秦汉时期有两面印、三面印、五面印，而六面印主要盛行于魏晋时期，再往后极少极少。套印、子母印一般主要见于汉魏时，尤其魏晋时期比较多。三套印晋时最多。

款识。主要指印面的构图、文字的布局、字体的形态，笔画等几个方面，是外在的，直观的现象，这种现象因时代不同有所变化，所以款识对印章时代的判断是一个主要的内容。

界格和边栏，合称栏格。田字格和日字格，田字格主要用于方印，日字格主要用于半通印上。田字格在战国时期出现，秦和汉武帝以前多有使用，以后就基本不用了。边栏也是战国时期就有，秦、汉初凡是有界格的印都有边栏。汉武帝太初年间以后，印章基本没有界格，也没有边栏。隋唐以前，没有界格但有边栏的印章不多，主要出现在三国、吴、魏、十六国的北燕。隋唐时期配合朱文的使用，为了使印章更加鲜明，更加醒目，都加上边栏了，直到明清基本上是这样，边栏呈逐渐加宽趋势。总的来说边栏发展演变情况大致是：先秦古玺有点像铜器上的铭文，刻字于上，大小错落，出入随意，虽有边栏，里面仍可以伸缩交错，不尽划一。后来为了整齐起见，在行与行之间加上界，再到字之间加界，所以栏界就完备了。秦印是栏界具备的典型，到了汉代为了使封泥的印字清晰，字划不至与界栏混淆，因此取消了栏界，而且汉武帝时期规定印文要用五个字，所以有界不好安排印文，因此界格势必要取消，这种趋势一直延续到魏晋南北朝，所以我们说，边栏从无到有，又从有到无，完成了一个螺旋发展过程，但不是简单的重复，而是上升到新的层次，比较没有栏格的战国古玺和汉魏印章，或者较前者的整齐和规范是不可同日而语的。隋唐以后，印面增大，印章由盖在泥上变成盖在纸帛上，盖在泥上为了使字画显突，故需阴刻；盖在纸帛上同样为使笔画清晰，阳文更佳，反映在印文上，则阴文变成了阳文。盖在泥上，即使没有边栏也能显出印形来，无伤大雅，但盖在纸或者绢帛上，如果没有边框，就仅有光秃秃的几个字就不太好看，所以隋唐以后的朱文印则都有边栏。

印文。印文的字数和排列方式。古玺印文最少有一二个字，多的达三十个字。最常见的是四五字印，尤其在秦汉、魏晋、南北朝时期是最多的，而且最不容易断代。隋唐以后，印章多有刻款，有的还有年号，所以这时期的印章最好断代识别。四字印从战国到隋以前，除新莽时期以外，历代都有（莽官印未见四字印）。五字印在西汉前期及以前已出现，但是作为一种官印的制度是在汉武帝太初年间才实行的，而且只用于二千石或比二千石以上的高官印章，一千石以下的官印仍用四个字，王、侯印也用四个字。真正都用五个字或五个字以上的只有新莽时期的官印。四个字或者五个字的印的排列方法已经讲过了，从右上角起交叉读的，从右上角起上下读的，从右上角起左右读的（横读的），从左上角起交叉读的。首先来看看右上角起上下读的这种印，从战国到魏晋一直到明清时期，这是最常见的一种读法，所以它延用时间最长。右上角起左右读的，是四个字或者五个字，主要出现在秦和汉初。右上角起交叉读的，主要是秦印，个别的汉初有。还有一种回旋读法，极个别，只见于汉初。在汉武帝太初年间，把印文定为五个字，二千石或二千石以上都用五个字，所以界格就取消了，最后一个字占一行。王莽时期官印一般都用五个字，或者五个字以上。东汉以后，高级官吏用五个字，中下级的官吏用四个字。六个字或者六个字以上的官印在战国古玺里面有，比如说燕国的都官印中有好多是六个字或六个字以上，王莽复古改制，所用官印都是五个字或者六个字，一般分为三行。个别分成四行的，是印文字数比较多的汉魏时期中央王朝赐给周边少数民族的官印。总的来说，印文排列和印文字数以战国到秦及汉初比较复杂多变，在西汉以后渐趋一致，比较规范，这是通官印。半通印大部分是上下读的，极个别横读。

字体和篆刻的风格。总的来说，战国时期用六国古文，或称籀文、大篆（现在很少有人称籀文，一般叫战国古文）。秦汉以后，印玺文字均属于小篆系统，但是也有一些不同。秦印文字一般是刻出来的，凿出来的，笔势转折自然，富于变化。汉初的印文字体可看出明显的继承秦代风格，但印文多系铸出，与秦印多系刻凿不同。汉武帝以后，印文字形方正宽博，笔画的转折基本是方形的，东汉的风格接近西汉，但是更显得方正一些，到了魏晋的印文，就没有汉印这么规整，显得比较松散。隋唐以后白文变成朱文，九叠篆在宋元以后常用。还有从印文文字来看，最有特征的是历代少数民族建立的政权，例如辽、金、元、西夏等，使用的都是本民族的文字，这跟汉朝的篆文楷体有很大区别。

典型常用字的笔划、形态。战国印章自名玺，不名印或章，这时期玺字有三种写法，鉨、鉩、坾。但楚国印文玺字的金旁的写法较特殊，作金、龠。与他国金旁作“金”不一样。秦以后除帝后印称玺外，其他印章都称印，印字在历代印章里出现率极高，印字写法在历代中是有不同的。秦、西汉、新莽和东汉早期，印字最后一笔下垂作“彡”，秦及西汉尤为明显，秦印字末笔甚至行笔至中间部位即往下拖曳。年代越往后印字末笔越趋平齐，这种末笔平直的风格多见于东汉中晚期。南北朝时期末笔由平直演变为尾端上勾，印字中的爪形简化成“匚”，置于左旁。又如丞字，丞字在秦及西汉印文中，末笔横划两端往上翘但是不明显，新莽时向上翘很多，东汉时是平的。还有尉、长、令、守、之等字。

特殊标识。印文的内容，主要包括一些官名、地名，还有一些特殊的名称。这些官名和地名等在历史上只使用于某一朝代或某一段历史时期，而在其他朝代或历史时期上是没有的。像“少内”、“私府”秦汉有、魏晋后无。“郎中户将”、西汉置，东汉无，以后亦未见。“别火”，汉武帝太初元年置，行至西汉末，东汉废。“纳言”王莽改“大司农”为“纳言”。“宰”，汉及魏晋南北朝诸国、县的长官均称令或长，独新莽改成宰，印文凡称宰者均莽印。“殿中监”，三国时期魏置，晋、宋、齐、梁、陈沿用，此官名年代不早于曹魏。“典书”、“典府”，晋始置，因此出现这种官名的印章，最早为晋。要掌握历代官制，除了查阅正史里的《职官志》外，《通典》中的《职官》部分集中收录了古代职官沿革，对印章的断代有帮助。地名的变化如官名，如育黎，西汉东莱郡属有育黎，到东汉就没有了，“育黎右尉”印必为西汉印。五原，秦有九原郡，汉武帝元朔二年（前127）更民名五原郡，“五原车令”印不会早于武帝时期。等等，这是地名在断代上的意义。还有一类是特殊称号，特殊称号最典型的是新莽时期，在印章里出现了五等爵号的公侯伯子男；男的用“睦”，女的用“隆”为号等等。上述在印文中出现的官名、地名、军队编制名称、特殊称号等等，是经过很多专家学者的研究考证出来的，已经具有了断代的意义，这只是其中的一小部分。最典型、最直接的特殊标识是刻款，主要有背款和边款，目前最早见到的背款是宋代才开始有的，传世两方隋印都是根据其印背刻款“开皇”年号推断的，也有人认为这两方印背款是后刻的。自宋以后，印背刻有年号和颁造机构等楷书文字，为印章年代提供了最直接的依据。金代的官印印文中有的用五行、千字文编号，这是识别金代印章的特殊标志。自元末义军领袖韩林儿颁造的官印印侧刻某字若干号开始，明清官印均沿用此法，清官印更发展演变成用年号的第一个字作为某字的编号，如乾隆年即为“乾字号”等。

所以鉴别印章的年号，首先得看它的外部形态。比如它的印材、钮式、字体的风格。然后再看印文的内容，有没有官名、地名，还有别的什么特殊的地方，把这些内容和特征，一个一个的总结起来，综合考察。

从宋开始有人大量搜集印玺。印玺中以金、银、玉为材料的价格太昂贵，所以赝品可能性不大。作伪主要在铜印上作文章。方法一种是仿古新铸，一种是旧印新刻。仿古新铸的铜印、工艺技术差，沙眼多，形式和内容不符，印钮和内容不搭配，因为仿伪的人不懂印玺，把不相关的印钮和印文内容拼凑起来。因此我们多掌握一些印玺的知识，就能够很快辨别真伪。

明清家具鉴赏

胡德生

一、古典家具的收藏和研究

中国古典家具的收藏热源自国外。早在16世纪末至17世纪末（清代康熙时期），明朝灭亡不久，皇宫及各地王府和富商大贾府邸中的家具流入民间。在国外，主要是欧美国家，正处于文艺复兴的末期，欧美流行的巴洛克和洛可可式的家具已走向衰期。此时西方艺术家们正在追寻一种静中带动、动中带静的新的艺术形式。正当他们苦求无方的时候，西方传教士大批来华，他们发现中国明式家具正是他们梦寐以求的理性的艺术形式。在西方人眼里，紫檀无大料，只可做小巧器物，据传拿破仑墓前有五寸长的紫檀棺椁模型，参观者无不敬慕，以为稀有。等他们来到中国，始知世界用高级木材制作的家具精英尽在中国。于是多方购买，运送回国，用以陈饰和收藏。同时，还依中国明式家具的原理仿制。从那时起，中国明式家具受到世界瞩目，形成了国际上第一次中国古典家具热。此后，随着鸦片战争的开始，帝国主义的入侵掠夺了我国不少的古典家具，只是没有形成一时热潮而已。

第二次热潮在十年动乱时期。国内所收藏的古典家具，一夜之间被宣布为“四旧”（即旧思想、旧文化、旧风俗、旧习惯）的代表物，被扫除出门。有的被劈、被烧，更多的被强令集中了，其中一大部分被外贸机构出口卖给了外国人。这对于外国收藏家来说，正是千载难逢的好机会。因为中国古典家具在国际市场上的价值始终没有变。这些艺术珍品的流入，大大的刺激了他们的胃口，又一次掀起了国外收藏中国古典家具的热潮。

第三次是外国收藏热潮，刺激了国内的走私热潮。改革开放以来，所剩余的古典家具随着政策的落实而发还原主。但是在中国大陆上仍未引起重视，国外买主抓住这个有利时机，通过小商贩购买古典家具，商贩可以从中获取高额利润，形成了国内空前的走私热。走私热的势头较前次更猛，古典家具随着出口、走私远远流向国外。

第四次是国内走私热，唤醒了有识之士的收藏热情。1985年，王世襄先生《明式家具珍藏》出版，在国际、国内引起巨大反响，对中国古典家具的研究起到了很大的指导和推动作用。这里所说的指导和推动分两个方面，一方面，它对古典家县的研究功不可没；另一方面，一帮愚昧加败类的倒爷们利用此书作指导，加大了珍品家具外流的数量和速度。

二、古典家具的用材

明清时期制作家具的木材主要有：紫檀、花梨木、鸡翅木、铁梨木、乌木、榉木、红木、楠木、影木、黄肠木、樟木等。

紫檀

世界上最贵重的木材之一，主要产于南洋群岛的热带地区。其次是交趾（今越南）和我国的广东、广西，但数量不多。紫檀为常绿亚乔木，有 16—18 米之高，叶为复叶，花蝶形，果实有翼，木质坚重，入水即沉。

紫檀有新、老之分，老者色赤，新者色红，都有不规则的蟹爪纹。紫檀木的特征主要表现在颜色呈犀牛角色，年轮纹大多是绞丝状的。有的看似直丝，但细看总有绞丝纹。紫檀木鬃眼细密，木质坚重。鉴别新老紫檀的方法是，新紫檀用水浸泡后掉色，老紫檀浸水不掉色。

新老紫檀不是依据木材传世年代远近来区分，而是以木材树种来区分。史书记载紫檀有15种，实际远不止这些，紫檀属豆科植物，约有100余种，可成材制作器物的约有15种。在这十多种紫檀中，除目前所知的檀香紫檀为老紫檀，缅甸、印度一带所产的“十檀九空”的大陆性紫檀为新紫檀外，其余还有待于进一步识别。

紫檀木树种虽多，但其纹理却差别不大。有的经生漆处理后呈紫黑色，故而统称为紫檀。紫檀木颜色深沉，木质坚硬，纹理纤细浮动，变化无穷。明代在制作紫檀木家具时。多利用其自然特点，采用素光手法，便显出稳重大方、肃静典雅的气质和风度。

花梨木

花梨木产于交趾和广东、广西。据史书记载，南洋各国也有一定数量的花梨木。花梨一名“花榈”，叶如梨而无实。木色红紫而肌理细腻。其木纹有若鬼面色，亦类狸斑。又名“花狸”。老者纹蜷曲，嫩者纹直。其节花圆晕如钱，色彩鲜艳，纹理清晰美丽。可做家具及文房诸器。明代黄省曾著《西洋朝贡典录》载：“花梨木优两种，一为花榈木，乔木，产于我国南方各地；一为海南檀，落叶乔木，产于南海诸地，二者均可做高级家具。”书中还指出，海南檀木木质比花榈木更坚硬，可为雕刻之用。

鸡翅木

又作“鸂鶒木”或“杞梓木”。产于我国广东、海南。屈大均著《广东新语》称鸡翅木为“海南文木”，其中有白质黑章，有的色黄紫，斜锯木纹呈细花状。子为红豆，可做首饰。故而又称“相思木”、“红豆木”之名。

据陈嵘所著《中国树木分类学》介绍，鸡翅木属红豆属，约计40种，在我国生长的有26种，可见现今保存的传世鸡翅木家具也不是同一树种。鸡翅木也有新老之分。依北京家具界匠师们的经验，新者木质粗糙，紫黑相间，纹理混浊不清，且僵直呆板。木丝容易翘裂；老者肌理细腻，有紫褐色深浅相间的蟹爪形花纹。尤其是纵切面，纤细浮动，细看酷似鸡的翅膀。鸡翅木的名称即由此而来。由于鸡翅木较花梨木、紫檀等木质纹理又独具特色，因此匠师们在制作家具时都要反复衡量每一块木料，尽可能把纹理整洁和色彩艳丽的地方用在表面上。这样，优美的造型加上色彩艳丽的木纹，使家具平添了无穷的韵味。

铁梨木

《格古要论》写作“铁力木”。《广西通志》谓铁力木一名“石盐”，一名“铁棱”。产于我国广西、广东。木质坚硬而沉重，呈紫黑色。在硬木树种中，铁力木是长得最高大的一种。常用作大件家具，如翘头案。常见的明代的翘头案，案面往往用长约3—4米，宽60—70厘米，厚约15厘米的整块料做成。为减少器身重量，常在案面里侧挖出4—5厘米深的沟槽。铁梨木材质坚重，色泽纹理与鸡翅木相差无几，不仔细就很难分辨清楚。有的鸡翅木家具的个别部件，就用铁梨木伪充。铁梨木制作的各式家具，极为经久耐用。

红木

红木产于我国广东、云南，南洋各岛也有相当数量的红木。叶长椭圆形而尖，花五瓣，色白，微赭。木质甚坚，年轮纹大多呈直丝形，鬃眼比紫檀大，颜色近似枣红色。木质仅次于紫檀。制作家具颇为美观。但因为这种木材产量较高，得之较易，故世人都认为红木家具不如紫檀珍贵。

红木家具清代初期以前极为少见，究其原因，可能是因花梨、紫檀、鸡翅木等极度缺乏以后，才开始大量启用这种木材。红木因为产量多，来源充足，匠师们用红木制造家具时，多取其精美部分，疵劣不才的决不使用。因此，做工精细，造型优美的红木家具不失为上等家具。

楠木

楠木又作“柟木”、“枬木”。产自我国的四川、云南、广西、湖北等地。据《博物要览》记载：“楠木有三种，一曰香楠，二曰金丝楠，三月水楠。南方者多香楠，木微紫而清香、纹美。金丝楠者出川涧中，木纹有金丝，向明视之，闪烁可爱。楠木之美者，向阳处或结成人物出水之文。水楠色清而木甚松，如水杨之类，惟可做桌凳之类。”

明代宫殿极重要的建筑，其栋梁必用楠木。因其才大，坚实且不易糟朽，故明代采办楠木的络绎于途。清代康熙初年，为建太和殿，也曾派官员前往江南、浙江、福建、广东、广西、湖南、湖北、四川等地采办过楠木。由于耗费过大，劳民伤财，无裨国事，遂改用满洲黄松。故而如今北京的宫殿建筑，楠木与黄松基本参半。世俗都以为楠木为美观，至有于杂木之外包一层楠木的。至于日用家具，楠木只占少数，原因是其外观不如其他硬木华丽。

影木

又称瘿木，泛指树木的根部和树干所生的瘿瘤，或泛指这种木材的纹理特征，并非专指一种树木。影木有多种，有楠木影、桦木影、花梨木影、榆木影等。清《博物要览》卷十载：“影木产西川溪涧，树身及枝叶如楠。年历久远者可合抱，木理多节，缩蹙成山水人物鸟兽之纹。”《新增格古要论》有“骰柏楠”一条：“骰柏楠木出西蜀马湖府，纹理纵横不直，中有山水人物等花者价高。四川亦难得，又谓骰子柏楠。今俗云斗柏楠。”按《博物要览》所说到影木的产地、树身、枝叶及纹理特征与骰柏楠木相符，估计两者为同一树种。

乌木

又作“医木”，乌木为常绿亚乔木，产于海南、南番、云南等地。叶长椭圆形而平滑，花单性，淡黄，雌雄同株。其木坚实如铁，老者纯黑色，光亮如漆，可谓器用，人多誉为珍木。乌木并非一种，《南越笔记》载：“乌木，琼州诸岛产，土人折为箸，行用甚广。志称出南海。一名‘角乌’，色纯黑，甚脆。有曰‘茶乌’者，自番舶来，质坚实，置水则沉。其他类乌木者甚多，皆可作几杖。置水不沉者则非也。”明末方以智《通雅》又把乌木称为“焦木”，可见乌木可分数种，木质也不一致，有沉水与不沉水之别。

黄杨木

黄杨木为常绿灌木，枝叶攒簇上耸，叶初生似槐芽而青厚，不花不实，四时不凋，生长缓慢。黄杨木木质坚实，因其生长缓慢，故无大料。通常用以制作木梳及刻印之用。用于家具则多做镶嵌或雕刻等装饰材料，未见有用黄杨木制作整件家具的。黄杨木色彩艳丽，佳者色如蛋黄。镶嵌在紫檀等深色器物上，形成强烈反差，互相映衬，异常美观。采伐黄杨木有极严格的讲究：凡木材均易爆裂，俗谓火气。黄杨木与其他木相比，火气小而不易开裂。用水试之，沉则无火。但在采伐黄杨木时不能见光，必须在阴天深夜，天无一星的环境下伐之，才不致开裂。

榉木

也写作“据木”或“椇木”。明末方以智在《通雅》中又称其为“灵寿木”。我国江苏、浙江生产此木。榉木属榆科，落叶乔木，高数丈，树皮坚硬，灰褐色，有粗皱纹及小突起。其老木树皮似鳞片而剥落。叶为针形或长卵形而尖，有锯齿，叶质稍薄。春日开淡黄色小花，单性，雌雄同株。花后结小果实，略呈三角形。木材纹理直，才质坚致耐久，花纹美丽而有光泽。为珍贵木材，可供建筑及器物材用。

按《中国树木分类学》载："榉木产于江浙者为大叶榉木，别名榉榆或大叶榆。木材坚致，色纹并美。用途极广，颇为贵重。其老龄而木材带赤色者，名为血榉。有的榉木有天然美丽的大花纹，色彩酷似花梨木。"榉木之名多见于南方，北方无此木种，而多称此木为"南榆"。它虽不属硬质木类，但在明清两代传统家具中，使用极广，至今仍有大量实物传世。这类榉木家具多为明式风格。其造型及制作手法与黄花梨等硬木基本相同，具有相当的艺术价值和历史价值。

樟木

樟木产于豫章（今江西南昌）西南。处处山谷有之，小叶似楠而尖。背有黄毛、赤毛，四时不凋，夏日开花结籽。树皮黄褐色略灰暗。心材红褐色，边材灰褐色。木大者可数人合抱。肌理细而错综有纹，切面光滑有光泽。油漆后色泽美丽，干燥后不易变形，耐久性强。胶接性能良好。可以染色处理。宜于雕刻。其木气味芬烈，可驱蚊虫。多用于制作家具表面装饰材料，或制作箱、匣、柜子等存储类家具。

当然除木材之外，首先有竹制品、藤制品等可作家具。其次还有铜制品、瓷制品，这都不多，属于极个别。如：铜胎珐琅制成的家具，用瓷烧成的家具。再者就是各种金属家具及各色玉石家具，如：金、铜、铁、水晶、玛瑙、翡翠、青金石等。再次就是各种兽牙、兽角、兽骨等家具，它们都是装饰家具的附属材料。

三、明清家具的发展历史

1. 宋代家具的空前普及，为明清家具的发展奠定基础

宋代，是中国家具空前发展的时期，也是家具空前普及的时期。宋代家具品种有床、榻、桌、案、椅、墩、箱、柜、衣架、巾架、盆架、屏风、镜台、凭几等。还出现了专用家具，如弹琴用的琴桌，对弈用的棋桌，进食用的宴桌等。家具形式也多种多样。仅桌子一项已有正方、长方、长条、圆桌、半圆桌，还有较矮的炕桌、炕案；凳子有方、长方、长条、牙子等形式；椅子有靠背椅、扶手椅、圆椅、交椅等。宋代还发明了燕几，曾轰动一时。当时的士宦大家为装饰屋宇，竞相仿造。

宋代家具在制作上也有不少变化。开始使用束腰、马蹄、蚂蚱腿、云头足、莲花托等各种装饰形式；同时使用了牙板、罗锅枨、矮佬、霸王枨、托泥、茶钟脚、收分等各式结构部件，但和明式家具相比还较差些。宋代，我国已基本完成起居方式的转变，供垂足而坐的家具占绝对主导地位。在宋代著名画家张择端的《清明上河图》中所描绘的市肆小店中无不陈放各式家具。其中以方桌、条凳最为普遍，而士宦大家或有名望的人才有资格置备交椅。

在宫廷里，统治阶级不惜工本制作了一批高级家具。如宋代帝后像中的各式椅子，用料都较粗壮，装饰也很华丽，但仍不能算是完美的家具。当然，也不能一概而论，河北巨鹿出土的宋代桌子和椅子，就是较为完美的代表作品，体现出宋代家具艺术的发展水平。所以，没有宋代家具事业的繁荣和发展，就不会出现完美、精湛的明式家具。

2. 明初手工艺的繁荣，以及各种工艺技术的专门书籍的出

现，对明式家具的发展起了促进作用

明代前期，从事手工业的艺人较前代有所增加，技艺亦高前代一筹。明沈德符在《蔽帚斋余谈》说：“玩好之物，以古为贵，惟本朝则不然。永乐之剔红，宣德之铜，成化之窑，其价遂以古敌”。明王世贞在《觚不觚录》介绍说：“画当重宋，而三十年来忽重元人，乃至倪元镇以逮明沈周，假骤增十倍。窑器当重哥、汝，而十五年来忽重宣德，以至永乐、成化，价亦骤增十倍。大抵吴中滥觞，而徽人导之，俱可怪也。今吾吴中陆子冈之治玉，鲍天成之汁犀，朱碧山之治银，赵良璧之治锡，马勋治扇，周柱治商嵌及歙嵌，吕爱山治金，王小溪治玛瑙，皆比常价再倍。而其人至有与缙绅坐者。近闻此好流如宫掖，其势尚未已也。”

明张岱的《陶庵梦忆》中也有类似记载：“吴中技绝，陆子冈之治玉，鲍天成之治犀，周柱之治镶嵌，赵良璧之治锡，朱碧山之治金银，马勋、荷叶李之治扇，张寄修之治琴，范昆白之治三弦子，俱可上下百年，保无敌手”。“南京濮仲谦，古貌古心，鬻鬻若无能者，然其技艺之巧，夺天公焉。其竹器，一帚一刷，勾勒数刀，价以两计”。

明代周晖的《金陵琐事》卷三介绍说：“徐守素，蒋彻，李信修补古铜器如神。邹英学于蒋彻，亦次之。李昭、李赞、蒋诚制扇极精工。刘敬之，小木高手”。这些材料说明一个问题，即明代江南地区手工艺技术较前代大大提高了。

家具艺术也和其他艺术一样，在明代初期至中期也有很大的发展。尽管匠师们没有在器物上留下自己名字，但流传至今的大批家具珍品记录了他们的勤劳智慧和光辉业绩。他们为弘扬祖国优秀文化艺术做出了伟大的贡献，是理所当然的艺术家。

明代，手工业的发展对明式家具的发展起了促进作用，总结各种工艺技术经验的专门书籍逐渐增多。明代黄成所编著的《装饰录》一书，全面论述了漆工艺的历史及工艺、分类和特点等。

这些工艺在明代漆家具上都有所体现，是一部研究漆工历史的重要著作，直到现在仍有重要的研究和借鉴价值。

木器家具方面的著作当推《鲁班经匠家镜》一书。此书为明代北京提督工部御匠司司正午荣汇编，分建筑和家具两部分，其中对家具作了详尽的分类。如：椅凳类、桌案类、床榻类、橱柜类、台架类、屏座类等。每一类中又分别叙述不同形式。如床榻类中有大床、禅床、凉床、滕床等；桌案类有一字桌、案桌、折桌、圆桌、琴桌、棋桌、方桌等。其他如选材，卯榫结构，家具尺寸，装饰花纹及线脚等都作了详尽的规定和记述。《鲁班经匠家镜》一书是建筑的营造法式和家具制造的经验总结。它的问世，对明代家具的发展和形成起了重大的推动作用。

有关家具方面的书籍还有明代文震享所编的《长物志》。书中对各类家具一一作了具体分析和研究，对家具的用材、制作、式样分别给予优劣雅俗的评价。明代高濂著的《遵生八笺》还把家具制作和养生学结合起来，提出独到的见解。这些书籍的出现指导了家具形式的设计和制作生产工艺的提高，并丰富了家具制作的理论体系。

3. 海外贸易为明式家具提供了物质条件

明代前期，由于社会经济的发展，东南沿海手工业的繁荣，加上当时罗盘针的发明与使用，造船技术的不断提高，气象的观测，地图的绘制及航路的勘探，给海外贸易的发展创造了有利条件。中国明代海外贸易主要是日本、吕宋、南洋各国和东南亚各国。

中国与日本的经济和文化往来历史悠久，早在唐代已很频繁，至今在日本正仓院还珍藏着我国的唐代家具实物。明朝与南洋各国的联系更为密切。南洋各国盛产金银珠宝和各种香料以及珍贵木材。由于经济的发展，社会的稳定，统治阶级过起奢侈的生活，这些进口的器物与材料正合他们腐化生活的需要。永乐至宣德时期，为了宣扬国威，特派三宝太监郑和七次出使西洋，进行贸易交往。其规模之大，航程之远，时间之长，往返之频繁，是世界航海史上所罕见的。

郑和七次下西洋密切了中国和各国的关系，此后，各国亦相继派使臣赴中国朝贡（即勘合贸易），所带货物中都有相当数量的木材。通过这些国家定期或不定期的贸易往来，大批优质木材源源不断地进到中国。海外贸易的发展，为明式家具的制作提供了充足的物质基础。明式家具的突出特点之一便是它的材质优良。

4. 住宅、园林对家具的影响

明代前期，由于农业和手工业的高度发展，商品经济的繁荣，使得城市建设也得到很大的发展。官府和官僚地主，富商大贾竞相建造豪华的府第、园林和住宅，以供他们享受。这些园林、住宅，装修精丽，当时有不少文人、画家直接参与设计和建造。其规模庞大，有的甚至多至千余间，使得明朝政府不得不规定严格的住宅等级制度加以限制：一品二品厅堂五间九架，三品至五品厅堂五间七架，六品至九品厅堂三间七架等。

尽管如此，仍有不少达官、富商和大地主不遵守这些定制。统治阶级为了满足物质与精神上的享受，官僚地主为了显示其富有，役使大批奴仆，加上宾客来往之多，都需要大量房屋和活动场所，需要有不同用途的使用建筑和观赏建筑，并根据不同的使用要求配备大批的与其相适应的家具。这种趋势，必然对家具事业的发展起到很大的推动作用。

四、明清家具的种类

中国古典家具的种类繁多。按功能可分为卧具、坐具、起居用具、屏蔽用具、存储用具、悬挂及承托用具，即床榻、椅凳、桌、案、几、屏联、箱柜、台架等类。

1. 床榻

明清时期的床榻大体分为三种形式：

架子床（图 1）

图 1

四角有立柱，床面的两侧和后装有围栏。上端有楣板，顶上有盖，俗谓“承尘”。围栏多用小木榫接成各式几何纹样。因床上有顶架，故名“架子床”。也有在正面多加两根立柱，两边各安放方形栏板的一屉，名曰“门围子”。正中是上床的门户。更有巧手把正面用小木块拼成四合如意，中加十字，组成大面积的棂子板。中间留出椭圆形的月洞门。两边和后边围栏及上横楣板也用同样的方法做成。床屉用棕绳和藤皮编结成胡椒眼形。四面床牙浮雕螭虎龙等纹饰。也有单用棕屉的。明代万历年间午荣所编的《鲁班经匠家镜》中对架子床的制作有过详细的介绍。

拔步床

是一种造型奇特的床。好像把架子床安放在一个木制平台上。平台长出床的前沿二三尺。平台四角立柱，镶以木制围栏。也有的在两边安上窗户，使床前形成一个小廊子。两侧放些桌凳等小型家具，用以放置杂物。虽在室内使用，却很像一幢独立的小屋子。这种家具多在南方使用，因南方温暖而多蚊虫，床架的作用是为了挂帐子。北方就不同，因天气寒冷，一般多睡暖炕。即使用床，为了达到室内宽敞明亮，只需在两侧和后面安上较矮的床围子就行了。

罗汉床（图 2）

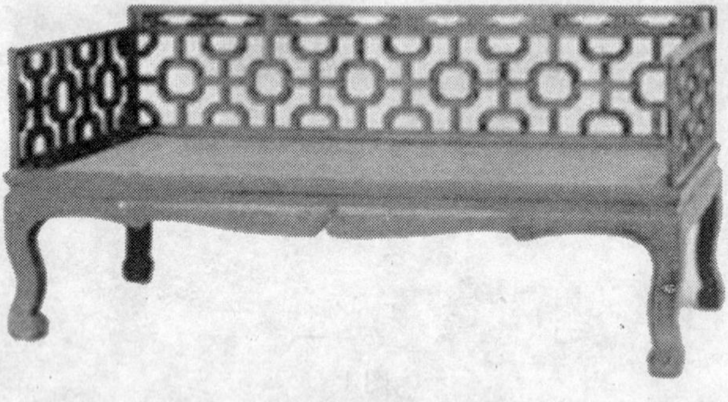

图 2

是指左右及后边装有围栏的一种床。围栏多用小木榫拼接而成。最简单的用三块整板做成。后背稍高，两头做出阶梯形圆角。既朴实又典雅。这类床的形制有大有小，通常把较大的称床，较小的称榻。又有“弥勒榻”之称，是一种专门的坐具。明清两代皇宫和各王府的殿堂里都有陈设。这种榻都是单独陈设，很少成对。且都摆在正殿明间。近代人们多称它为“宝座”。宝座与屏风、香几、角端、香筒、宫扇等组合陈设，显得异常庄重、严肃。

大罗汉床可供坐卧。正中放一炕几，两边铺设坐褥、隐枕，放在厅堂待客，作用相当于现代的沙发。既可凭依，又可放置杯盘茶具。在寝室曰“床”，在厅堂则曰“榻”。另外，在元明两代，也有少数人使用无围床榻。其目的在于仿古，应为宋代遗俗。这也是厅堂中较讲究的家具。

清代床榻

清式家具在康熙朝以前，大体保留着明代的风格和特征。随着清初手工业技术的恢复和发展，到乾隆时期已发生了极大的变化，形成了独特的清式风格，它的突出特点是用材厚重，装饰华丽，造型稳重。和明代家具的用料合理、朴素大方、坚固耐用形成鲜明的对比。

清代罗汉床和榻的围栏大多是雕花或装板镶嵌。用小木料攒接的不多。常见的还有描金山水、剔红等。镶嵌材料有：玉石、瓷片、大理石、螺钿、珐琅、竹木牙雕等。题材也非常广泛，有各种山水风景、树石花卉、鸟兽及各种人物故事和龙凤、海水、江崖等纹饰，可谓琳琅满目，极其华丽。但都比较娇嫩，在使用上，不及明代家具实惠。

清式家具多豪华、艳丽，注重装饰，往往雕饰繁杂，且多用雕镂和半浮半雕的手法。即使是浮雕，深度也比前代要大，这样就必然造成积尘难拭的弊病。镶嵌家具多采用凸嵌法，同样有以上的弊病。

2. 明清时期的椅子

明清时期的椅子大体有6种：宝座、交椅、圈椅、官帽椅、背靠椅、玫瑰椅等。

宝座（图 3）

是皇宫中特制的大椅，造型结构仿床榻。在皇宫和皇家园林、行宫里陈设，为皇帝和后妃所专用。另外，一些王公大臣也有大椅，但其花纹有所不同。宝座很少成对，大多单独陈设，常放在厅堂中心或其他显要位置。

图 3

交椅

即汉末北方传入的胡床，形制为前后两腿交叉，交接点作轴，上横梁穿绳代当。于坐面后角上安装弧型栲栳圈，正中有背板支撑，人坐其上可以后靠。在室内陈设中等级较高。交椅不仅陈设在室内，外出时亦可携带。宋元明乃至清代，皇室官员和富户人家外出巡游、狩猎都携带交椅。《明宣宗行乐图》中就绘有这种交椅挂在马背上，以备临时休息之用。由于交椅适合人体休息需要，故而经历千余年，形式结构一直没有明显的变化。

圈椅

圈椅的椅圈与交椅完全相同，交椅以其坐面下面部分的特点而得名，圈椅则以其坐面上面的部分而得名。严格来说，交椅应该属于圈椅的一种，但由于圈椅的出现晚于一般交椅，故列于后。圈椅是由交椅演变而来的。交椅的椅圈自搭脑部位伸向两侧，然后又向前顺势而下，形成扶手。人在就座时，两手、两肘、两臂一并得到支撑，很舒适，故颇受人喜爱，所以逐渐发展为专在室内使用的座椅。由于在室内陈设相对稳定，无需使用交叉腿，故而采用四足，以木板做面，和一般椅子的坐面无大区别，只是椅的上部仍然保留交椅的形式。在厅堂陈设及使用中大多数成对，单独使用的不多见（图 4）。

图 4

圈椅的椅圈多用弧形圆材攒接，搭脑处稍粗，自搭脑向两端逐次收细。这类椅子的下部腿足和面上的立柱也采用光素圆材，只在正面牙板正中点缀一组浅浮简单的花纹。明代晚期，又出现一种坐面以下采用鼓腿膨牙带泥托的圈椅。尽管造型富于变化，然而四根立柱并非与腿足一木联作，这样势必影响椅圈的牢固性。明代圈椅的椅式极受世人推崇，等级高于其他椅式。

太师椅

太师椅之名始于宋代，是从秦桧时兴起的，也是中国唯一一种以官衔命名的家具。太师椅在宋代是交椅中的一种。据史书记载，宋代有个叫吴渊的京官为奉承当时任太师的大奸臣秦桧，特意在秦的交椅背后加上一个木制荷叶形托首。时称“太师样”。此后仿效者颇多，遂名“太师椅”。明代，这种交椅被造型美观大方的圈椅所取代，后又将圈椅称为“太师椅”。至清代人们将所有的扶手椅都称为“太师椅”，显然不太妥当，况且清代并无“太师”之官名。因此，明代称圈椅为太师椅，是对圈椅的一种美称，清代将所有的扶手椅称为太师椅，则是民间的俗称而已。

官帽椅

是以其造型酷似古代官员帽子而得名。官帽椅包括南官帽椅和四出头式官帽椅。南官帽椅的造型特点是在椅背立柱与搭脑衔接处做出软圆角。做法是由立柱作榫头，搭脑两端的下面作榫窝，压在立柱上。椅面两侧的扶手也采用同样做法。背板做成S型曲线，一般用一块整板做成。明末清初出现木框镶板做法，由于木框带弯，板心由几块拼接，中间装横枨。面下有牙板与四腿支撑坐面。正面牙由中间向两边开出壶门形牙门。这种座椅子在南方使用较多，以花梨木制最为常见（图5）。

图5

四出头式官帽椅与南官帽椅的不同之处是在椅背搭脑和扶手拐角处不是做成软圆角，而是通过立柱后继续向前探出，尽端微向外撇，并削出光润的圆头。这种椅子也多用黄花梨木制成。背板全用整块木板刮磨成“S”型曲背。大方的造型和清新美观的木制纹理形成这种椅子秀美高雅的风格与韵味。

玫瑰式椅

实际上是南官帽椅的一种。宋代名画中时有所见。明代这种椅子使用逐渐增多。它的椅背通常低于其他各式椅子，和扶手的高度相差无几。背靠窗户平设数椅不致高出窗台，配合桌案陈设时又不高过桌面。由于这些特点，使并不十分实用的玫瑰椅深受人们喜爱。玫瑰椅多用花梨木或鸡翅木制作，一般不用紫檀或红木。玫瑰椅的名称在北京匠师们的口语中流传较广，南方无此名，而称其为文椅。玫瑰椅的名称目前还未见诸古书记载，只有《鲁班经匠家镜》一书中有“瑰子式椅”的条目，但是否即今天的玫瑰椅还不能确定。

靠背椅

是只有椅背而无扶手的椅子。分为一统碑式和灯挂式两种。一统碑式的椅背搭脑与南官帽椅的形式完全一样；灯挂式椅的靠背与四出头式的一样，因此名其为“灯挂椅”。一般情况下，靠背椅的椅形较官帽椅略小。在用材和装饰上，硬木、杂木及各种漆饰等尽皆有之，特点是轻巧灵活，使用方便。

为了加强装饰效果，清代坐椅经常采用屏风式背，这样可以在板心上雕刻或装饰各种花纹。有的椅子虽也是官帽式，但扶手和后背立柱已不是与腿足一木联作。而是采用框式围子，用走马销与坐面结合。有的外形轮廓是屏风式，轮廓内是空当攒成拐子纹（图 6），这样可以把大小材料都派上用场，以节省木料，又形成独特的清式风格。清代后期，由于珍贵木材的匮乏，加上战乱频繁，家具行业也和其他工艺一样走向衰落，产量较高且较易得到的红木是这一时期制作家具的主要材料，因此红木家具基本属于清代晚期至民国初年的作品。

3. 明清时期凳子的种类

明清时期凳子和坐墩的形式多样，明代主要有方、长方、圆

图 6

形几种。清代又增加了梅花形、桃形、六角形、八角形和海棠形等。制作手法分为束腰和无束腰两种。束腰凳大部分都用方形材料，很少用于圆形材料，而无束腰凳方料、圆料都用。如罗锅枨加矮佬方凳、裹脚劈料方凳等。有束腰可用屈腿，如鼓腿膨牙方凳、三弯腿方凳，而无束腰者都用直腿。有束腰者足端都做出内翻或外翻马蹄儿，而无束腰者腿、足无论方圆，足端都很少装饰。

凳面所镶的面心做法也不相同，有落堂与不落堂之别。落堂者面板四周略低于边框，不落堂者面心都与边框齐平。面心质地也不尽相同，有影木心、各色硬木心、木框漆心，还有藤心、席心、大理石心等等。用材制作都很讲究。（图 7）

长凳

有长方和长条两种。有的长方凳长宽之比差距不大，一般统称方凳（图 8）。长宽之比差距明显的多称为春凳，长度可供两

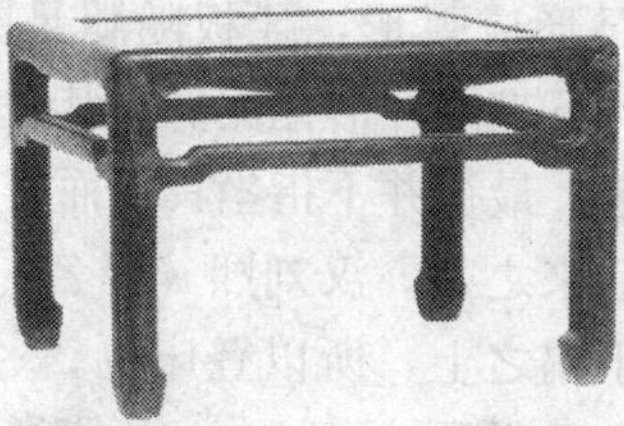

图 7

人并坐的，有时也可当炕桌使用。条凳坐面窄长，可供二人并坐。一张八仙桌四面各放一条长凳是城市中店铺、茶馆中常见的使用模式。这类条凳的四退大多做成四批八叉形，四足占地面积当为面板的两倍以上，因此显得牢固稳定。

图 8

明代圆凳

造型稳重，三足、四足、五足、六足均有。做法一般与方凳相似，以束腰的占多数。无束腰圆凳都采用在腿的顶端作榫卯，直接承托坐面。它和方凳的不同之处在于方凳因受角的限制，面下都用四腿，而圆凳不受角的限制，最少三足，最多可达八足。

一般形体较大，腿足形成弧形，牙板随腿足膨出，足端削出马蹄，名曰鼓腿膨牙。下带圆环形托泥，使其坚实牢固。

古代的“凳”字，最初并不指坐具，而是专指蹬具。把无靠背坐具作为坐具是后来之事。汉刘熙《释名·释床帐》说：“榻凳施于大床之前，小榻之上，所以登床也。”显然是一种上床的用具，也就是我们今天所见的脚踏，又称脚凳。

脚凳常和宝座、大椅、床榻组合使用。除蹬以上床或就座外，还有搭脚的作用。明代道教养生术中还将脚凳与健身运动结合起来，制成滚凳。道学认为人足心的涌泉穴是人之精气所生之地，养生家时常令人摩擦，创意制滚凳。其形制是在平常脚踏的基础上将正中装上隔档，分为两格，中间各装木滚一板，两头留轴转动。人坐椅上，以脚踩凳，使脚底涌泉穴得到摩擦，取得使身体各部筋骨舒展、气血流通的效果。

马扎

凳类中还有“马扎”、“马杌”之称。马扎即汉时无背靠胡床，后称交杌。杌与凳是同义词，马扎亦称马凳。古时官员或女眷们出行，须有随从携带交椅和交杌。交椅用于临时休息，交杌用作上马或下马时的蹬具，宋元明以来的名画多有描绘，因而形成专供上下马时使用的凳子，名曰“马凳”或“马杌”。这类凳子形体不大，高度与平常坐凳相仿，平时也可用于坐。关于马杌的使用情况，在宋代《春游晚归图》和明人所绘的《杨妃上马图》中都有生动的描绘。此外，在四川华阳县境内发现的元、明两代墓葬中出土的陶俑，山东邹县明代墓葬出土的仪仗俑中，都有肩扛马杌，跟在马后的人俑。

绣墩

在明清两代也较前代有所发展。明代绣墩在形体上较清代稍大。但和宋元时期的绣墩相比又相对小一些。做法是直接采用木板攒鼓的手法，做成两端小、中间大的腰鼓形。两端各雕玄纹和象征固定鼓皮的乳钉，因此又名“花鼓墩”。为了提携方便，还在腰间两侧钉环，或在中间开出四个海棠式透孔（图 9）。

图 9

明清时期的绣墩除木制外，有蒲草编织、竹藤编织而成的；有以瓷、雕漆、彩漆等材质烧、雕而成的。进入清代，除在造型上较明代略显秀雅外，还从圆形派生出海棠式、梅花式、六角式、八角式等多种形式，并根据不同季节使用不同质地的坐墩。如蒲墩保温性能好，越坐越暖，故多在冬季使用；藤墩透气性能好，散热快，故多用于夏季。同时还要根据季节的不同辅以不同的软垫和刺绣精美花纹的坐套，合在一起，才是名副其实的绣墩。

4. 桌、案

桌子

有两种形式，一种有束腰，一种无束腰。有束腰桌子是在桌面下装一道缩进面沿的线条，犹如给家具系上一条腰带，故名束腰。束腰下的牙板仍与面沿垂直。束腰有两种做法，一种称低束腰，一种是高束腰。低束腰的牙板下一般还要安装罗锅枨和矮佬，或者霸王枨，如果不用罗锅枨和霸王枨，则必须在足下装托泥，起加固作用。高束腰家具面下装矮佬分为数格，四角即是外露的四腿上截儿，与矮佬融为一体。矮佬两侧分别起槽儿，牙板的上侧装托腮，中间镶绦环板。绦环板的板心浮雕各种图案或镂空花纹，高束腰的作用不但美化了家具，更重要的是拉大了牙板与面沿的距离，有效地固定了四腿。因而牙板下不必再加过多的辅助部件。无论低束腰还是高束腰，在桌子的四足都削出内翻或外翻马蹄儿，有的还在腿的中间部分雕出云纹翅。这已成为有束腰家具的一个特征。

无束腰桌子，即四腿直接支撑桌面，四腿之间由牙板或横枨连接，用以固定四足和支撑桌面。无束腰桌子不论圆腿也好，方腿也好，足端一般不作任何装饰。只有个别的为减少四足摩擦而在足端装上铜套的，其主要目的在于保护四足，同时也起到了相应的装饰效果。

案

它的造型有别于桌子。突出表现为案腿足不在四角，而在案的两侧向里收进一些的位置上，两侧的腿间大都镶有雕刻各种图案的板心或格式圈口。案足有两种做法，一种是案足不直接接地，而是落在托泥上。它又不像桌子托泥那样用四框攒成，而是两腿共用一个长条形的木方子。每张案子须用两个托泥。另一种是不用托泥的，腿足直接接地。在两腿下端横枨以下分别向外撇出。这两种案上部的做法基本相同，腿上端横向开出夹头榫，前后两面各用一个通常的牙板把两侧案腿贯通在一起，使腿和牙板共同支撑案面。两侧的腿还有意向外叉出，以增加稳定性。

明代桌案的种类有以下几种：

①方桌（图 10）

凡四边长度相等的桌子都为方桌，常见的有八仙桌，因为每边可并坐两人，故称八仙桌。有束腰和不束腰的两种形式。方桌中还有一种一腿三牙式的，造型独特，其桌腿足的侧角收分明显，足端不作任何装饰。桌面边框用材较宽，使腿子筐得以向里收缩。面下桌牙除随边两条外，另在桌角下沿装一小牙板，与其他两条长牙板形成135度角。这三个方向的桌牙都同时装在一条桌腿上。共同支撑着桌面。故称一腿三牙。这种方桌不仅结构坚实，造型也很美观。

图10

方桌中还有专用的棋牌桌，多为两层面，个别还有三层者。套面之下，正中做一方形槽斗，四周装抽屉，里面再放各种棋具、纸牌等。方槽上有活动盖，两面各画围棋、象棋两种棋盘。棋桌相对的两遍靠左侧的桌边，各做出一个直径10厘米，深10厘米的圆洞，是放围棋子用的。上有小盖。不弈棋时可用盖好上面的套面，或打牌，或作别的小游戏。平时也可作书桌。名为棋桌，是指它是专门为弈棋而制作的，具备弈棋的器具和功能。实际上它是一种集弈棋、打牌等活动于一体的多用途家具。

②长桌、条桌与条案

长桌也叫长方桌，它的长度一般不超过宽度的两倍。长度超过宽度两倍的一般都称条桌。分为有束腰和无束腰两种。条案都无束腰，分平头和翘头两种，平头案有宽有窄，长度不超过宽度的两倍，人们常把它称为“油桌”，一般形体不大，实际上是一种案形体的桌子。较大的平头案有超过2米的，一般用于写字或作画，成为画案。条案，则专指长度超过宽度2倍以上的案子。个别平头案的长度也有超过宽度2倍以上者，也属于条案范畴。翘头案的长度一般都超过宽度2倍以上，有的超过四五倍以上，所以翘头案都称条案。明代翘头案多由铁犁木和花梨木制成。两端的翘头常与案面抹头一木联作。在故宫博物院收藏的家具藏品中，这方面的实例很多。（图11）

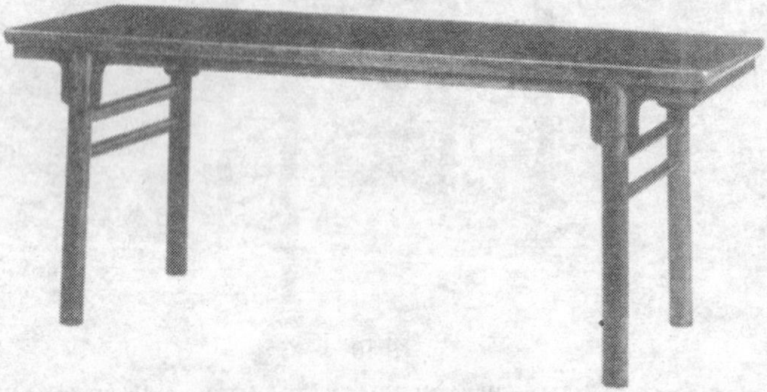

图11

③圆桌和半圆桌

圆桌及半圆桌在明代并不多见。现在所能见到者多为清代的作品，也分为束腰和不束腰两种。有束腰圆桌有五足、六足、八足者不等，足间或装横枨或托泥。无束腰圆桌，一般不用腿，而在面下装一圆轴，插在一个台座上。桌面可以往来移动，开阔了面下的使用空间，增加了使用功能。

④半圆桌

一个圆面分开放，使用时可分可合。靠直径两端的腿做成半腿，把两个半圆桌合在一起，两桌的腿靠严，实际是一条整腿的规格。在圆桌、半圆桌的基础上，又衍化出六、八角桌。使用及做法大体相同，属于同一类别，在清皇宫及王府园林中，是极常见的家具品种。

5. 炕桌、炕几和炕案

炕桌、炕几和炕案

炕桌是在床榻上使用的一种矮形家具。它的结构特点多模仿大型桌案的做法，而造型却较大型桌案富于变化。如：鼓腿膨牙炕桌，三弯腿炕桌等。鼓腿膨牙做法，是桌腿自拱肩处膨出后向下延伸，然后又向内收，尽端削出马蹄儿。牙板因随腿的张出也向外膨出，因而又写作“弧腿蓬牙”。三弯腿炕桌的上部与鼓腿膨牙桌上部完全相同，唯有腿足自拱肩处向外张出后又向里弯曲，快到尽头时又向外来个急转弯，形成外翻马蹄儿。这类炕桌多用托泥。除框式托泥外，还有圆珠式托泥。炕案的做法与大型条案相同，日常使用则与炕几的作用完全一致。在皇宫和王府厅堂常在临窗设坐炕，长度一般与建筑的开间相等，正中设炕桌，两侧放坐褥或隐枕，左右靠墙各摆一炕几或炕案，陈设炉、瓶、盆景等摆设。

炕几和炕案只是形制不同，长短大小则相差无几，多呈长方形，主要用于坐时靠倚，有时也用于放置器物。概括起来说，炕桌、炕案和炕几，都属于同一范畴的家具。它们在使用中既可依凭靠倚，又可用于放置器物或用于宴享。炕桌是一种近似方形的长方桌，它的长宽之比差距不大。炕案除结构和造型有别于桌外，长宽之比例也较大。炕几也叫靠几，有别于炕桌。明代时，炕几、炕桌和炕案的使用很普遍，而且非常讲究。

6. 香几、矮几、茶几、琴桌

香几

是用来焚香置炉的家具。但并不绝对，有时也可他用。香几大多成组或成对使用。香几的形制以束腰做法居多，腿足较高，多为三弯式，自束腰下开始向外膨出，拱肩最大处较几面外沿还要大出许多，足下带托泥，整体外观呈花瓶式，高度约在 90～

100 厘米之间。

矮几

是一种摆放在书案或条案上之上用以陈设文玩器物的小几。这种几，由于以陈设文玩雅器为目的，故要求越矮越好。常见案头所置小几，以一板为面，长 67 厘米，阔 40 厘米，高仅 10 厘米。有的还嵌着金银片和花鸟、树石。几面两端设小档两条，用金泥涂之。面下不宜用腿儿，而用四牙。

茶几

一般以方形或长方形居多。高度相当于扶手椅的扶手，通常情况下都设在两把椅子的中间，用以放置杯盘茶具，故名茶几。

蝶几

蝶几又名“七巧桌”或“奇巧桌”。是依照七巧板的形状创意而造成的，由 7 件形态各有不相同的几子组成。为了使用方便，把个别形态的做成双件，这样就不只 7 件，多者可达 13 件。这 7 种几子的面板，其比例尺寸都要相互协调，有着极其严格的比例尺度。它比宋代发明的燕几更新奇。它不仅可拼方形、长方形，还能拼成犬牙形，可谓别具一格。

琴桌

在明清两代专用桌案中，除棋桌外还有琴桌。琴桌的形制也大体沿用古制。尤其讲究以石为面，如：玛瑙石、南阳石、永石等。也有采用厚木板做面的，还有以郭公砖代替桌面的。因郭公砖都是空心的，且两端透孔，使用时，琴音在空心砖内引起共鸣，使音色效果更佳。还有的在桌面下做出能与琴音产生共鸣的音箱。

7. 屏风类

软屏风指可以折叠的屏风（图 12），分 2 扇、4 扇……多至 12 扇不等。使用时根据环境可长可短，可曲可直，所以称软屏风。硬屏风一般都有底座，不能弯曲，为与前述屏风相区别，故而衍生出硬屏风之名，属于民间俗称。

图 12

屏风在宋代前基本以实用为主，装饰次之。到了明清两代，屏风不仅是实用家具，更是室内不可缺少的装饰品。

明清两代屏风大体可分为座屏、曲屏、挂屏三种，座屏又分多扇组合和独扇插屏。多扇座屏少则 3 扇，多则 9 扇。每扇用活榫连接，可以随时拆卸。屏风下有长销，插在座面的方孔中。底座多为“八”字形，正面稍长，两端稍向前收拢。这样屏风就立得稳定。屏风底座多为须弥式。面下浮雕仰、覆莲花瓣，中间束腰。这里的仰莲和覆莲，又称上、小“巴达马”。清代档案中常有“巴达马座屏风”的描述。这种屏风多以一扇居中，然后向两边依次插挂。正中一扇稍高，两侧递减，最外有站牙抵夹。上端装屏帽，分别用榫衔接，既增加了屏风的牢固性，又起到很好的装饰作用。屏柜中心的装饰手法，形式多样。皇宫中多陈设在宫殿正殿明间。这种屏风，体形较大，不易搬动，在室内陈列，前列宝座、香几、宫扇等，造成一种皇权至高无上的气氛，是皇宫中一种特定的陈列形式。

独扇座屏

是把单独屏柜插在一个特制的底座上。底座用两块纵向的木方做成，正中安立柱，两侧有站牙抵夹，两柱间有横枨连接。中间镶雕花绦环板，一般两面雕花，屏座间前后装披水牙子。在两根立柱的上截，留出一定长度，在里侧挖出凹形沟槽，将屏框对准沟槽插下去，使屏框下边落在横枨上，屏柜便与底座连为一体。由于其插座的特点，人们习惯称其为“插屏”（图13）。

图13

这类屏风有大有小。大者可以挡门，又称“影屏”，一般接地陈设。次者稍小，为案屏，多在大厅或殿堂中较大的条案上摆设，长宽不超过20厘米，属居室书房中陈设的小巧装饰品。

曲屏风

属于活动性家具，无陈设位置。每扇之间或装销钩，或裱绫绢。用时打开，不用时则折叠收藏起来。其突出特点是轻巧灵便。基于上述原因，这类屏风多用较轻质的木材做成。或用硬木作框，屏心则用纸绢裱糊，并绘画或刺绣各种山水风景、花卉鸟兽及各种人物故事。还有在屏心装裱名人书法字画或诗赋的，陈列室内，便于随时品味和欣赏。在较大的厅堂中，既可用于分隔空间，又可起到很好的美化和装饰作用。深受文人雅士的青睐。

8. 橱、柜、箱子

橱

橱的形制与桌案相仿，只有在使用功能上比桌案有所发展。即在面下装了抽屉，有一屉、二屉、三屉、四屉几种。二屉称联二橱，三屉称联三橱，四屉称联四橱。一屉称闷心橱。这种家具因其高度与一般桌案相同，上平面可作桌案使用，所以它仍具有桌案的性能（图 14）。

图 14

橱柜

是将橱和柜两件家具结合在一起，使其具备案、橱、柜三种家具的功能。它的高度略同于桌案，面下抽屉，可存放日常杂物。抽屉下又安柜门两扇，左右及后面镶板封闭内装膛板，分为上下两层，将柜子和橱子两者巧妙地融为一体。由于其具备多种使用功能，陈设在室内，既美化了室内环境，又有丰富的实用价值，故一向为人们所喜爱。

橱柜的形制也与桌案一样，分桌形和案形两种。桌形四腿在板面四角，无侧脚收分，整体轮廓基本上方正平直，即使有侧脚也不明显，仅凭肉眼很难分辨。案形橱柜的四腿与平常案子的做法相似，案面两端长出橱柜的两山，并在腿外装牙板。

紧托板面的大边，四腿侧脚收分较大，明显可见。案面有平头和翘头两种。

柜

明清时期的立柜种类很多。最常见的是顶竖柜（图 15）。其由底柜和顶柜两部分组成。因此又名“顶箱立柜”。又因这种柜大多成对，分开来共 4 开，合起来 4 门，故又有“4 门柜”之称。这种柜因经常并排摆设，为了陈设整齐，都采用方材柜架，使四面方正平直。其他专用柜子、橱子，则根据其不同的使用用途，而有各种不同的形制要求。如：书橱，则要求宽阔，但进深仅容一册。其目的是为了便于取用。宽度无定数，即使阔至丈余，门必用两扇，而不用 4 扇或 6 扇。这种书橱，一般以带座者为雅。最好不用直足，高度必过尺余，方显古雅不俗。又如经橱，其形制要比书橱大得多，进深也较书橱长。这是根据经卷大

图 15

多都册巨，而又须顺放的特点而设计的。

圆脚柜

所谓圆脚柜，就是柜的四框和腿足用一根木料做成。因柜的外角打圆，腿足亦随形做成圆脚。它不仅四脚是圆的，四框外角也是圆的。因而它又可称作“圆角柜”。圆角柜的特点主要表现在侧脚，收分明显。对开两门，通常以纹理美观的整块板镶成。两门中间有活动立栓，因立栓与门边较窄，板心又落堂镶成，故须配置条形面叶，北京人又多称“面条柜”。这类柜子，柜门与柜框连接不用合页，而采用门轴形式，既转动灵活，又便于拆卸。常见的这种柜子以花梨或榉木制作的较多，取其色彩艳丽。

除此之外，还有一种朱漆圆脚柜。为明清内府大库存物所用。其宽度多达160.5厘米。用杉木制成，外罩朱漆。虽木质较轻，但因形体高大，又兼漆灰较厚，重量仍很大，除两门柜外，还有四门者，其外形大体与两门柜相同。宽度较两门柜大出1/3。但紧靠柜框的两扇门不能开启，但可拆装。它是在柜门上下扶手两面打槽，同时在柜框上下两面装订与通槽相吻合的木条，上门时，只须将门边通槽对准木条向里一推，门便牢固地伏在柜框里。两侧门装好后，再装中间两扇。中间两扇门因需经常开启活动，做法与两门柜形式基本相同。

图16

亮格柜（图16）

是集柜、橱、格三种形式于一体的家具。通常下层为柜，对开两门，内装膛板分为两格。柜门之上平设两个或三个抽屉。是为橱，再上是两层空格。正面及两侧装侧挂牙子。下端做一道朝上的花牙围子。在居室或书房中摆设一对这样的柜，下侧放置日用杂物，抽屉可存零星小件，上侧两层空格陈设几件古器，则使室内倍觉生辉。

书格

即放书的书架，或称书格。正面大多不装门，两侧和后面也多透空。只在每层屉板的左右和后面加一道较矮的围板，目的是把书挡齐，起围护作用。正面中间一般要装两个抽屉，装抽屉不是目的，主要是为在中部增加梁架，加强框架的牢固性。同时也增加了使用功能。有的在背面及两山装板，也是出于同样目的。书格的一个突出特点是正面敞开，不设门。极个别者即使设门，也采用棂格形式。虽有门围相隔，但内中存放何物，勿须进前，即可一目了然。

箱子

存贮衣物的家具，还有箱子，是居室中必不可少的贮物家具。一般形体不大，多用于外出携带。两边都装有提环，便于搬动。这类箱子由于经常挪动，极易损坏，为达到坚固目的，各边及拼缝棱角处常用铜叶包裹。箱盖四角多加工成云纹形。正面装铜叶和如意云纹拍子、锄锄等，以便上锁（图 17）。

图 17

箱类中还有一种称为官皮箱的，也是一种旅行用的贮物用具。形体较小，正面对开两门，里面装抽屉，用以存贮文具或梳妆用具，箱上有盖。打开上盖，内设一长方盘。有的内放镜子，用于梳妆。两侧立墙和两扇小门的上缘有仔口，箱盖放下时，将四面板墙全部固定起来。箱的两侧有提环，多为铜质。这种箱子，常用于官员出行或巡游，因名“官皮箱”。清代也有使用的，是明清两代较为常见的家具（图18）。

图18

台架及其他

台架类，是前八类中不能收纳的杂项类。如：梳妆台、镜台、灯台、衣架、盆架、巾架、灯架等。

古代男女皆蓄发，梳妆台为当时居家必备之物。梳妆台有大小之分。大者其形式与桌子无异，只是面上增加了小橱和镜支。明时尚未有玻璃制的镜子，普遍都用铜镜。在桌面后沿装上特制的支架，镜子后背有钮，拴以绶带，挂在支架上。旁边的小橱专门存放脂粉、梳篦等梳妆用品。梳妆台的前面还须配置供起坐用的凳子或绣墩。

镜台

又名镜支，也是梳妆用品，不同的是它不用四足，而是放在桌上或案上的可以随时挪动的小形梳妆台。其式为一小长方匣，正面对开两门，或平设几个抽屉，面上四围装矮栏，前方留一小豁口，后沿拦板内竖 3～5 扇小屏风。屏风两端稍向前拢，正中摆设铜镜。有的外表似官皮箱，打开上盖，内有活动支架，可以架镜。也有的不用支架，而是将镜子镶在盖里，匣盖里有可以拆合的铁条，可以使匣盖直立。用时打开，不用时合闭。在家具品类中，也是不可缺少的一个品种（图 19）。

图 19

衣架

即悬挂衣服的架子。一般设在居室之中。外间较为少见。古人衣架与现代衣架不同，现代衣架大多采用挂钩式或枝杈式，衣物多以脖领处挂在衣钩上。古人衣架包括清代，多取横杆形式，两侧有立柱，下承木墩底座，两座之间有横板或横枨。立柱顶端安装横梁，两端长出立柱。尽端雕出龙、凤纹，或灵芝、云头之类。横枨之下安装中牌子。中牌子在两根横杆之间用矮佬分为三格，每格镶一透雕双面龙纹或凤纹绦环板。也有用小木段攒成几何纹棂子的，做法多样，主要对衣架起牢固作用。完整的衣架，具备上横梁和中牌子两道横杆，衣服脱下后就搭在横杆上（图 20)。

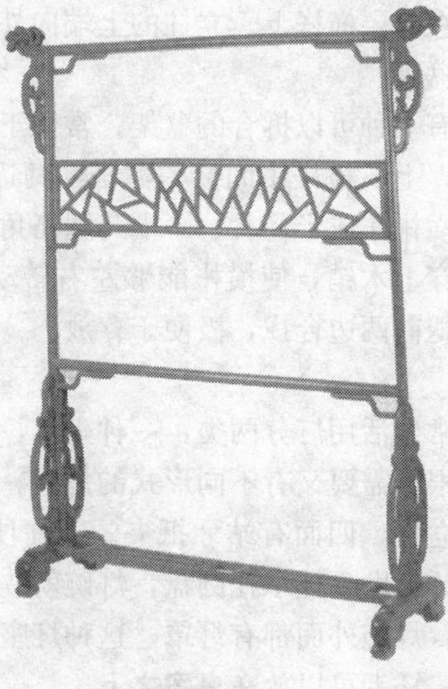

图 20

巾架

巾架结构与衣架基本相同，只是长度较短。称其为巾架，是因为在长度上与衣架差别甚大，且多与盆架组合使用。常用于悬挂手巾。实际上，它并不专为挂巾，如在居室内，也可挂衣服。由于其较短的特点，一般只为一人使用，自然也可称为单人衣架。

盆座与盆架

都是承托盆类容器的架座，分四、五、六、八角等几种形式，也有形如圆凳，面心挖一圆洞用以坐盆的。腿足随面形，面有几角，而腿足就有几条。唯圆形不受角的限制，四、五、六足均有，足下都带托泥。

盆架也有不用圆凳式的。用两组“*”行横枨分别固定六条立柱，立柱有弯曲和直形两种。每条立柱的顶端和足部分别向外张出。脸盆就坐在上层横枨上。立柱的上端向外张出的部分也和横枨一起支撑着盆腹。

明清时期还有一种可以拆合的盆架，常用于临时性使用。做法是先做一木框，上下横枨中间装一薄板，两边打孔作成榫舌，另外四根立柱的横枨作成半径长，一端与腿格角连接，另一端开口，咬住榫舌，穿上木销，使横枨能够左右转动。使用时打开，不用时将两侧的腿向两边合拢，极便于存放。

灯座

古代人们日常生活用灯分两类，一种坐灯，一种挂灯。坐灯又有很多品种，根据需要又有不同形式的灯座。常见为一十字形木墩，中间竖一立柱，四面有站牙抵夹。立柱顶端按圆形木盘，盘下有 4 支托角牙辅助立柱承托圆盘，灯碗就放在圆盘上。为防止灯火被风吹灭，灯碗外面都有灯罩。这种灯座有高矮之分，高者直接放在地上，矮者可以放在桌案之上。

灯座中还有一种可以升降的，犹如插屏的底座，只是较窄。屏框里侧开出槽口，用一横木两头作榫插入槽口，榫头可沿槽口上下活动。屏框上横钻一圆孔，用一根圆木杆插入孔内，下端与活动横木相连。木杆顶端有圆木盘承托灯具，使用时可根据需要随意调节灯台的高度。这种形式的灯座，也有高矮之分。高者多为升降式，而低者多设于桌案之上，一般不做升降装置。

灯架

灯架是用于悬挂灯具的家具。一般在建筑的屋顶备有专门的吊钩，用于挂灯。如果因特殊需要临时设灯，这就要用灯座或灯架了。这类灯架，多为挑杆式，由挑杆和底座组成。其式为一板作底，正中安立柱，四边以站牙抵夹。木柱中间旋空，灯杆插入圆孔中。上端用铜质拐角套在木杆上，拐角常做成龙凤形状，龙头或凤头的下端钉有吊环，将灯笼上的挂钩挂在吊环上，使灯笼自然下垂。这种灯杆，因在一侧承重，要求插座具备一定重量。有的底座因重量不足，常用铅块镶在底座四角，其目的在于增加挑杆的承重能力。

五、明清家具的地方风格

苏州、广州、北京、山西这 4 个地区是中国古典家具产量较多、比较有名的产区。除这 4 个地区外，还有福州、宁波、扬州、山东等地也较有名。只是产量较少，识者不多。

1. 苏作家具

苏作家具亦称苏式家具，形成较早，著名的明式家具中，苏式家具占很大比重。苏式家具的形成和发展与当时的社会经济文化的发展是分不开的。以苏州为中心的长江中下游地区，宋元以来就是我国经济文化发展的中心。明代的苏州一带（泛指长江下游广大地区），较多地继承了宋代的文化传统。宋代家具艺术的发展，为苏式（或曰明式）家具的形成奠定了基础。

中国古典家具艺术取得如此大的成就，苏式家具起了重要的引导作用，随着永乐皇帝迁都北京，全国的政治、文化中心逐渐北移。首先影响到京作家具。进入清代，又出现了后来居上的“广式家具”。在这种情况之下，苏作亦逐渐失去其主导地位。因此，苏式家具应区分明和清两个不同时代。

明代苏式家具的特点，主要表现在以下几个方面：造型大方、简练，比例适度，轮廓舒展，结构科学，榫卯精密，坚实牢固；精于选材配料，重视木材本身自然的纹理和色泽；雕刻线脚处理得当；金属饰件式样玲珑，色泽柔和，起到很好的装饰作用。

床榻类

床榻类有两种风格：秾华形和简练形。秾华形指有繁密的雕刻和攒斗装饰，简练形则无。

椅子、凳子类

苏式风格的椅子有圈椅和官帽椅。凳子以黄花梨木居多，并多有明显的侧腿收分。

圈椅

明代苏式圈椅多用黄花梨木制成。其造型为弧形椅圈，“S”形椅背。这种椅背是根据人体脊背的自然曲线设计而成的，椅背倾角大约在105度左右。席心椅面，四腿微向外张，行内话称之为叉脚，颇具稳定感。正面装卷口，前后及两侧推间装步步高赶枨，四腿侧腿收分明显可见，是苏式圈椅的标准做法（图21）。

图21

官帽椅

苏式官帽椅（见图 5），不仅后背板是曲线形的，后边柱及扶手也大多是曲线的。这样作的目的是为形成后倾角度。座面绝大多数为藤编软屉。无束腰，正面装卷口，或牙板。腿间大都用步步高赶枨。

凳子

苏式凳子，也以黄花梨木居多。民间最常见的为榉木。做工及风格特点与黄花梨木相同。苏式凳子多以席心为面。有的还在藤席下面附加棕屉。凳子的造型有两种：有束腰的常把牙板做成壶门式，与腿线交圈。无束腰，常用罗锅枨加矮佬，或牙板加牙头，下辅罗锅枨。无束腰凳子，均有明显的侧脚收分。而个别束腰凳子亦有这种现象。

桌子、案子类

桌案的制作手法与凳子相仿，分为有束腰和无束腰两种，风格及特点也与凳子有着共同之处。但桌子在腿子、牙子等部位多使用各种线角。无束腰桌子的侧脚收分亦明显可见。尤其是一腿三牙桌子，这方面表现得更为突出。有束腰桌子的侧脚收分就不太明显，有的就是方正平直的。桌案之外还有香几，制作手法更为丰富，有方、圆、梅花、海棠诸式，腿足有四、五、六、八腿不等（图 22）。

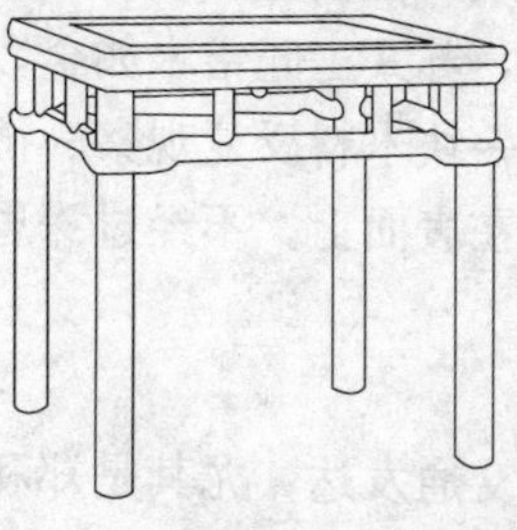

图 22

屏风类

苏式屏风类家具，大多数以硬木为框，内镶杂木板心，正面以漆工工艺作漆地。然后或彩绘或镶嵌各种图案。镶嵌材料广泛，不论何种质料，一般不用大材，多为碎料堆嵌。这样既可以充分利用材料，同时又能收到预想的效果。

另外，还有一点更为典型的例子，即苏式家具无论床榻、椅凳、桌案、箱柜、屏风，多在暗处掺杂其他木料。其目的主要是为了节省木材。苏式家具的里面大多糊布罩漆。既为防潮，也可掩盖假材料。这种现象不仅体现在明代苏式家具上，直到清代，仍是如此。这已是苏式家具的一大特征。

进入清代，随着社会风气的变化，苏式家具也开始向繁琐和华而不实的方向转变。

苏式家具的镶嵌和雕刻艺术，主要表现在箱柜和屏风器物上。苏式家具的装饰题材多取自历代名人的画稿，或各种寓意吉祥的图案，以松、竹、梅、山石、花鸟、山水风景及各种神化传说为主；还有各种传统纹饰，如：海水云龙、海水江崖、龙戏珠、龙凤呈祥等；折枝花卉很普遍，大多借其谐音寓意一句吉祥语。局部装饰花纹以折枝花为多，西洋花纹极为少见。

总的说来，明代苏式家具讲究、实在。用料大，但做出的构件细。如：椅子的后腿、背板大多不是直的，不管弯度有多大，都用一块大料挖削而成，但被挖下来的碎料还要物尽其用。进入清代，由于木料奇缺，苏式工匠惜木如金，精打细算。在制作每一件家具前，先对每一块木料反复观察、衡量，尽可能把木质纹理整洁美观的部位用在表面上。不经过深思熟虑，算尽用绝，决不轻易动手。

2. 京作家具

明代中期，海上交通发达，尤其是郑和七次出使西洋，沟通了中国与南洋和西洋的贸易关系。除贸易采购回国的货物中有相当数量的优质木材外，在各国回访中，也带有一部分高级木材。加上私商贩运，给明代中国家具事业的发展提供了有利条件。

京作家具在明代由于产量有限，并未形成流派。明代的果园厂，也只生产些漆器家具，皇宫内所需家具，仍主要靠苏州一些工匠制作，做成后再由运河运到北京。因此，这里所讲的京作家具，主要指清代而言。清代京式家具一般以清宫造办处所做家具为主。在造办处内，有单独的广木作，由广东征选优秀的工匠充任，所制器物体现着广式风格。但由于木材多由广州进口，运来北京，一车木料辗转数月才能运到，沿途人力物力、花费开销自不待说，皇帝本人也深知这一点。因此，为节省木料，造办处在制作某一件家具时，都须先画样呈览，经皇帝批准后，方可成作。皇帝看了画样后，觉得某部分用料过大，就下御批将某部分收小些，久而久之，形成京作家具较广作家具用料小，又较苏式家具用料实在，决无掺假现象的特点。

从纹饰上看，京作家具较其他地区又独具风格。它从皇宫收藏的古代铜器、玉器和石刻上吸取素材，巧妙地装饰在家具上。在家具上装饰古铜器和古玉器纹饰，在明代就已开始，清代在明代的基础上又发展得更加广泛了。明代多限于装饰翘头案的牙板和腿间的挡板，清代则在桌案、椅凳、箱柜上普遍使用。明代多雕夔龙、螭虎龙（北京匠师多称其为草龙），而清代则是夔龙、夔凤、拐子龙、螭虎龙、蟠龙、虺龙以及饕餮纹、兽面纹、雷纹、蝉纹、勾卷纹等无所不有。根据家具的不同造型、特点，而施以各种不同形态的纹饰，显示出各式古色古香、文静典雅的艺术形象（图23、24）。

3. 广作家具

在明末清初之际，由于西方传教士的大量来华，传播了一些先进的科学技术，促进了中国经济、文化、艺术的繁荣。广州由于它特定的地理位置，成为沟通中西文化交流的门户，因而受西

图 23

图 24

方文化的影响较多。自明代末年葡萄牙人来中国以后，先聚居澳门，一时高栋飞甍，栉比相望。至清初，对外贸易进一步发达。在广州，高馆、洋行等先后建立，所有建筑，大都模仿西洋。除官府、洋行外，中国居民也多模仿西式，形成一股西洋热。其他如象牙雕刻、瓷器烧造及景泰蓝等各种手工艺，也随着对外经济、文化的发展形势应运而生。至乾隆时期，广州已成为空前繁荣和发达的商业城市了。

大批西式建筑的兴建，必然要配置成套的与建筑艺术、风格相适应的，和谐的室内装修和家具。广东又是贵重木材的主要产地，南洋各国的优质木材因为多由广州进口，木材来源比较充足，为广作家具的形成和发展奠定了可靠的物质基础。

广作家具在用料方面是大方的。广作家具为讲求木性一致，大多用一种木料做成。通常所见广作家具，或紫檀、或红木、或花梨，皆为清一色的同一木质，决不掺杂别种木料。且不加漆饰，使木质完全裸露，让人一看便有实实在在、一目了然之感。

这已成为广作家具的固有特征了。

广作家具的雕刻艺术和风格，其突出特点是雕刻深峻，刀法圆熟，磨工精细。并且在相当程度上受西方建筑雕刻的影响，雕刻层次较深。一组线条，往往用不同层次的手法来表现，雕刻的花纹大都隆起较高，具有很强的立体效应，个别部位还具有圆雕的效果。

除广州外，其他地区也有模仿西式花纹者。在北京西苑一带兴建的圆明园，其中有不少西洋建筑。从建筑形式到室内装修，无一不是西洋风格。为装饰这些殿堂，清廷每年从广州订做或采办大批与之相和谐的中西结合式家具。即以中国传统做法做成器物后，再雕刻、镶嵌或用其他工艺装饰。洋式花纹线条流畅、变化无穷，可根据器形的变化而随意延伸，它的特点是多以一朵或几朵花为中心向四外伸展枝叶，大多上下、左右对称。如果装饰在圆凳上，枝叶多作循环式，各面纹饰衔接巧妙，难以找出它们的头尾（图 25）。

图 25

广作家具除装饰西洋纹样以外，亦有相当数量的传统纹饰。如各种形式的海水云龙、云纹、凤纹、蝙蝠、磬、缠枝或折枝花卉，以及各种边线装饰等。有的广式家具则西式、中式两种花纹兼而有之。也有些广式家具乍看都是中式特点，但细看起来，仍或多或少地带有西式痕迹，成为我们鉴定广式家具的依据。

桌子

桌子分两种形式。一种是四腿在四角，带束腰；另一种是桌腿装在桌面两端进一些的位置上。前者称桌形结体，后者称案形结体。明代案形结体的长桌多用夹头榫结构，也有托角榫的，但数量不大。清代则用托角榫的较多，偶尔也用夹头榫。桌形结体的做法基本沿用明制，没有什么明显变化，广式家具也不例外。如前所说的紫檀雕洋花长桌，桌面和其他部位也都采用传统结构。板面用攒边做法，腿与面用长短榫结构。腿和牙板用抱肩榫结构。清代椅凳坐面与腿的结合通常也采用这种做法，面下带束腰。如果凳面为圆形的，则采用插肩榫。这种结构原理与抱肩榫的外角拉平。

椅

清代扶手椅大多采用束腰式做法。先做成带束腰的坐面（形如大方杌），然后在上面另装扶手和靠背。这是和明式扶手椅不同的地方。明式扶手椅很少用束腰，后背两侧边柱与两后腿用一条整木做成。清代扶手椅（亦称太师椅）大都带束腰，后背与坐面多为 90 度直角。有的即使有背倾角，和明式比也是有差别的。如前所说的紫檀椅，椅背两边立柱与坐面基本垂直，只是搭脑处微向外弯，而形成 95 度的背倾角。后背和扶手都采用框式结构，用走马销连接。做法是在座面两侧凿出先宽后窄的榫窝，在扶手下边框装榫头，将榫头插进榫窝，用力向后推，榫销向后滑向窄口，使榫头不致拔出。扶手后边也安榫头，后背竖边凿下宽上窄的榫窝，通常情况下后背下横边还有一对直销，把后背对准扶手榫头用力向下按，使下横边的榫铆吻合，即可把后背、扶手和座面紧紧地连为一体。座面以下皆如常式，用攒边做法组成座面，长短榫支撑座面，用抱肩榫连接腿足、牙板。腿的下端有管脚枨，用格肩榫。足下饰回纹马蹄。这也是清代特征，明代扶手椅绝少使用束腰式，足端也不作任何装饰。唯方凳、长凳等有带束腰和不带束腰两种类型。但也不作回纹形。

柜格

柜格结构也大体保留着传统的形式。柜顶和四框用粽角榫结构；门板及两山板心用框内装板结构。广式家具各种结构，透榫用的不多，偶有透榫，也都处理在两侧。正面及平面一般不用透榫。明式家具多用透榫。目的是为了牢固坚实。然清代用暗榫的部位也并非都不合理。如条桌里的穿带，都用暗榫，而把两侧的枺头做成透榫。由于硬质木材不易变形的特点，同样可以收到牢固鉴赏的目的，因而这种做法仍然是合理的。广式家具尽管不如明式家具那样具有很高的科学性，但作为历史艺术品，其与明式家具一样，以其不同时代、不同风格、不同特点，反映出一个时期的文化艺术风貌。无论是从历史角度，还是从艺术角度讲，都是中华民族文化艺术的宝贵遗产。

4. 其他地方之作

若言三大名作，则指苏作、京作、广作。若言四大名作，晋作也是清代中期发展起来的较有名气之作，家具以本地所产的核桃木为主。其用料大气，造型、风格均接近乾隆时期的韵味。晋南以漆家具为主。以金漆彩绘山水、人物、风景取胜，晋北地区的木器家具始终保持明式风格。由于交通不便，与外界交流较少，保持了一贯的风格。

除上述四大名作之外，还有宁波、福州的漆器家具，互相争奇斗巧。宁波以光润取胜，福州则以绘画取胜。另外，还有江西家具，以嵌竹取胜。山东潍县的嵌金银也很有名，嵌金银丝家具，就发明于山东潍县，当时以雅鉴斋田晓山所制为最佳。

扬州的周制也很有名气。明代中期，扬州有个叫周翥的人，首创木嵌，其法以金银、宝石、珍珠、珊瑚、碧玉、翡翠、水晶、玛瑙、玳瑁、车渠、青金石、绿松石、螺甸、象牙、密腊、沉香等，雕成山水人物、树木楼台、花卉翎毛等，镶嵌在紫檀、花梨、漆器等器物之上。大至屏风、桌案、窗隔、书架，小则笔床、茶具、砚匣、书箱，五色陆离，难以形容。当时称为“周制”或“周嵌”。周为明代嘉靖时人，为严嵩所养。专为严嵩制作器物，嵩败，器物尽入官府，流入民间极少。清初时流入民间，到乾隆时，其技盛行；当时的王国琛、卢映之，以及嘉庆、道光时的卢葵生等都擅长此技。

六、关于漆家具

在古代家具中，硬木家具是在明代中期才兴起的。而漆木家具的历史则可以上溯到春秋战国，甚至更早。但由于漆家具在使用中极易损坏，难以传世，所以现在传世漆家具多为明清两代的，而且除故宫博物馆有收藏外，民间极为少见。

明清时期的漆工艺术已发展到14个门类，87个不同的装饰手法。在实际操作中还往往将2种或2种以上的工艺手法相结合，多种工艺手法集于一件器物上，因此，明清漆家具使用的工艺就超过了87种。

14个门类分别为：

1. 质色类：单纯一色不加任何纹饰的各种漆器。
2. 纹麹类：表面有不平细纹的各种漆器。
3. 罩明类：打色地上面罩透明漆的各种漆器。
4. 描饰类：用漆或油描画花纹的各种漆器。

5. 填嵌类：填漆、嵌罗甸、嵌金、嵌银的各种漆器。

6. 阳识类：用漆堆出花纹的各种漆器。

7. 堆起类：用漆灰堆出花纹，上面再加雕刻、描绘的各种漆器。

8. 雕镂类：雕漆、雕罗甸的各种漆器。

9. 戗划类：刻画细花纹再填金、填银或填色的各种漆器。

10. 斒斓类：2 种或 2 种以上的纹饰相结合的各种漆器。

11. 复饰类：某种漆地与一种或一种以上的纹饰相结合的各种漆器。

12. 纹间类：填漆类中的某种做法与戗划类中的某种做法相结合的各种漆器。

13. 裹衣类：胎骨上面不上灰漆而同皮或织品蒙裹的各种漆器。

14. 单素类：简易速成，只上一道漆的各种漆器。

无论哪一门类的哪一品种，都要从造型、纹饰及漆质来分析、判别其时代及优劣。家具的造型及纹饰，能反映出不同时期不同时代的特征。

目前所能见到的漆家具大体有以下一些品种：

1. 各色素漆家具；

2. 红雕漆、黑雕漆家具；

3. 黑漆描金、紫漆描金、红漆描金家具；

4. 罩金漆家具；

5. 堆灰家具；

6. 填漆戗金家具；

7. 刻灰家具；

8. 洒嵌金、银罗甸沙家具；

9. 漆嵌罗甸家具 ；

10. 漆嵌软罗甸家具；

11. 漆地金银平脱家具；

12. 各色漆地“周制”镶嵌风格的家具。

这些品种，在故宫博物院的藏品中均可以见到。故宫博物院的陈华女士和张荣女士已经出版了关于漆器鉴赏的专著。

七、明清家具的装饰

明清家具的装饰，首先是讲装饰手法。漆木家具装饰手法，上节已有说明，至于硬木家具，主要是雕刻和镶嵌。还有家具的造型、线脚、金属饰件，以及各种装饰花纹的涵义，都属于装饰范畴。

1. 雕刻

雕刻是装饰家具的手法之一，共6种，分为毛雕、平雕、浮雕、圆雕、透雕和综合雕。

毛雕

也叫凹雕，是在平板上或图案表面用粗细、深浅不同的曲线或直线来表现各种图案的一种雕刻手法。

平雕

即所雕花纹都与雕刻品表面保持一定深度或高度。平雕，有阴刻、阳刻两种。挖去图案部分，使图案低于衬地表面，这种做法称为阳刻。如柜子门板四边的绦环，插屏座上的裙板及披水牙等多使用平雕手法，且多采用阳纹。阴纹雕刻手法在家具上使用得不多。

浮雕

也称凸雕，分为低浮雕、中浮雕、高浮雕几种。无论低浮雕、中浮雕还是高浮雕，它们的图案纹路都有明显的深浅、高低的变化。这是他们与平雕的不同之处。

圆雕

圆雕是立体的圆形雕刻，也称“全雕”。如有的桌子腿雕成竹节形，四面一体，即为圆雕。一般情况下，在家具上使用圆雕手法的较为少见。

透雕

在明式家具中，透雕是一种较为常见的装饰手法。如衣架中间的牌子，架床的上眉板。透雕是留出图案纹路，将地子部分镂空挖透。图案本身另外施加毛雕手法，使图案呈现出半立体感来。透雕有一面做和两面做之别。一面做是在图案的一面施毛雕，将图案形象化。这种做法的器物适合靠墙陈设，并且位置相对固定。两面做是将图案的两面施毛雕，如衣架当中的中牌子，常见多在绦环板内透雕夔龙、螭虎龙等图案。

综合雕

是将上述手法中的两项以上手法集于一身的手法，称为“综合雕”。多见于大型屏风等器物。

明清家具中还有一种，“攒斗”手法。即用小块木料透雕成如意纹后，再作榫攒成几何纹。纹饰虽然千篇一律，但由于做工精细，显示出圆润、柔和的韵味。给人以繁而不乱的感觉。这种手法在苏式家具的床榻、椅子的围子上使用较多，成为苏式家具装饰手法之一。

2. 彩绘装饰

彩绘装饰，主要对漆家具而言。以漆油饰家具最基本的是单色漆。单色漆家具又称素漆家具，常见有黑、红、紫、黄、绿、褐诸色，其中以黑、红、紫三色最多。黑漆又名“玄漆”、“乌漆”，黑色是漆的本色，故古代有“凡漆不言色者皆黑”的说法。因此，纯黑色的漆器是漆工艺中最基本的做法。其他颜色皆是经过调配加工而成的。

制作漆家具的方法，首先以较轻质的木材制成骨架，这是因为软木易着漆，硬木不易着漆。然后涂上漆一道，趁漆未干，糊麻布一层。用压子压实，使下面的生漆从麻布空透过来。干后上漆灰腻子，一般2～3遍，分粗灰、中灰、细灰，每次都要打磨平整。再上所需色漆2～3遍，最后上一道透明漆，即清漆，即为成器。其他各类漆器均在素漆家具的基础上进行。

雕漆家具

雕漆家具是在素漆家具上反复上漆，少则八九十层，多则一二百层。每次待半干或六七成干时再上下一层。油完后，在表面描上画稿，以雕刻手法装饰所需要的花纹，然后阴干，使漆变硬。雕漆又名“剔漆”，有红、黄、绿、黑几种。以红色最多，又叫“剔红”。

黑漆描金家具

即在黑素漆家具上用半透明漆加彩漆，在黑漆地上描画花纹。然后放入阴湿室里，等漆阴干，再在花纹上打金胶，用细棉球着最细的金粉贴在花纹上。这种做法，又称“黑漆理描金”。黑色漆地与金色的花纹相衬托，形成绚丽华贵的气派。

罩金漆家具

是在漆家具上通体贴金，然后在表面罩一层透明漆。罩金漆又名“罩金髹”，故宫太和殿金漆龙纹屏风宝座，即是罩金髹的典型实例。

堆灰家具

“堆灰”，又名“堆起”，是在素漆家具表面，用漆灰堆成各式花纹，然后加以雕刻，再经过髹饰或描金等，名曰“堆灰家具”。又称“隐起描金或隐起描漆”。其特点是花纹隆起，高低错落，犹如浮雕。

填漆戗金家具

填漆和戗金是两种不同的漆工艺手法。填漆即填彩漆。是先在做好的素漆家具上用刀尖或针刻出低陷的花纹，然后把所需的色漆填进花纹。待干涸后，再打磨一遍，使纹地分明，花纹与漆地齐平。戗金、戗银的做法大体与填漆相似，也是先在素漆地上用针或刀尖划出纤细的花纹，然后在低陷的花纹内打金胶，把金箔粘著进去，形成金色花纹。它与填漆不同之处是花纹不与漆地齐平，而是仍保持阳纹划痕。

刻灰家具

刻灰，又名“大雕填”。一般以黑漆作地，描画花纹。轮廓以内的漆地用刀挖去，保留花纹轮廓，刻挖的深度一般至漆灰为止，故名“刻灰”。然后在低陷的花纹内，根据纹饰需要，填以不同颜色的油、彩或金、银等，特点是花纹低于轮廓平面，在感觉上类似木刻板画。在明代，这种工艺较为常见。传世实物较多，小至箱匣，大至多达 12 扇的屏风。

黑漆嵌罗甸家具

罗甸分厚罗甸和薄罗甸。厚罗甸，又称硬罗甸。其工艺是按素漆家具的工序制作，在上第二道漆灰前，将罗甸片按花纹要求磨制成型，用漆粘在灰地上。干后，再上漆灰（要一遍比一遍细），使灰面与花纹齐平。漆灰干后，略有收缩，再上大漆数道，漆干后，还须打磨，把罗甸花纹磨显出来。再在罗甸片上施以必要的毛雕，以增加纹饰效果。

黑漆嵌薄罗甸家具

薄罗甸，又称软罗甸，是为区别硬罗甸而言。薄是取贝壳的内表皮作镶嵌物。常见薄罗甸如同现今使用的新闻纸薄厚。因其薄，故无大料。加工时在素漆最后一道漆灰之上粘贴罗甸纹饰，然后上漆填满地子，再经打磨显出花纹。在粘贴时，匠师们还根据花纹要求，区分壳色，随类赋彩，因而能收到五彩缤纷的效果。

洒嵌金

是在上最后一遍漆时，趁漆未干，将金箔、银箔碎末或罗甸、银、罗甸沙等家具沙屑撒在漆面上，使其粘得牢固，干后扫去表面浮屑，打磨平滑即成，能表现出绚丽华贵的特点来。

综合工艺

明清漆家具除以上各项工艺手法外，还有综合几种工艺手法于一身的作品。故宫博物院藏品中有黑漆嵌罗甸、描金、平脱银片龙纹箱子，在明代传世家具中是一件少有的贵重实物。

3. 镶嵌

镶嵌

又名“百宝嵌”，分两种形式，一种平嵌，一种凸嵌。平嵌即所嵌之物与地子表面齐平；凸嵌，即所嵌之物高于地子表面，隐起如浮雕。

“百宝嵌”，又名“周嵌”或“周制”。

家具镶嵌材料种类虽多，其中以罗甸镶嵌居绝大多数。其次是各色珐琅、木雕和各色玉石、瓷片、金银片等，大体规律是经济价值越高，其数量也越少。

平嵌法

多体现在漆器家具上，有些木家具上也用平嵌法。漆家具的平嵌法是先以杂木制成骨架，然后上生漆一道，趁漆未干，粘贴麻布，用压子压实。干后再涂生漆一道，阴干，上漆灰腻子两遍，第一遍稍粗，第二遍稍细，每遍均须打磨平整。再在二遍漆灰上打生漆，趁粘将事先准备好的嵌件依所需纹饰粘好。干后再上细漆灰，漆灰要与嵌件齐平。这层漆灰干后，略有收缩，再根据所需颜色上各色漆。通常要上两三遍，使漆层高于嵌件。干后，经打磨，使嵌件表面完全显露出来，再上一道光漆，即为成器。其他质料亦有采取这种做法的。

凸嵌法

即在各色素漆家具上或各种质料的硬木家具上，根据纹饰需要，雕刻出相应凹槽，将嵌件粘贴在家具上。嵌件表面再施以相应的毛雕，使图案显得更加生动。常见这种嵌法的嵌件表面多高于衬地，由于其起凸的特点，使花纹显出强烈的立体感。这是指大多数而言，偶尔也有例外，镶嵌手法相同，而嵌件表面与器身表面齐平。如：桌面四边及面心，为不影响使用功能，就常采用这种做法。

4. 线脚装饰

线，即指家具各部件的边缘或腿子正中的两道竖线装饰。桌、案、椅、凳的靠背扶手和腿的造型，如弯腿、弧形腿等，也属于线的范畴。脚，指家具的腿足。如：马蹄足、回纹足、珠式足、象鼻足，托泥下有矩形脚或龟脚。明式家具的特点，即以线为主对家具进行修饰，由于线脚的作用，家具的优美、柔和的艺术魅力展露无遗。如：灯草线，即一种圆形细线，以其形似灯心草而得名。一般用在小型桌案的腿面正中。由于上下贯通案腿，又称“两柱香”或“三柱香”。大一些的案腿，随腿的用料比例，这种线条也随之加粗，再用灯草线形容显得有些不妥了，因而人们又把这种粗线称为“皮条线”。

桌类及椅凳类家具分两种形式，有束腰和无束腰。无束腰家具多用圆腿，偶尔也有用方腿的，加线的极为少见，且以光素为主，不再施加任何装饰。而有束腰家具多用方腿，在装饰上亦较圆腿容易发挥，因而做法也很多，如：素混面，即表面略呈弧形的一种装饰手法；混面单边线，即在腿面一侧雕一道阳线，其余大部分做成弧形面，多用于方桌或条桌的四腿；混面双边线，即两侧起线，中间弧面的一种装饰，常用于案形结体的桌子的腿面上，或横枨及矮佬上。这些线条因多在边缘使用，又常称作“压边线”。压边线不光在四腿边缘使用，在桌子、案子的牙板边缘也常使用压边线。压边线不仅有直线，还有相当多的曲线。

打洼线

打洼是方材家具的又一种装饰形式。做法是在桌腿、横枨或桌沿的表面向里挖出凹槽。一道称单打洼，二道称双打洼。打洼线的边棱，一般都做成凹线，俗称“倒棱”，目的在于避免棱角受损，影响整体外观。

裹腿劈料

裹腿劈料做法常用在无束腰的椅凳、桌子等器物上，是效仿竹藤家具的艺术效果而采取的一种独特的装饰手法。其形式是两侧横枨在腿外合拢，把腿包裹在里面，故称裹腿。劈料的做法是把材料表面做出两个或两个以上的圆形体，好像把几根圆材拼在一起，故称为劈料。二道称二劈料，三道称三劈料。横向结构件如横枨面沿部分，也将表面做出劈料。常见的裹腿劈料家具多为明式。除劈料外，别无其他雕饰。

冰盘沿

是指家具板面侧沿的做工形式。从众多的桌、凳、案、几、椅等家具的侧沿看，很少有垂直而下的，大多和其他部位一样，也要赋予各式各样的装饰线条。面沿的装饰效果，也直接影响着家具的整体效果。

拦水线

是在桌面边沿做出高于面心的一道边。通常用在宴桌或供案上。因为在使用宴桌时，难免有水、酒、菜汤等洒在桌面上，容易流下桌沿，脏了衣服。加了拦水线，就避免了这种现象。它不像冰盘沿那样出于纯装饰目的，重要的是突出了使用性。

束腰

是在家具的面沿下做出一道小于面沿和牙板的腰线。它是从宗教中常见的须弥座演变而来的。束腰有高束腰和低束腰。高束腰大多露出桌腿上节，并于中间用矮佬分为数格，每格间镶绦环板。绦环板又有镂空与不镂空之别。另外，高束腰家具常在束腰上下各装一木条，名曰：“托腮”。它是起承托绦环板和矮佬作用的。低束腰家具一般不露腿的上节，而用束腰板把腿包严。束腰线条常见有直束腰、打洼束腰等，有的在束腰板上装饰各式花纹。还有的把束腰板做成绦环，绦环线内镂出亮洞。

腿的装饰除前面所说的各式直腿外，还有各式曲腿。这些曲腿都各有不同的曲线造型。它们仍属线的范畴。

三弯腿

是腿部自束腰向外膨出后，又向内收，将到尽头时，又顺势向外翻卷，形成“乙”字形。故曰：“三弯腿”。

鼓腿膨牙

（亦可写作弧腿篷牙）是腿部自束腰膨出后，向内收而不再向外翻卷。腿弯呈弧形。

蚂蚱腿儿

多用在外翻马蹄上，在腿的两侧做出较密的曲边，形似蚂蚱腿上的倒刺，故名。

鹤腿蹼足

鹤腿笔直，足端较大，形如鸭子足间的肉蹼儿。

展腿

又称接腿桌。形式是四腿在拱肩以下约一尺左右的地方做出内翻或外翻马蹄儿。马蹄以下至地那段腿旋成圆柱腿儿，好像下面的圆腿是单接上去的。按传统家具造型规律看，有束腰家具的四腿都用方材，而方腿家具四腿既已做出马蹄，那么这件家具的形态已经完备。再用方材伸展桌腿，显然不妥，不如索性用圆材，造成上方下圆、上繁下简的强烈对比。这种器形，是匠师们有意将有束腰家具和无束腰家具加以融合的尝试。

马蹄装饰

是“线脚”中脚的部分。是专指腿足装饰的。明清家具的腿多装饰在有束腰的家具上。也就是说，凡带有束腰的家具，足端都做出马蹄或其他装饰。这已成为传统家具的一个规律。马蹄做法大体分两种，内翻马蹄和外翻马蹄。内翻马蹄有直腿、曲腿，差不多都用一块整料做成。除马蹄足外，还有圆珠足、荼盅足、云纹足、回纹足、象鼻足等等，在一件完美的家具中，它们都以各自的艺术形象起着各自的装饰作用。

5. 结构部件装饰

一件家具由若干构件组成。每个构件，都有其各自的艺术造型。当它们结合在一起时，又各自有各自的实用功能，同时又对家具整体的牢固性起到一定的作用。总之，明清家具的构件装饰大多从实用功能出发，再赋予必要的艺术造型，很少有毫无意义的造作之举。每一件部件，在家具的整体中都用得很合理，分拆起来都有一定的意义。既能使家具本身坚固持久，又能收到装饰和美化家具的艺术效果，这就是部件装饰的基本特点。

家具部件的使用大多仿效建筑形式，如：替木牙子（家具上常称为托角牙子或倒挂牙子），犹如建筑上承托大梁的“替木”。家具上亦常用在横枨与竖材香蕉的拐角处。也有在两立柱间的横梁下安一长牙条的，犹如建筑上的“枋”。它和替木牙子都是辅助横梁承托重力的。托角牙有牙条和牙头之分，一般在椅背搭和立柱的结合部位，或扶手前角柱的结合部位，多使用牙头。而在一些形体较大的器物中，如方桌、长桌、衣架等，则多用托角牙条。除牙头和牙条外，还有各种造型的牙子。如：云拱牙子、悬鱼牙子、流苏牙子、龙纹牙子、凤纹牙子、各种花卉牙子等。这些富有装饰性的各式各样的牙子，既美化装饰了家具，同时在结构力学方面还起着加强牢固和承托重量的作用。

大型桌案的面下或柜子的下腿间常用通长的牙板。它既可以牢固腿足，又可支撑桌案面及柜架。常见的将两端镂雕出云头，在视觉上有玲珑剔透的韵味。还有一种桌牙，表面与桌腿齐平，桌牙正中开尖口，然后向两端舒展做出壶门轮廓，或称“壶门牙”。

圈口

圈口是镶在四框里的牙板。四面牙板互相衔接，中间留出亮洞，故称圈口，常用在案腿内框或亮格柜的两侧。有的正面也用这种装饰，结构上起着辅助立柱支撑横梁的作用。常见有长方圈口、鱼肚圈口、椭圆圈口、海棠圈口等。圈口因其下边有一道朝上的牙板，在使用中必然要受限制。尤其在正面，人体身躯和手脚经常出入摩擦的地方，很少有朝上的装饰出现。在众多的家具中，凡使用朝上的装饰构件，都在侧面或背面人体不经常接触的地方。如翘头案腿间的圈口，书格两侧的亮洞等。

券口

券口与圈口略有不同。通常所见为三面，它与圈口所不同的是没有下边朝上的那面。正是由于这一点，因而在正面使用较多。

档板

档板的作用与圈口大致相同，起着加固四框的作用，其做法是用一块整板镂雕出各式图案。也有用小块木料作榫攒接成棂格，镶在四框中间，发挥着装饰与结构相统一的作用。

绦环板

是在四框镶板的板心周围浮雕一道阳线，四角交圈。板面无论是方形，还是长方形，每边阳线都与边框保持相等的距离。这种绦环板，常装饰在抽屉脸、柜门镶板、柜子的两山镶板、架子床上眉板、高束腰镶板以及屏风的眉板及下裙板部位。绦环板的四边镶入四框的通槽内。有的在桌子的束腰部位使用绦环板，桌牙通过束腰部位的绦环板和矮佬支撑案面。从整体分析，采用高束腰的目的在于拉大牙板与桌面的距离，从而也拉大了桌腿与桌面、桌牙的距离。这时进一步固定了四腿，提高了家具的牢固性。绦环板内一般施加适当的浮雕，或中间镂一条空。也有的采用素手法，环内无雕饰，既保持了素雅的艺术效果，又有活泼新奇之感。

罗锅枨加矮佬

罗锅枨加矮佬，通常相互配合使用，其作用也是固定四腿和支撑桌面。这种部件，都用在低束腰或无束腰家具上。所谓罗锅枨，即横枨中间部位比两端高，呈拱形，或曰“桥梁式”。现在南方匠师还有称这种构件为“桥梁档”的。北方把两头低中间高的桥常用人的驼背来形容，称“罗锅桥”，因此把这种与罗锅桥相似的家具构件称为罗锅枨。有的还在罗锅枨中间用较矮的立柱与上端的桌面连接，矮柱俗称“矮佬”，一般成组使用，多以两支为一组，个别有用三支者。长边两组，短边一组。罗锅枨的造型，在结构力学上的意义并不大，之所以这样作，目的是加大枨下空间，增加使用功能，同时也打破平直呆板的格式，使家具增添了艺术上的活力。

卡子花

卡子花的使用位置与作用和矮佬相同，而且极富装饰性，形式也多种多样，清式家具使用较多。常见有龙纹、水纹、双环、方胜、圆寿字、长寿字、珠花、蕃草、竹叶、锦结、回纹、如意等。

霸王枨

霸王枨是装饰在长桌、方桌、方几上的一种特殊结构部件。其形式与托角牙条相仿。不同的是它不是连接在牙板上，而是从腿的内角线向上延伸与里面的两条穿带相连，直接支撑着桌面，同时也加固了四腿。这种家具大多采用光素做法，很少雕刻花纹，为了避免出现死角，在牙板与腿的转角处做出软圆角，以其造型简练、朴实无华的姿态，显示出典雅、文静的自然美。

搭脑

搭脑是装在椅背之上用于连接立柱和背板的结构部件。正中稍高并略向后卷，以供人们休息时将头搭靠在上面，故称搭脑。两端微向下垂，至尽头又向上挑起，犹如古代官员的帽翅。这种造型属于四出头式官帽椅。南官帽椅的搭脑后卷略小，还有的没有后卷，只有正中比两侧略高。尽端亦无挑头，而是做出软圆角与立柱相连。清代椅子多用屏风式围子，后背有三屏风组成，两侧无立柱，直接与扶手衔接。这种椅式，一般把正中一扇的顶端称为搭脑。这种屏风式靠背，有的顶端微向后卷，有的干脆垂直不后卷，屏背一般都较低，人坐在椅上，椅背高度与人的头部还有一段差距，根本无法搭脑，严格说来，这种椅背是不应称为搭脑的。

扶手

扶手是装在椅子两侧供人架肘的构件。凡带这种构件的椅子均称扶手椅。扶手的后端与后角柱相连，前端与前角柱相连，中间装联帮棍儿，如果椅子前腿不穿过座面的话，则须另安装鹅脖儿。扶手形式多样，有曲线、有直线、有平式，也有后高前低的坡式。进入清代，出现屏风式椅围，靠背与扶手多用框内装板做法，可以随意施展各式装饰手法。因此，清代屏风式椅子的扶手在板心或雕刻、或镶嵌、或彩绘各式花纹，表现出强烈的装饰效果。

托泥

托泥是装在家具足下的一种构件。托泥有两种形式。一种是框式托泥，一种是木式托泥。框式托泥一般随家具的面板而定，有方形、长方形、圆形及六、八角诸式，雕刻花纹的不多。框式托泥的使用大体有个规律，一是曲腿家具使用较多，二是低束腰的家具使用较多。垫木托泥常用于案类家具上。它既对腿足起保护作用，也有上下呼应，协调一致，增加稳定感的效果。

屏风帽子

屏风帽子是装在屏风顶端的结构部件。它是一种在结构上举足轻重，装饰性亦很强的构件。正中较高，两侧稍低，至尽端又向上翘起，形如僧人戴的帽子，所以又称“毗卢帽”。

大型座屏风

陈列时位置相对比较固定，挪动的机会不多。屏风插在底座上之后，尽管屏框间有走马销连接，但仍显势单力薄，而屏帽能把每扇屏风更进一步地合拢在一起，达到上下协调和坚实牢固的目的。屏帽由于用料较大，也是得以施展和发挥装饰艺术的部位。通常所见这类屏帽，多以正中为中心，浮雕云龙纹，或花卉纹、卷草纹等。由于屏帽的衬托，给整个屏风增添了无穷的艺术活力。

从以上说明可以看出，明清家具的构件大都与结构、装饰紧密结合。把结构与装饰，结构与使用巧妙地处理得恰如其分，达到三者之间的有机统一，这正是明清家具重要的艺术特点之一。

6. 金属饰件装饰

明清家具在使用和保护功能上常用金属作辅助材料。由于这些金属饰件大多都有各自的艺术造型，因而又是一种独特的装饰手法。它不仅对家具起到一定的保护和加固作用，同时为家具增添了色彩。优美的造型和柔和的色调，再陪上金光闪闪的金属饰件，使家具更为美观。

第一，金属饰件的种类与功能：

明清家具的金属饰件主要有：合页、面叶、拍子、扭头、吊牌、锄锄、眼钱、包角、套腿、提环等。

合页

是装在箱子的上盖、柜子的门边便于活动的构件。由两块铜板共同包裹一根铜棍而成，可开可合，故名“合页”。使用时，一面钉在柜框上，或箱口边上，一面钉在柜门上或箱子盖上。较大的合页都作成活轴，如大型柜子，为便于搬运，将柜门打开向上托起，可将框门取下。合页的造型多种多样，有长形、圆形的和各种花边的。分明钉和暗爪两种，明钉常用特制的铜钉钉牢；暗爪则是在合页内侧焊接两个或三个铜爪儿；铜爪由两条铜片组成，安装时，先在边框上用钻打孔，将暗爪穿过去后，再将透出木框的部分向两个防线劈分，使合页坚实牢固。

面叶

是在柜子或箱子中间衬托钮头、吊牌的饰件。由两片或三片组成。通常用两块，或左右、或上下使用。如果两门中间加活动插拴，则需加一条形面叶。如果柜门镶板采用落堂做法，面心低于四框，这时则应安装条形面叶。因三块面叶均为长条形，故称“面条”。装这种面叶的柜子，俗称“面条柜”。

拍子

拍子是装在箱匣类上盖儿前脸正中部位的饰件，作用相当于扣吊。箱盖盖好后，放下拍子，拍子面上的每个小孔正好扣在箱子前脸下侧面叶上的小铀铀上。锁住后，箱盖便不能打开。

扭头

是为上锁而备的饰件。通常在对开的门边上各装一个，如果两门中间有立栓，则在立栓上也装一个。扭头中间有圆孔，上锁时，须同时贯穿两个或三个扭头，门便打不开。

吊牌

是便于牵引柜门或抽屉的饰件。较大的器物则用吊环，都用铀铀固定在家具的特定部位。吊环不但有牵引功能，还有向上提起的功能。常见的吊牌、吊环多种多样，有椭圆形、长方形、瓶形、磬形、花篮形、双鱼形等。上面雕刻各式花纹，是装饰性较强的饰件。

提手

提手是装在箱匣两侧供提取搬运而设置的一种构件。由两个铀铀和一个云形铜件组成。明式家具饰件大多比较简单，清代装饰趋于繁琐，大多在铜片上刻出各种花纹，图案及纹饰呈多样化。

铀铀和眼钱

铀铀的作用是固定提环或吊牌。铀铀的使用常和眼钱相配合。在锄锄下面衬以眼钱，不仅防止提环磨损木面，而且为家具平添几分美观。眼钱的造型也多种多样，有圆形、方形、海棠花形和梅花、葵花等形状。

包角

一般装在箱子的四角，有的箱子底角也装包角。其作用是加强箱子的结合力，并使家具的边角部位免受磨损。

套腿

是根据家具四足形状或圆或方，随形状在足端的铜套，也称作套足。套腿的作用是避免木质受潮和与地面摩擦，保持器身平稳并延长使用寿命。

第二，金属饰件的安装手法：

金属饰件的安装手法有两种，一种为平卧，一种为浮钉。平卧法，是在家具安装饰件的部位剔下与饰件造型、大小、薄厚相同的一层木头，将饰件平卧在槽内。平卧法的饰件大多用暗钉，装好后，饰件表面与木框表面齐平。浮钉法，是家具表面不起槽儿，只在家具上打眼，把饰件平放木框表面，用泡钉钉牢，装好后，饰件高出家具表面，与平卧法形成不同风格的装饰效果。

传统家具的金属饰件，早期（即明代早期）多用白铜或黄铜制成。明晚期至清前期用红铜镀金，更显华丽。这些光彩夺目的金属饰件，装饰在黄花梨、紫檀、鸡翅木等色彩柔和、木质纹理优美的家具上，形成了不同色彩、不同质感的强烈对比。可见，明清家具的匠师们在处理结构与装饰、装饰与实用的关系上，艺术手法和艺术理论都是相当成熟的。

7. 明清家具的装饰题材

装饰不仅体现了人们的审美观念，还体现了人们的思想观念、等级观念、伦理道德观念、社会风俗等多种因素。家具是布置居室殿堂必不可少的器物。它既有使用价值，又有观赏价值。观赏一件家具，首先注意到的是它的造型和装饰。家具上的各种做工精细的纹饰，不仅给人以美观华丽的外表，还可以根据装饰花纹的含义，使人在心理上和精神上也得到满足。家具装饰纹样的意义即在于此。

明清家具的装饰纹样极为丰富，但明式和清式的装饰风格却有着截然不同的区别。明式家具不追求繁缛的雕刻，主要突出其造型美与线条美，有的家具尽管也大面积雕花，和清式相比，仍显文静含蓄。而清代家具则重点突出其装饰美，在漆器家具上表现得更加明显，给人以高贵华美、富丽堂皇的感受。明清家具的纹饰种类很多，下面分类介绍各种纹饰。

龙纹装饰

在明清两代的家具中，用龙纹装饰的最具有代表性。无论床榻、桌案、椅凳、几、架、箱、柜、屏风等，以龙纹作装饰的极为常见。故宫太和殿中陈设的金漆雕龙纹宝座就是其中最典型的一个。从明清两代各时期的龙纹对比来看，各时期有各时期的风格、特点。明代龙纹大多雄劲有力，细脖、小头，龙发多从两角前耸，呈怒发冲冠状，张口、龙眉向上，龙爪的五指呈风车状。明代末期，龙身姿态无大变化，而龙发已由一绺变为三绺。进入清代，龙发已不再上耸，而是披头散发，龙身也渐渐粗起来。到清代乾隆朝，龙的眉毛朝下，且龙尾加长，龙的五指出现四指并拢的形状。再晚的龙纹，姿态较呆板，脖子渐粗，龙鼻亦大起来，俗称肿鼻子龙（见图 26、27）。

图 26

图 27

凤纹

凤凰为古代传说的神鸟，皇宫内将其喻为后妃，故以凤纹作装饰的器物多为后妃们所专用。

蝙蝠纹

也是一种传统寓意纹样。蝙蝠非鸟非鼠，而是一种能飞翔的哺乳动物，属动物学中的翼手目。在我国传统的装饰艺术中，蝙蝠的蝠与幸福、福气的福同声，故蝙蝠被人们视为有福气、幸福的象征。

云纹

大多都象征吉祥，其应用较广，多为陪衬图案。其形式有：四合云、如意云、朵云、流云等。云纹常与龙纹、八仙、八宝、蝙蝠纹组合在一起使用，组成各种含义的吉祥语图案（见图28）。

花卉纹

在较大的插屏、挂屏、屏风上使用较多，在桌、案、椅、凳等器物上则多用于边缘装饰，并大多用在漆器家具上。常见的花

图 28

卉有牡丹、荷花、灵芝、松、竹、梅、兰花、桂花、石榴花、桃花、西洋花等。

牡丹

有折枝牡丹和缠枝牡丹。折枝牡丹常在柜门或背板雕刻或彩画。缠枝牡丹则来用装饰边框。装饰手法多用螺钿镶嵌或金漆彩绘。牡丹在我国古代早就被人们看成是花中之王，被称颂为“天香国色”。又因牡丹具有富贵之象，又被人们喻为“十二客”中的“富客”，被人们当成富贵的象征。与其他花卉相配，能组成各种各样的吉祥语图案，常用来为自己及亲朋好友祝福。如：牡丹与荷花、瓶子相配，寓意“富贵和平”；牡丹与玉兰、海棠相配，寓意“玉堂富贵”；牡丹与蝴蝶相配，寓意“捷报富贵”；牡丹与万字相配，寓意“富贵万年”；牡丹与水仙相配，寓意“先富贵”；牡丹与海棠相配，寓意“富贵满堂”；牡丹与月季相配，寓意“富贵长春”；牡丹与芙蓉相配，寓意“荣华富贵”；牡丹与大象相配，寓意“富贵有象”；牡丹与牵牛花相配，寓意“富贵千秋”；牡丹与鱼相配，寓意“富贵有余”等等。

荷花

荷花又称莲花，为我国传统花卉纹样。佛教常以莲花为标志，代表“净土”，象征“洁”，寓意“吉祥”。传统装饰常把荷花喻为“君子”。周敦颐《爱莲说》谓：“莲花之君子者也”，誉莲花出淤泥而不染。另外，人们还把荷花看成是“和平”的象征。荷花的装饰大多用在屏类家具上，常以碧玉饰荷叶，青玉、白玉饰荷花，形成色彩艳丽、形象逼真的立体图案。

灵芝（图 29）

图 29

灵芝是一种较为常见的装饰纹样。故宫博物院藏有一件紫檀雕灵芝纹画案，面长 171 厘米，宽 74.4 厘米，高 84 厘米。画案模仿炕几形式，面下带束腰，鼓腿膨牙，但与一般鼓腿膨牙不同，四腿自拱肩处不是向四角，而是向两侧张出后又向内收，足下有横木承托，横木中间有向上翘起的灵芝头。此案除案面外通体浮雕灵芝纹，大小相间，随意生发，属满布式，无衬地儿。雕刻的灵芝丰腴圆润，造型及装饰都有独到之处。

忍冬纹

忍冬，俗称“金银花”、“金银藤”。其花长瓣垂须，黄白相半，因名金银花。凌冬不凋，故又有忍冬之称。《本草纲目》云：“忍冬，久服轻身，长年益寿”。多用作佛教装饰，常装在器物边缘部位，取其“益寿、吉祥”的含义。

缠枝纹

传统吉祥纹饰，又名“万寿藤”，寓意吉庆。因其结构连绵不断，故又具“生生不息”之意。是以一种藤蔓卷草经提炼概括变化而成。委婉多姿，富有动感，优美生动。起源于汉代，盛行于南北朝、隋唐、宋元及明清。缠枝以牡丹组成的称“缠枝牡丹”，以莲花组成的称“缠枝莲”。清代末期又出现了“缠枝葡萄”、“缠枝葫芦”等。

折枝花卉

折枝花卉大多装饰在柜门和柜子两山的镶板上。或雕刻，或镶嵌，或彩绘，各种手法均有。常见折枝花卉有梅花、桃花、海棠花、石榴花、桂花等。松、竹、梧桐常为整株树形，单独折枝的不常见。

梅花纹

岁寒三友之一，梅能于老干发新枝，又能御寒开花，故古人用以象征不老不衰。梅花为五瓣，民间又借以表示五福，五福分别为“福、禄、寿、修好德、考终命”。明清以来，梅花纹是人们最喜欢的传统寓意纹饰。

竹子纹

竹子象征不刚不柔，滋生易，成长快，古人常以其比喻子孙众多。竹历寒冬而枝叶不凋，所以，岁寒三友，竹居其一。

松树纹

松树，能顶风傲雪，四季长青，历代一向以其为长寿的象征。

西洋花

在清代家具中，除传统纹饰外，用西洋花纹装饰的家具亦占一定比重。其表现手法通常以一朵或几朵花为中心，向四外伸展枝叶，还可根据家具的构件形态而随意延伸。

西洋花本是西方生长的一种植物，茎干匍地而生，花朵如中国牡丹，有称“西番莲”者，又有称“西洋莲”者，个别还有称“夕阳菊”的。花色淡雅，自春至秋相继不绝，春回将藤压地，自生根，隔年可凿断分栽。根据这些特点，既可做大面积的板面装饰，亦可作缠枝花纹用作边缘装饰。

山水风景

山水风景图常装饰在屏风、柜门、柜身两侧及箱面、桌案面等面积较大的看面上，有的彩漆或软螺钿镶嵌家具在正面横枨上也装饰山水风景图。图案多取自名人画稿，画面中刻画亭台楼谢、树石花卉、高山流水等，由远及近，层次分明，且种类繁多。陈列室内，不乏典雅清新的意趣。

几何纹

几何纹即利用各种线条组合成极富规律性的各种图案。主要有各种锦纹、回纹、万字纹等。

锦纹

锦纹在漆器家具上使用较多。故博物院收藏着一对黑漆嵌罗甸书格，是迄今所见装饰锦纹最多的实物。书格横 114 厘米，进深 57.5 厘米，高 223 厘米。楠木胎，通体黑漆地，以五彩螺钿和金银片托嵌出各种花纹。其中有山水人物 8 种，大小图案共计 137 块。其图案锦纹种类繁多，有许多品种从未见过。书格四腿下端镶凿铜镀金筒状套足，在二层屉板下横带上刻“大清康熙癸丑年制”款。

锦纹的特点是利用不同形式的几何图形连续不断地延续，组成极富规律性的图案。通常所见有云纹锦，雕漆家具中表现天空的称为“天锦”，明代常用软角天锦，清代常用硬角天锦。其他还有“万字锦”、“回纹锦”、“枣花纹”等，能形成丰富多彩的装饰样式。

回纹

回纹即“回”字形纹饰，形态是以一点为中心用方角向外围环绕形成的图案。清代家具的四脚常用回纹作装饰。如果把众多回纹组合在一起，则称“回纹锦”。

万字纹

图案式的万字写作“卍”。古代的一种符咒、护符或宗教标志，常被人认为是太阳或火的象征。“卍”字在梵文中意为“吉祥之所集”，佛教认为它是释加牟尼胸部所现的瑞相，有吉祥、万福、万寿之意。唐代武则天长寿二年采用为汉字，读“万”。用卍字四端向外延伸又可演化成各种锦纹，这种连锁花纹常用来寓意锦长不断和万福万寿不断头之意。也叫“万寿锦”。

博古纹

博古纹起源于北宋晚期。徽宗命大臣编绘宣和殿所藏古器，名曰《宣和博古图》三十卷。后取该图或以古器纹样装饰家具，遂名“博古”。有的在器物口上添加各种花卉，以为点缀。尤其进入清代，在家具上使用较多，寓意清雅高洁（图30）。

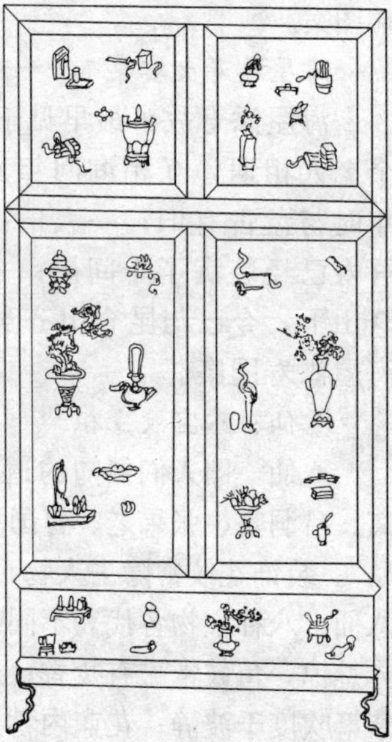

图 30

方胜纹

即两个菱形压角相叠组成的图案，古时作为吉祥之物。《宋书符瑞志》载有“金胜”，谓其“国平盗贼，四夷宾服则出”。明清以来成为吉祥图案中常见的装饰之一。

神话故事

神话故事在明清家具中也是较为常见的题材。一组图案描绘一段传奇故事，颇受文人雅士的喜爱。

河马负图纹平头案

马与龙，有时一而二，二而一。《周礼·夏官·瘦人》说：“马，八尺以上为騋，六尺以上为马”。凡马之大者，亦可称为“龙”，或“龙马”。《礼记》曰：“圣人用尼必从，天不爱其道，不藏其宝，故河出马图，”注曰：“龙马负图也。”孔安国《尚书·大传》曰：“王者有仁德，则龙马见。伏羲之世，龙马出河，遂则其文以画八卦。谓之河图也”。河马负图，历代都被视为祥瑞图案。

海屋添寿大宴桌

海屋添寿故事最早见于宋代苏轼《东坡志林》，传说有三个老人相遇，互相询问年岁，一人曰：吾年不可记，但忆少年时与盘古有旧；一人曰：海水变桑田，吾辄下一寿，尔来吾寿已经装满了十间屋；一人曰：吾所食蟠桃，弃其核于昆仑山下，今已与昆仑山齐矣。后来人们常见祝寿礼物上装饰海屋添寿图案。

八仙、八宝纹立柜

八仙，即人们熟知的道教八位仙人的总称。分别为“汉钟离、吕洞宾、张果老、曹国舅、铁拐李、韩相子、兰采和、何仙姑”。装饰花纹常隐去人物，只雕出八仙手中所持之物，俗称暗八仙。八种宝物各代表不同意义，“轻摇宝扇乐陶然；剑现灵光赤魅惊；鱼鼓常敲有焚香；玉版和声万籁清；葫芦岂止存五福；紫箫吹度千波静；花蓝内蓄无凡品；手执荷花不染尘。”八种宝物合在一起，八仙齐来，寓意祝颂长寿之意（图 31）。

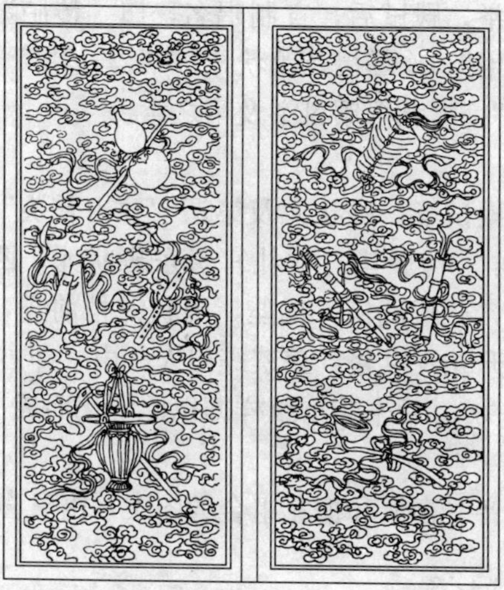

图 31

顶柜饰八宝纹

八宝又名八吉祥。由法螺、法轮、宝伞、白盖、莲花、宝瓶、金鱼、盘长组成。八宝本是佛教中的 8 种法器，各具不同的含义。八宝常见为组合使用，称为“八宝生辉”（图 32）。

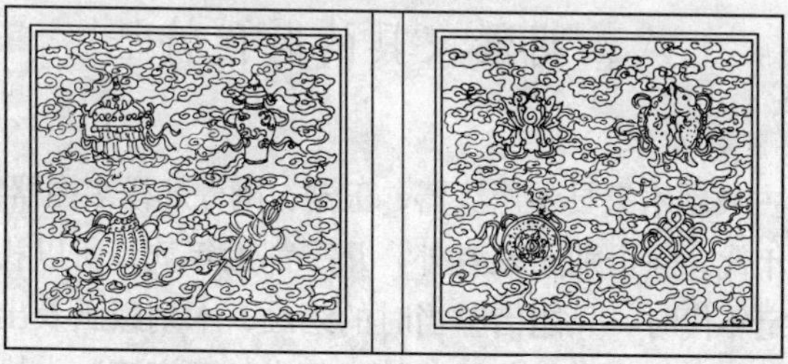

图 32

一甲传胪

古时科举考试，甲科及第者，录其名附卷末，用黄书，称为黄甲。后世科举，殿试后，宣制唱名，曰“传胪”。图中的大螃蟹，意谓“黄甲”，作攀援芦苇状，“芦”与“胪”同音，即组合成“一甲传胪”，寓意祝颂科举及第之意。

独占鳌头

古时科举殿试毕，称状元及第谓“独占鳌头”。洪亮吉《北江诗话》卷三：“传胪毕，赞礼官引东班状元，西班榜眼二人，前趋至殿陛下，迎殿试榜。抵陛，则状元稍前进，立中陛石上，后正中雕刻有升龙及巨鳌，盖禁跸出人所由，即古所谓螭头矣。”俗称“独占鳌头”，后来装饰纹样即以此演化而成。

指日高升

梅与眉同音。喜鹊和梅花组合的图案，寓意喜上眉梢。

凤戏牡丹

凤为鸟中之王，牡丹为花中之王，牡丹和凤组合象征美好、光明和幸福。

总而言之，我国自清末至民国时期制作的家具，无论从造型、结构、雕刻手法及装饰题材等方面，其研究和借鉴的价值均不如此前的家具。

八、明清家具的时代特征

明清古典硬木家具不像漆器、玉器、陶瓷那样多在器物上科款，表明准确年代。除个别漆家具外，几乎都无年款。所以我们在给古典家具断定年代时，只能借鉴当时的绘画、木刻版画及出土家具模型等作比较。如：明代午荣编著的《鲁班经匠家镜》中描绘的拔步床（图33），云纹足底座，门围子镂壶门，中间雕灵芝。台上的卧床三弯腿、云纹足、牙板起压边线。再对照故宫藏花梨万字围子架子床，三弯腿、云纹足、壶门牙，均属明代造型（图34、35）。

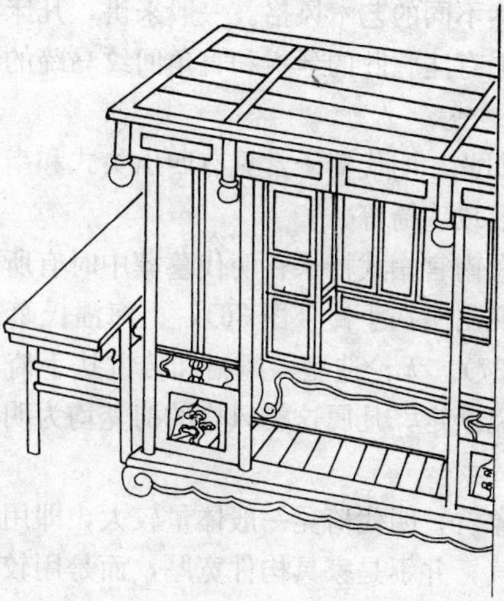

图 33

图 34

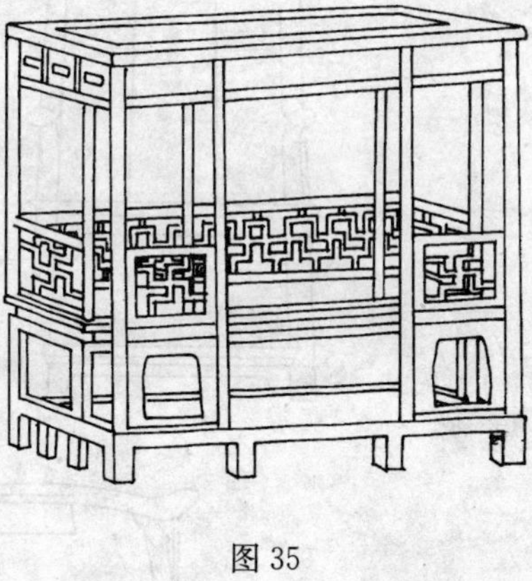

图 35

进入清代，随着手工艺技术的发展，各类家具的造型有了很大变化。床榻的围栏采用菱格的已不多见，而以攒框镶板做法居多。折中做法可以充分发挥艺人们的雕刻技术和艺术才能，形成与明式家具截然不同的艺术风格。一般来讲，凡床围子采用展风式样的，再加上有洼膛肚的牙板和直角回纹马蹄的装饰，则应认为是清代作品。

椅凳也是如此。明代椅子常见有四出头式和南官帽式，还有交椅和圈椅以及玫瑰椅等。

四出头式和南官帽式椅子在明代墓葬中时有所见。如苏州虎丘出土的明代四出头扶手椅（图 36），上海潘氏墓出土的南官帽扶手椅等（图 37）。无论造型、风格和传世扶手椅比较，都极为相似，因此可以断定，凡属这类风格的椅凳均为明代制品，或曰“明式风格”。

从整体现象看，明代椅凳一般体量较大，即用料大气。这里所说的用料大气，并不是家具构件宽厚，而是用较大的料加工出

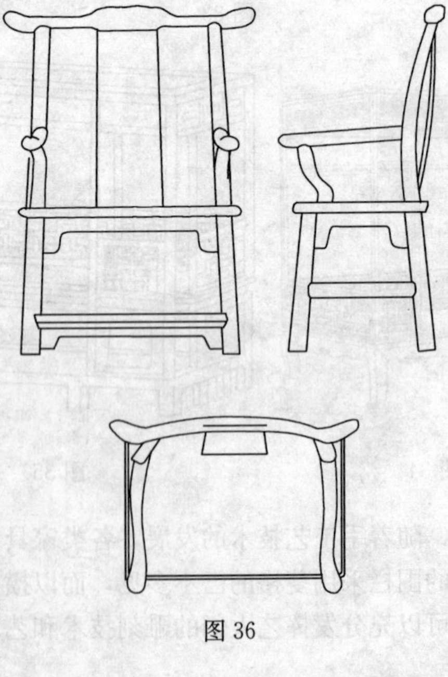

图 36

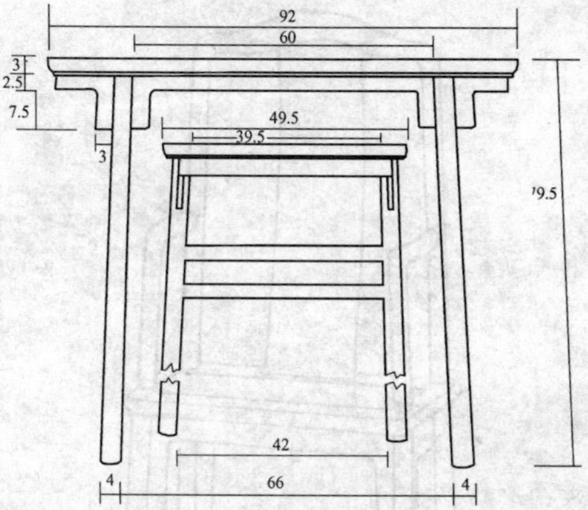

图 37

柔婉的曲线。加工出的构件粗细适度，恰到好处，达到多一分则有余，少一分则不足的合理程度。而清代椅用料大气表现在材料的堆砌上，其目的是在于开发足够面积，以便发挥和施展其雕刻或镶嵌等艺术手法，清代椅凳的总体尺寸相对较明式要小。

明代的坐墩一般都比较粗硕，而清代的绣墩则大多较俊秀。其突出特点是腹腔收细，颇为美观。到清代晚期，家具艺术和其他民族手工业一样，每况愈下，雕刻粗俗、简单，最典型的要数极常见的红木花篮椅了。这类家具和清代乾隆以前的家具相比，行外人都能分出优劣。

桌案的情况也是如此。近年出土的实物资料很多，山东明代鲁王朱檀墓出土的方桌即是实例。它造型朴素，不重雕刻，为明代的基本式样。墓葬出土的桌案在上海潘氏墓、苏州王锡爵墓、浙江嘉兴项氏墓都有出土。它们都是鉴定传世明式家具风格特点的宝贵资料。

桌案类的不同时代特征主要表现为：明代用料整洁、造型朴素大方。突出表现为侧脚收分明显，肉眼可见（图 38、39）。至

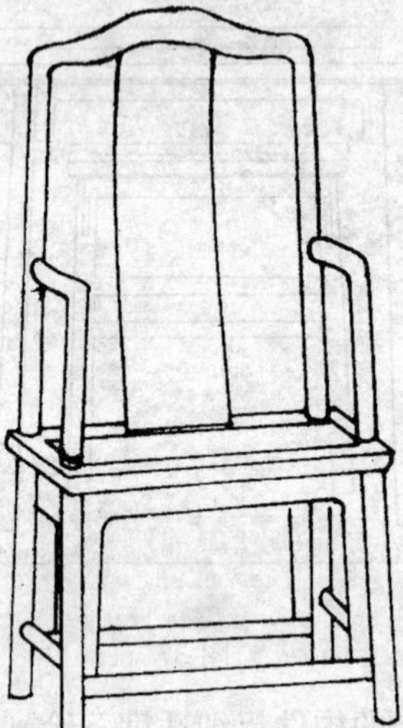

图 38

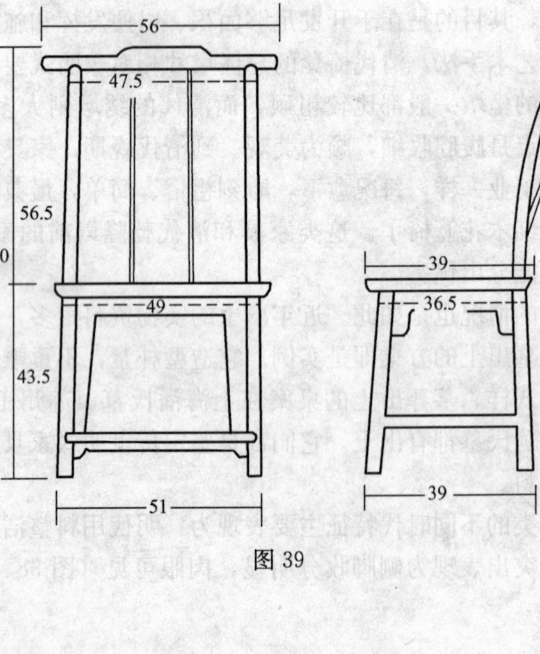

图 39

清初则渐小，乾隆时更小，肉眼难辩，须用尺子量一下才能知道。有的则上下方正平直，根本无侧脚和收分。这种情况在其他类家具中也普遍存在，成为我们鉴定家具年代的一条佐证。

箱子和柜子的情况也大体相似。明代的箱子，早期常见用盝顶，大型箱子下承箱座。嵌金属饰件的较多，有白铜、黄铜及铁饰件几种。柜子以圆角柜居多，且侧脚收分明显，多用各种线条作装饰，不重雕刻。入清以后，这类圆角柜逐渐减少，代之以方材角柜。侧脚收分渐小，至清中期基本无侧脚，而且雕刻亦有简变繁，和明式柜子形成截然相反的风格。

明式家具造型及轮廓舒展，稳定性强，侧脚收分明显。

牙板及腿足主要有以下几种形式（见图 40-41）。

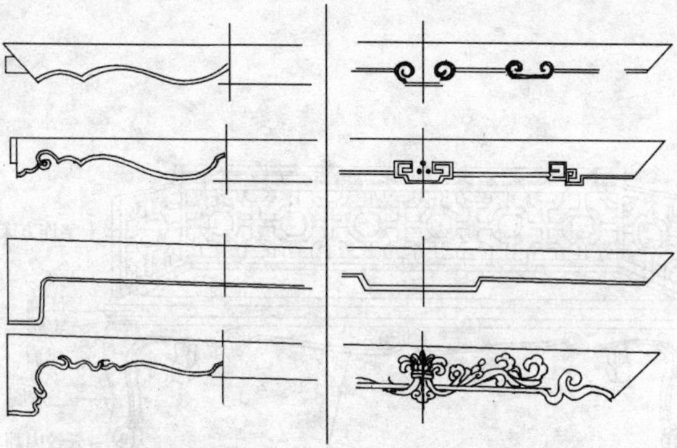

图 40

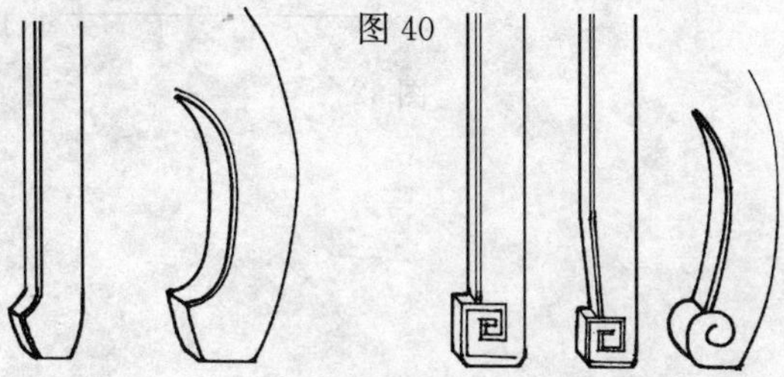

图 41

清初，各类家具仍保留着明式风格。此后装饰渐趋繁琐。至清中期侧脚收分肉眼难辩，有的索性无侧脚。

清式家具主要指雍正到乾隆晚期生产的家具，这时期生产的家具材质优良，宫廷中以紫檀家具为主，它是清代康、雍、乾三朝盛世的产物。清代晚期，由于帝国主义的侵略，给中国的民族手工业造成极大的破坏，加上紫檀、黄花梨、铁梨、鸡翅木等优质木材原料枯竭，开始以酸枝木（北方称红木）为代用材，且造型臃肿，靠背扶手平直相交，椅背常用整板镂雕各式吉祥图案，人们常称其为“花篮椅”。桌案类家具多以“如意”、“葡萄”、“葫芦”等镂雕花牙。但大都做工不细，毫无艺术性可言。

明清家具各部名称见图 43-61。

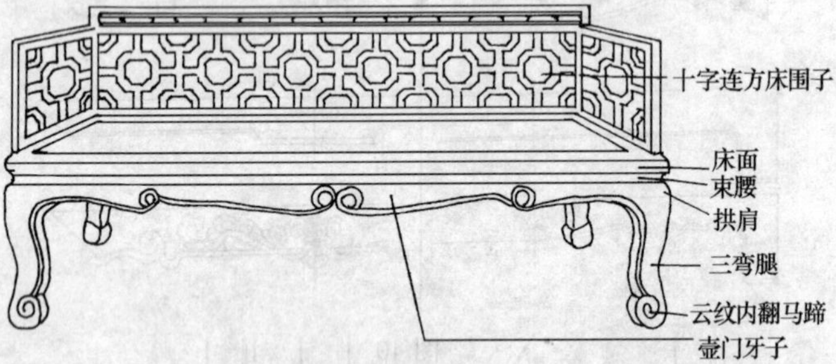

图 42

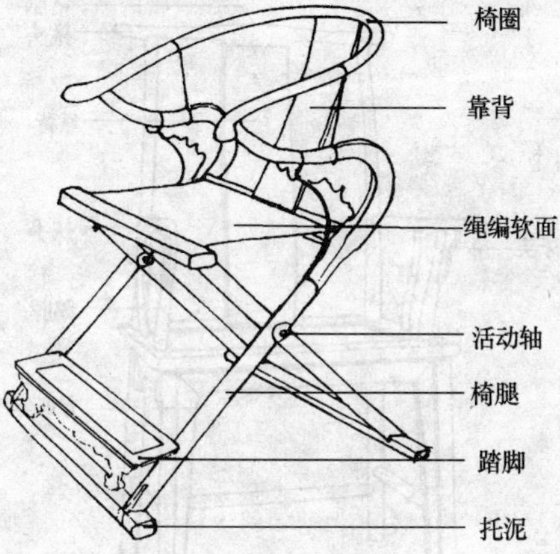
椅圈
靠背
绳编软面
活动轴
椅腿
踏脚
托泥

图 43

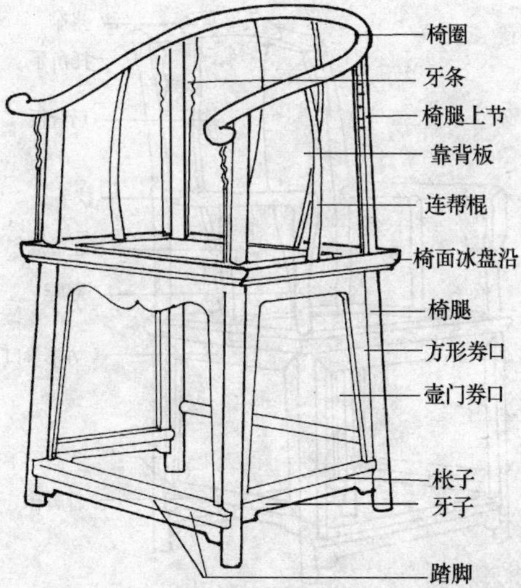
椅圈
牙条
椅腿上节
靠背板
连帮棍
椅面冰盘沿
椅腿
方形券口
壶门券口
枨子
牙子
踏脚

图 44

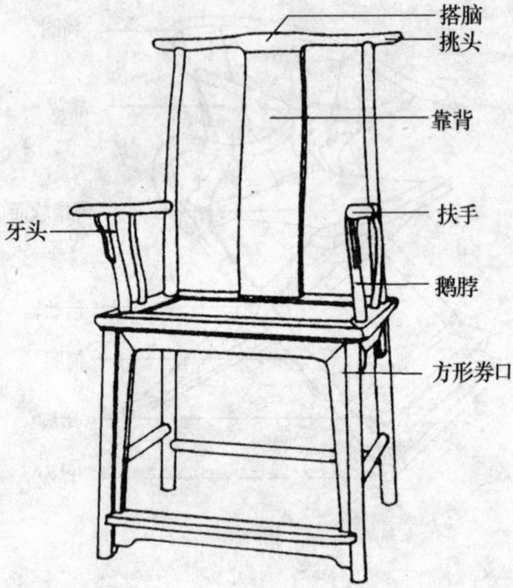
搭脑
挑头
靠背
牙头
扶手
鹅脖
方形券口

图 45

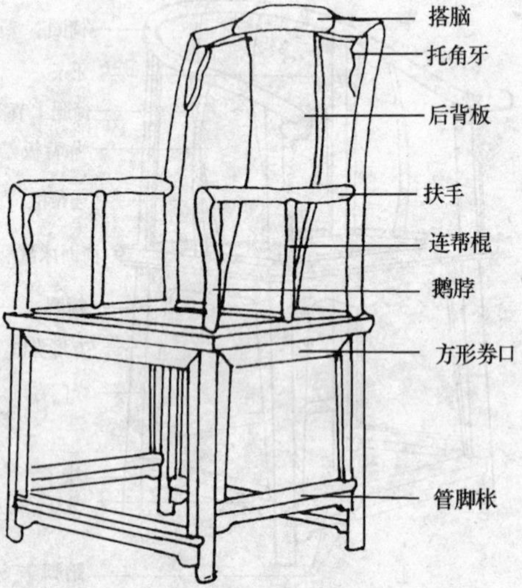
搭脑
托角牙
后背板
扶手
连帮棍
鹅脖
方形券口
管脚枨

图 46

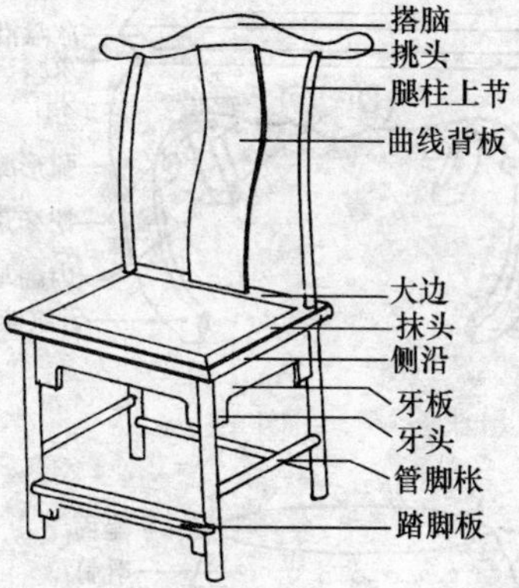
搭脑
挑头
腿柱上节
曲线背板
大边
抹头
侧沿
牙板
牙头
管脚枨
踏脚板

图 47

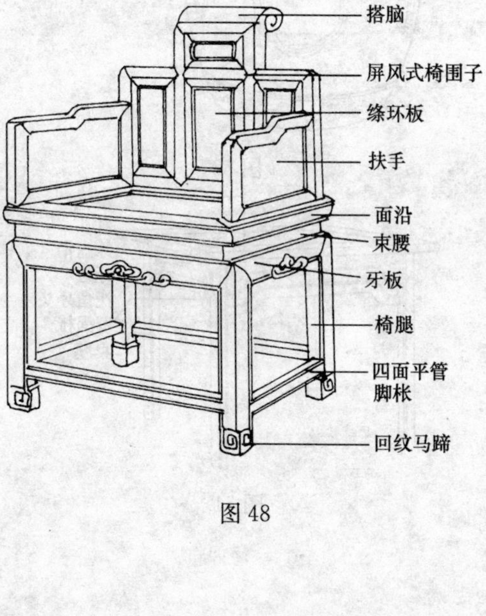
搭脑
屏风式椅围子
绦环板
扶手
面沿
束腰
牙板
椅腿
四面平管
脚枨
回纹马蹄

图 48

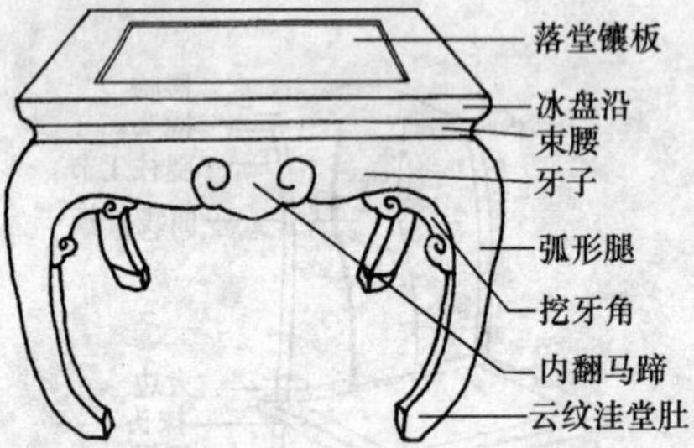
落堂镶板
冰盘沿
束腰
牙子
弧形腿
挖牙角
内翻马蹄
云纹洼堂肚

图 49

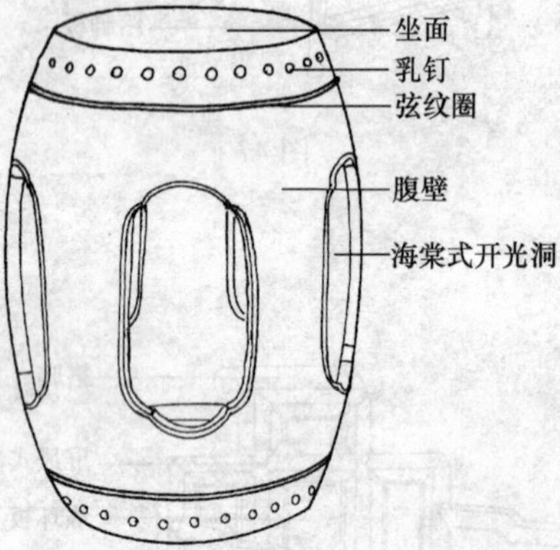
坐面
乳钉
弦纹圈
腹壁
海棠式开光洞

图 50

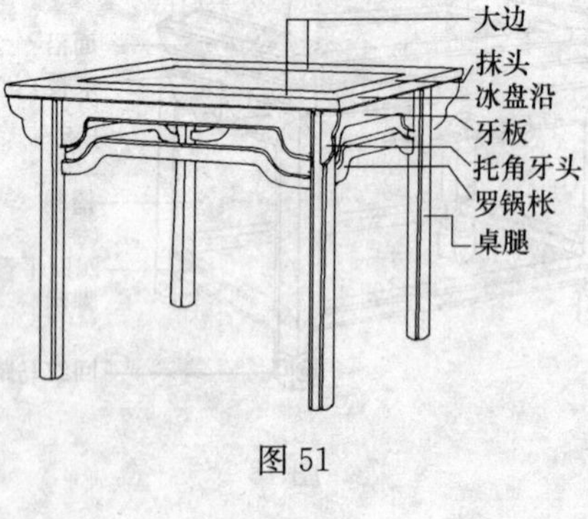
大边
抹头
冰盘沿
牙板
托角牙头
罗锅枨
桌腿

图 51

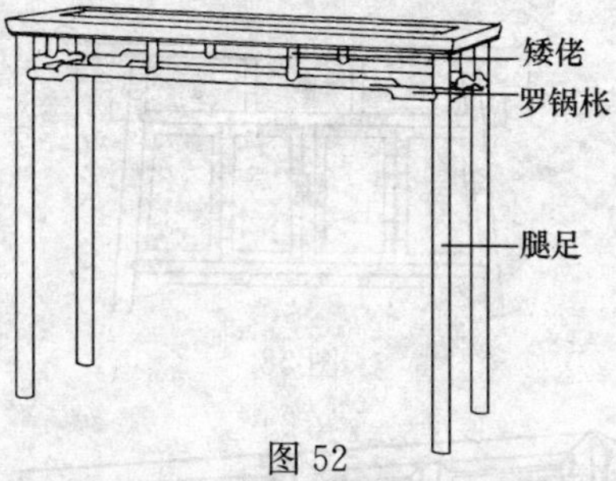

图 52

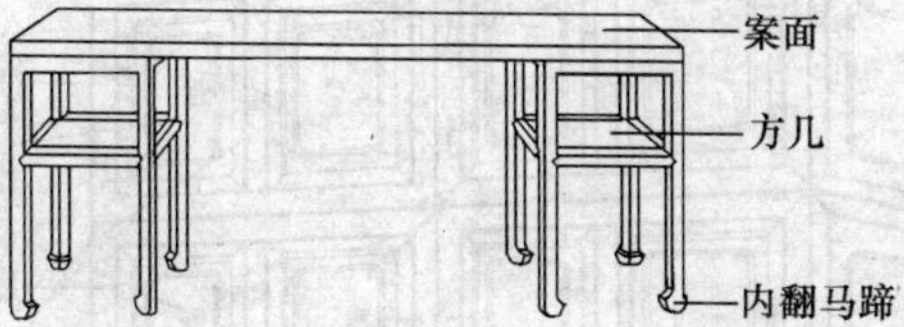

图 53

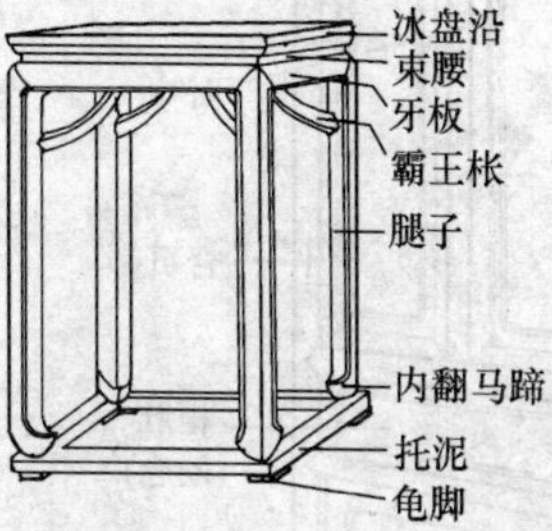

图 54

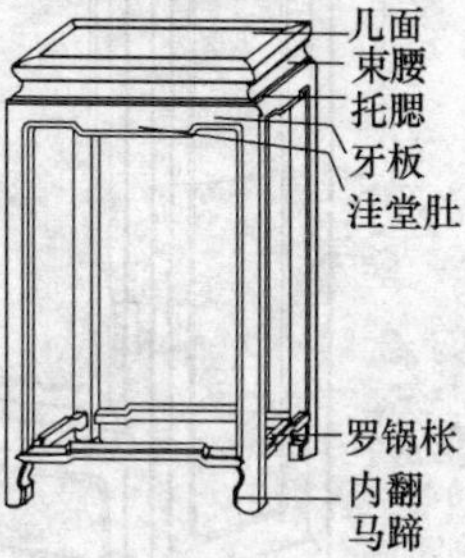

图 55

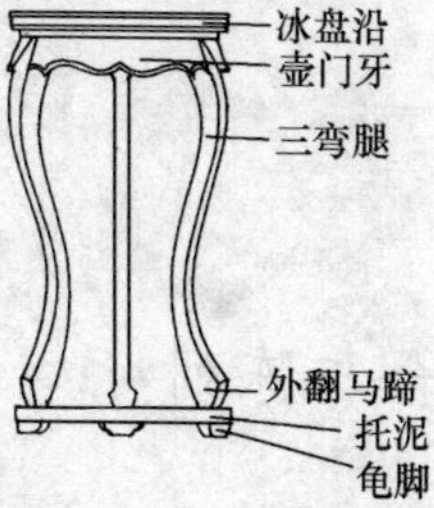

图 56

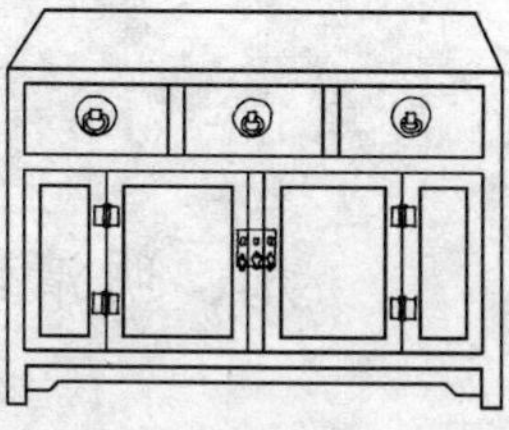

图 57

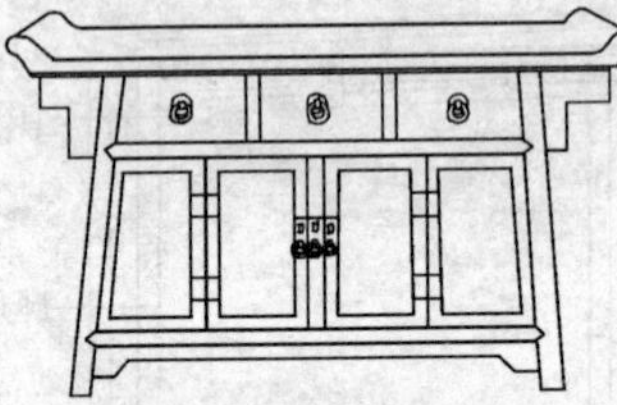

图 58

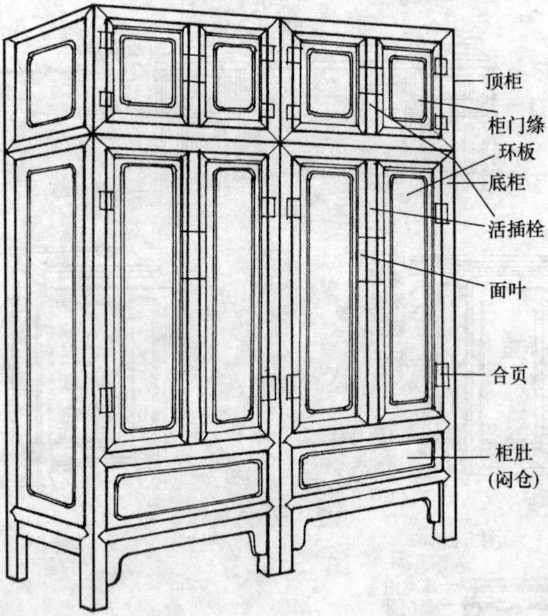

图 59

九、明清家具的组合与陈列

中国古代家具从它产生、发展到现在，始终与人们的文化生

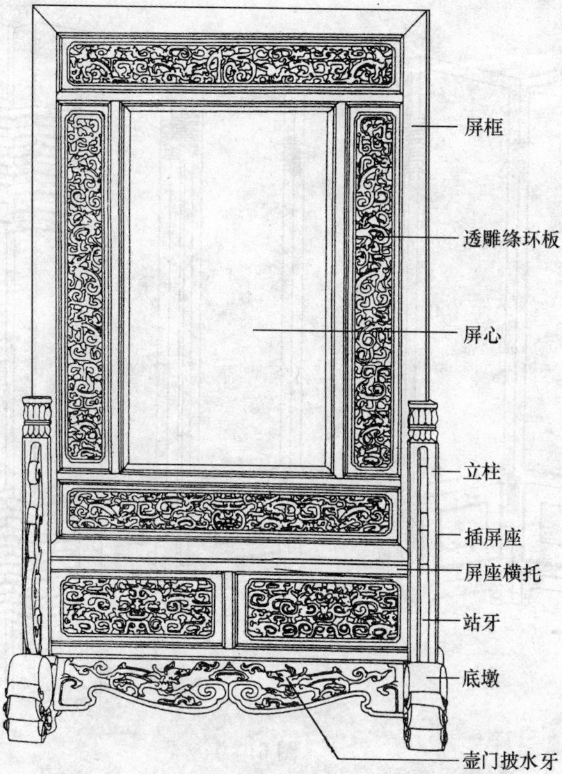

图 60

活结合在一起。我国早期文献《尚书》、《周礼》中就已把家具的使用与等级、名分等礼制结合起来，形成一套严格的制度。这些观念一直潜移默化地影响着后人，有的已成为中华民族特别是汉民族的传统道德和风俗习惯而流传至今。

明代初期，由于社会稳定，经济繁荣，住宅和园林艺术发展很快。有些文人画家还直接参与园林及家具方面的设计和制作。这对家具事业必定起到相应的推动作用。家具与建筑有着极其密

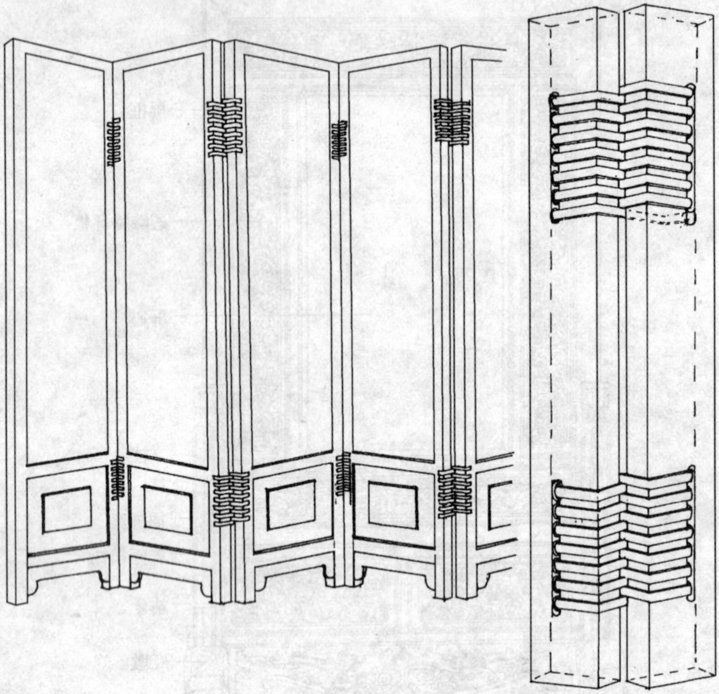

图 61

切的关系，在陈设和使用中相互协调，从概念上讲，建筑是表，家具是里，只有表里如一，才是完美的整体。家具不但要具备人们的各种生活需要的功能，还要具备能制造室内不同环境气氛的作用。它可以根据人们的不同爱好、不同性格，形成多种多样的陈列，使人们的物质生活和文化生活在一定程度上带有艺术色彩。

中国传统建筑形式大体上正房居中，两侧有东西配房，配房两侧有耳房。家具的陈列形式也是如此，基本采用均齐对称格局。在这个基本形式下，根据个人的兴趣、爱好，因地制宜地陈设各种家具，以达到使用和观赏的双重效果。

居室布置家具的理论，早在明代文震享《长物志》中早有精辟的论述，“位置之法，繁简不同，寒暑各异。高堂广榭，曲房奥室，各有所宜。”这就是说，居室家具的布置一定要根据人们的生活需要，而具备各种不同的功能。

明清时期已有了较广泛的成堂家具概念。在一般人家中，一张桌子，左右各摆一把椅子，或一个茶几两把椅子，是极为常见的陈列形式。不仅平民百姓采用这种陈列模式，就连皇宫各殿也有这样的陈设。前一种组合大多在厅堂正中设一长案，长案上摆放大型陈设三件，案前设方桌，两旁各摆一圈椅或官帽椅，方桌之上陈设茶几等物。这种陈设因处厅堂显要位置，极具庄重性。

如果室内陈设家具品种较多，那么大家会自觉依次选用适合自已身份的坐具。如：圈椅的等级高于普通扶手椅，扶手椅又高于靠背椅，靠背椅又高于凳子。这种习俗是我国古代传统的等级观念、伦理道德观念以及生活习俗等在家具使用中的反映。

成堂配套家具多反映在上层社会的府第、宅院及园林内。在具体陈设时也并非恪守一个固定的模式，一般以使用为主，尽量照顾到造型、色彩的特点，同时佐以山石、盆景及铜、瓷等古玩，借以提高室内清新、典雅的气氛和效果。在这方面，明代文震享《长物志》里已作了详尽的描述。

通常情况下，家具的陈列首先要以实用为前提，家具与家具之间适当留着通道，即人们日常生活的空间，在这个基础上根据不同场合和要求布置家具。布置家具通常有两种格调，即庄重形和随意形。如皇宫中的宝座陈设，必须设在宫殿的明间正中，后面放一架较大的屏风，前设宝座、御案，两边设宫扇、角端、香筒、香几，几上置宝象驮瓶等陈设，都是采用对称手法布置，除此之外，别无他物。由于后面屏风挡住了人的视线，在视觉效果上突出了屏风前家具陈设的气氛，增加了敬畏感。尤其是故宫的太和殿中的宝座陈设，当属于这类陈设格式的典型代表。

民间富户人家的大厅，常常于厅堂正中横设一较大的翘头案。案上摆放铜、瓷大器或山石盆景等陈设。案前摆一方桌，稍矮于大案。方桌两边各放一扶手椅，前方两侧可分别靠壁摆放一长条桌和两把椅子。这种格式也属于庄重形。

如果室中放一炕榻，榻上置炕几，两旁置引枕、坐褥，主人和客人都可以不拘礼节地侧坐靠椅，那么气氛就不一样了，这种形式属于随意形。

一般来说，客厅陈设都比较庄重、严肃，有相对固定的模式。而卧室和供休息的便殿陈设就比较清新活泼，不但没有固定模式，有时还备有随用随设的机动家具，如方凳、圆凳等，移动方便，用途又广，极适合地窄人多的情况下使用。

总之，明清时期的家具种类繁多，根据不同的使用要求，组合形式也多种多样。因人而异，有时能产生不同的风格特点。它既可满足人们日常生活的使用需要，又由于家具陈列的艺术效果，给人以精神上的乐趣和享受。家具陈设的风格、特点，在一定程度上反映出使用者的情操和文化素养。

中国古代钱币与鉴定

董德义

一、货币的产生

我国的货币历史悠久，距今约有四五千年，是世界上最早使用货币的国家之一。我国的货币种类繁多，形式多样，数量巨大，形成了独特的中国货币文化。但货币不是人类社会一开始就有的，也不是人们有意识发明的，而是在商品交换过程中自发产生的。所以说商品交换的过程，也是货币形成的过程。

在原始社会早期，人们是以部落为单位，过着群居的生活，那时的生产力低下，劳动工具十分简陋，所有的生产资料进行集体生产，劳动所得只能维持生存，没有剩余，也不会产生交换。随着生产力的发展，人们在维持自身生活必需之外，还有了剩余，就产生了交换的需求。最初是在部落之间，通过氏族的首领，进行交换，所交换的产品，也是公共财物。随着私有财产的出现，个人之间的交换。越来越占优势，交换的产品就是商品。开始是物与物直接交换的，是以其所有易其所无。《易·系辞》："日中为市，致天下之氏，聚天下这货，交易而退，各得其所。"就是对原始氏族社会物物交换的描述。

由于社会的发展，母系氏族繁荣时期，游牧部落从野蛮人中分离出来，这就是第一次社会大分工，即游牧部落与农业部落的分工，这时的劳动生产率有很大的提高，各部落之间有较多的剩余产品，同时又都想得到本部落地区内不生产的产品，这就引起了彼此之间经常的交换。交换需要一般等价物，实物货币逐渐形成，随着商品和商品交换的发展，物物交换就发生了困难，当人们在长期商品交换实践中，认识到了先把自己的商品，换成一种人们普遍乐意接受的商品作为媒介，于是便从商品中分离出一种能同其他商品相交换的商品，这种商品，称之为一般等价物。它可以直接和其他商品进行交换，这种充当商品交换媒介的特殊商品，就是最早的货币了。

充当一般等价物的商品很多，如：海贝、牲畜、布帛、珠玉、皮毛、生产工具等，它们都曾在不同的地区使用过。这些一般等价物到后来，有的由于计数不方便，有的在流通中容易损坏，有的笨重不便携带，有的不易收藏保存，终于被逐渐的淘汰，只有海贝依旧被使用。

二、我国最早的货币——贝

1. 天然贝

亦称贝化，是夏、商和西周时期的实物货币，流通于中原和沿海地区。古代许多氏族都用天然贝充当货币。因为天然贝有使用价值——有天然的光泽、坚固耐用、便于携带、大小相似、便于计数，又是很好的装饰品（图 1-1）。

贝产于台湾、广东、海南及菲律宾、暹罗湾、马来半岛、锡兰等海域，在西北、中原地区很难得到，但在内地出土的大量海贝，说明是外来的交换品。汉字中与“财货”相关文字，多从“贝”如：买、卖、财、货、贸、贫、贮、货、责、赊、贿、赂、赏、赐、贱、贵、宝等字都是“贝”旁。贝在商代已经成为一种很重要的货币。

贝在商代晚期至西周中期，是流通的鼎盛时期，这时的金文中常有的“赐贝”若干朋的记载。《诗·小雅》“既见君子，赐我百朋”。商代的铜器“小臣邑斝”铭文“王易（赐）小臣邑贝十朋”。

贝以朋为计算单位，每五贝为一系、二系十贝，即为一朋（也有人认为一朋五贝）。如：安阳殷墟“妇好”墓出土海贝近7000枚，以十贝为一朋来计算，7000枚就是700朋。从铜器铭文记载赐贝，一般都是十朋，700朋是一笔很多的财富。

贝在当时是美好的象征，吉利的护符。海贝的种类很多，主要有贝货、拟枣贝、阿文绶贝、虎斑宝贝、环纹贝、伶鼬榧螺等，发现最多的贝货。从出土贝货来看，尖端都有穿孔。从殷墟出土数万计的贝货来看，近尖端处都有不同大小的穿孔。根据人们对贝的加工程度不同，又可分为早、中、晚三期。

（1）早期贝货：小孔式，流通于夏、商时期，尖端是小穿孔（图1-2）。

（2）中期贝货：大孔式，流通于商早期至西周中期，尖端处孔较大（图1-3）。

（3）晚期贝货：磨背式，主要是商晚期至春秋早期，背部全部磨去（图1-4）。

以上三种自1953年以来，河南安阳殷墟、偃师二里头，山东益都的夏、商墓葬、陕西周原、河南洛阳等地的西周、春秋墓葬中常有出土，西周晚期以后，因称量货币和金属铸币广泛流通，贝就逐渐失去货币的资格，重新回到装饰品地位，秦始皇统一货币后，贝在中原地，正式退出流通领域，但在云南少数民族地区直到明代还用贝币。

2. 仿制贝

海贝原产于南海，但在青海、河南等中原地区，很难得到，海贝的数量不多，求之不易，仅仅用天然贝是不够用的，所以人们采取仿制的办法，来补充天然贝的不足。从出土的仿制贝来看，有骨贝、石贝、玉贝、蚌贝、铜贝、金贝、银贝等不同质地的仿制贝。如：1953 年河南安阳大司空村出土三枚，殷墟遗址中出土了三枚无文铜仿贝（图 1-5）；在青海、山西还出土了包金贝，1971 年山西保德县商代墓葬中出土了 109 枚无文铜仿贝（图 1-6）。

三、称量货币

先秦时的称量货币有三种：

① 青铜（青铜块、青铜饼、青铜器残片等）出现于商代晚期，盛行于西周。

② 白银（银铲、银版、银饼、银贝等）出现于春秋中期。

③ 黄金（金版、金饼等）出现于春秋中期，盛行于战国楚地。

称量货币是没有一定形状、重量、成色和面额、价值，使用时必须称重并鉴定成色。

1. 青铜货币

盛行于西周时期，当时生产水平有了提高，商品经济也比较发达，对货币的需求量也增大了。西周和商代一样，依然使用实物货币，自然贝仍为主要货币，但由于流通的贝币数量不足，所以青铜货币的数量明显增多。

当时的金属农具铲、工具斧等等，是有价值的物品，交换中就成为了金属货币。在西周墓葬中，除了发现大量的铜仿贝，也经常发现青铜铲、青铜斧、青铜锛等。这些农具、工具都应是周代的货币。当时，铜在人们心目中占有很重要的位置，人们把它们作为财富来储藏，如：铜块（陕西扶风，河南洛阳，江苏句容、金坛，浙江海监等地屡有出土，以江苏句容、金坛出土二批最为重要，75—150 公斤）、铜饼（陕西扶风、临潼出土了三种，直径 20—31 厘米，厚 1.0—1.9 厘米，重 4650—5000 克，罕见）、铜锭等。

这些青铜块、饼、锭是铸造兵器和日常生活用具的原料，铸成器物就可以作为一般等价物交换。如果这些器物被损坏了，也可以作为称量货币进行交换，或者作为财富贮藏起来，因此青铜块、青铜饼、青铜残片都是称量金属货币（图 1-7 至 1-10）。

2. 白银

古时亦称白金，柔软不易氧化，是很好的天然币材。我国至迟在春秋中期，就开始使用白银作为称量货币了。

目前考古发现的白银货币有：

1978 年河南扶沟县出土的 18 枚银铲币（其中一枚空首，其余实首）长短大小不一，分三种类型：短型，通长 10—11 厘米、宽 5.8 厘米，重 134.1—162.7 克。中型，通长、宽 6.4 厘米，重 206.4 克。长型，通长 15.7 厘米、宽 5.8 厘米，重 188.1 克（图1-11）。

1974 年河北平山县中山王墓出土 4 枚银贝，铸于中山国形似磨背式货贝，中间铸一道竖槽，两侧有横线。

1966 年湖北江陵战国墓出一块铅包银箔饼，应是冥币。除此之外，安徽寿县也出土有银版，面文“郢爯”阴文。

3. 黄金

主要是战国楚金版，亦称印子金，是在铸好的金版上打上钤印，多不规则，用时先切割，再称重量。目前发现的有“郢爯”、“陈爯”、“专爯”、“眇”、“卢金”等金版，每版大小、薄厚不一，钤印距离不均。目前发现最大的一版是在 1982 年江苏盱眙窖藏出土的，有 54 个钤印，重 610 克。

黄金在楚国是很重要的流通手段。除金版外，还有一种饼金（圆饼形），1950 年以后，在湖南长沙，湖北江陵，江苏句容、江宁、宝应、丹阳、江阴、盱眙，安徽寿县、霍丘、合肥，河南信阳、扶沟等地均有出土（图 1-12）。

四、西周、春秋、战国的金属铸币

当贝币还在广泛流通时，在我国的一些地区，就已出现了不同形状的金属铸币。春秋战国时期，封建生产关系的产生促进了生产力的发展，从而推动了工商业由官营向私人经营的方向发展。手工业产品的丰盛，商品经济的高度发展，使许多诸侯国的国都成了商品中心，这就加速了货币的流通。西周以前的实物货币已经不适应商品交换的需要了，各种实物货币在衰落，金属货币占了统治地位，形成了各种类型的金属铸币。从出土的货币情况来看，可分四大体系即：铲币、刀币、环钱、楚国货币。

1. 铲币

亦称布币，商周时期的青铜铸币。铸行于黄河中游农业发达的周、晋（韩、赵、魏）、纪、郑、宋等地，燕、楚二国亦有铸行。铲币可分原始布、空首布、平首布三种类型。

（1）原始布

商周时期的青铜铸币，是一种铲形的农具，称“钱”，亦有一种叫做镈，是锄草的农具。由于“钱”用途广、体小携带方便，被人们作为商品交换的一般等价物在市场流通使用，后来演变成货币。

大型的原始布，多属于商代。厚重、体大无文，銎可延伸到钱体中部，可以装木柄，不易折断。通长 16－22 厘米、足宽 8.7－ 11.8厘米（图 1-13）。

中型的原始布，多属于西周时期。形状与大型相同，体轻小，更便于流通使用。通长 10 厘米左右（图 1-14）。

小型的原始布，属于西周晚期。銎部已退缩到上部，中间有一道隆起的竖纹，足向内凹成弧形，面亦有简单的字。如：“丄”、“山”、“益”等。春秋战国时期的空首布，由此演变而来，通长 10 厘米左右（图 1-15）。

（2）空首布

铸行于周、晋、郑、纪地区，由原始布演变而来，亦称铲布。铸造规整，銎长、中空、体小而薄，面、背皆有三竖纹，钱面多铸文字，如：数字、干支、地名和货币单位。形体大小不一，通长 7—14.5 厘米、肩宽 3.3—6.3 厘米、足宽 3.7—5.7 厘米，重 12.5—57.6 克。主要有平肩弧足空首布、斜肩弧足空首布、耸肩尖足空首布三种类型。

①平肩弧足空首布

从原始布演变而来，流行于春秋早期至战国中期。铸行于周王畿。銎长、平肩、弧足、四周有郭。銎上有凸起三角形，或不规则的穿孔，銎内多留有范泥，面背有三道平行竖纹，或中间一竖纹，两侧各一斜纹。钱面铸有一字、二字、四字，亦有无文。可分特大型、大型、中型、小型。

特大型平肩布：铸行于春秋早期，形体较大，铸造古朴，面背无文。通长 14—14.8 厘米、肩宽 6.3—6.4 厘米、足宽 7.2—7.4 厘米，重 43.7—57.6 克（图 1-16）。

大型平肩布：铸行于春秋中晚期，铸作精整。面文多为一字。河南洛阳附近屡见出土。通长 9.1—10 厘米、足宽 5.1—5.3 厘米，重 28—32 克（图 1-17、1-19）。

中型平肩布：铸行于春秋晚期到战国早期，较为轻小，铸作稍粗，面文多二字或四字，背有直文。通长 8—9 厘米、足宽 4.5—5 厘米，重 18—25 克（图 1-18）。

小型平肩布：铸行于战国早、中期，铸作较粗，面文字有一字，多为二字，面背有三直竖或一直竖两种竖纹。通长 6.8—7.3 厘米、足宽 3.7—4.1 厘米，重 12—15 克。此布传世不多，较罕见（图 1-20 至 1-22）。

②斜肩弧足空首布

流行于春秋晚期至战国中期，铸行于周、晋、郑地区。形制与平肩弧足空首布相似，唯有两肩下垂，钱身上窄下宽，面、背均有三竖道，中间竖直，两侧竖道由銎斜至足部，面文有“武”、“卢氏”、“三川釿”、“函阳”等字。1970 年以来，河南伊川、洛阳、宜阳等地多有出土。

从形制来看，分大小两种：

大型者面文有“武”、“卢氏”、“三川釿”、“函阳”等字。通长约 7.8—8.8 厘米、肩宽 3.8—4.5 厘米、足宽 4.5—5.1 厘米，重 18.6—37 克（包括銎部的范泥）（图 1-23）。

小型者面文有“武安”、“武采”等字样。通长 6.9—7.6 厘米、肩宽 3.6—4 厘米、足宽 4—4.6 厘米，重 14.7—20.7 克（包括銎部的范泥）。

③耸肩尖足空首布

流行于春秋中期至战国中期。铸行于晋、卫地区，分布于太行山以西、中条山以北、汾水以东的晋国。特点是体大而薄、长銎空首、耸肩尖足，面、背均有三道平行竖纹、中竖稍短、多数无字，少数有一字。从形体来看，可分大小两种：大型者多无文，少数有一字——干支，铸造工整，通长 13.5—15.2 厘米、肩宽 5.5—6.4 厘米、足宽 6.5—6.9 厘米，重 40—45 克（包括銎部的范泥）（图 1-25、1-26）。

小型者面文多二字、五字，铸造较粗、薄小。通长 11.7—

13.2厘米、肩宽4.7—5.3厘米、足宽5.3—5.6厘米，重14.7—25.3克（包括銎部的范泥）。1959年山西侯马曾出土一枚五字“□□共黄釿”布。1963年侯马出土一枚“玄金”布，此钱前人图谱未见著录。

1955—1959年在山西侯马东周遗址中发现了铸造耸肩尖足空首布的作坊。在作坊中清理除了大量的空首内范。

(3) 平首布

是由空首布演变而来，铸行于三晋（韩、赵、魏）、两周（东周、西周）楚、燕、中山等国。体形薄小、首部扁平、长方形，周缘有郭。肩有圆肩、平肩、耸肩三种，腰有直腰、束腰两种，裆有方裆、弧裆、圆裆、尖裆四种，足有方足、尖足、圆足、圆足、类方足五种。钱面中间，多有一道竖纹，竖纹两侧铸地名与币值单位，背部多平素无纹，少数有阴刻足。面中间无竖纹，或中间一竖纹，两侧斜纹，铸数字或重量单位，多以“釿”为单位，有“二釿”、“一釿”、“半釿”三等制；或以“朱”、“两”为单位，有“一两”、“十二朱”二等制。

按其钱体形制，可分为以下几种类型即：弧裆方足布、锐角方足布（异形平首布）、耸肩尖足布、类方足布、圆肩圆足布、圆足三孔布、平裆方足布。从出土情况来看，约有300余种。具体介绍如下：

①弧裆方足布

战国早、中期魏国铸币，流通于三晋、两周等地。其特点：平首、平肩（或圆肩）、圆裆或弧形方足。钱面铸地名和币值单位，以“釿”或“寽”为单位，如：

A.“安邑二釿”、“安邑一釿”、“安邑半釿”。其中“安邑”战国初为魏国都城，在今山西夏县西北。“釿”为货币单位。钱面微鼓，铸造厚重，背无文。正书者背铸“安”字，或首部、背部阴刻文“夸”字（图1-27至1-30）。

1956年以来在山西芮城、阳高，湖北天门，河南新郑、洛阳等均有出土。二釿布通长6.4—6.8厘米、足宽4—4.2厘米，重17.5—32.3克。一釿布通长5.2—5.6厘米、足宽3.4—3.5厘米，重11.2—17.5克。半釿布通长4.2—4.7厘米、足宽3.3—3.5厘米，重6—8.1克。

B.“甫反一釿”、“甫反半釿”。“甫反”通作“蒲坂”，战国属魏，在今山西永济县东南。“釿”为货币单位。铸造厚重，背平素。1958年以来河南洛阳，山西运城、万荣等地有出土。一釿布通长5—5.4厘米、肩宽3.2厘米、足宽3.4厘米，重12.9—15.6克，不多见。半釿布通长4.2厘米、肩宽2.6厘米、足宽2.9厘米（图1-31）。

C.“易二釿”、“易一釿”、“半釿”。“易”通作“阳”，战国属魏，在今陕西神木县东。铸造厚重，背平素，倒书。1958年以来，河南洛阳，山西运城等地有出土。

二釿布通长6.0—6.6厘米、足宽3.9—4.1厘米，重31克。一釿布通长5—5.6厘米、肩宽3—3.3厘米、足宽3.1—3.5厘米，重13—15.9克。半釿布通长3.9—4.1厘米、肩宽2.5厘米、足宽2.8厘米。半釿、一釿为平肩，二釿为圆肩（图1-32至1-34）。

D.“垣釿”。“垣”古地名，战国属魏，在今山西垣曲东南，“釿”货币单位。圆首有穿孔、面背有周郭、背无文、弧足倒书，铸造轻薄。通长5.6厘米、肩宽3厘米、足宽3.4厘米。

E.“阴安”、“阴安二”。“阴安”古地名，战国属魏，在今河南清丰县北。铸造稍厚，首部有穿孔或无穿孔，面背有周郭，背无文。大型通长4.6—4.9厘米、足宽3.3厘米，重13.2克。小型者通长3.9—4.1厘米、足宽2.6—2.7厘米，重6.2—6.5克（图1-35、1-36）。

F.“梁正尚百当寽”、“梁半尚二百当寽”。梁”即大梁，在今河南开封，“寽”重量单位。“梁正尚百当寽”。钱文意为梁国一个单位的货币，一百枚相当于一“寽”的重量。“梁半尚二百当寽”是梁国半个单位的货币，二百枚，相当一“寽”的重量。有周郭、背无文，铸造轻薄。“尚”字上半部，伸向首部。

此种货币，在河南辉县、新郑、洛阳、鹤壁、焦作，湖北天门，陕西咸阳均有出土。“梁正尚百当寽”通长 5.6—6.3 厘米、足宽 3.9—4.5 厘米，重 10.5—15.8 克。“梁半尚二百当寽”通长 3.8—4.6 厘米、足宽 2.7—3 厘米，重 6.5 克（图 1-37、1-38）。

G.“梁新釿百当寽”、“梁新釿五十当寽”。“梁”即大梁，古地名，在河南开封。公元前 361 年，魏惠王自安邑迁都开封后，梁新铸一种釿布，以五十枚当一寽的重量。铸造厚重，面背无郭、背平素或阴刻文“夸”字。

通长 4.9—5.4 厘米、足宽 3.2—3.4 厘米，重 12—15.5 克。五十当寽，通长 5.8—6 厘米、足宽 3.7—3.8 厘米，重 25—31 克。河南南阳、新郑，陕西等地均有出土（图 1-39、1-40）。

H.“阴晋一釿”、“阴晋半釿”。“阴晋”战国属魏，在陕西华阴县东南。平肩、厚重、背平素，首部或有穿孔。河南洛阳、新郑，山西运城等地有出土。

一釿布，通长 5.2—5.4 厘米、肩宽 3—3.8 厘米、足宽 3.4 厘米，重 14—18.3 克。半釿布，通长 4—4.1 厘米、肩宽 2.4—2.6 厘米、足宽 2.6—2.8 厘米（图 1-41）。

I.“陕一釿”、“陕半釿”。“陕”今山西平陆县境。倒书、或反书，首部有穿孔，面背有郭，背无文。一釿布，通长 5.5—5.8 厘米、足宽 3.7—3.9 厘米，重 10.5—16.5 克。半釿布，通长 4.3—4.6 厘米、足宽 3.2—3.3 厘米，重 7 克。河南新郑、洛阳，山西运城有出土（图 1-42）。

J.“京一釿”。“京”在今山东曹县北。平肩，面、背无郭，背平素。河南洛阳，山西运城、万荣、芮城、解县都曾出土过。通长 5.3—5.5 厘米、肩宽 3.1—3.4 厘米、足宽 3.1—3.5 厘米，重 14.2—15.6 克（图 1-43）。

K.“山阳”战国属魏，在今河南修武县西北。铸造厚重，面有郭，背平素。分大、中、小三种：

大型者为“二釿”，通长 6—6.2 厘米、足宽 3.9—4.1 厘米，重 21—30 克（图 1-44）。

中型者为“一釿”，通长 5.6—5.3 厘米、足宽 3.2—3.8 厘米，重 14 克。

小型者为“半釿”，通长 4.1—4.6 厘米、足宽 2.9—3.2 厘米，重 7 克（图 1-45）。

L.“共半釿”。“共”古地名，战国归魏：在今河南辉县。小型布，倒书、首部有穿孔、面中间有一竖纹面，背有郭、无文，圆肩。通长 4.6 厘米、足宽 3.1 厘米，重 7.2 克。1986 年晋南发现一枚（图 1-46）。

M.“梁二釿”、“梁一釿”、“梁半釿”。“梁”即大梁，战国属魏，在今河南开封。厚重，圆肩或平肩、无郭、倒书。首部无穿孔或穿孔，铸造较精。

二釿布，通长 6.4—6.7 厘米、足宽 3.8—3.9 厘米，重 30—31.4 克。河南洛阳、山西运城有出土，极罕见（图 1-47）。

一釿布，通长 5—5.5 厘米、肩宽 2.9—3.1 厘米、足宽 3.3—3.6 厘米，重 11—17.5 克（图 1-48）。

半釿布，通长 4.1—4.3 厘米、肩宽 2.5—2.8 厘米、足宽 2.8—3 厘米，重 6.7—8.2 克（图 1-49）。

②异形平首布（锐角方足布）

战国早、中期青铜铸币，铸行于韩、魏、楚，流通三晋、两周地区。特点：首都顶端向左右伸出两角，故称“锐角布”。分大、小两种。

大型布有“涅金”（阴，图 1-50）、“洮涅金”（阴，图 1-51）、“卢氏涅金”（阴，图 1-52）。“涅”古地名，战国属韩，在今山西省修武县西北；“洮”，古地名，在今山西闻喜县北。“涅金”即金属货币义。“卢氏”，古地名，在今河南卢氏县境。面中间一竖纹，两侧铸钱文，背有三竖纹，中间一直竖道，两侧由首部外缘伸入钱身，向下左右各一斜竖道，面背有郭，背无文。通长 6—6.7 厘米、肩宽 3.9—4.1 厘米、足宽 4.4—4.5 厘米，重 26 克左右。

小型布有“公”、“垂”形态各异，地望待考。铸工较粗，出土较多。通长 4.6—5 厘米、肩宽 2.6—2.8 厘米、足宽 2.8—3 厘米，重 5—10 克左右（图 1-53、1-54）。

“旆布当釿”，战国中晚期，楚国铸币。此钱形态特殊，体长、首阔、有穿孔，铸工较精，厚重。背文“十货”，意为一枚殊布，值铜贝十。有周郭。通长 10 厘米左右，重 33 克左右（图 1-55、1-56）。

“四布当釿”，楚国铸币，形制与“殊布”同，但钱体小。钱文奇特，面文“四布”、背文“当釿”，意为此布四枚可当“殊布”一釿。通长 4 厘米，重 8 克左右（图 1-58）。

连布：是由两枚“四布当釿”一正一反，两足相对，而连在一起的布币。“当釿”是二枚连在一起的“四布”，可当一枚“殊布当釿”使用。说明这种货币未斫断就流通市场，行用时间很短就废止了（图 1-57）。

③尖足平首布

铸行于赵国，流通于三晋，燕、中山等地，是由耸肩空首布演变而来。平首、耸肩、平肩皆有，尖足、面、背有郭，面首部有二竖纹，钱身中间有一竖纹，竖纹两侧铸地名或币值单位，背首部有一竖纹，钱身两侧各一竖纹，二竖纹中间有记数等。钱体较薄，可分大、小两种。

大型尖足布：钱文有“甘丹”（河北邯郸，图 1-61）、“大阴”（山西霍县，图 1-60）、“榆即”（山西榆次，图 1-62）、“晋阳”（山西太原），“兹氏”（山西汾阳东南）、“邪”（战国属赵，地望待考）。“阳匕”（河北唐县东北，图 1-71、1-72），通长 7.6—8.5 厘米、肩宽 3.5—3.9 厘米、足宽 4.1—4.5 厘米，重 10—15 克左右。

小型尖足布：与大型尖足布形制相同，钱体较小。钱文有“兹氏半”（在山西汾阳东南，图 1-68）、“晋阳半”（在山西太原，图 1-79）、“大阴半”（在山西霍县）、“蔺半”（在山西离石，图 1-66）等。还有些省“半”字者如：“大阴”、“兹氏”、“晋阳”（图 1-80），“中都”（在山西平遥西，图 1-67），“中阳”（在山西中阳县西），“平州”（在山西介休西，图 1-74），“平匋”（在山西文水，图 1-73），“新城”（在山西朔县西南），“于半”（在山西阳曲县东北）“大兀”（在山西太谷，图 1-69），“西都”（在山西孝义境内，图 1-69），“邪”（地望待考），“武平”（在河北文安县西南，图 1-78），“武安”（在河北武安县，图 1-77），“匋”（平陶古城，在山西文水），“阳丘”（在山西太谷东北），“榆次”（在山西榆次），“寿阴”（在山西寿水县南，图 1-70）等。除此之外，还有钱文不识地望未不明者。

新中国成立后，许多省市都有出土，如：山西永济、太原、原平、阳高、祁县、交城、定襄、朔县，河北石家庄、邯郸、邢台、张家口、雄县、徐水、永定、灵寿、易县、滦平，辽宁辽阳、朝阳，内蒙古赤峰、包头，河南郑州等地都有出土，山西出土量最多。

小型者（半釿布）：通长 4.6—5.5 厘米、肩宽 2.5—2.7 厘米、足宽 2.4—2.8 厘米，重 3.5—7.2 克。

④ 平裆方足布

战国中、晚期青铜铸币，铸行于三晋（韩、赵、魏）、两周

(东周、西周)、燕、楚等地。其特点是体小轻薄，比尖足布坚挺，钱面正中有一直竖纹，两侧铸地名，背部中有一直竖纹，两侧斜竖纹，或平素或记数，钱文多古地名。如：

韩国方足布

“屯留”(春秋属晋，今山西屯留东南，图 1-85、1-86)、“尹氏”(今河南宜阳县境内)、“平氏”(今河南桐柏西)、“宅阳”(河南荥阳东南，图 1-83、1-84)、“涅”(山西武乡西北，图 1-81、1-82)、“阳氏”(河南临汝西)、“鄠氏”(山西沁水东北)、“露”(山西潞城东北，图 1-87、1-88)、“阳城”(今河南登封东南)。

赵国方足布

“蔺”(山西离石，图 1-89)、“中都”(山西平遥西，图 1-90)、“阳邑”(春秋属晋，战国属赵，今山西太谷县东北，图 1-105、1-106)、“文阳”(山西文水境)、“平备”(山东平原西南)、“平陶”(山西文水西南)、“平阳”(山西临汾西，图 1-93)、“北箕”(山西太谷境，图 1-95、1-96)、“北屈”(山西石楼，图 1-94)、“戈邑”(河北蔚县，图 1-99、1-100)、“同是”(山西沁县西南，图 1-91、1-92)、“安阳”(西安阳，战国属赵，内蒙古包头，图 1-101、1-102)、“武安”(河北武安)、“兹氏半”(山西沁阳东南)、“俞阳”(山东临清境内)、“长子”(山西长子西，图 1-97、1-98)、“隰城”(山西离石境内)、“阳邑”(山西太谷东南)、“榆即”(山西榆次境)、“寿阴”(山西寿阴县境内)、“襄垣”(山西襄垣北，图 1-107)。

魏国方足布

“皮氏”(山西河津西，图 1-118)、“莘邑”(春秋虢地，战国属魏，今河南陕县东南)、“奇氏”(山西临猗县南猗氏镇，图 1-112)、“郃”(陕西合阳东南)、“莆子”(山西浦县西北，图 1-111、1-117)、“高都”(山西晋城东北，图 1-108、1-109)、“渝”(河南濬县西南)、“梁”(河南开封，图 1-119 至 1-113)、“鱼阳”

(山西平陆北，图 1-114、1-115)、“壤阴”(山西翼城县东，图 1-112、1-113)。

燕国方足布

“纕坪”(辽宁辽阳北)、“安阳邑”(河北完县西北)、“右明新冶”(河北易县，图 1-126)、“坪阴”(辽宁辽阳，图 1-129)、“益昌”(河北涿县东南，图 1-128)、“安阳”(辽宁建平县境，图 1-123、1-124)。

周王畿方足布

“王氏”(河南洛阳)、“王城”(河南洛阳西)、“周是”(河南洛阳西南)、“留邑”(河南偃师西南)、“东周”(河南巩县)，极罕见。

除此以外，还有些铸造国别待考的，如“王”、“王匀”、“马雍”、“市化”等。

以上各国方足布，新中国成立以来，在北京，河北石家庄、邯郸、栾平、张家口、新城、保定、怀来、定县、雄县、徐水、灵寿、隆化、易县，山西阳高、朔县、原平、定襄、交城、祁县、芮城、永济，内蒙古包头、赤峰、凉城，辽宁辽阳，吉林集安，江苏徐州、丹阳，浙江杭州，安徽宿县，山东青岛、临沂，河南郑州、洛阳、新郑，陕西咸阳等均有大量出土。按钱币形态可分大、小两种，大型者一般通长 5—5.2 厘米、肩宽 2.8—3 厘米、足宽 3—3.2 厘米，重 12—16.5 克。小型一般通长 4.1—4 厘米、肩宽 2.2 厘米、足宽 2.5—2.6 厘米，重 4.8—4.9 克。

⑤圆肩圆足布

战国中晚期青铜铸币。铸行于赵国，流通于三晋(韩、赵、魏)、燕、中山国等地。特点是圆首、圆肩、圆足、圆裆。面、背有郭，钱面铸地名，钱背左、右各一竖纹，中间记炉次，如：面文“离石”(图 1-136)、“蔺”，(图 1-137) 者均有大小之分，大型者通长 7.1—7.8 厘米、足宽 3.5－4 厘米，重 10－18 克。

小型者通长 5.2—5.4 厘米，重 5.3—9 克。

⑥三孔布

战国晚期青铜铸币，铸行于中山国或赵国。由于铸造奇特，其首部及二足各有一孔，故称三孔布。铸工精良，面、背有郭。面纹为地名，如“上専”（图 1-138）、“下専”（河北深县东，图 1-139）、“安阳”（河北阳原东南，图 1-140）、“家阳”（内蒙古包头东，图 1-141）、“南行唐”（河北唐县，图 1-142）、“阿”（河北保定，图 1-143）、“丈鹰乡”（山西左云，图 1-144）、“宋子”（河北赵县东北，图 1-145）、“臯”（河北蔚县东，图 1-146）、“上匕阳”（河北宁晋东北）等。背纹为重量单位，大者“一两”，小者“十二朱”。首部记炉次。

三孔布存世数量很少，均出土在河北、山西、陕西一带。过去认为这种布是秦占领区铸造，或是赵地所铸，现在钱币界认为是中山国所铸。

大型者（一两）通长 7—7.9 厘米、足宽 3.8 厘米，重 13.7—17 克左右。小型者（十二朱）通长 5.1—5.5 厘米、足宽 2.7 厘米，重 6.3—9.2 克。

2. 刀币

主要流通齐国、燕、赵地区，是由工具刀削演变而来（图 2-1、2-2）。根据铸造区域和形制可分为以下几种：

（1）齐刀

俗称三字刀、四字刀、五字刀、六字也，统称为大刀，铸造精良，币文“齐建邦杏化”（图 2-13）、“齐之杏化”（图 2-14）、“齐杏化”（图 2-15）、“安阳之杏化”（图 1-16）、大型“节墨之杏化”（图 2-17）、小型“节墨杏化”（图 2-18）。“邦之杏化”（旧称谭邦刀）此刀仅存半截，目前知道山东又出现二枚。背文多为一字，大型“节墨之杏化”背文“辟封”、“安邦”、“大行”等字，是为纪念齐灵公开辟疆土、安定邦国。

（2）尖首刀

属燕国铸行，刀首宽，下部窄，币文多在背面，记数或记物。还有一种刀类细长如针，俗称针首刀，多出在内蒙古、河北北部。

（3）燕明刀

也称“燕”刀。或“匽”刀，是目前出土最多的一种，形制有圆折、方折两种，币文“匽”多出土在河北、辽宁、内蒙古，日本、朝鲜也有出土。

（4）博山刀

出土在山东博山，俗称博山刀。此种刀类似燕刀，面文“明”，和燕刀有明显的区别，因出在齐地，也称齐明刀。背文“莒冶化”、“莒冶齐化”（图2—11）等，但多不清晰。

3. 圜形钱

是战国中后期出现的一种圆形圆孔、圆形方孔钱。此种钱是由纺轮递变而来，背平素无文。

（1）秦占领地区铸的圆形圆孔钱

“垣”（山西垣曲）“共”（河南辉县）、“共屯亦金”、“蔺”、“离石”、“襄阴”、“武坪”、“漆垣一釿”、“安臧”、“东周”、“西周”等，均系受秦的影响或是秦占领后铸造的钱币，因铸行时间短，出土极少。圆形方孔钱，“两甾”有外郭，称半两型钱，出土少，类似八铢半两，作伪者多用八铢半两改刻。“文信”背平素，1956年中国科学院考古研究所在洛阳遗址中发现一块“文信”残石范，证明此钱是吕不韦被庄襄王封为文信侯时所铸的钱币。“长安”钱北平素，是长安君铸造。

（2）齐国圜钱

“益化”、“益四化”、“益六化”三种。背平素、无郭、方孔，在与齐刀同时出土。

（3）燕国圜钱

燕国晚期也铸行了“一化”、“明四”、“明化”三种。背平素，有郭，“一化”背有的有“吉”字。

4. 楚国金版

黄金在战国时是很重要的货币，它在价值尺度，贮藏手段，支付手段等职能方面，都发挥着重要作用，楚国盛产黄金，也是重要的流通手段。金版主要是黄金制成金版，然后在金版上加盖方形、圆形的文字印记，呈方形或圆形小块，俗称印子金。目前已发现的印子金有：“郢爰”、“陈爰”、“专爰”、“鄗”、“鄗”、“卢金”六种。这些都是流通的货币。用时断开称量作用，多出在河北、安徽、河南、江苏等地。

五、秦汉至隋的货币

1. 战国秦“半两”及秦统一后的“半两”

秦始皇于公元前221年灭六国后，规定了以外圆内方的“半两”钱，作为全国统一的货币。“半两”钱的出现应在秦统一六国以前。从出土情况来看，如1972年四川郫县战国墓出土了“半两”钱，在陕西战国秦墓中也有“半两”钱出土。

《史记·秦始皇本纪》载：“惠文王年十九而立，立二年（前336年），初行钱（即半两钱）。”“半两”钱不是在惠文王时才开始铸造的，而应在此之前已开始铸了。此时的“半两”厚重、文字六平，有隐起文，方孔小而不方（图5-1至5-5）。

2. 两汉时期（包括王莽）的钱币

秦末，刘邦曾改铸轻钱以济军用，但钱币减重，越来越严重。到了汉初时，“半两”钱已减到一克重，号称“榆荚”钱。吕后新铸“八铢半两”，以后改用五分钱（十二铢的五分之一），文帝时又铸四铢半两（十二铢的三分之一）。虽然仍使用“半两”

的名称，但实际上要比秦半两轻薄得多。所以在西汉时，曾用“称钱制”。就是在支付铜钱时，要进行称量，以确定其标准的价值。

元狩四年冬（前119）改革币制，武帝销毁半两钱，更铸三铢钱。元狩五年（前118）春三月，罢三铢，更铸五铢钱。五铢钱是郡国所铸，称之为郡国五铢（图5-23）。钱背增加轮郭以防止磨损。

元鼎二年（前115年），由京师的铸钟官改铸“赤仄五铢”。“赤仄”就是对钱周边进行修理打磨，使周边铜质露出赤红色。“赤仄五铢”一当郡国五铢五枚，也是一种不足值的货币，在使用中逐渐贬值，两年后被废除。

元鼎四年（前113年），铸币权收归中央，由上林三官（均输、钟官、辨铜）统一铸造标准的五铢钱，即上林三官钱（图5-25）。并严禁郡国铸钱，并命令郡国回收所铸五铢，作为废铜输送到了上林三官重铸新钱。同时，诏示“天下非三官钱不得行”。三官钱比“赤仄五铢”铸造更精好，边郭工整，从此以后五铢钱一直沿袭下来。

王莽建立了新政权后，于居摄二年（公元7年）第一次改革币制。下令新铸“大泉五十”、“契刀五百”、“一刀平五千”与原来的五铢钱并行。始建国元年（公元9年）废刀币，新铸“小泉直一”与“大泉五十”并行。始建国二年（公元10年）又进行了第三次改革，实行“宝货制”，有五物（金、银、龟、贝、铜）、六名（泉货、贝货、布货、龟货、银货、金货）、二十八品。二十八品包括“泉货六品”（小泉直一、么泉一十、幼泉二十、中泉三十、壮泉四十、大泉五十）、“贝货五品”（贝、小贝、么贝、壮贝、大贝）、“布货十品”（小布一百、么布二百、幼布三百、序布四百、差布五百、中布六百、壮布七百、弟布八百、次布九百、大布黄千）、“龟货四品”（子龟、侯龟、么龟、元龟)、“银货二品”(朱提银、普通银)、“金货一品”。天凤元年(公元14年)第四次改革，废“宝货制”，更行“货布”、“货泉”。传世有“布泉”、“国宝金匮直万”钱(史志不载)。

王莽币制改革特点是复古、繁杂、使用不便，王莽主张铸行的是虚币，而不是主张铸行实值货币。王莽的币改是依靠政治、律令强力推行的，无法在人民中树立起信任，只有以彻底失败而告终。王莽货币改革虽然不成功，但钱币文字书法、非常秀美、篆法为“悬针体”(如同针吊起来，细长)。

东汉初年币制尚未整顿，王莽的“货泉”继续使用，到光武帝建武十六年(40)才恢复五铢钱。此前，更始帝刘玄曾铸“五铢”，史称“更始五铢”。公孙述在四川铸造铁质五铢钱。

东汉后期，政治腐败，铜钱质量下降，出现了剪边五铢，史称“女钱”。更有甚者将一枚钱凿成两枚钱，叫作“环钱”、“对文钱”。灵帝中平三年(186)改铸“四出五铢”。质量胜于轻小线，使用时折劣钱二枚。东汉最后一种铸钱是董卓铸的五铢，制作很劣，叫作“无文章”钱。

3. 三国两晋南北朝的钱币

①三国钱币

魏、蜀、吴三国鼎立，各有不同特点。魏沿用五铢钱。

蜀汉初铸“直百五铢”(铜、铁两种)，后改“直百”钱。“犍为五铢”(背“犍”字)、“太平百钱”、“定平一百”亦为蜀钱。

孙吴初行“大泉五百”、“大泉当千”、“大泉二千”、“大泉五千”。“大泉五千”史志没有记载。“大泉二千”近年来有少数出土，而“大泉五千”传世仅有二枚，是在浙江绍兴、余姚发现。《三国志·吴书》:“(嘉禾)五年春铸大钱，一当五百，诏使吏民输铜，计铜畀直。设盗铸之科。”钱文“大泉五百”顺读，大小不等。赤乌元年(238)春，铸当千大钱。钱文“大泉当千旋读、大小不等”。到赤乌九年（246），两种大钱停铸，由官府作价收回。

②两晋钱币

两晋主要流通曹魏五铢及古钱，《晋书·食货志》载：“晋自中原丧乱，元帝过江，用孙氏旧钱，轻重杂行，大者谓之比轮，中者谓之四文。吴兴，沈充又铸小钱，谓之沈郎钱。钱既不多，由是稍贵。”“比轮”是指当时流通的东吴旧钱，即“大泉五百”、“大泉当千”。“四文”是指王莽的“大泉五十”和后仿大泉五十钱。比轮大钱不断流入南方少数民族地区，被熔化鼓铸，钱币流通中长期短乏；于是铸行低价的小钱，五铢、货泉、凿边、五铢、五金等广泛流通。

沈郎五铢钱特征是形制薄小，面背有郭，多不磨边。“铢”缺“金”字或缺“朱”字。质地铅锡较多，铜色青白，沈充铸钱应在东晋明帝太宁二年（324）以前，因王敦死，沈充被杀均在此年。沈郎钱实际是一种民铸地方钱币。因沈郎为王敦之党，所以沈郎钱比较广泛流行。沈郎死后，在钱币流通不足的情况下，民间继续仿铸。

东晋民间铸五铢稚钱，形制较小，钱文草率，并有缺笔，有传形、面背无外郭。省笔成“五工”、“五一”、“五五”等，也有二面无文。

③十六国钱币

“凉造新泉”为凉张轨所铸，甘肃有出土。钱形较小，篆书，直读，有内外郭，文字多不清晰，“凉”是国号，这是最早的国号钱。

“太元货泉”是前凉张骏太元年间（324—346）铸造。“太清丰乐”是前凉张天锡铸，形制背文四出，“太清”二字上下横列，分大、小两种。

319年石勒自称赵王（后赵）铸“丰货”钱，钱文篆书横读。有内郭及无内郭两种。

蜀地李寿改成国为汉，改元汉兴（338—343）铸汉兴钱，钱文“汉兴”。“汉兴”二字有直读（隶书）、横读（篆书）两种，铸于晋或蜀地，流通于蜀地及长江流域，为东晋流通钱币的一种。

夏赫连勃勃铸有“太夏真兴”钱，钱文微含隶体，旋读，重郭，广穿。夏为国号，真兴为年号，国号、年号同着一钱，自此钱始。

④南朝钱币

南朝宋文帝元七年（430）铸“四铢”钱。宋孝武帝孝建元年（454）更铸面文“孝建”年号、背文“四铢”重量，横读前。大明年间（457—464）又铸面文“大明”年号、背“四铢”重量，横读钱。南朝前废帝铸“永光”、“景和”钱都是二铢小钱，均横读。钱文书法为“薤叶篆”，均罕见。

南朝梁武帝铸“五铢”钱，面有内外周郭，钱文书体近似玉著篆，铸造工整。梁武帝天监元年（502）又铸“公式女钱”（女钱即细钱）。公式女钱即官铸小钱，与五铢钱并行。公式女钱是以磨边或凿边为模式，钱文“五铢”二字不全，边无郭。梁敬帝铸“四柱五铢”钱文面穿上下或背穿上下共有四个星点，故称之为“四柱五铢”。

南朝陈文帝天嘉三年（562）铸“五铢”钱，特征：“五”字交叉成两个三角形，“金”字小于“朱”字，“朱”字字头圆折、外郭宽。陈宣帝太建十一年（579）铸“太货六铢”钱，与五铢钱并行，一当五铢十，后减为一当一，面背有内外郭，铸造工整。

⑤北朝钱币

《魏书·食货志》载：“魏初至于（孝文帝）太和，钱货无所周流……（太和）十七年（493）。冶铸粗备，文曰“太和五铢”，诏京师及诸州皆通行之……民有欲铸，听就铸之，铜必精炼，无所和杂。”太和五铢篆书。钱大小、精粗不一。孝庄帝永安二年（529）秋诏更改铸“永安五铢”，背素，少数背有四出纹，或背穿上有“土”字。西魏大统六年至大统十二年（540—546）铸五铢钱，据古钱家考证，是仿永安五铢，而去其“永安”二字，五铢的“五”字交笔直，右边靠穿孔处有一直划，边宽，铜色黄白。北齐文宣帝天保四年（553）铸“常平五铢”。钱文书体为玉箸篆。顺读，精整。

北周初用西魏五铢。《周书·武帝纪》载：“保定元年（561）……更铸钱，文曰‘布泉’，以一当五，与五铢并行。”此钱外郭隆起整齐，钱文书体玉箸篆，“泉”字中竖不断，与新莽布泉显然不同。新莽布泉为悬针篆，中竖断开。又“建德三年（574）……更铸五行大布钱，以一当十，与布泉并行。”今见此种钱大小不一，钱文书体为玉箸篆，顺读。北周宣帝铸“永通万国”钱。大成元年（579）初铸“永通万国”钱，以一当十，与五行大布并行。此钱大小不一，有阔边，有铅钱，钱文书体，钱线篆，顺读。

南北朝是中国历史上一个大转变时期，经济、文化的重心转移到南方。而南北朝的币制也在中国货币文化发展史上处于一个过渡阶段。钱的名称，打破了过去以重量为钱名的传统习惯；年号钱出现，如“汉兴”、“孝建四铢”、“太和五铢”、“永安五铢”等。而币材以铜为主，铁钱、铅钱、金钱和银钱等都先后出现。钱文的书体，也由过去的篆书转变为南北朝以后的隶书楷书。

4. 隋代五铢钱

隋文帝杨坚建立隋朝后，因天下钱币轻重不一，故而于开皇元年（581）九月整顿币制，铸造新钱，使混乱的钱币得到了统一。隋文帝下令铸一种标准的五铢钱，置于各关卡要津检查商旅，持非标准钱者不得通行。史称“置样五铢”。此种钱因含锡较多，钱色发白，俗称“五铢白钱”。

开皇十年，诏晋王广在扬州立五炉，又从晋王广之请，在鄂立十炉。又诏蜀王秀在益州立五炉，均许铸钱，因而钱渐滥恶。隋末天下大乱，民间私铸的劣钱，又泛滥起来，隋炀帝大业以后，盛行私铸，钱恶薄劣，由当初每千钱四斤二两，降到二斤以下，其后渐减成一斤，或剪铁片，裁皮革，糊纸为钱而混用。物价因此腾贵，以至于亡。

隋灭陈，结束了400年长期纷乱割据的局面，使中国复归于一统，经济日益发展。隋的统一，为以后的大唐帝国的繁荣奠定了基础。隋五铢有大、小两种，其特征是“五”字左边靠近穿郭处有一竖，这是其他五铢没有的特点，小型钱铸行较晚。

从汉武帝元狩五年（前118）改革币制，铸行五铢以来，经历了两汉、魏晋南北朝到隋，共计739年，所通行的货币都被认为是标准的五铢钱。

六、唐五代、十国的钱币

1. 唐代钱币

唐高祖武德四年（621）下令废除五铢钱，铸行“开元通宝”，从此流通了739年的五铢钱退出流通领域，而进入了“通宝”、“元宝”、“重宝”的时代。“通宝”钱作为主要货币形式，流通了近1300年，直到民国初年才被淘汰。“通宝”钱不标明重量，它以币材为重量价值基础的。一两币材只能铸十枚钱，说明铸钱要求很严格，从此“两”以下重量单位不再是二十四进位的“铢”，而改为十进位了。

“开元通宝”钱文是唐大书法家欧阳询制词并书写，文字端正质朴，称八分隶书，对后世钱文有很大影响。“开元通宝”不是年号钱，有开辟新纪元的含义，纠正南北朝及隋末币制混乱积弊。以后各朝所铸钱币，多数是以年号铸钱，表明它是某个朝代，某个帝王统治时期权力的象征，它也给后世研究某个历史时期的社会经济文化提供了方便。

早期的“开元通宝”钱钱轮郭深峻、文字精美。“元”字第一笔短，称“短元”，第二笔左挑，初铸背无文，稍后有月纹。

中期“开元通宝”轮郭如早期，钱文“元”、“通”、“宝”字不匀称：“元”字有左、右挑及双挑，“宝”字较小，背多月纹，间有星纹或星月纹。

后期开元边郭较阔，铸造草率，多有错范，字口间流铜较多，轮郭不正，内质粗糙，大小不以。从唐高宗显庆午间已出现了大量的劣质钱。

高宗时因对外多次用兵，财政困难，乾封元年（666）铸“乾封泉宝”，钱径 2.5 厘米，重 3.3—3.5 克，仅比开元钱重十分之一，却以一当旧钱十文，二钱并用。人民拒用，不到一年就废止了。

“安史之乱”之时，军费开支庞大，肃宗乾元元年（758）铸“乾元重宝”，以一当开元钱十文，二钱并用，亦称作“乾元当十钱”。钱径 2.7 厘米，重 10.2 克。乾元二年又铸重轮“乾元重宝”，与“开元通宝”并行，并以一当“开元通宝”钱五十。“乾元重宝”钱径 3.5 厘米，重 12.3 克，私铸钱较小。以上均为虚钱。

当时“乾元当十”、“重轮乾元”、“开元通宝”三钱并行，结果物价上涨，市场秩序混乱。唐肃宗李亨上元元年（760）六月，重轮钱改为一当“开元通宝”十，抬高旧“开元通宝”钱的价值，与“乾元当十钱”等价，均为一当十钱并行。实际上重轮钱的价值为三枚开元钱。因而当时市场交易、财产转让出现了“虚钱”、“实钱”计价的双重价格。

762年4月，代宗即位后，宣布各种大小钱皆等价流通，因大钱被销毁，退出流通领域，“开元通宝”钱正常的流通得到恢复。

唐肃宗乾元二年（759）史思明占领洛阳时，熔寺佛铜器铸“得壹元宝”大钱，一当百钱与“开元通宝”钱并行。“得壹元宝”非年号钱，铸行不久，史思明因恶“得壹”非国运久长之兆，便改铸“顺天元宝”，大小与“得壹宝钱”相同。

唐武宗会昌五年（845）“废浮屠法”，永平监官李郁彦请以铜像、钟、炉、磬、铎等铸钱。淮南节度使李绅请以天下州名铸钱，背记州名，新钱背加“昌”字，以表年号。目前已知的有23种，如昌、京、洛、益、梓、兰、襄、荆、越、宣、洪、潭、兖、润、鄂、平、兴、梁、广、福、丹、桂、永。其中“永”字难得，改刻者多。

唐还铸有“大历元宝”、“建中通宝”，均属平线，铸工粗糙。近年在新疆库车，时有发现，并有“中”字钱，应是“建中通宝”省文钱，较稀少，史无记载，是地方钱。

2. 五代十国钱币

五代十国时期，政局动乱、政权更替频繁，铸币十分混乱，并出现了区域性贬值现象。铸钱多以铁、铅低值金属为币材铸大钱，传世的后梁在开平年间（907—910）铸“开平通宝”大钱和“开平元宝”大钱，都是在天津发现。目前此钱都属孤品，“开平元宝”有伪品出现。

后唐李嗣源天成年间（926—930）铸有“天成元宝”是仿“开元通宝”钱铸造，传世极少，因为当时铜价上涨，毁钱铸器，铸钱无利，不可能大量铸钱。李嗣源的养子李存勖即位第二年就亡于晋，所以铸钱可能性不大，传世有“清泰元宝”与“崇宁重宝”钱相似，应是崇宁钱改版铸造，市面已发现了此钱。

后晋天福三年（938）由于通货不足，故下令天下铸以“天福元宝”为文的铜钱，由于私铸很多，版别很杂，精者官炉铸造。因私铸严重，质量太差，被下令禁止私铸，传世有一种反旋读钱，很罕见。后汉乾祐元年（948）铸“汉元通宝”是用“开元通宝”改字铸造，背有月纹，但穿上孕星钱就少见了。

后周显德二年（955）废天下佛寺铜像铸“周元通宝”钱，并在寺庙设炉鼓铸，柴荣亲自观看，所铸“周元通宝”量多，铸工精整，为五代钱之冠，后人常以周元通宝钱是以佛像铸成，带在身上能驱邪治病，以致供不应求，后仿造者很多，背添铸龙凤、佛像等图案。福建、湖南盛行铅铁大钱，两广流通铅质小钱，幽州也曾用过泥钱，但这些都属地方劣钱，只能在本地区流通，出境不能用。

五代初刘仁恭、刘守光父子盘据幽州，曾令百姓用瑾泥为钱，后又铸了大面额的劣质铁钱，如：“永安一十”、“永安一百”、“永安五百”、“永安一千”、“顺天元宝”。“顺天元宝”背“百”、“千”、仿王莽“货布”背三百，“大布黄千”仿隋“五铢”。永安也有铜钱，“永安一十”、“永安五百”少见。刘守光称大燕皇帝铸有“应天元宝”（背“万”）、“乾圣元宝”（背“百”）、“应圣元宝”（背“拾”）三种铜钱，均属孤品。

五代十国铸铅铁大钱多，劣钱多，这与当时的经济状况的恶化有关。十国南唐徐知诰篡吴立国称帝，国号“大齐”，铸有“大齐通宝”，传世仅有二枚，一枚清代大画家戴熙所得，后戴自尽，此钱不知下落；另一枚是戴葆庭先生于1925年在江西鄱阳购得，四角有穿孔，称为四眼大齐，后转让给张叔驯。因得此钱故改斋号为“齐斋”，张去美定居，也不知此钱下落。市面流传伪制大齐通宝很多，多用“太平通宝”改刻，或用“开元通宝”钱改版铸造。

李璟保大年间（943）铸“保大元宝”铜铁大钱，存世极少。

李璟还铸篆、隶二体，“永通泉货”当十大钱，篆书钱较小，不多见。“大唐通宝”，铸量最多。南唐“开元通宝”钱，字体小，外郭阔，篆、隶成双。“唐国通宝”钱，有篆、隶、真三体。此钱制造精美，阔缘大型者极少。大字异书，省笔“唐”字也很珍贵。传世有“大唐镇库”钱，应是初铸镇库钱并不流通，仅见一枚。伪造者有。

十国楚王马殷占据湖南，曾铸锡、铁、铅、铜钱。乾化元年(911) 铸“天策府宝”铜、铁大钱（鎏金者少)，有开府庆典之义，属纪念币，铜质厚重，边郭坚挺，四字真书含隶韵，旋读光背（背有字者伪）传有铅、铁，未见。“天策府宝”钱传世、出土都很少，后世造伪者多。马殷还铸“乾封泉宝”大铁钱，一当十，铁钱笨重携带不便，境外不能用。商人运货进城，得钱出境不能使用，又换当地的土特产，加快了商品的流通速度。“乾封泉宝”铜钱很难得，背有“天”、“天府”字样。铜、铁均有仿制(铁钱均属四川伪造)。

十国南汉，铸有“乾亨重宝”铜、铅钱两种，铅钱背文“邕”大小不一。“乾亨通宝”稀罕。前蜀王建铸有“永平元宝”、“通正元宝”、“天汉元宝”、“光天元宝”。王建子王衍铸有“乾德元宝”、“咸康元宝”。均为小平钱，“乾德元宝”有铁钱，“咸康元宝”背间有月纹。

孟知祥占据四川、陕西南部，史称后蜀，铸行“广政通宝”铜铁钱。

十国闽王审知受封为闽王，铸有“开元通宝”钱。大钱中有铜、铅、铁钱书体兼真、隶。大钱背有巨星或“闽”字，下有仰月纹。大铜钱最稀少。传世有特大铜钱。特征：“开”为“开”字，唐“开”字不同。王延羲立，改元永隆，铸大铁钱，以一当十，稀有。铜者都是按照铁钳永隆翻铸，均属伪品。王延政铸有“天德重宝”（背“殷”)，存世极少。天德二年铸“天德通宝”

钱，未见铁钱，大铜钱真伪有争议，但假者居多。

七、宋辽、西夏和金的铁币

1. 两宋钱币

宋代盛行年号钱，两宋共计18个皇帝，用过57个年号，铸过45种年号钱，宋代主要用“元宝”、“通宝”、“重宝”。南铁钱“宝”字多达一二十种。币值一般都是平钱。也有折二、折三、折五、当十钱。

宋钱书法有真、草、隶、篆行宋体、瘦金体等，有些是皇帝和书法家所写。如：“淳化元宝”三体钱（楷、行、草）是太宗赵炅亲笔，称为“御书三体”钱。“大观通宝”、“崇宁通宝”为宋徽宗赵佶亲书，称为“瘦金体”。“元丰通宝”相传为苏轼所书。宋代还讲究“对子”钱，即大小轻重，缘廓宽窄等完全相同，而书体不同的两种钱币。日本人曾出版过一本《符合全志》就是专门研究“对子”钱的。一种年号可以有多种“对子”钱。

宋代主要用青铜铸钱，也有些地区兼用铜、铁。宋钱铸量大、品种多、铸工精良、艺术水平高，是历代古钱之最。下边介绍几种伪品和特殊品种钱。

如：“淳化元宝”钱多，但缩水的少。仁宗“至和重宝”钱多属铁母、稀少，背有“坊”、“虢”字者，更为罕见，但发现多数属伪品。“皇宋通宝”九叠篆文者，是宋官印字体，大约发现不过10枚，也有伪品，是利用宋钱改造面文制成的。“皇宋通宝”均为小平，有一种折二样钱，也是很少有的珍品。

宋仁宗有皇祐年号，但没有铸过钱，我们所见到“皇祐元宝”或“皇祐通宝”都是改刻或后铸或挖补钱。元丰钱很多，多为通宝，如发现有重宝，就有可能是伪品了，据史志记载，元丰没有重宝，流传的重宝都认为是铁母，实际是后人所为。元丰钱隶书也不多。中国钱币杂志载有“靖国元宝”钱说是出土品生坑，是清代墓葬中出土，因为此人是古钱收藏者，死后所收藏古钱币也一起随葬，现在出土当然是生坑。

宋徽宗有“建中靖国”年号，但是没有铸过“靖国元宝”。所谓的“靖国元宝”是好事者伪造的，后被收藏家收藏。据说日本货币博物馆也收藏有一枚。宋徽宗的“瘦金体”钱文铁划银钩，飘逸劲拔，为古今一绝，但钱太多了，经济价值就不高了。折十钱量多，但小平铸量不多。“崇宁元宝”存世不多，“崇宁通宝”背“十”也是稀品。“大观通宝”行书小平钱铁母很少。过去曾三枚均流出，近又有发现伪品多。草书大观是后铸。日本钱中也有草书大观。

“政和通宝”、“政和重宝”铁钱近来出土很多，铁母钱不多见。真书“政和通宝”背“陕”字者仅见日本著录。宣和钱有通宝、元宝，篆隶成对，大字者少见（长体大字），巨头“宣”、圆“贝”也少。

“靖康通宝”、“靖康元宝”是宋钦宗时期铸造，伪品多。因为靖康钱铸造时间短，存世少，除了折二“靖康元宝”多见外，其他都很少见。南宋高宗铸有“建炎元宝”、“建炎通宝”、“建炎重宝”。“通宝”多，“元宝”、“重宝”少。点“建”也不多见。绍兴钱，小平罕见。绍兴通宝当十大钱、折五钱、瘦金书，没有正式发行，仅见几品张叔驯、罗伯昭均有收藏）。宋孝宗铸有“淳照元宝”小平、折二、铁有折三，背月纹，淳照七年（1180）钱背开始铸纪年，近年发现有“纯照元宝”，这个纯是最初用的，后改为“淳”字，是难得的珍品（高邮出土）。

宋宁宗铸有“庆元通宝”大钱，俗称“五十料”大钱，图录都有记载，李竹朋、鲍子年大加赞赏，实际文字呆滞、色泽不好，是清人伪作。

理宗铸有“大宋通宝”背“当拾”大铜钱极罕见。“绍定元宝”瘦金书大钱是后翻铸，制作极精。但比较一下所发现的几枚便知出自一人之手（图录也有著录）。

“端平重宝”铸量少，有人把“端平元宝”改成“端平重宝”折五。“淳祐通宝”小平、折二、折三光背为珍品，当百淳祐乃宋钱一绝，版式颇多，有大、中、小三种，以中样最为稀罕，“淳祐”篆书。当百大钱，大小多种，均属伪品。

南宋末年通货膨胀，政府铸一种临安府钱牌，存世有五百文，叁百文，贰百文，此种钱铸量不多。

北宋初年，四川李顺起义铸有“应运元宝”、“应感通宝”铜铁钱，极罕见。

南宋将领，江东宣抚使刘光世，于高宗绍兴三年（1133）铸有“招纳信宝”，非行用钱，乃策反金兵、招降纳叛出入境的信物，相当于佩牌。背穿下“使”字是签押符号。此钱仅见铜品，罕见。据载有金、银、铜三品，扬州方地山有一银品，后来不知下落。

2. 辽代的钱币

辽是契丹族建立起来的政权。辽最初使用中原地区的钱币，后来自铸铜钱。钱文仍采用汉字，铸量不多，比较粗糙，早期铜钱比较罕见，如：“通行泉货”是辽太祖阿保机（916—926）时代铸造。1981年内蒙古林西县（辽上京附近）出土一枚。中国国家博物馆收藏有一枚，背上仰月，也有光背，钱体浑厚，色泽淳古。

辽太祖耶律阿保机天赞年间（922—925）铸有“天赞通宝”，是辽代最早的年号钱，隶书旋读，“通”虎尾状，俗称“虎尾通”，背仰月纹，楷书为伪品。辽太宗天显年间（927—936）铸有“天显通宝”，传世仅一二枚。1940年骆泽民购得一枚，后售给日本人，现存日本藏省。清末曾仿制一批，流到民间，时有发现。内蒙古巴林右旗（契丹发祥地）出土了 3 万多枚古代钱币，其中有一枚品相好、文字清晰的天禄钱（辽世宗天禄年间 947—950 年铸造），解决了对天禄钱的认定。

“应历通宝”、“保宁通宝”、“统和元宝”、“重照通宝”、“大康元宝”、“清宁通宝”、“咸雍通宝”、“大安元宝”、“乾统元宝”、“天庆元宝”、“大康六年”、“大辽天庆”都是辽钱。其中“大康六年”是“冥钱”，“大辽天庆”仅存二枚，镇库钱。

3. 西夏钱币

西夏是以党项族为主体建立的少数民族政权，主要从事畜牧业。新中国成立以前，民间交易还是以物易物，也使用宋朝钱，新中国成立后自行铸造钱币。最初铸造的西夏文钱叫作“屋驮钱”，另一种就是是汉文钱，形制与宋钱相似，铸造水平高于辽钱。据目前所知，西夏钱共有三十几种，西夏文“福圣宝钱”、“大安宝钱”、“贞观宝钱”、“乾祐宝钱”、“天庆宝钱”。汉文西夏钱有“大安通宝”、“元德通宝”、“元德重宝”、“乾祐元宝”、“天庆元宝”，都是不可分得的稀品，大多出在甘肃、宁夏、内蒙古等地区。

“皇建元宝”四字楷书、旋读，书法端庄秀丽，边郭深峻、光背无文，制作最精，存世很多。因它容易得到，经济价值不高，好事者往往用“皇建元宝”改刻成其他稀有钱，如：“建”字改刻成“祐”字，成为“皇祐元宝”。“光定元宝”是西夏最后一代钱币，有楷、篆二体组成对子钱。篆书钱发现很少，称为玉筋篆。

4. 金代的钱币

金是女真族建立的政权，它的货币经济受南宋的影响，最初没有独立货币，使用宋辽钱。正隆二年（1157）设钱监开始铸“正隆通宝”钱。金世宗大定八年（1168）禁止私铸钱。大定十八年（1178）设钱监铸“大定通宝”钱，背文“申”、“酉”。章宗永安、泰和以后，因受蒙古威胁，军费开支庞大，财政负担沉重，币材来源不足，承安年间铸“承安宝货”银钱，泰和年间铸“泰和通宝”、“泰和重宝”小平、折二、折三、当十，四种钱。1212年铸过“崇庆通宝”、“崇庆元宝”（玉筋篆）、“至宁元宝”钱。金宣宗五年（1217）铸“贞祐通宝”钱（楷书，直读）。

建炎四年（1130）济南太守刘豫降金，铸“阜昌元宝”、“阜昌通宝”、“阜吕重宝”真、篆二体，可成对子钱。以上钱币，铸造精良，体态浑厚。

八、元、明、清钱币

元、明、清三代仍在继续铸造方孔铜钱，与唐、宋相比，其重要性，明显下降，而白银的地位逐渐提高，纸币也是很重要的流通手段。

1. 元代钱币

元代最初使用纸币、白银时，铜钱曾被一度被禁用，后又恢复了铜钱的铸造。元代钱币在数量和种类上都不如以前。蒙古汗国在没有统一之前，称“大朝”，铸过“大朝通宝”银、铜钱，传世较少。忽必烈中统年间（1260—1264）铸“中统元宝”真、篆两种，“至元通宝”汉文和八思巴文两种。

元成宗时期铸过“元贞通宝”、“大德通宝”汉文和八思巴文两种。元武宗（1309）铸“至大通宝”、“至大元宝”、“大元通宝”（蒙文大钱和汉文平钱）。此后每个年号都铸过铜钱，大都属于供养钱。元朝钱都很珍贵，伪造极多。

元末掀起了反抗蒙古贵族和汉族大地主残酷压迫的农民起义，多数农民军建立了政权，并铸有钱币。刘福通、韩林儿铸有“龙凤通宝”小平、折二、折三，伪品多。陈友谅铸“天启通宝”、“天定通宝”，天启钱罕见。陈友谅杀徐寿辉自立，改元大义，铸有“大义通宝”。张士诚铸有“天佑通宝”小平、折二、折三、折五，背以篆文记值。朱元璋有“大中通宝”。徐寿辉部将，明王珍在四川建大夏国，建元“天统”，传世有“天统元宝”、“天统通宝”。

2. 明代钱币

明朝白银被禁止使用过，英宗起正式规定白银为法定通货，银与铜钱有法定的比价。交易大额用银、小额用钱。明朝一般是一帝用一个年号，先后铸过10个年号钱，统称“通宝”。明代钱中，崇贞钱最复杂，有百余种。但各个时代都有珍品，如：“洪武通宝”，背记地、记值版别多。鄂、济、广三、三福、京、北平等都很稀少。有用其他版改刻的。“永乐通宝”均为平钱，发现有折三大钱为孤品。“弘治通宝”均平钱，发现有一枚折五大钱是孤品。“嘉靖通宝”，背一两十母钱很少。“万历年造”背三钱、五钱，“万历通宝”背矿银，都属珍品。

3. 清朝钱币

清钱地位虽不如白银，但品种也很复杂，前期使用方孔制钱，光绪以后又有机制铜钱，满人入关前铸有满、汉文“天命”钱，满文“天聪”钱。入关后10个皇帝铸行过11个年号铸钱。“顺治通宝”有五种类型，称“五式”。均属平钱。折二是样钱，没有流通，存世不多。“咸丰重宝”背“宝浙”、穿“百”是母钱，最为珍贵。“咸丰重宝”背“宝福”记重钱，以及各种雕母都是很稀有的，宝巩局不多。宝陕局当五百、当千两种红铜钱存世不多，黄铜者都属伪品，祺祥钱宝源、宝泉母钱当十属珍品。宝云、福巩、宝苏的祺祥钱也不多。“同治通宝”、“宝源局”仅见大样一种。宝泉局小平大样极少。宝河、宝陕局仅见样钱母钱，光绪篆书小平钱背日、月纹，存世甚少。

九、钱币作伪

伪钱主要是古董商人为了图利而制作的，具体从何时开始很难讲清楚，但从发现的伪钱来看，仿制的压胜钱较多，清乾隆、嘉庆、道光时最盛行，从制作年代来看大致有200多年了。古董商人越作越精，到民国时最多、最精，解放后也有伪钱。现在北京、上海、河南等地还有伪钱的出售。古钱币作伪的方法主要有以下几种：

1. 翻砂法

此法完全是根据集钱的心理，用奇特版别的钱模或用真钱做模，进行翻砂铸造，钱文按钱币时代文字来制作，然后熔化普通古钱或其他古铜器铸造，把铸好的铜钱，用刀剔，锉磨多余部分，再装入衣袋里随身携带。利用新铸钱本身，互相撞击，磨去砂痕，使其自然。或埋在土中使其生锈，经过加工出来的伪钱，很难辨认真伪。用真钱做模翻铸的钱，比原物稍小。

用木、骨、石等制模因文字是摹仿，显得有些呆板。翻砂伪钱流传较多，如："元丰通宝"钱，据史志记载元丰年间没有铸造过"重宝"钱。我们见到的"元丰重宝"，就是民国初年四川商人伪造的。南宋理宗"淳祐通宝"楷书当百大铜钱罕见有记载，篆书也没有记载。"当百"大铁钱都是民国初年四川伪造。"皇建元宝"是西夏襄宗皇建年间铸造的，但没有铸过皇建铁钱，我们所见的皇建铁钱是上海商人用铜版钱翻铸的。吴三桂所铸的"利用通宝"，"昭武通宝"和太平天国时"天国"铁钱（背"圣宝"），据记载都没有铸过铁钱，我们见到的铁钱也是用铜板翻铸的。

金代"泰和通宝"折二楷书大钱，很少见。民国初年，北京古钱商冯祖泉得到一枚，就用原钱做模翻铸了六枚。四川王铁钱仿造了各种北宋铁母钱及十国时期"乾封泉宝"，背"天府"钱。

苏州伪造篆书“天启通宝”钱铸后用火熏、烧，以假乱真。浙江绍兴曾仿造“庆元通宝”背“和”、“五十料”大钱，伪造的技术很高，曾被《古泉汇》、《历代古钱图说》著录。李竹朋、鲍子年对此大钱评价很高。目前发现多品都是绍兴伪造。山东潍县仿造的各种空首布也都是翻砂铸造。

2. 改刻法

是用普通的钱币改刻成稀有品，主要是选用较厚的古钱，磨去或剔去原有的文字，改刻成所需的稀见品。用古钱改刻的稀有品，我们发现的不少，如：用三字刀“齐大化”，或四字刀“齐之化”改刻成“齐造邦 化”。用“半两”改刻“两甾”，用五铢改刻成二两、三两、四两、五两，把“货泉”改刻成“壮泉四十”、“中泉三十”。用“开元通宝”改刻“金统通宝”（黄巢起义军年号实际没有铸此种钱），还可改刻成“大齐通宝”，用“大顺”改成“天顺”等等。

或是普通钱背加星、月纹。四川出土的邓通半两面上下都凸起铜块，商人用凸起处加刻“两”字或其他字，使其出奇，改刻的字呆板文字、不自然。

3. 挖补法

此种方法和改刻不同之处，就是将普通的文字挖去一个字或二字或全部挖去，再把需要的文字填补上去，经添漆作锈，掩盖嵌补痕迹，如：“端平通宝”，把“通”字挖掉，再从其他钱币上取下“重”字，补成为“端平重宝”一字之差，经济价值就不同了。又如宋徽宗只铸造过“重和通宝”小平钱，没有折二钱，把“宣和通宝”折二钱的“宣”这挖掉，补上“重”字，便成了“重和通宝”折二钱。“历通宝”万，背“一两十”大钱，就是用“天启通宝”，背“一两十”挖补而成的。南明鲁王铸“大明通宝”只有小平钱，也利用明代的“天启通宝”，挖补成“大明通宝”，背“一两十”大钱。

4. 拼合法

此法是将普通钱币取半字或取一字，然后和另一半合起来如“铢铢”、“五五”、“泉泉”等等，或拼成四字全同成为“乾乾乾乾”。又如把二枚普通钱钱背磨薄，然后粘合起来，成为合背钱，常见的有用“半两”和“明月钱”合背的。

5. 剪制法

主要用于各种布币，用薄铜、铁片剪成布钱形状加温焖出文字，或用石膏、绿漆制成文字贴上，再添补假锈而成。利用这种方法制作的伪品有“梁新釿五十当寽”等。“梁新釿五十当寽”，“梁新釿当寽”、“虞一釿”、“虞半釿”、“梁正尚金当寽”等，此法虽制作简单，但文字不自然呆板，质软，敲之喇叭作响，仿制品多出自河南。

十、假锈的类别与制作方法

伪制古钱，作锈是关键的一环，因为古钱年久，身上长满了各种颜色的锈斑。传世品由于经常用手磨擦，外观呈棕黑色（传世古），古钱身上锈斑，都和气候有关。有的地方空气湿度大，锈蚀就严重；有的地方空气干燥，锈蚀就比较轻。有的古钱长期埋藏在地下，又被水浸泡，锈蚀就很严重；有的失去了铜的本色变成灰绿色。总之古钱埋藏的位置或时间长短不同，古钱本身的氧化程度也不同，入土年份越久，锈片堆积愈厚，有时锈蚀成片块，很坚硬，称为“硬锈”。空气湿度大或接触水的，锈质地疏松，锈片多呈现蓝绿色。空气干燥，铜锈会呈现红紫色，有时也会呈现红绿混杂色，称为“红绿锈”，还有一种叫作“水银古”的锈。这些形形色色的铜锈，都是在不同的条件下生成的，当然也和钱本身铜质有关，如含锡、镍成分较多的就不容易生锈，含铁和铅的钱币锈蚀就很严重。

1. 绿锈

（1）粘贴假锈法：如果是给翻砂铸造的伪钱作锈，用清漆调绿色粉末和泥沙搅拌后，涂在伪钱上，干后变成土化绿锈，此法可以乱真，但若时间长久，便会脱落。旧法用松香胶水加颜料、泥沙搅拌，涂于伪钱上，也与真锈神似。这种伪制品，用手磨擦会有松香味，用硬器一触就纷纷脱落，暴露原样。

（2）用真铜锈填补法：把铜器上的锈片用利器取下，然后用胶水或漆粘在伪钱上，最后用漆片稀料和泥沙拌好补齐就行了，这种锈确实能以假乱真，但看起来有浮漂感。

（3）自然生锈：把钱制好后，埋在地下，每天在上面洒水，埋上一年半载，很快就长上真锈，如果埋在酸碱度较高的地方，或是厕所附近，锈蚀更快，因时间短，虽然是真锈，但用力磨擦就容易暴露底子。

（4）浸泡法：将伪造的钱币浸入盐酸、醋酸后，再埋入土中，或放在潮湿处，经过一年半载，也能生锈。但因盐酸可以腐蚀铜质，所生出来的锈不坚固，松脆、容易脱落。

（5）上漆作锈：把绿瓷漆涂在伪钱上经干燥后虽然坚硬，但色泽没有硬绿感，经火烧很容易剥落。

2. 红锈

（1）将伪造的钱币用火烧透，取出浸入冷水中，便呈现出一种发红的锈色，再浸入盐酸、醋酸后，埋入土中，经过一年半载，便生有红绿相间的锈（此法用于红铜）。

（2）用胶水或清漆、漆片等调红粉末，涂在伪装钱币上，再涂泥浆水，很像真锈。

（3）用松香加热后调以红色、绿色，涂在伪制钱上。

（4）用红瓷漆与绿瓷漆调好后涂在伪钱上做成红绿锈。

3. 蓝锈色

出土的古钱币，除绿色、红色外，还有的蓝色或绿红相间色，此锈不多见，调色作锈也较费事，所以伪作此种锈色的钱币也不多见。

4. 传世古

古钱币出土的较多，但也有大量的传世古钱币，这些钱币从未入土。在这些传世品多数没有锈蚀，表面呈现一种黑褐色，俗称传世古。也有的古钱币因出土时间久，表面上的红色、绿色、蓝色的锈，经过磨擦早已脱落，有的只留下少许的各种原始锈色，其余部分都变成黑褐色。这种锈叫作半传世古。伪造这种锈色比较简单，主要方法有下列两种：

（1）将伪钱火烧后，取出使其冷却后，钱币表面上便呈黑色，再放入衣袋里，经过一段时间，色泽光润，便和真钱相近，这种钱主要从钱币铜质、文字气息、体形大小和薄厚等几个方面进行鉴别。

（2）把伪钱泡在盐酸、醋酸里，几天后取出，钱币表面上便呈黑色，再放入布袋里磨擦，经过一段时间，色泽光润也和传世古相同。

还有一种被挖补的钱币，也可称伪钱真锈，这种钱主要是把普通钱币取下一半，或单字拼合而成，或挖去单字补上一字的稀见品（前面介绍有拼合、挖补法）。这种做法对原钱币上的锈片伤害不大，看起来是真锈，但钱的面貌完全改变，成了伪制品。此种改造的钱很容易迷惑人，但这种钱在放大镜下便一目了然。

虽然制作伪锈的方法有很多种，而且有的伪锈几乎可以乱真。但伪锈给人的一种浮漂、松懈、不牢固感，用手指甲用力去抠，或用小刀去刮，就容易脱落。真锈和铜体已经成为一体，即硬锈，不易剥落。伪锈经过水煮或用水浸泡，尤其用清漆或松香制作的伪锈，经水煮或浸泡就很容易露出底色，但在鉴定古钱币时，这种办法是禁用的，必须经过本人同意。

十一、古钱鉴伪

鉴定古钱币主要从以下几个方面着手：

1. 文字辨伪

各个时期钱币的文字都有自己的风格，即文字气息、神韵，也具有自然的姿态、独特的气质。伪钱因系摹仿，处处小心从事，手法不自然，有些牵强。结果制作出来的文字就很呆板。

2. 锈色辨伪

出土的古钱币都曾入土数百年、数千年之久，所以锈色入骨，锈与铜质成为一体，不易脱落。伪钱则不然，即便曾经被埋藏在土中，也不会有硬绿锈入骨，而是浮在表面，容易剥落。涂上的假锈，本来就不是锈，尤其用胶水、松香粘上去的颜色，经水一洗很容易暴露底色。

为了保护古钱币的原貌，禁止用硬器刮或水煮，以免破坏钱体。在辨别锈色时，应特别注意伪钱真锈，所谓的伪钱真锈是把真钱币上的锈取下来，填补到假钱上，以假乱真。还有些真钱币，本身没有锈，如明清以来的钱币大部分未入土，而且有些钱币铜色很新，对于这种钱币的辨伪，只能依靠文字、做工来分析，这种钱币的真伪很难断定。

3. 声音辨伪

入土的古钱币或传世钱币，因时间久，没有火气，铜质氧化后，叩之没有清脆之声。新铸的假钱，叩之能发出清脆的转音。所以听声音也是一种辨伪的方法。作假后放在火上烧过的伪钱，作好后把钱敲破，或去掉一块，会出现哑声，对这样的钱，也要特别注意。

附图：

我国最早的货币——贝

1. 天然贝

海贝
河南郑州商墓出土
图 1-1

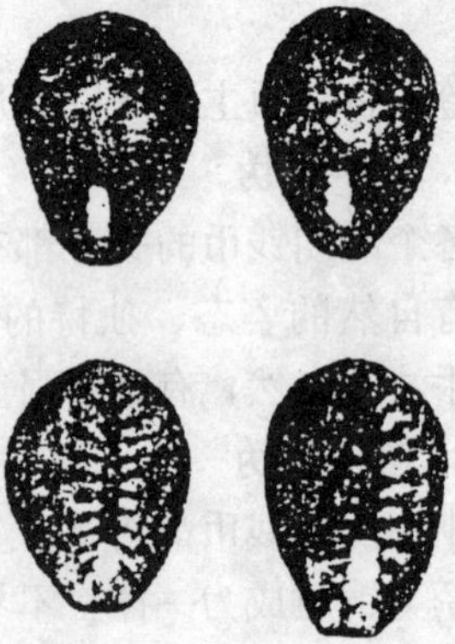

小孔式海贝
图 1-2

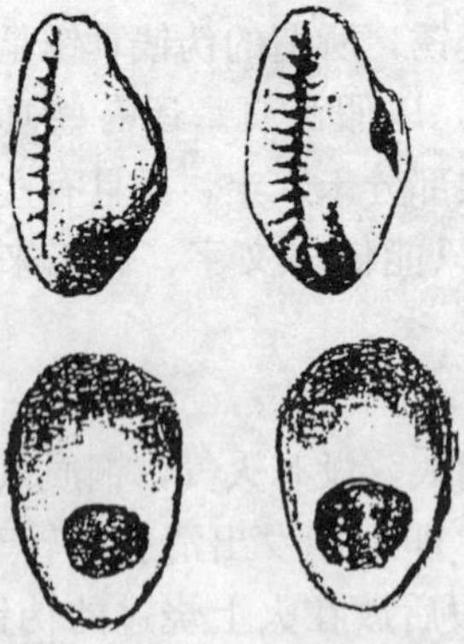

大孔式海贝
图 1-3

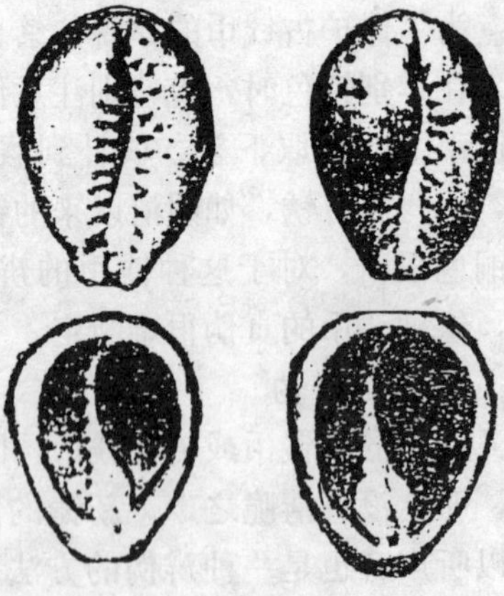

磨背式海贝
图 1-4

2. 仿制贝

铜贝
河南安阳殷墟出土
图 1-5

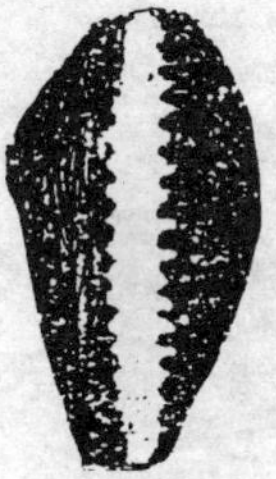

铜贝
山西保德出土
图 1-6

称 量 货 币

1. 铜金属称量货币

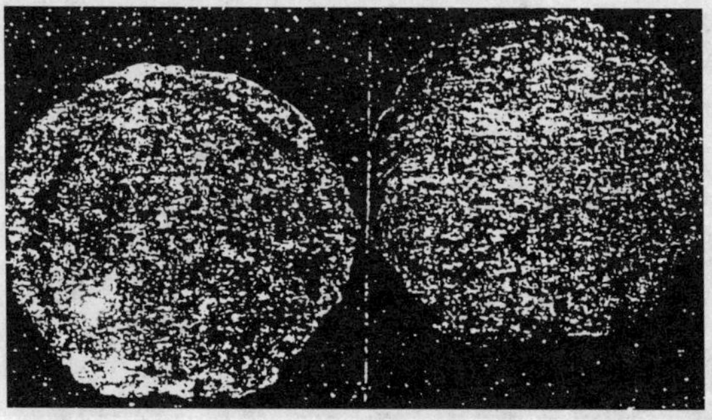

青铜饼
陕西扶风出土　重 5000 克
图 1-7

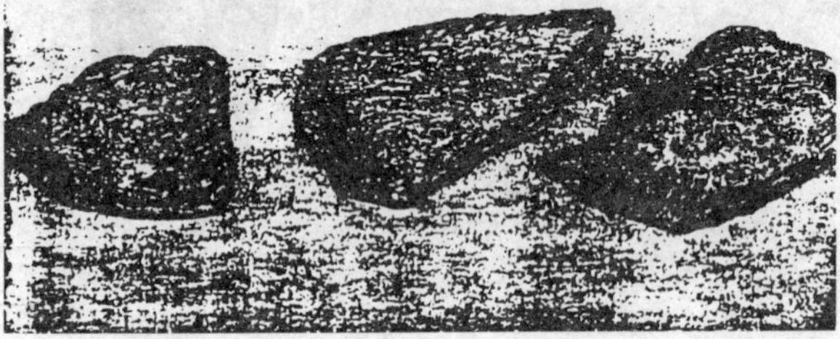

青铜块
浙江海监出土
图 1-8

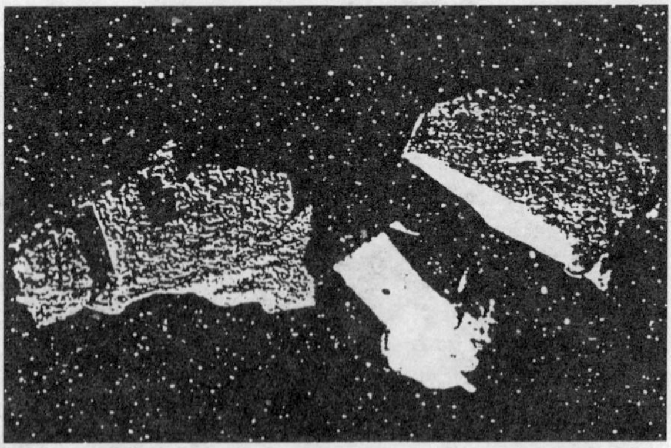

青铜块和铜器残片　陕西扶风出土
图 1-9

铜鼎足　陕西扶风出土

重 13500 克

图 1-10

2. 白银

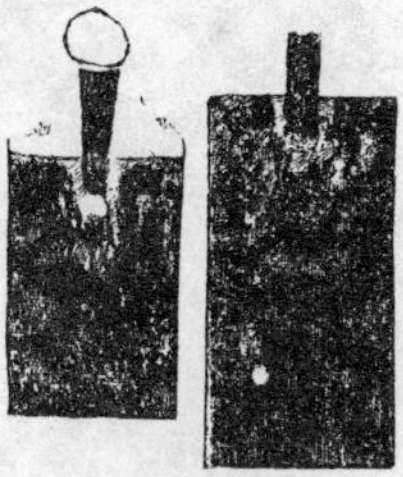

银布币

1974 年河南扶沟出土

图 1-11

3. 黄金

★★

郢爰（放大）

1979 年安徽寿县出土

重 259.1 克

图 1-12

西周、春秋、战国的金属铸币

1. 锌币

（一）原始币

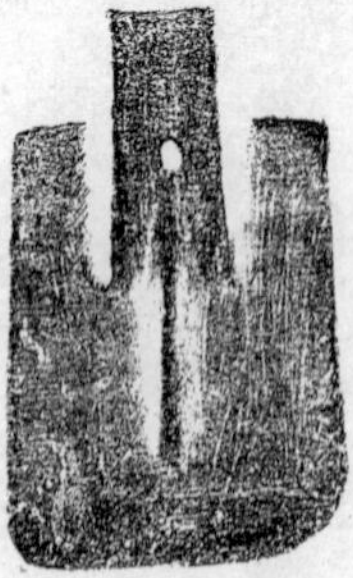

图 1-13

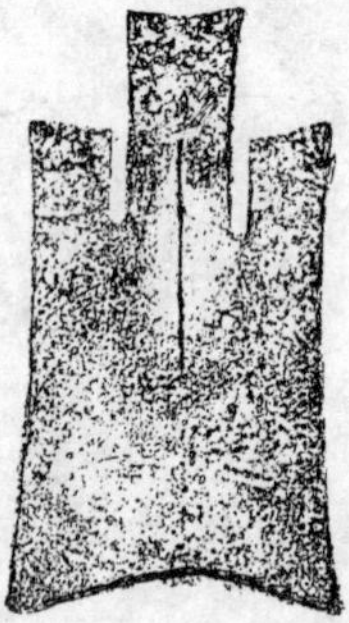

图 1-14

（二）空首币

①平肩弧足空首币

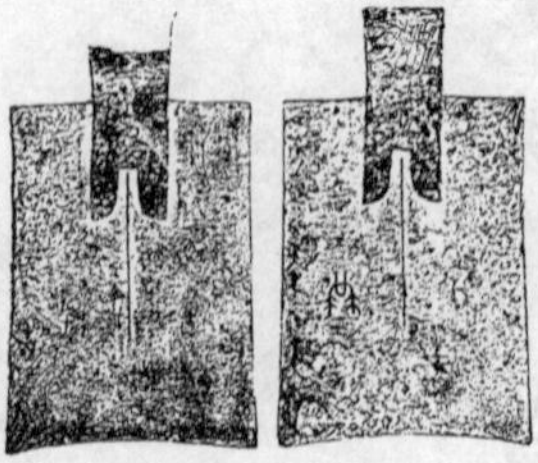

“益”字大币

图 1-15

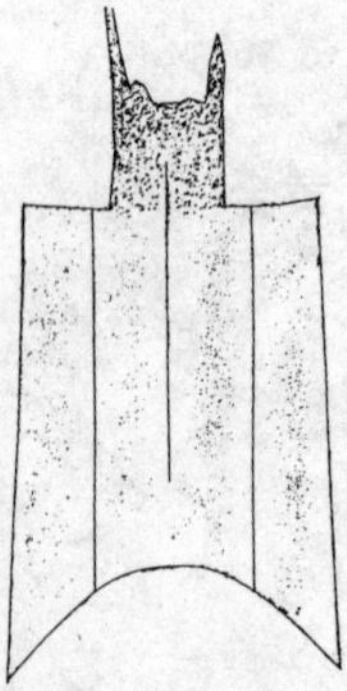

空首大币

重 43.7 克（半泥）

图 1-16

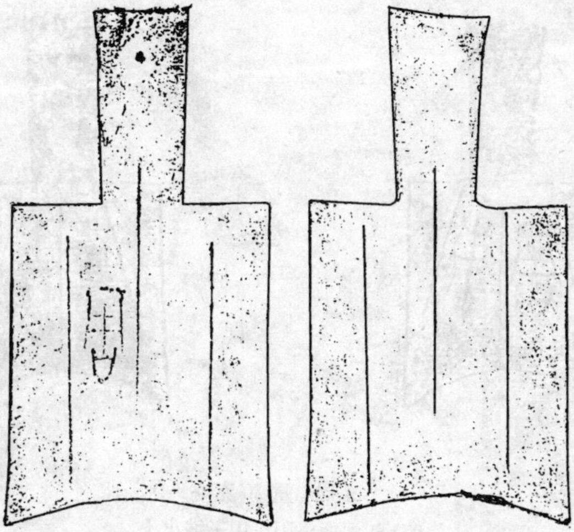

周　重31克

图1-17

市南小化　背口

重32克（有泥）

图1-18、1-19

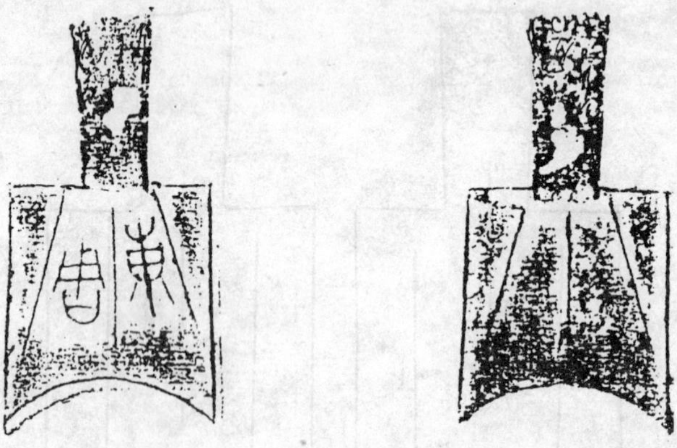

东周　重20克

1974年河南洛阳东周王城出土

图1-20

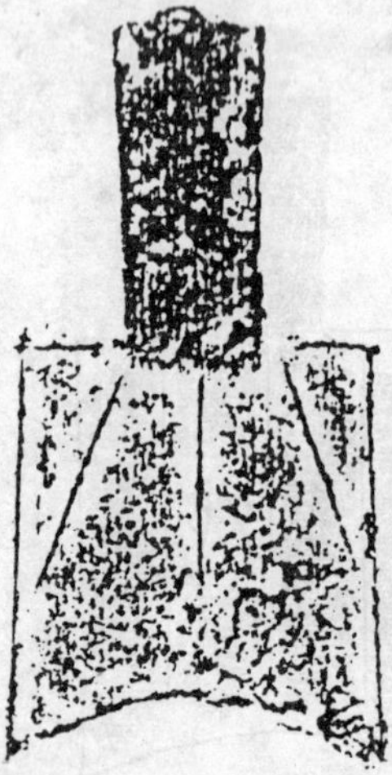

文货

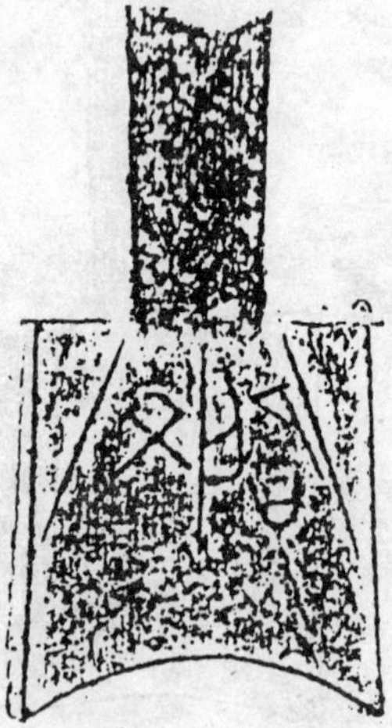

图1-21

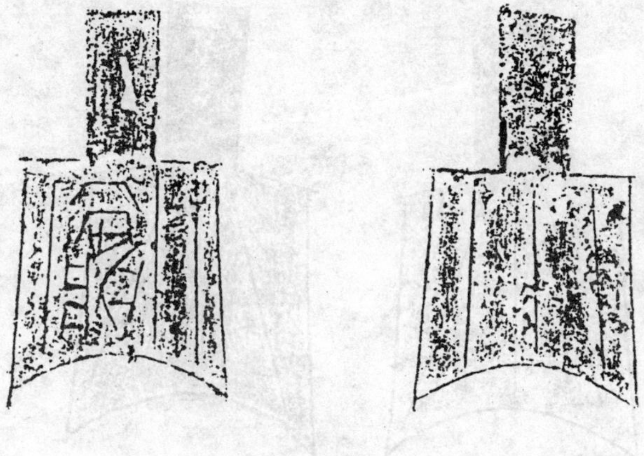

安臧

重 20 克（有泥）

空首平肩小型币

图 1-22

②斜肩弧足空首币

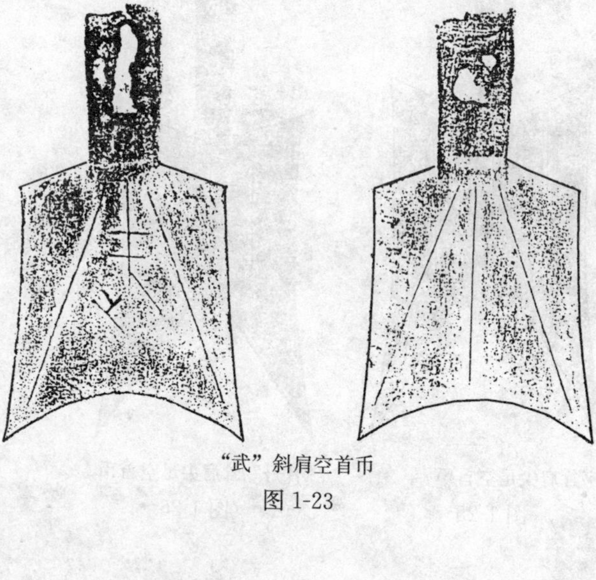

“武”斜肩空首币

图 1-23

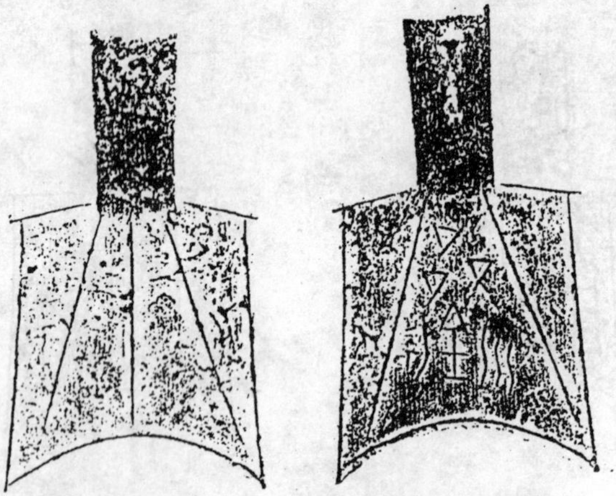

“济釿”斜肩空首币　　晋、纪、铸币

图 1-24

③耸肩尖足空首币

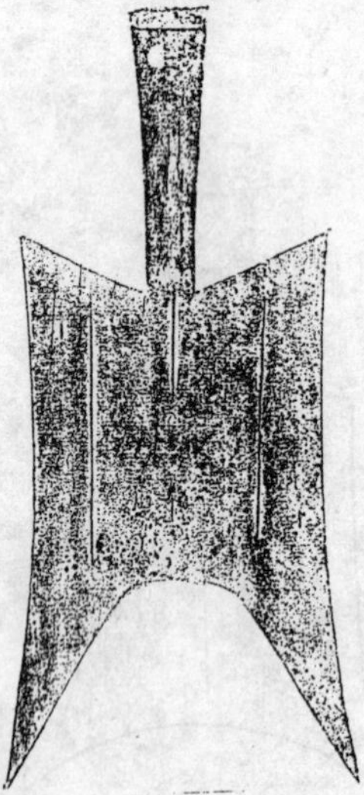

无字耸肩尖足空首币

图 1-25

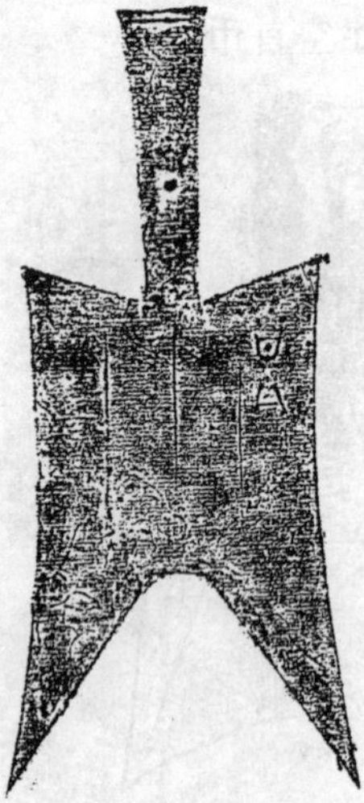

“甘丹”耸肩尖足空首币

图 1-26

（二）平首币

①孤裆方足币

安邑二釿背安

魏国铸币

重 28.5 克

图 1-27

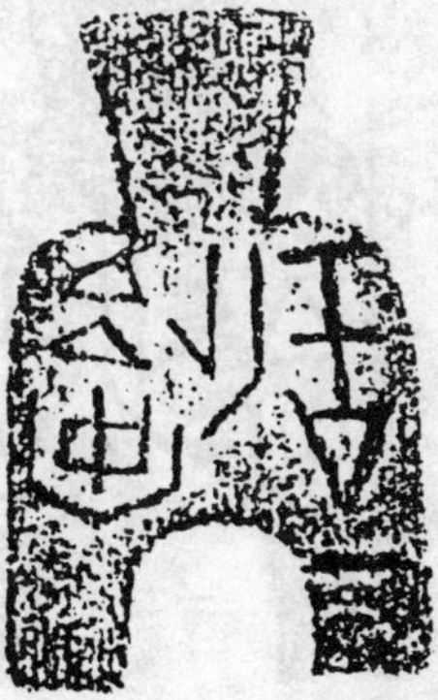

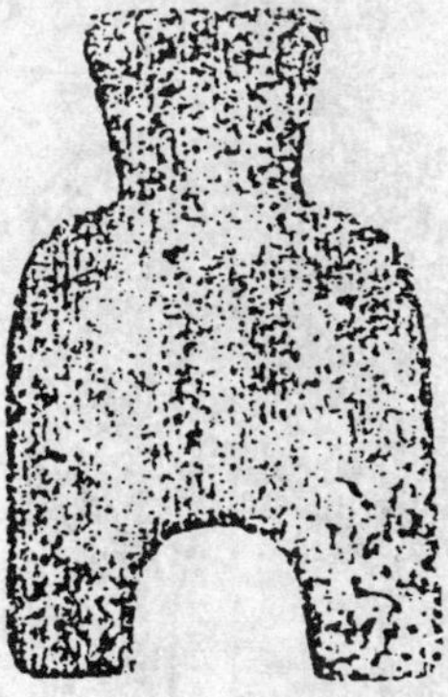

安邑一釿

图 1-28

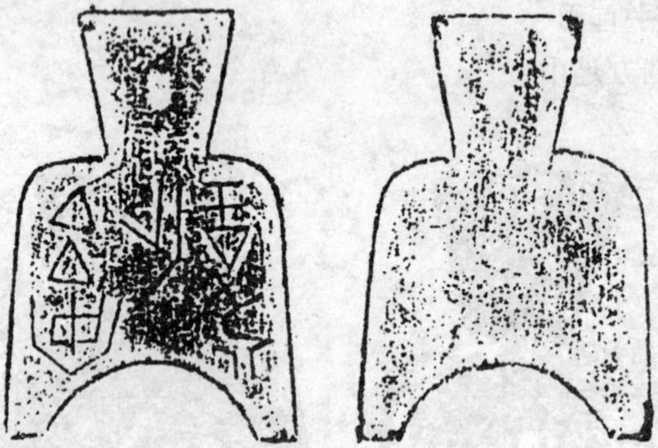

安邑半釿

重 7.5 克

图 1-29

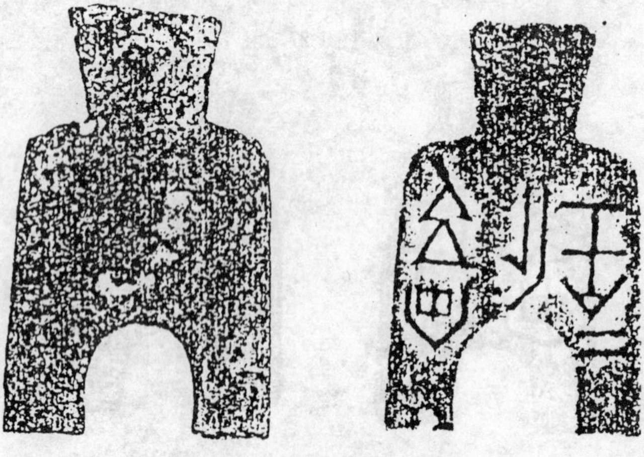

图 1-30

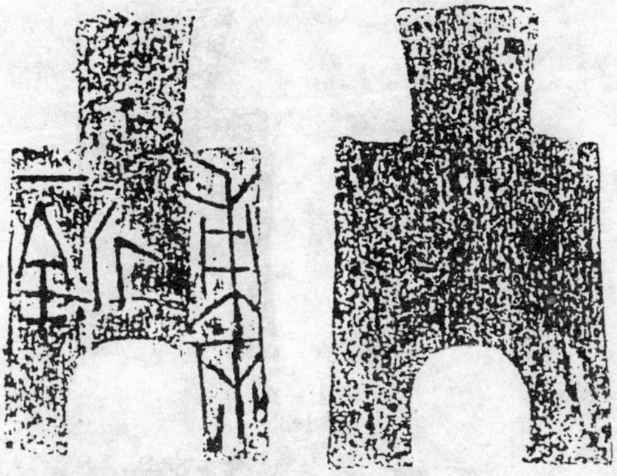

甫反一釿

图 1-31

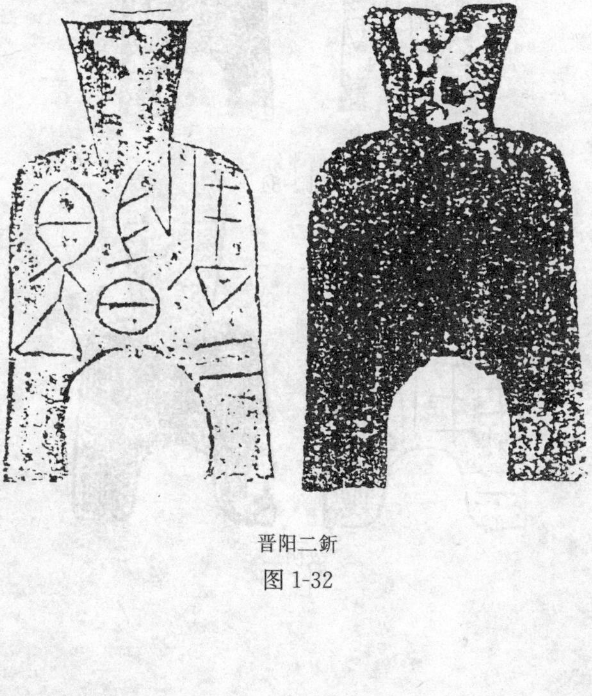

晋阳二釿

图 1-32

晋阳一釿
图 1-33

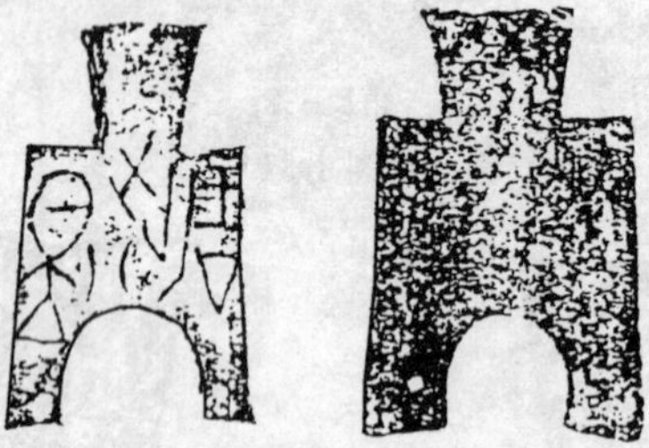

晋半釿
图 1-34

安阴二
图 1-35

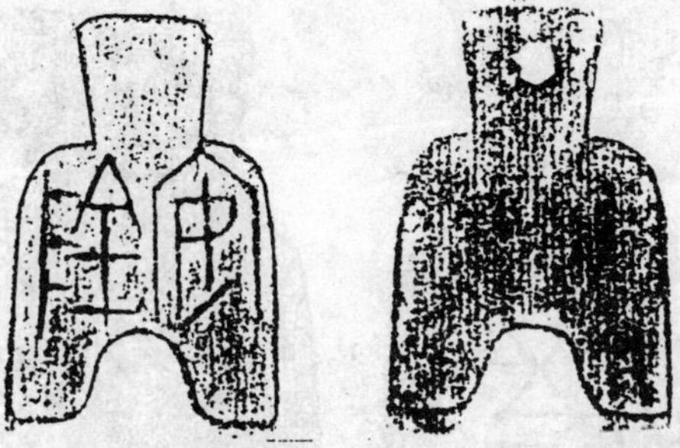

安阴
图 1-36

梁正尚百当寽
梁国铸币
图 1-37

梁半尚二百当寽
图 1-38

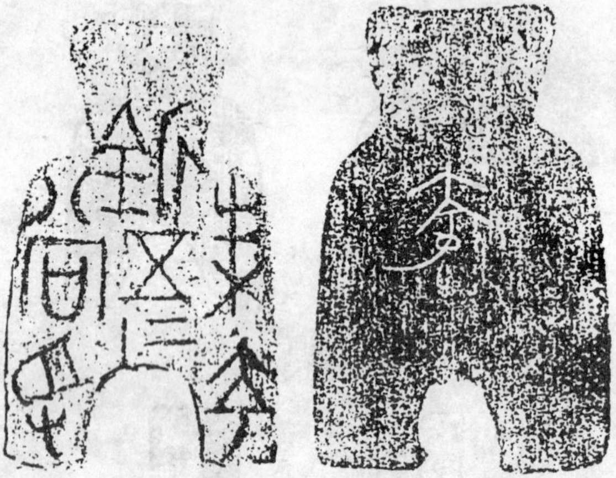

梁新二釿五十当寽　背口

图 1-39

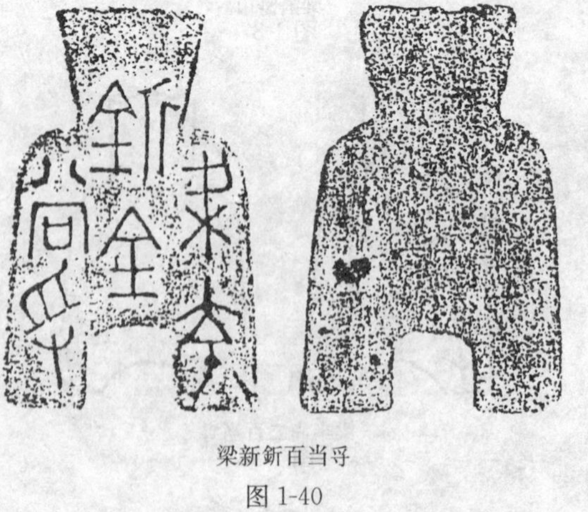

梁新釿百当寽

图 1-40

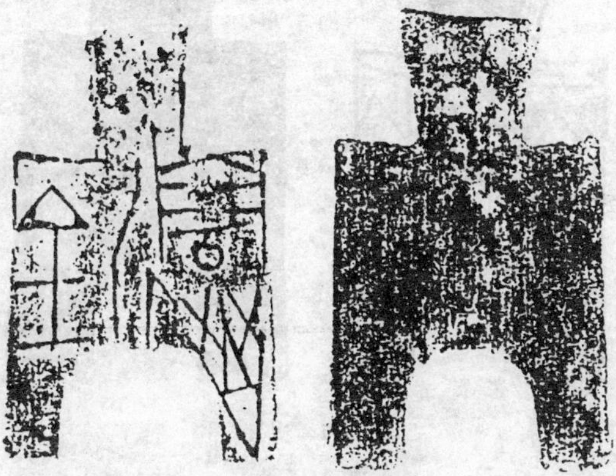

阴晋一釿 魏国铸币

图 1-41

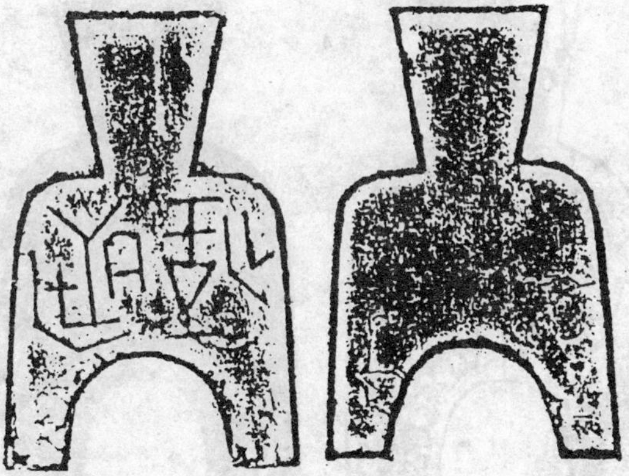

虞一釿

重 14 克

图 1-42

斛一釿
重 14.5 克
图 1-43

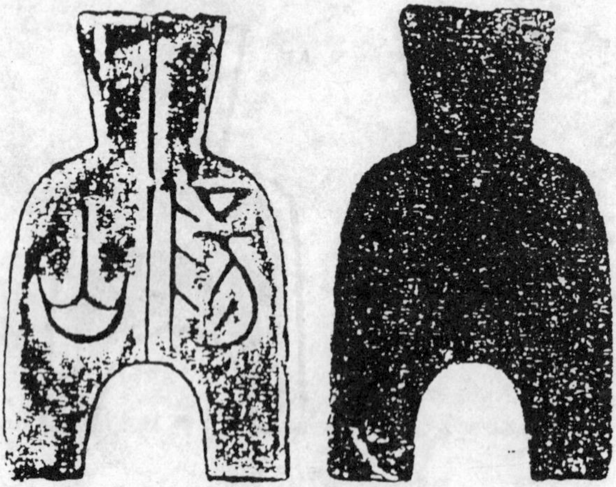

山阳
图 1-44

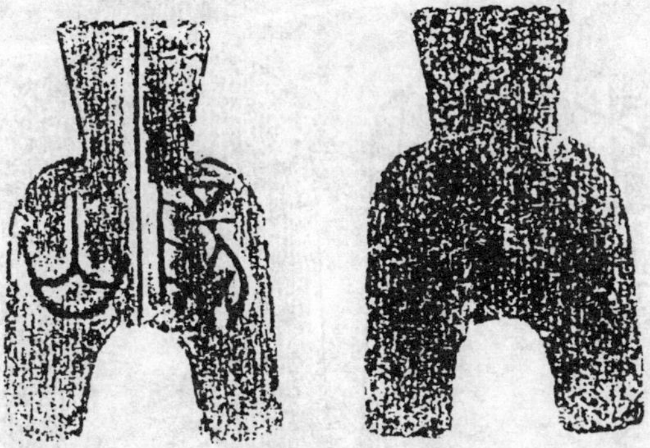

山阳
图 1-45

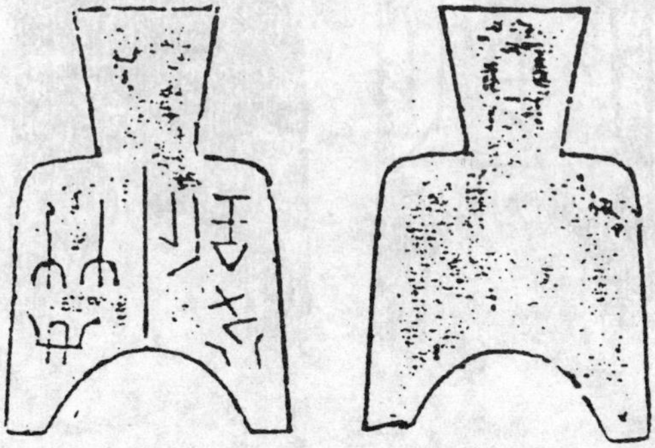

共半釿
图 1-46

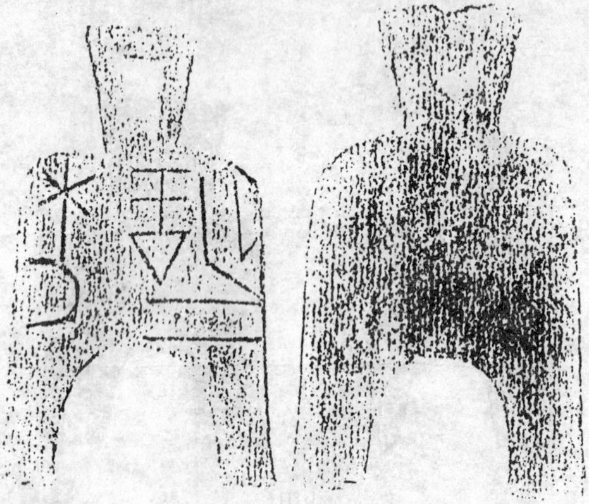

□二釿

图 1-47

□一釿

图 1-48

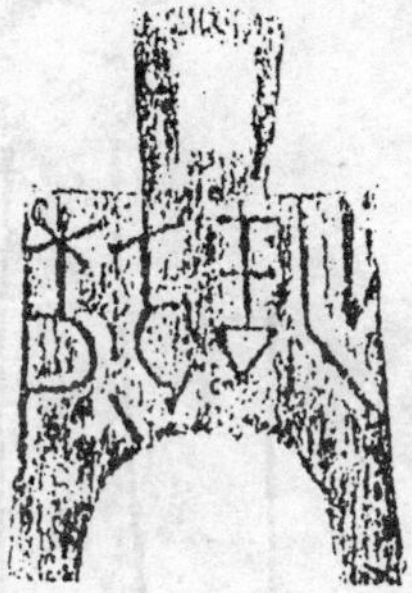

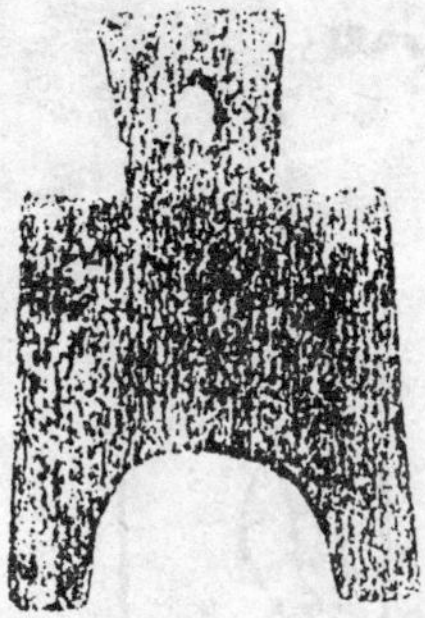

□半釿

图 1-49

②翼形平首币

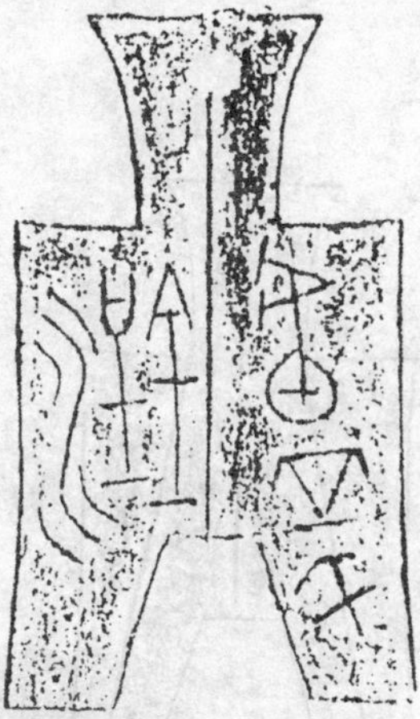

卢氏涅金

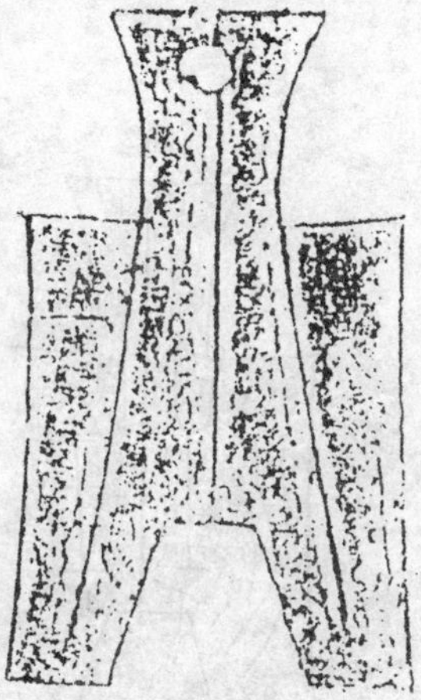

韩国铸币

图 1-50

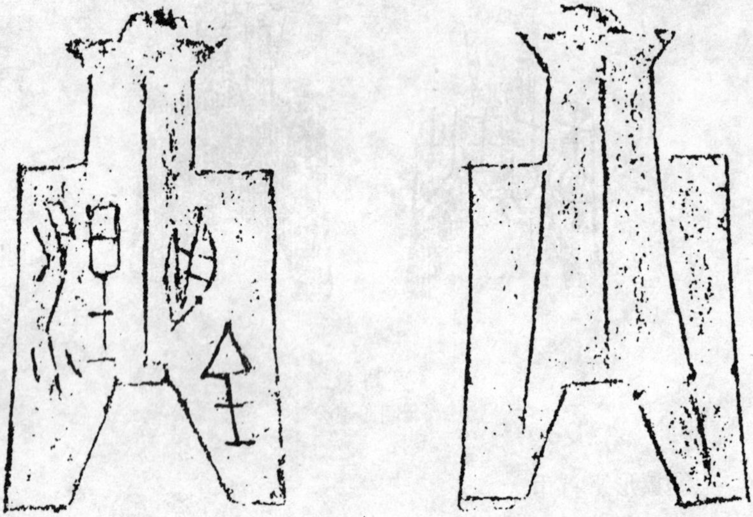

俞涅金

图 1-51

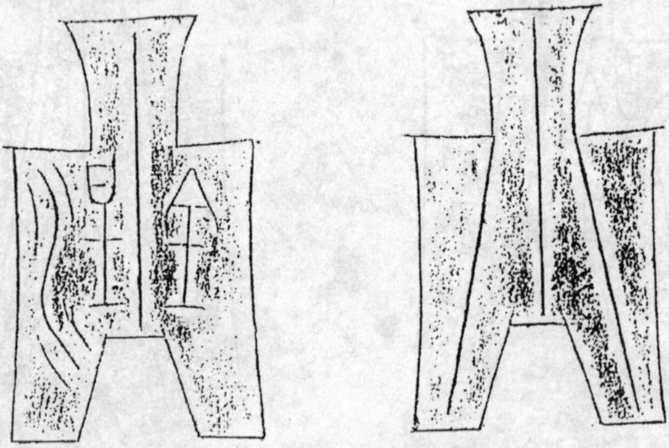

涅金

图 1-52

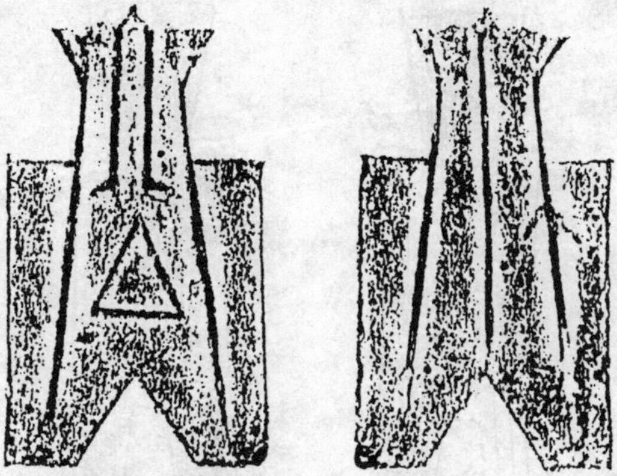

公

重 5 克

图 1-53

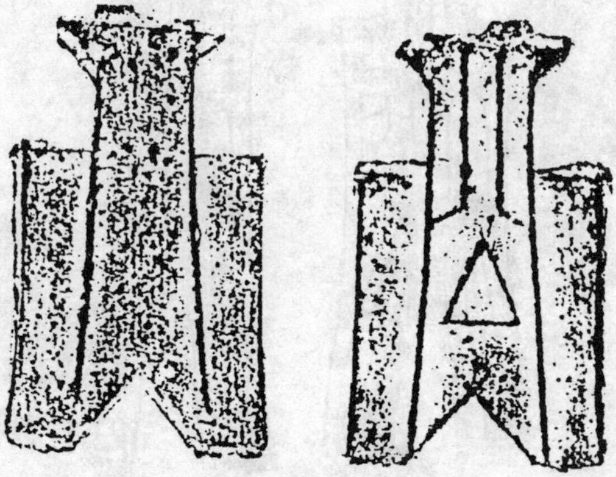

公

图 1-54

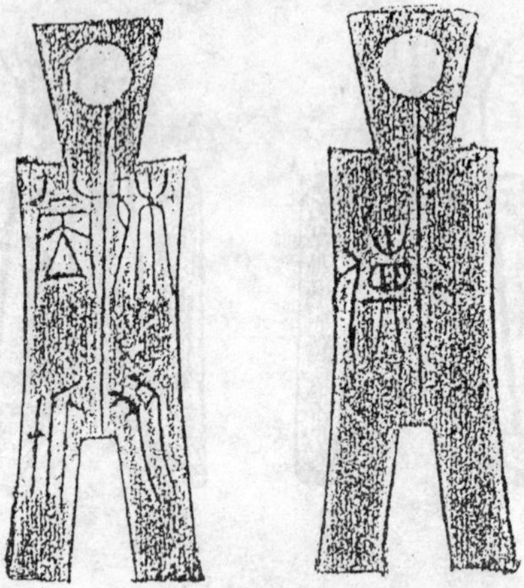

楚国铸币

图 1-55

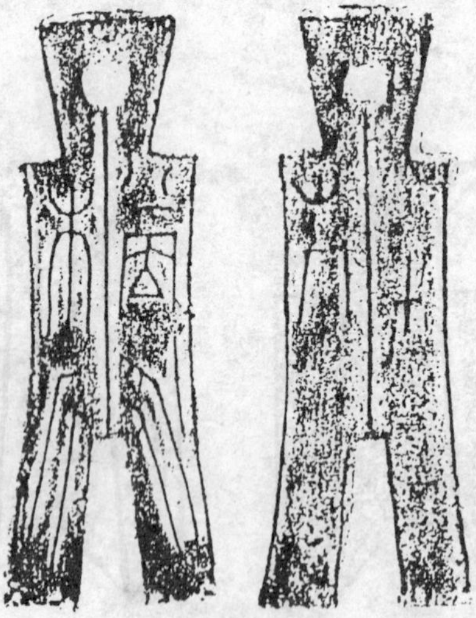

枎戋当釿　背十货

图 1-56

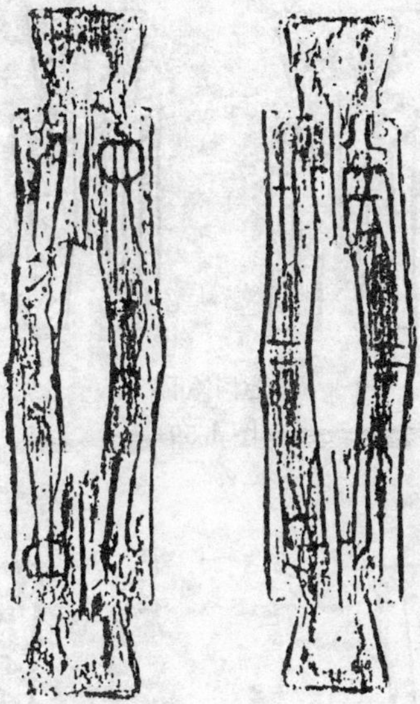

四釿　背当折
重 7.5 克
图 1-57

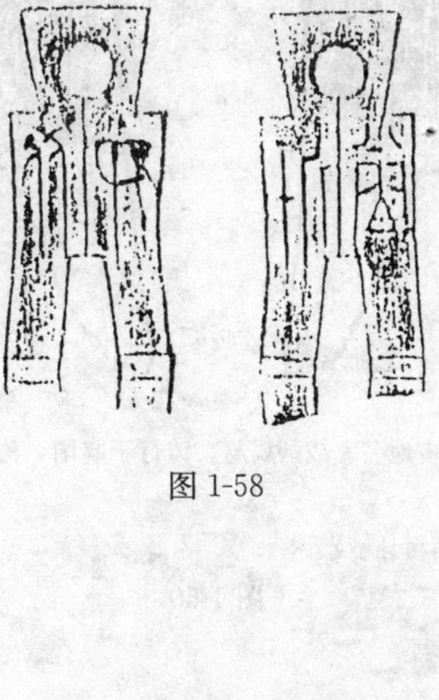

图 1-58

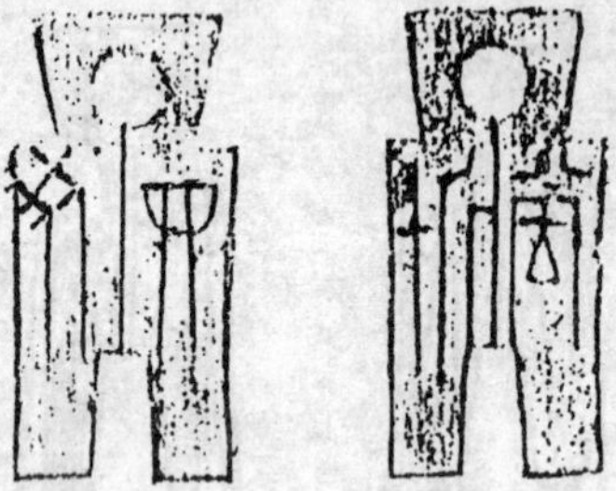

赵国铸币

图 1-59

③尖足平首币

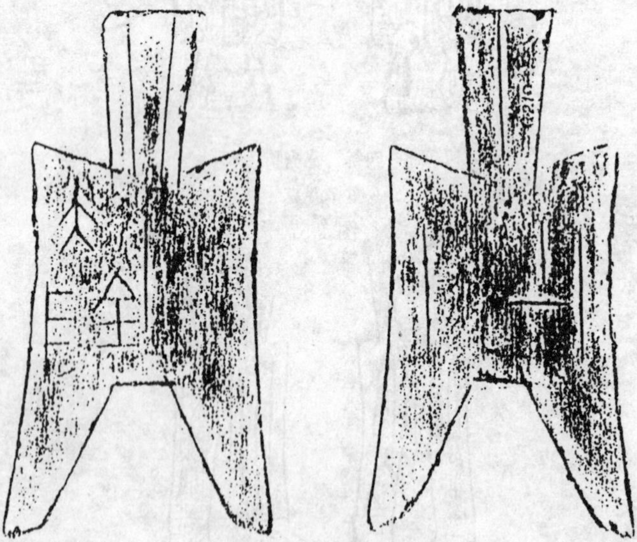

大阴　背十一，古地名、战国属赵。铸行于赵国，流通于三晋与中山等地。

重 12.5 克（山西霍县境）

图 1-60

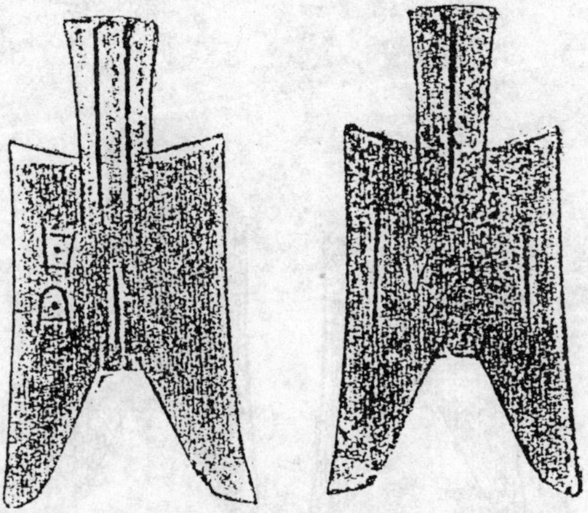

甘丹（河北邯郸）

铸行于赵国，流通于三晋、燕、中山等地。背铸纪数、甘丹、古地名，战国属赵都。

道长 8—8.5、肩宽 3.8、足宽 4.3 厘米

重 10—14 克。罕见。

图 1-61

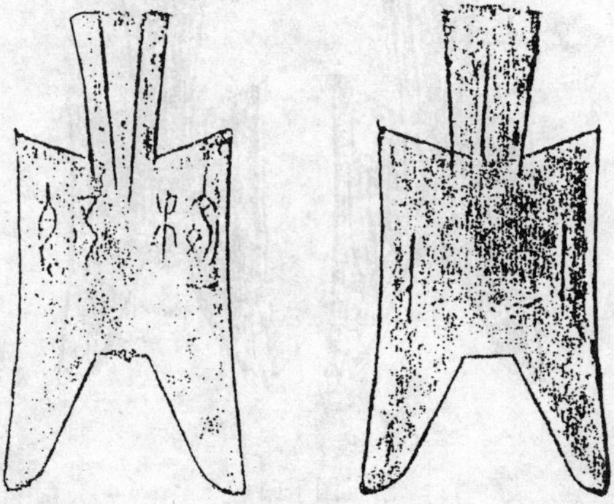

榆次

图 1-62

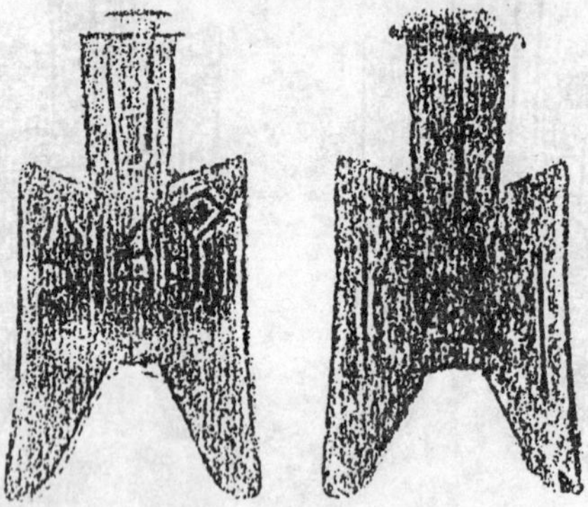

榆半 背一

重 6 克

图 1-63

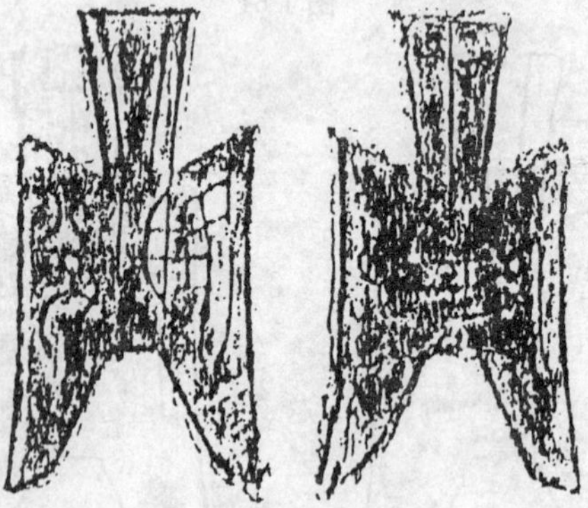

榆半 背三

图 1-64

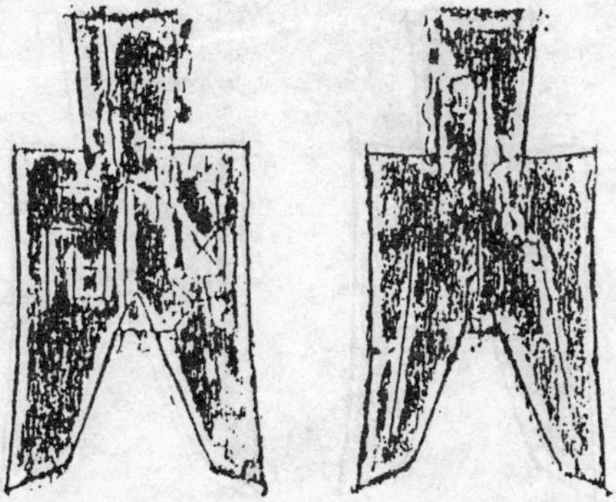

離石　背干

图 1-65

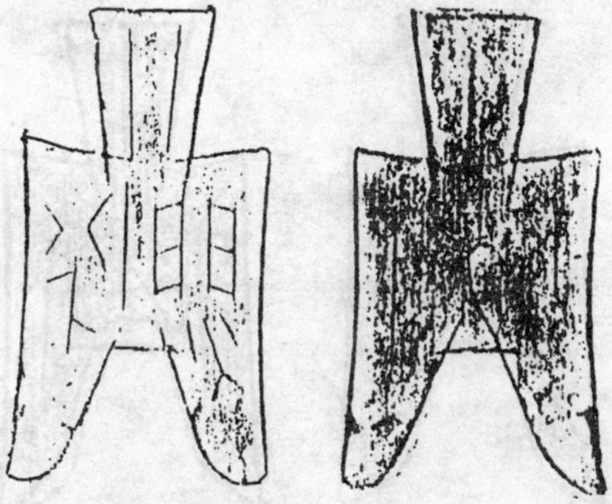

闵半

图 1-66

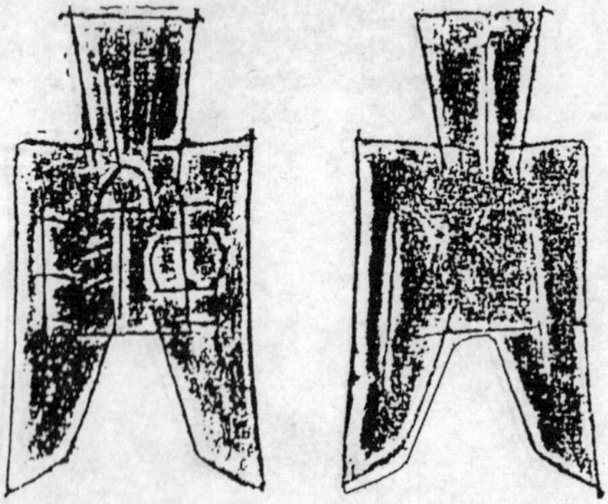

中阳 背八

图 1-67

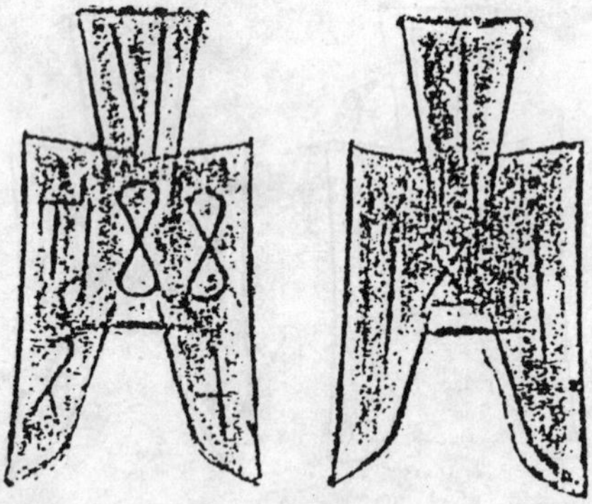

兹氏半

图 1-68

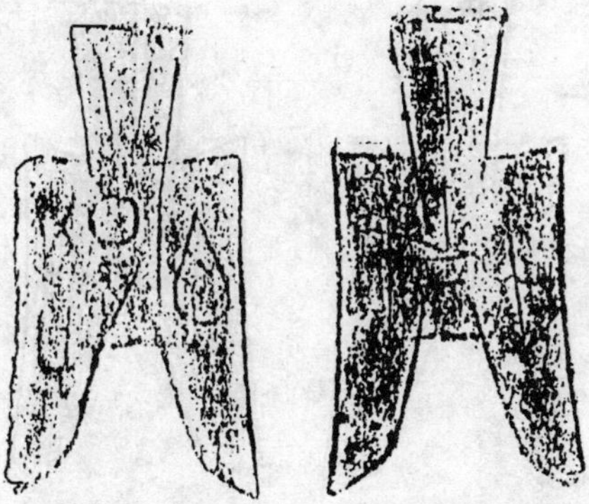

西都　背十二

重 6 克

图 1-69

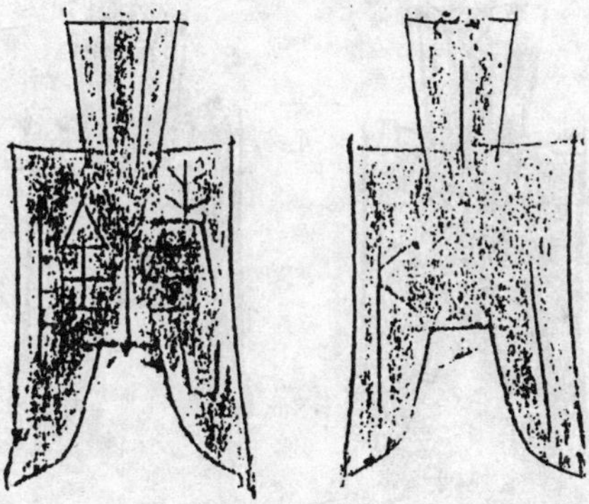

寿阴　背六

重 6 克

图 1-70

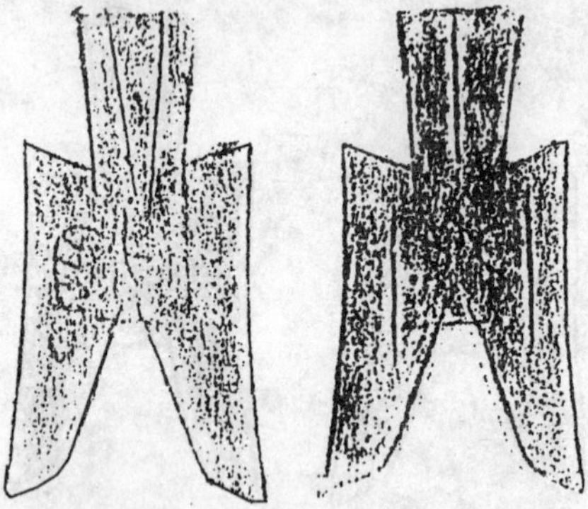

阳匕　背八

重 5 克

图 1-71

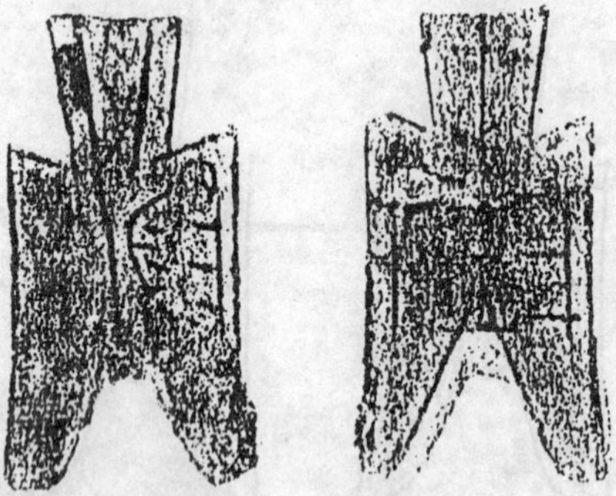

阳匕　背二

重 6.5 克

图 1-72

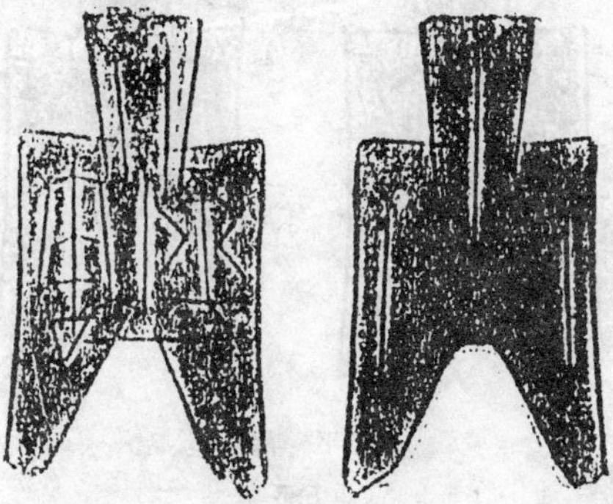

平匋 背三
重6克
图 1-73

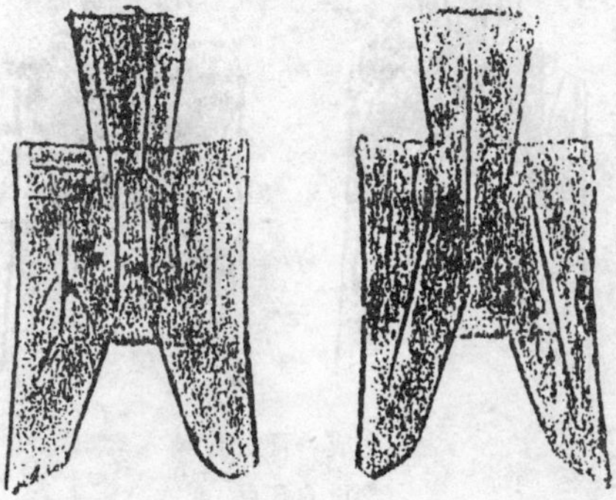

平州 背廿七
重6克
图 1-74

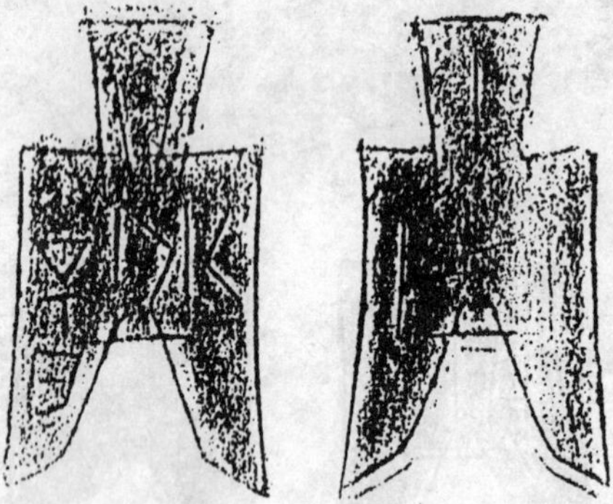

商平 背五
重 5.5 克
图 1-75

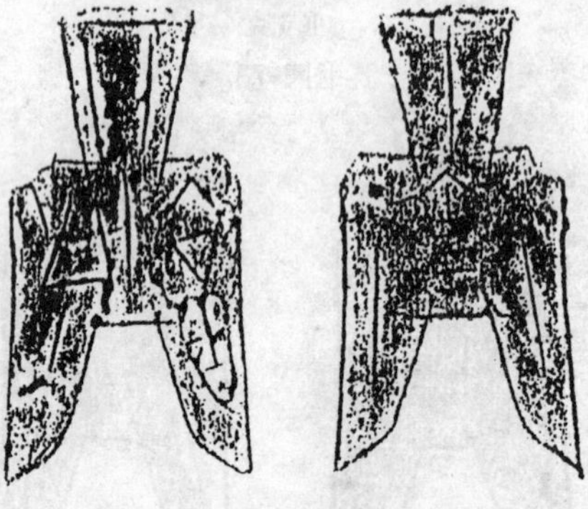

商成 背六七
重 6.5 克
图 1-76

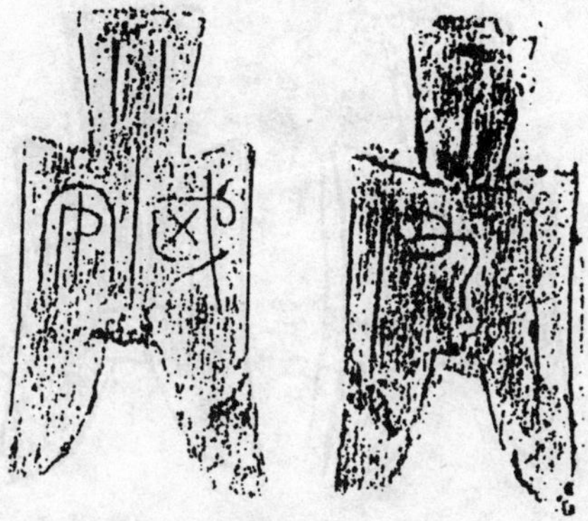

武安　背九
重 6.4 克
图 1-77

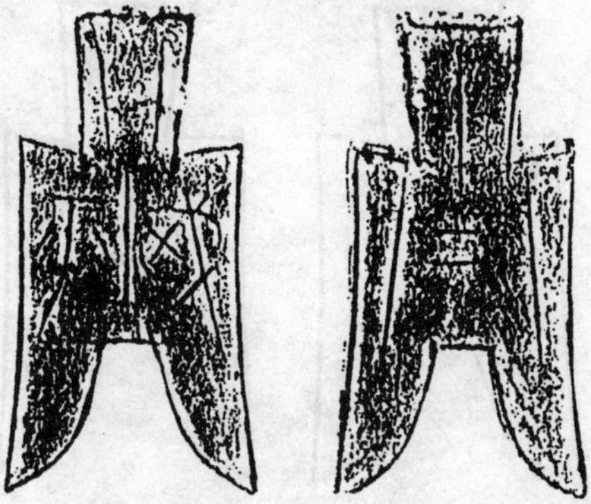

武平　背二
重 7 克
图 1-78

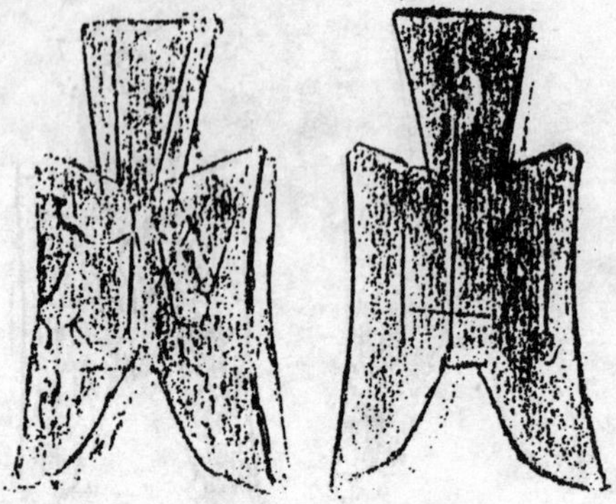

晋阳半　背
重 5.4 克
图 1-79

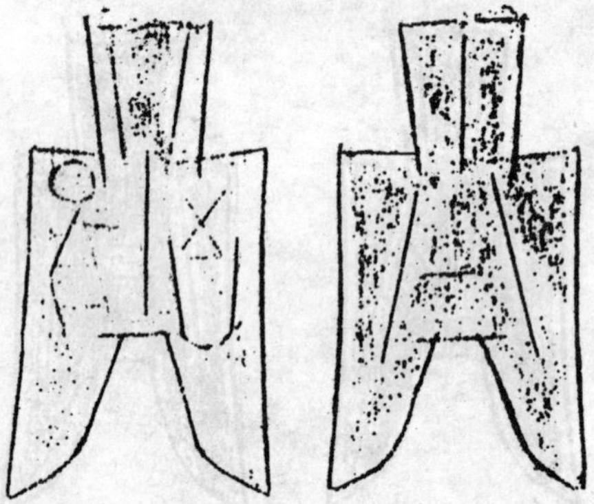

晋阳　背
重 5.8 克
图 1-80

④平裆方足币

三晋地区铸币（韩、赵、魏）

韩国币

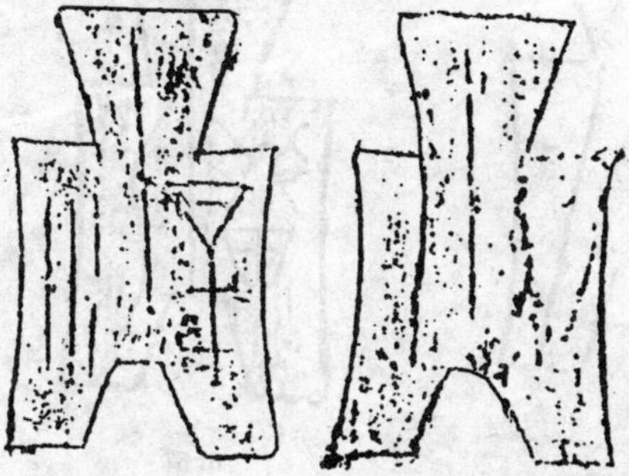

涅

1961 年山西祁县出土

图 1-81

涅

1961 年山西

祁县出土

图 1-82

宅阳 1961 年山西祁县出土

图 1-83

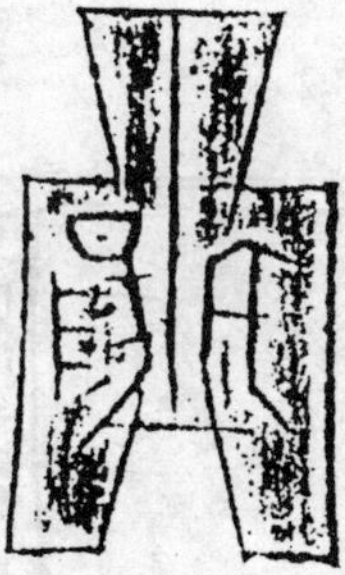

宅阳

1961 年山西

祁县出土

图 1-84

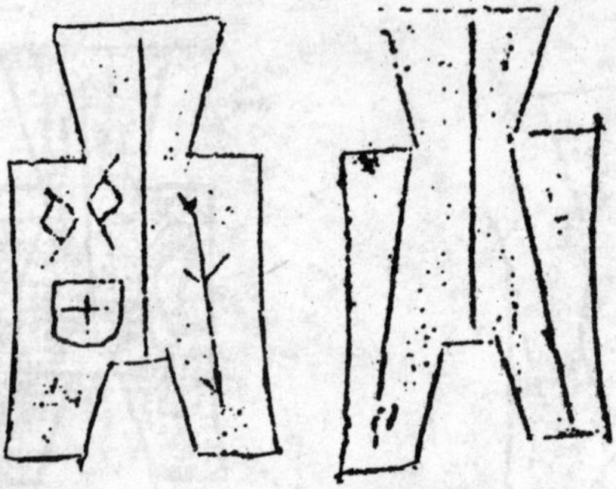

屯留
1931 年山西祁县出土
图 1-85

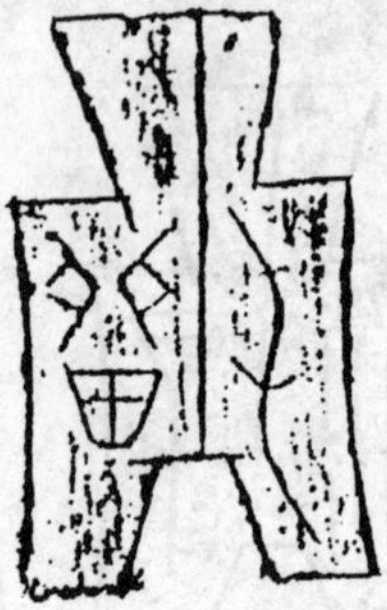

屯留
1961 年山西祁县出土
图 1-86

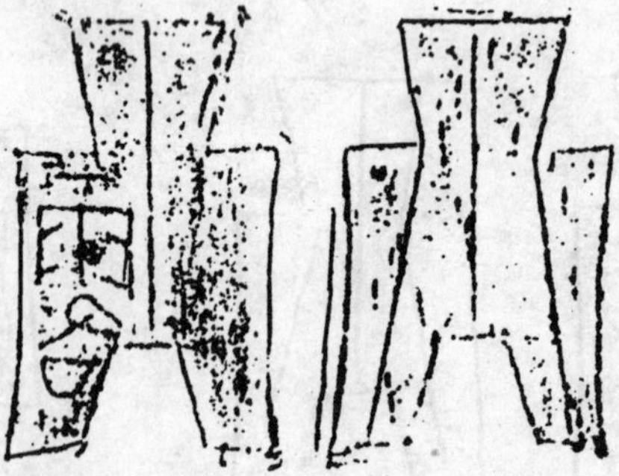

露
1961 年山西祁县出土
图 1-87

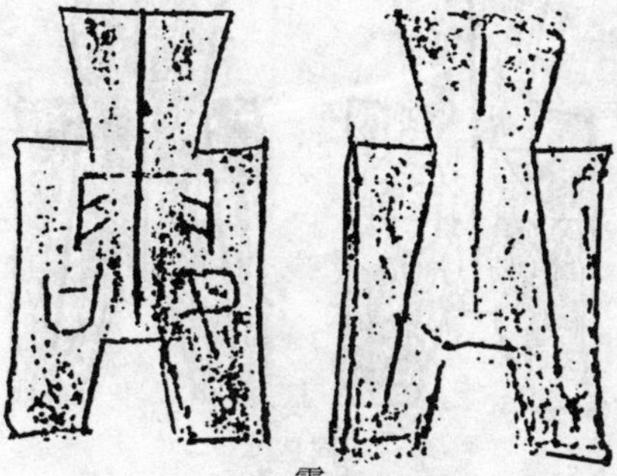

露
1931年山西祁县出土
图 1-88

闪
重5.5克
图 1-89

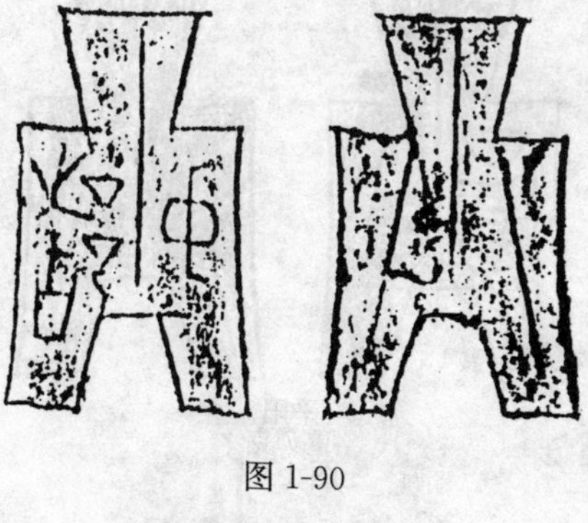

图 1-90

同是
重 5.5 克
图 1-91

同是
重 5.7 克
图 1-92

平阳
重 7 克
图 1-93

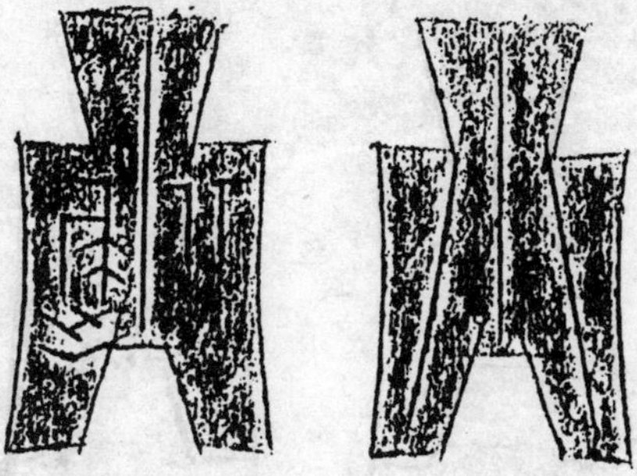

北亓（箕）
重 6 克
图 1-94

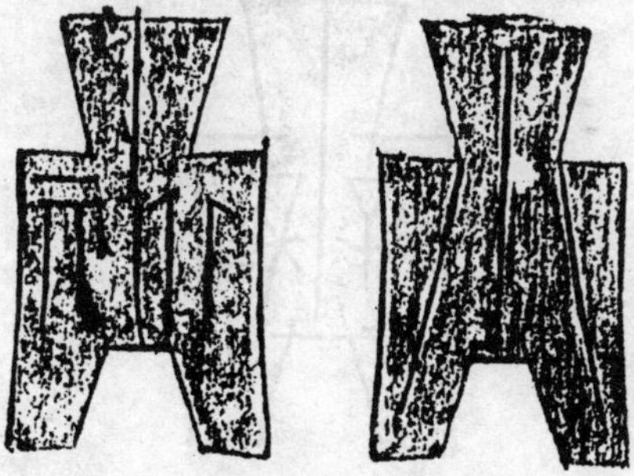

北亓（箕）
重 7 克
图 1-95

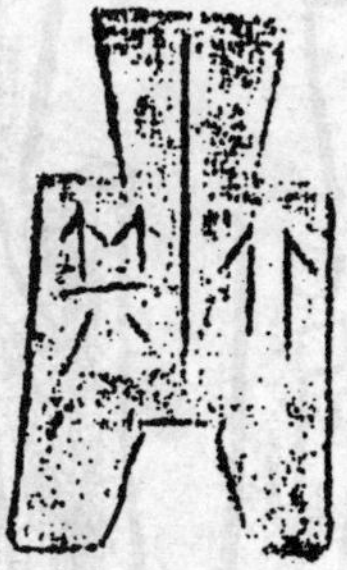

图 1-96

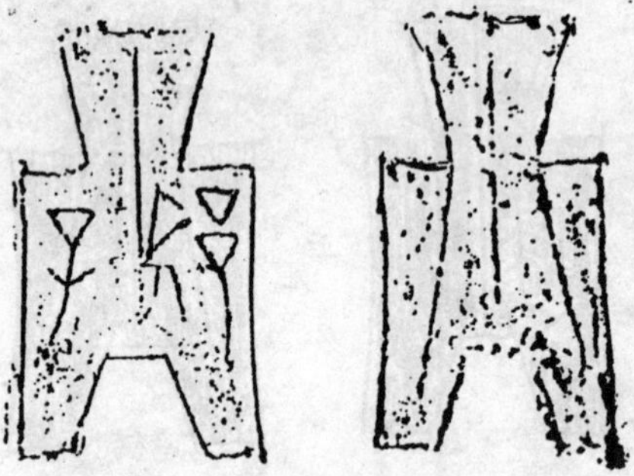

长子
1961 年山西祁县出土
图 1-97

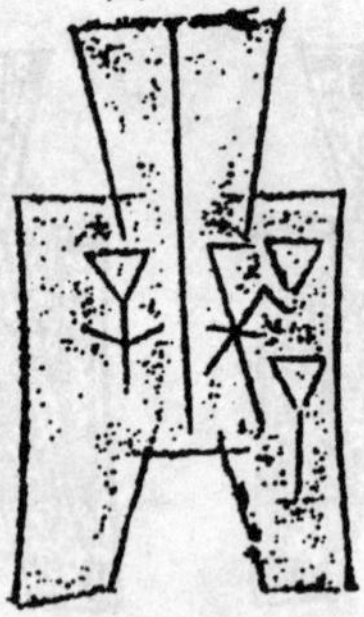

长子
1961 山西祁县出土
图 1-98

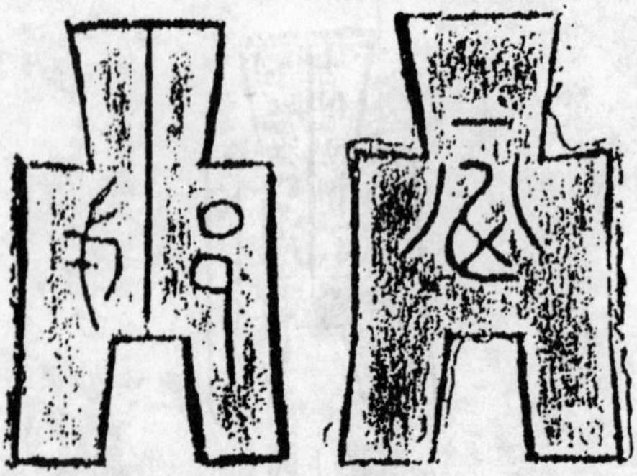

郏背一半　　重 13.5 克
图 1-99

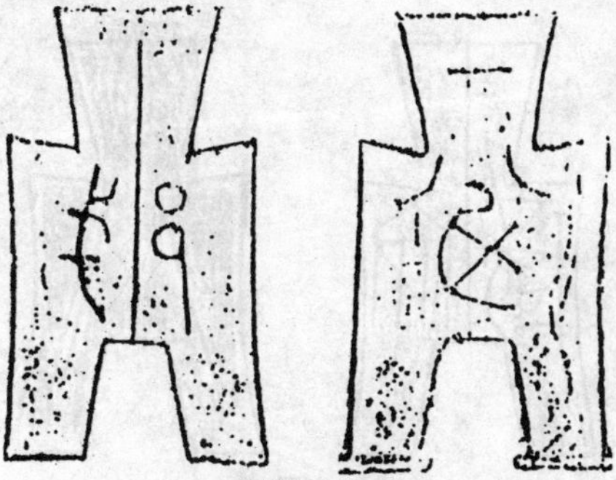

郑背一半
1963年山西阳高出土
图 1-100

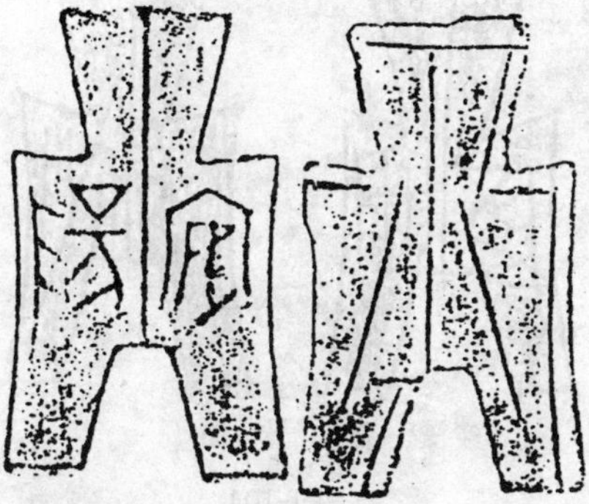

安阳
图 1-101

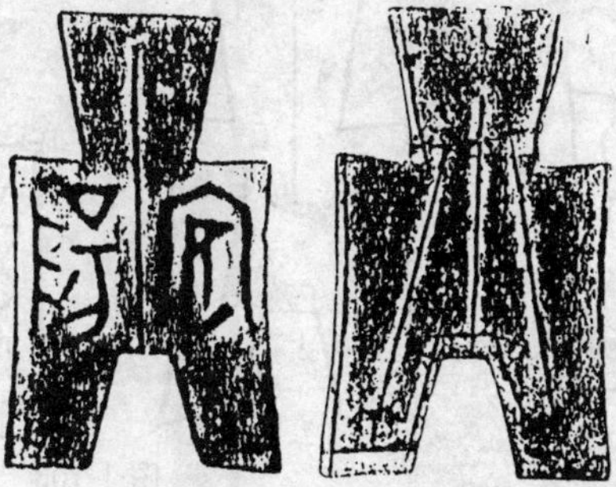

安阳　重 5.5 克
图 1-102

安阳
图 1-103

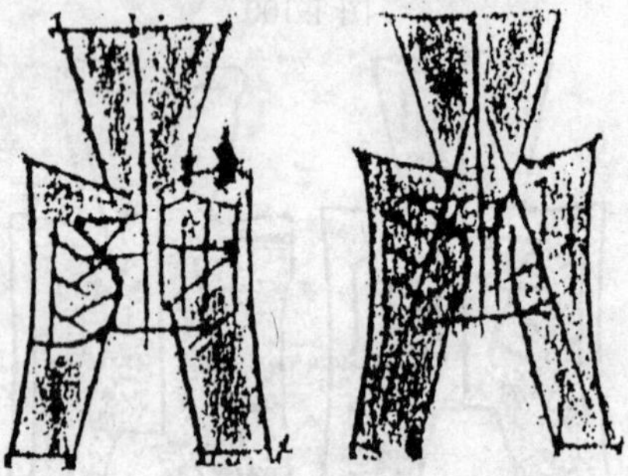

安阳 背安阳
重 5.5 克
图 1-104

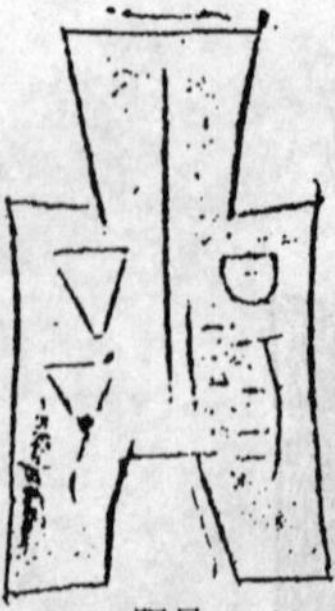

阳邑
1963 年山西阳高出土
图 1-105

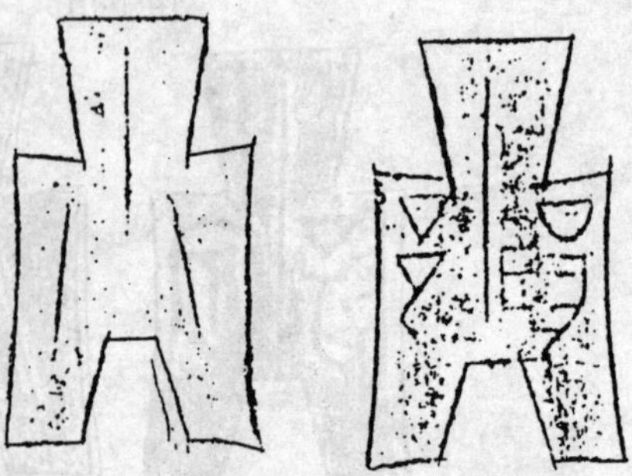

图 1-106

郻坦
河南洛阳出土
重 5.7 克
图 1-107

高都
重 7 克
图 1-108

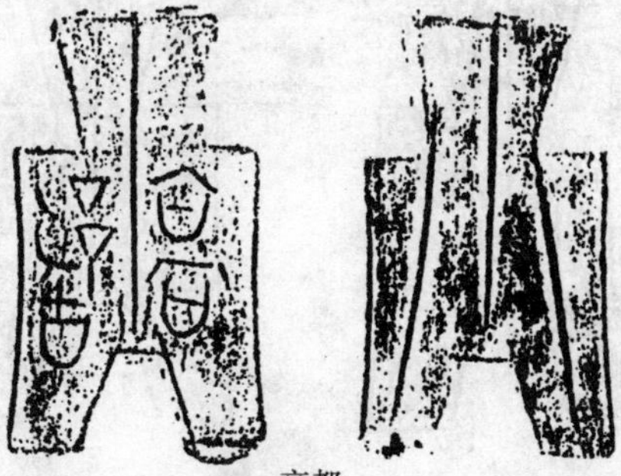

高都
重 4.9 克
图 1-109

祁
重 5.5 克
图 1-110

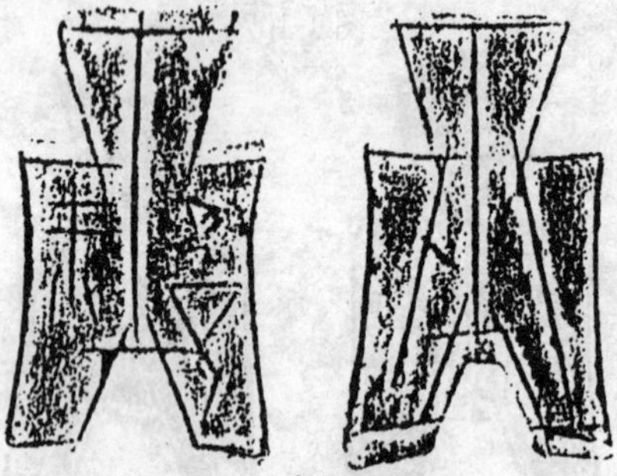

祁
重 5.5 克
图 1-111

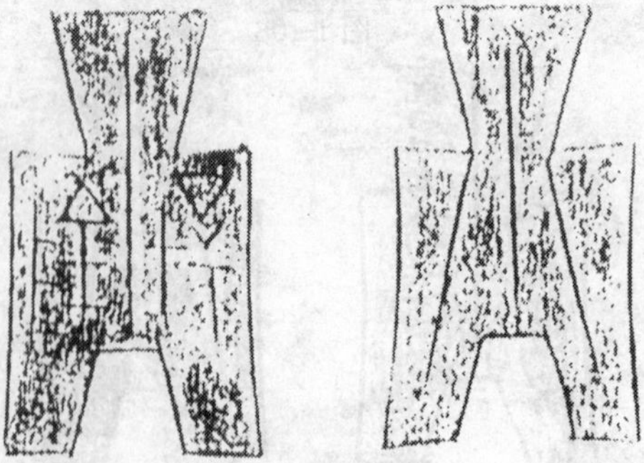

壤阴
图 1-112

壤阴
图 1-113

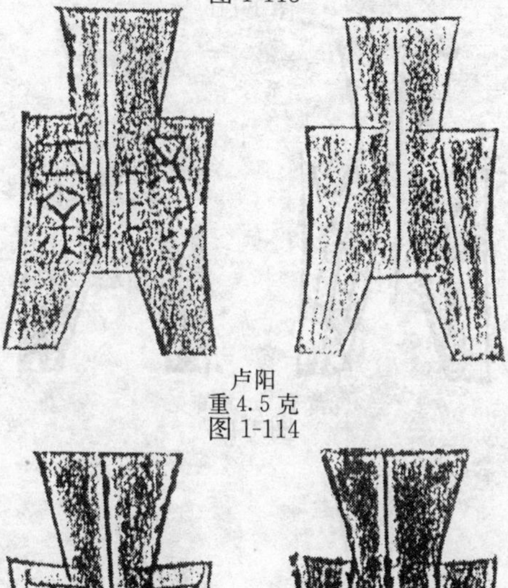

卢阳
重 4.5 克
图 1-114

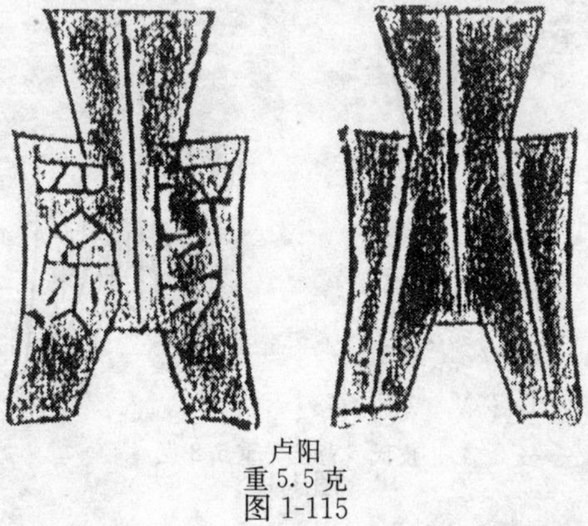

卢阳
重 5.5 克
图 1-115

莆子　　重 5.5 克
图 1-116

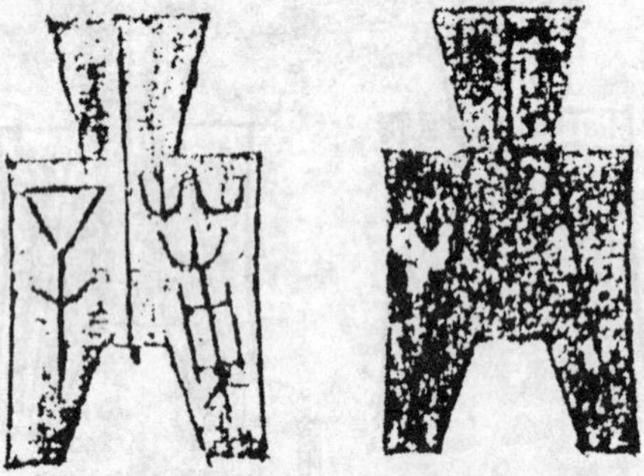

莆子　　重 6 克
图 1-117

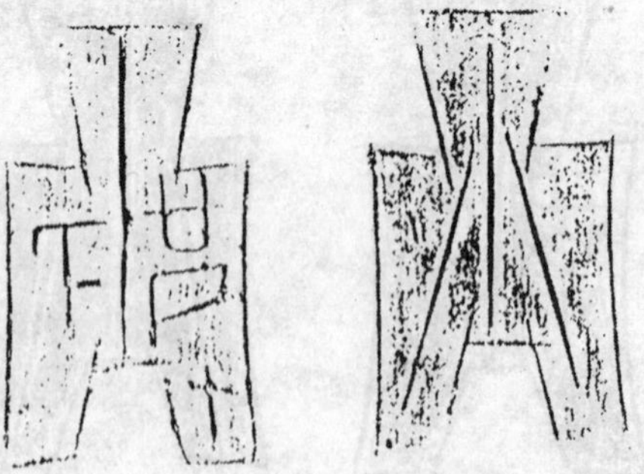

皮氏　背土　重 5.8 克
图 1-118

鄹
重 6 克
图 1-119

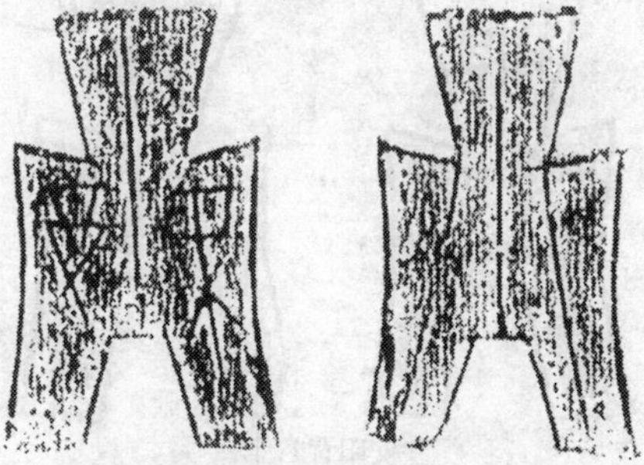

鄹　重 6.7 克
图 1-120

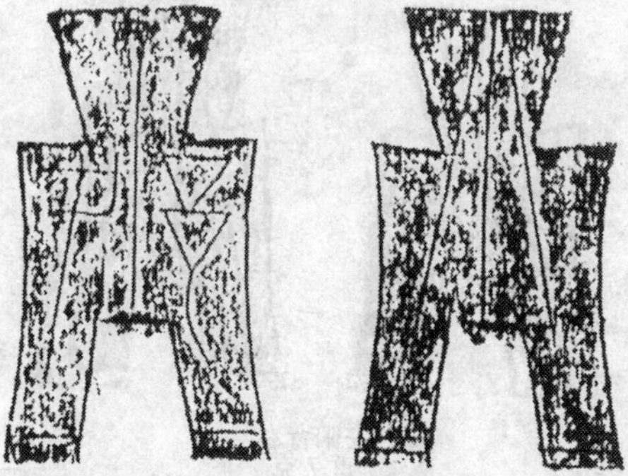

★鄹（省笔）
图 1-121

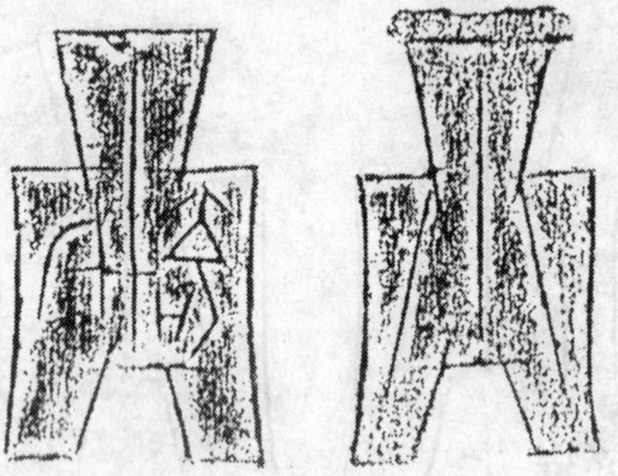

奇氏
1979年河北灵寿出土
图 1-122

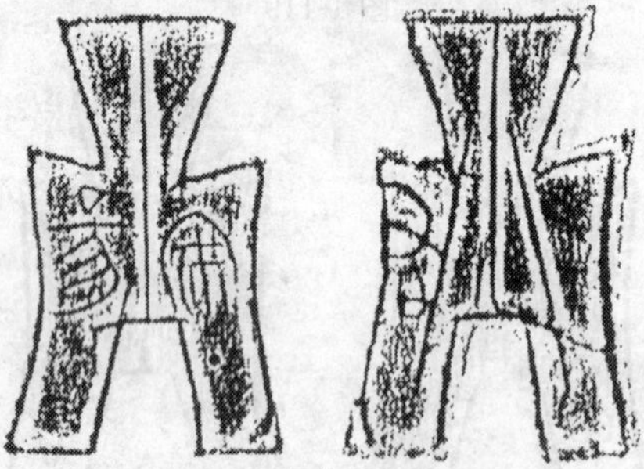

安阳背右十
重 7.5 克
图 1-123

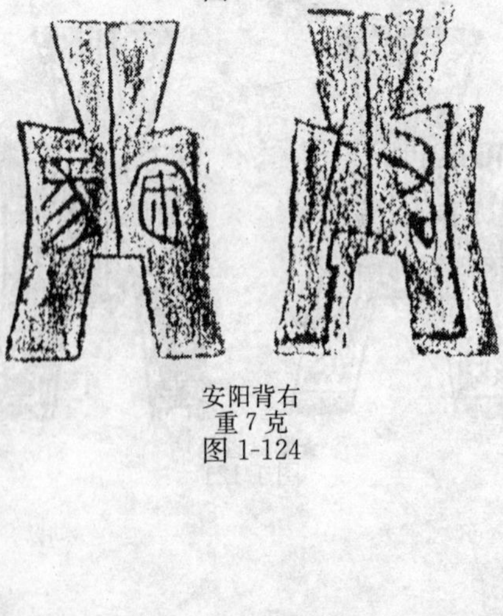

安阳背右
重 7 克
图 1-124

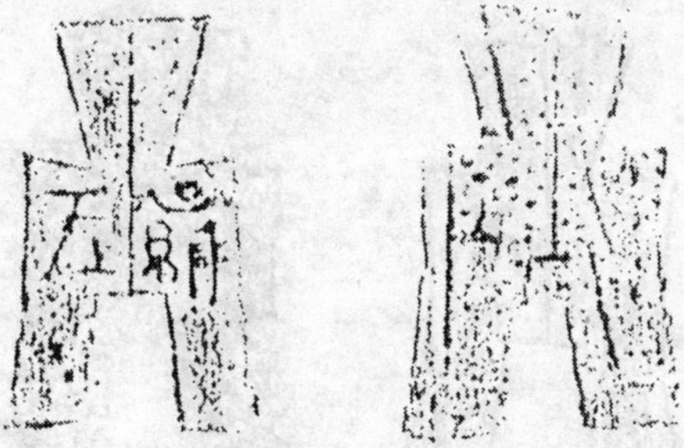

缫坪　背左
图 1-125

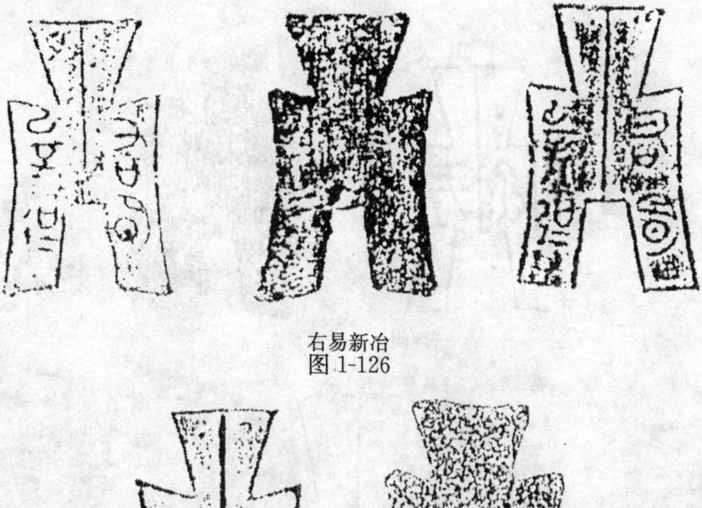

右易新冶
图 1-126

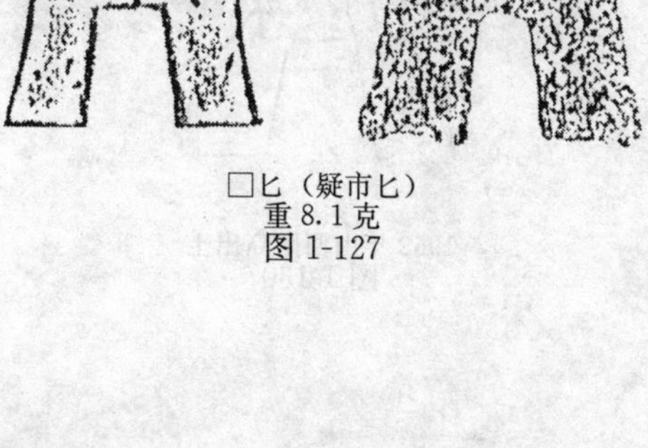

□匕（疑市匕）
重 8.1 克
图 1-127

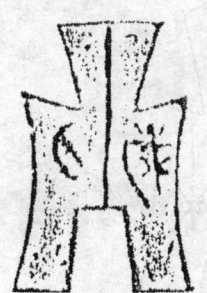

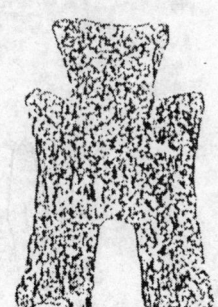

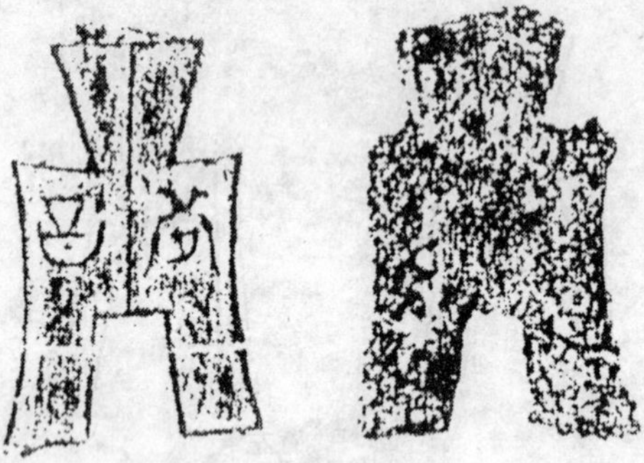

益昌
图 1-128

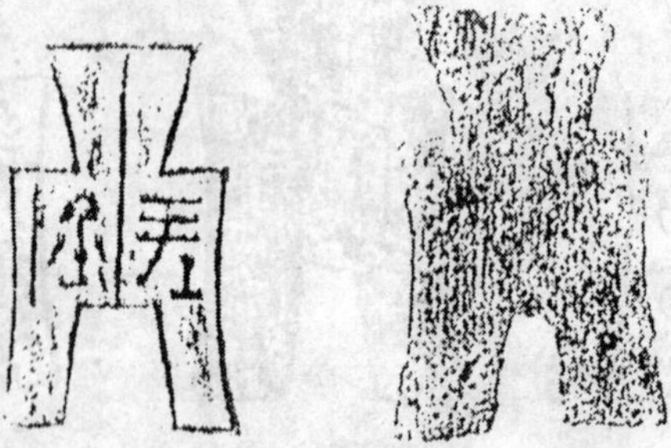

坪阴　　重 5.5 克
图 1-129

东周
1963 年山西阳高出土
图 1-130

周瑶铸币

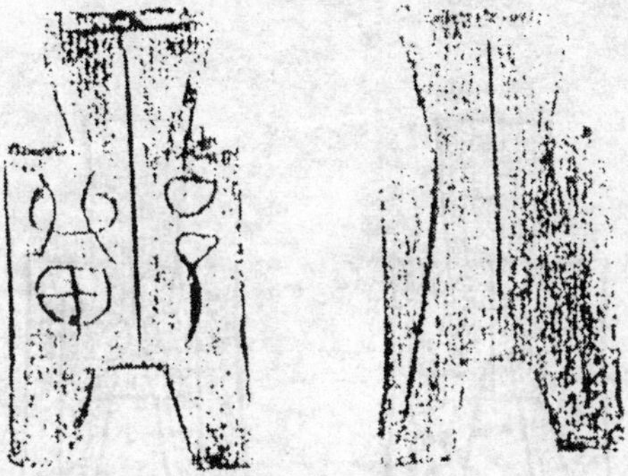

留邑
图 1-131

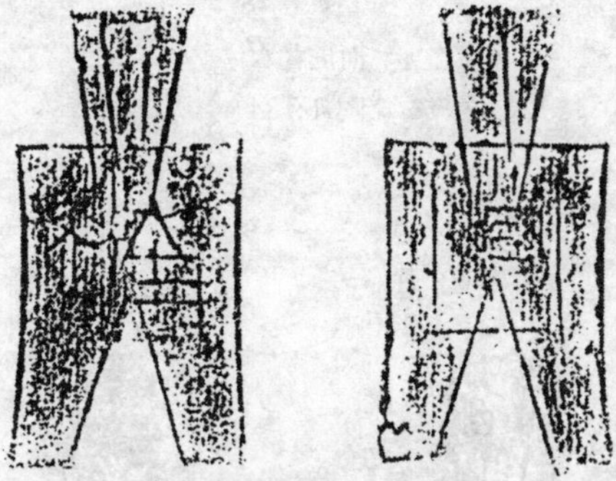

大阴　背廿四　重 3.9 克
图 1-132

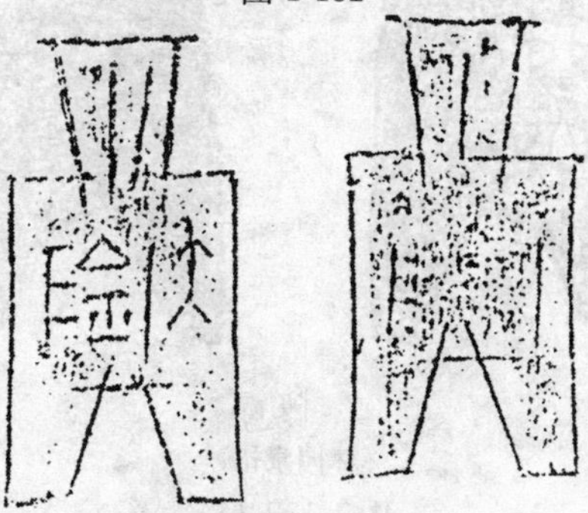

图 1-133

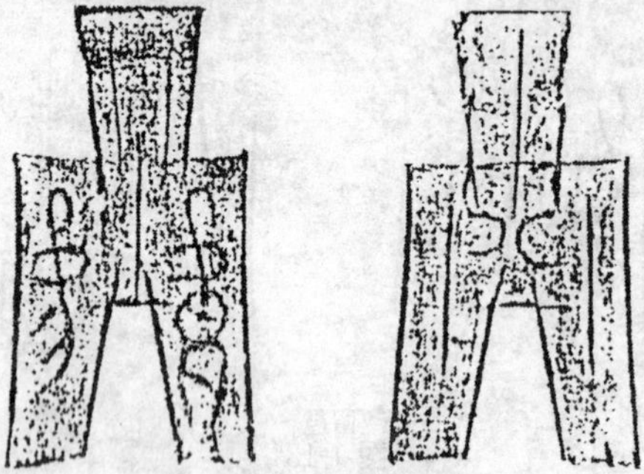

面虎背八

图 1-134

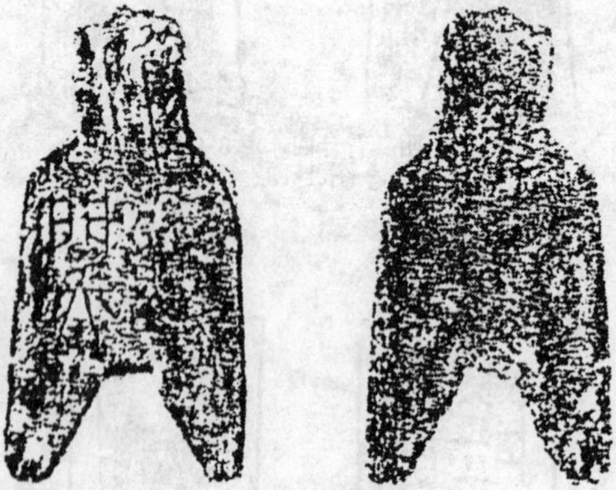

闵

《沐园泉拓》

图 1-135（1）

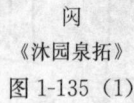

⑤圆肩圆足币　　赵国铸币

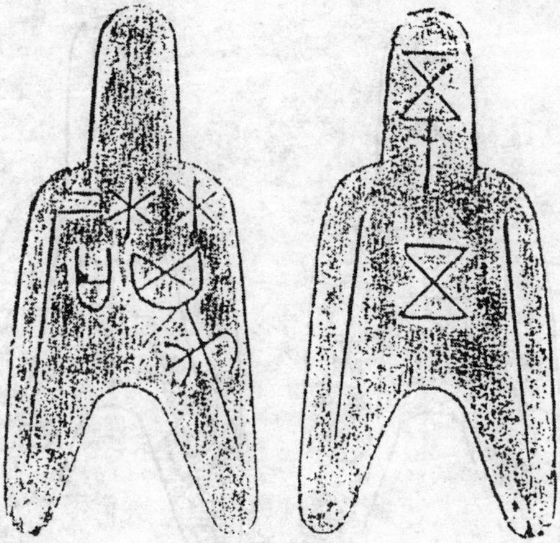

离石　背五十五
重 7 克
图 1-135（2）

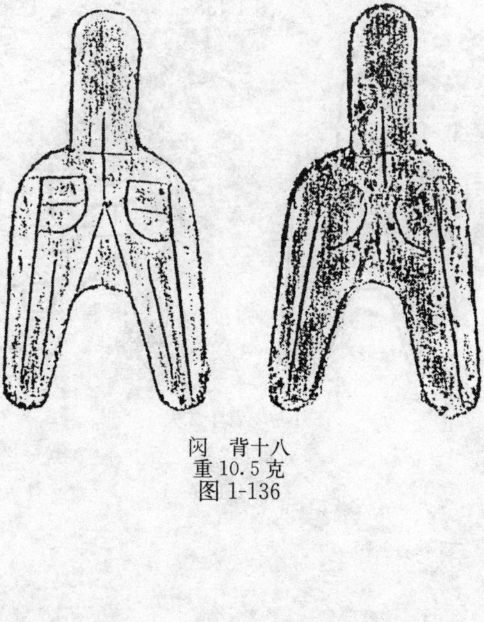

闪　背十八
重 10.5 克
图 1-136

⑥ 三孔布

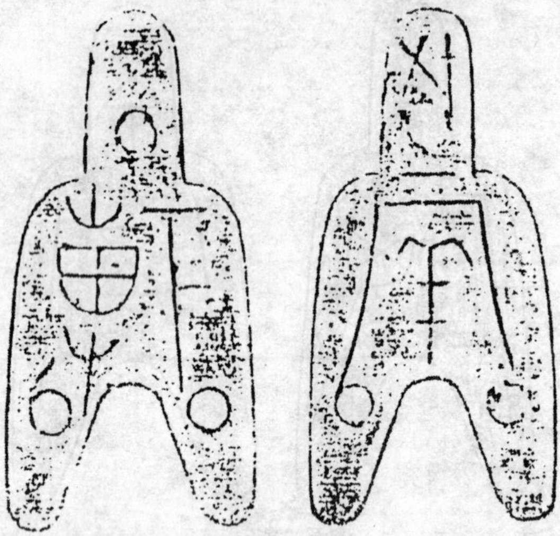

下専　背雨，十五

重 15.65 克

图 1-138

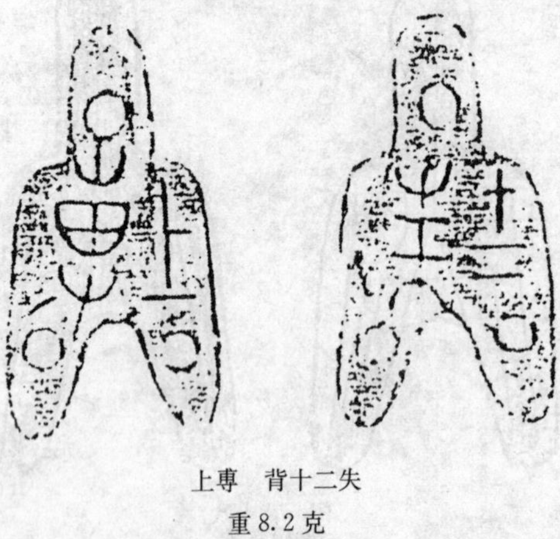

上専　背十二失

重 8.2 克

图 1-139

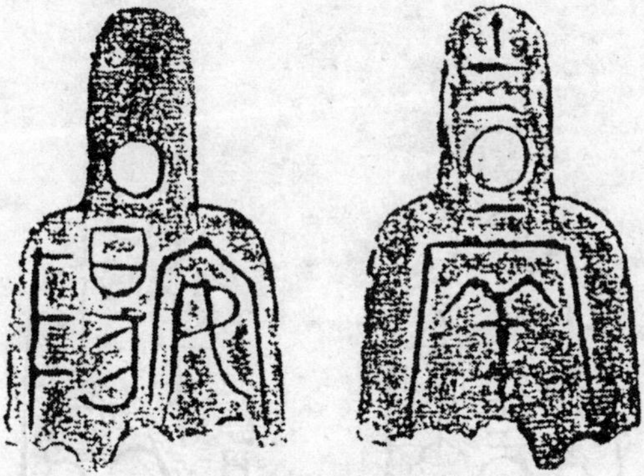

安阳　背雨，十二
图 1-140

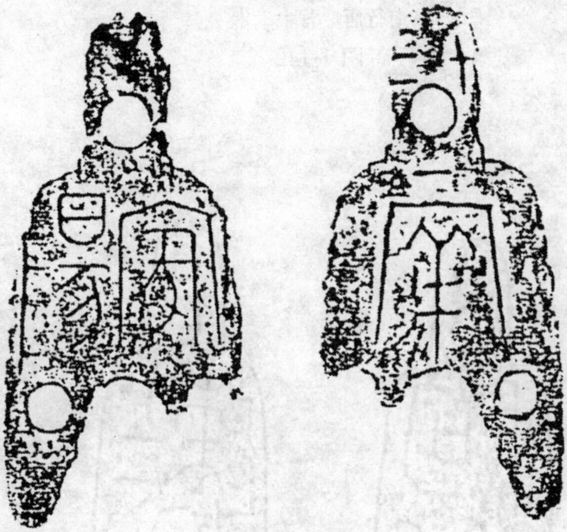

家阳　背雨，十三
图 1-141

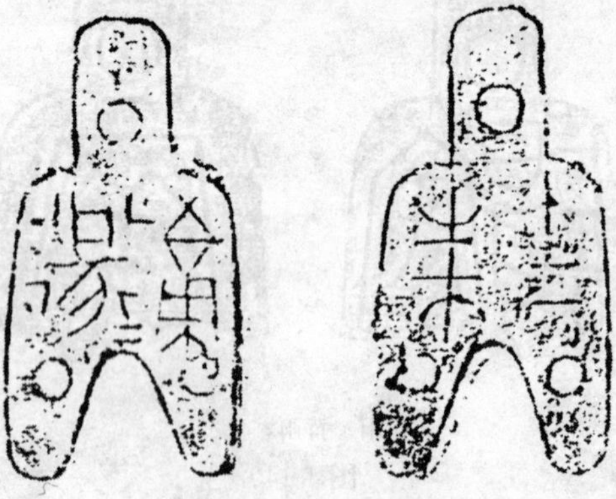

南行唐　背十二朱

图 1-142

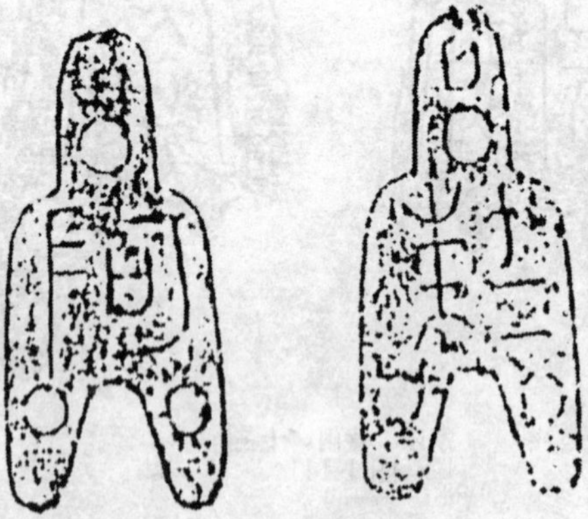

阿　背十二朱，廿

图 1-143

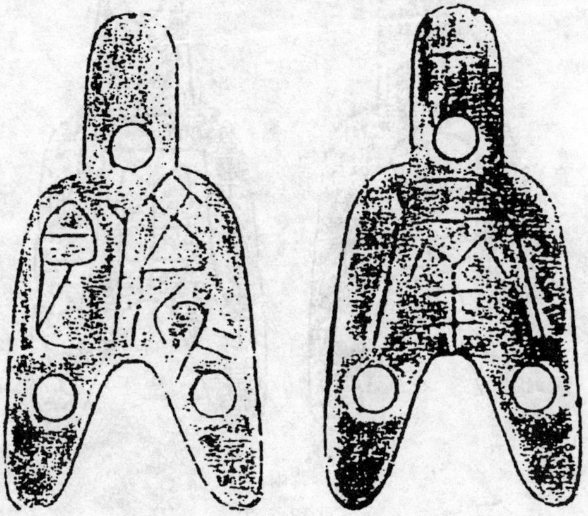

图 1-144

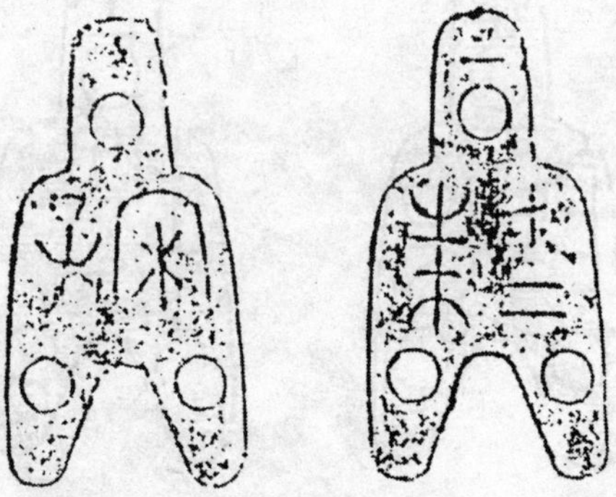

宋子　背十二朱，一
1983 年山西朔县出土
重 6.8 克
图 1-145

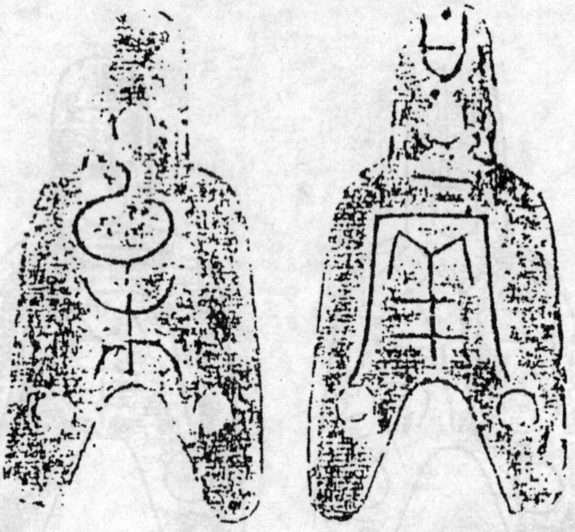

宋　背雨，廿

重 13.7 克

图 1-146

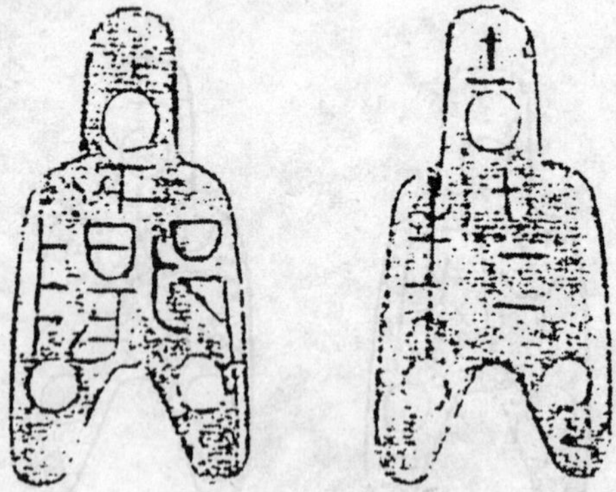

下邛阳　背十二朱，十一

重 0.05 克

图 1-147

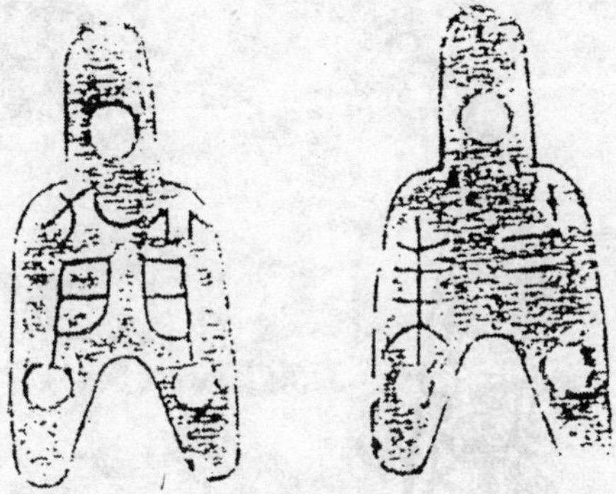

北九门　背十二朱
重 7.5 克
图 1-148

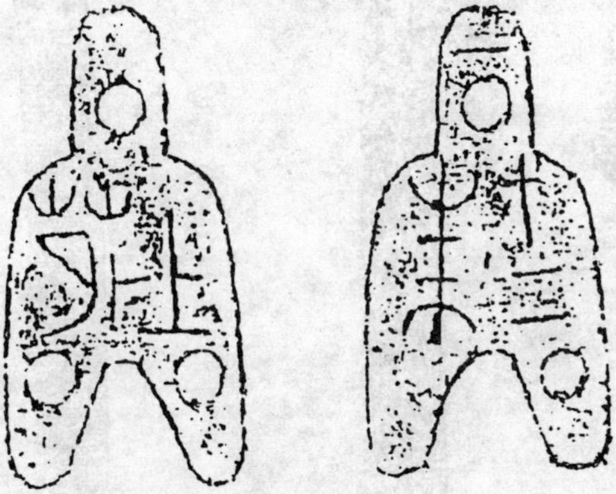

上艾　背十二朱，一
重 7.1 克
图 1-149

2. 刀币

原始刀

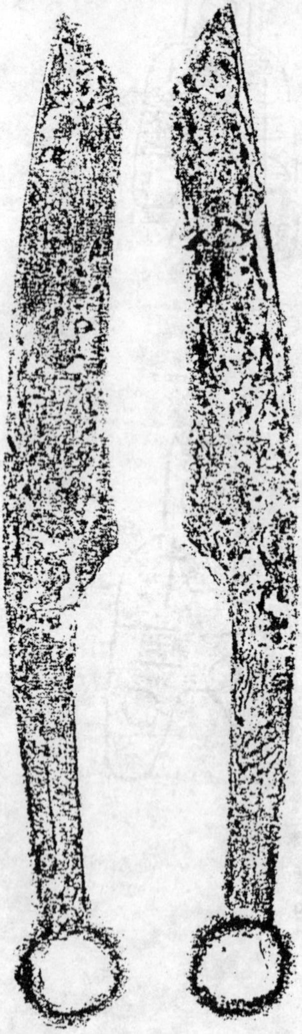

图 2-1

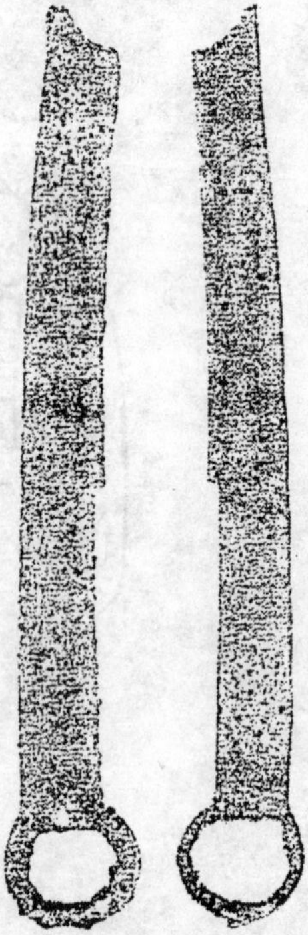

图 2-2

（一）齐刀

齐国铸币

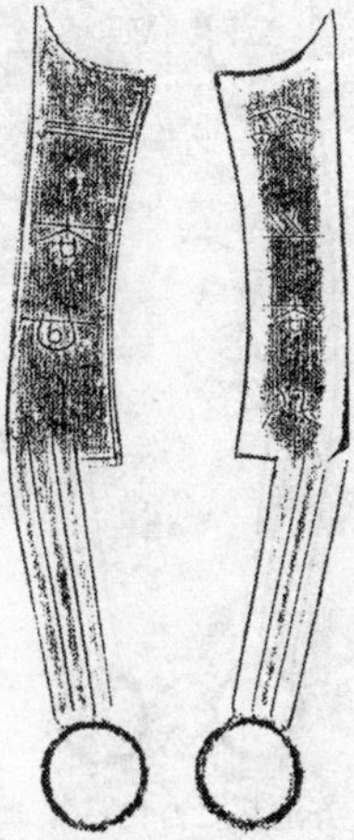

齐之夻化　背大昌

重 46.5 克

图 2-14

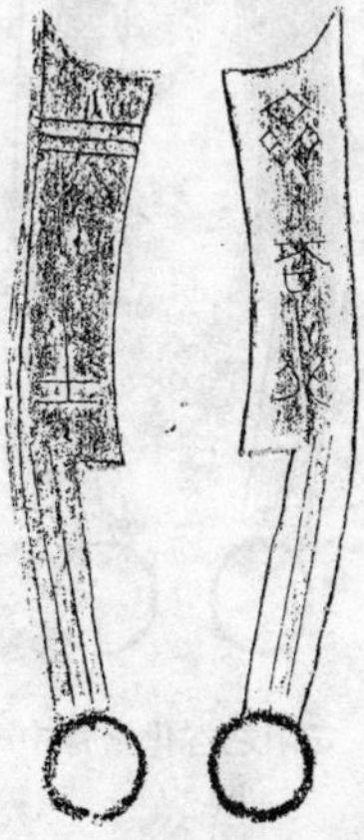

齐夻化　背土

重 46.5 克

图 2-15

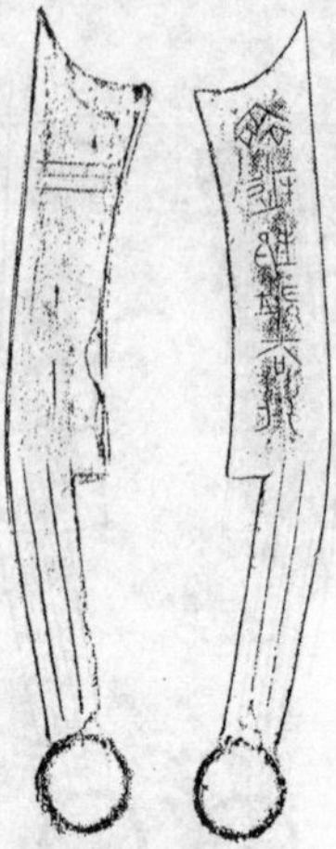

齐造邦之吞化　背 1

图 2-13

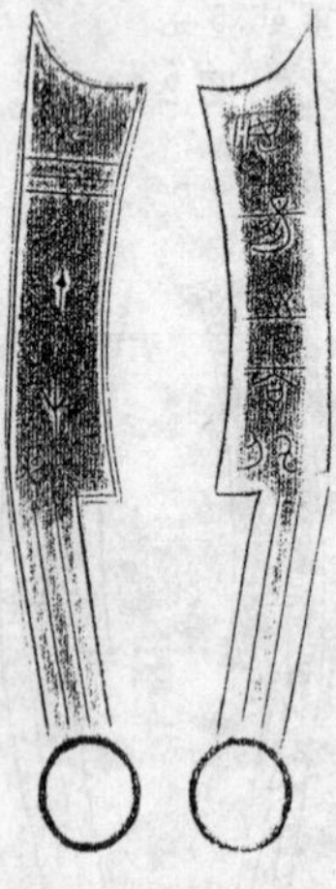

安阳之吞化　背中

重 50 克

图 2-16

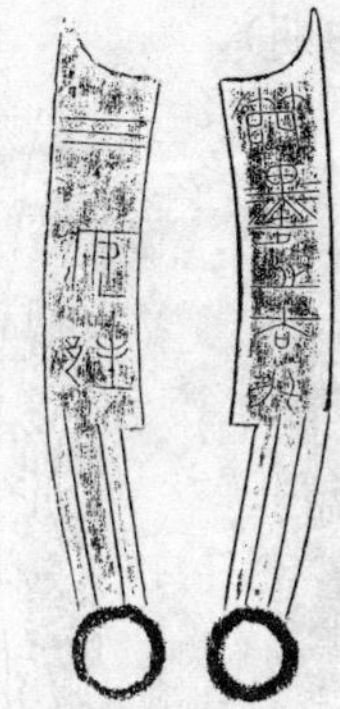

节墨之夻化　背安邦
重 55.5 克
图 2-17

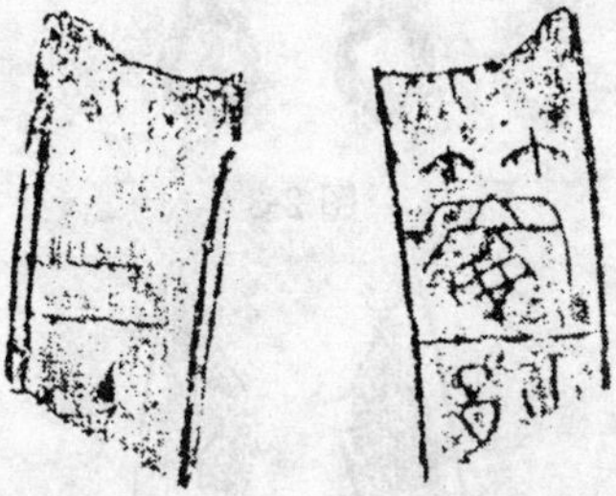

簷邦（莒邦）残刀
图 2-18

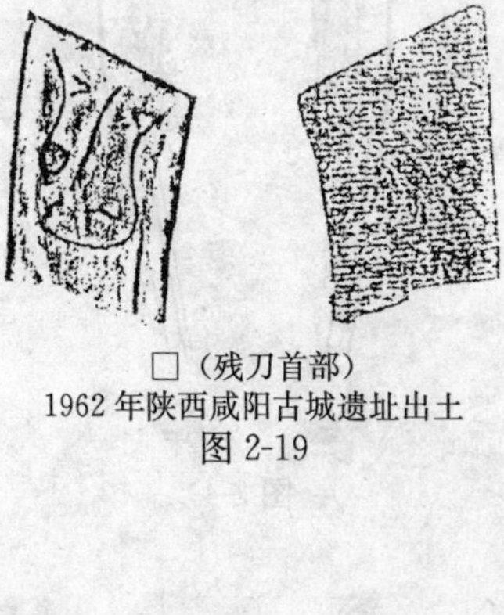

□（残刀首部）
1962 年陕西咸阳古城遗址出土
图 2-19

（二）尖首刀（春秋中期）

燕国铸币

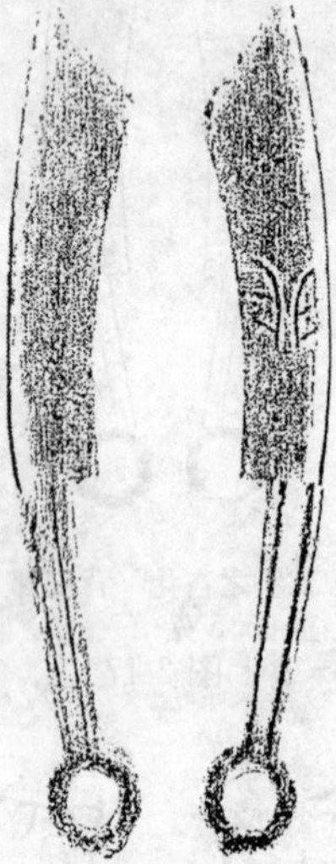

图 2-3

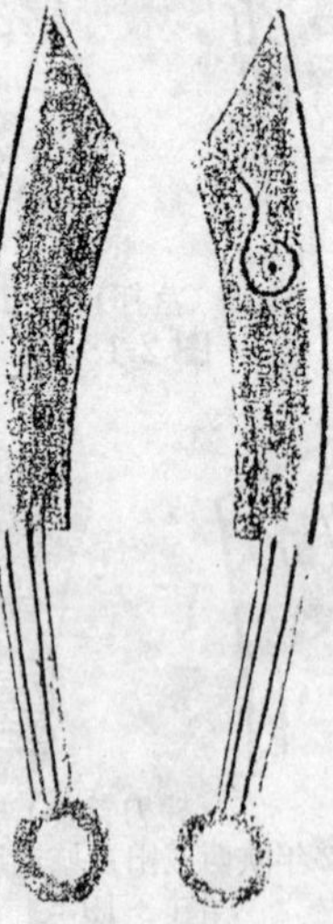

图 2-4

燕国铸币，流通于齐地

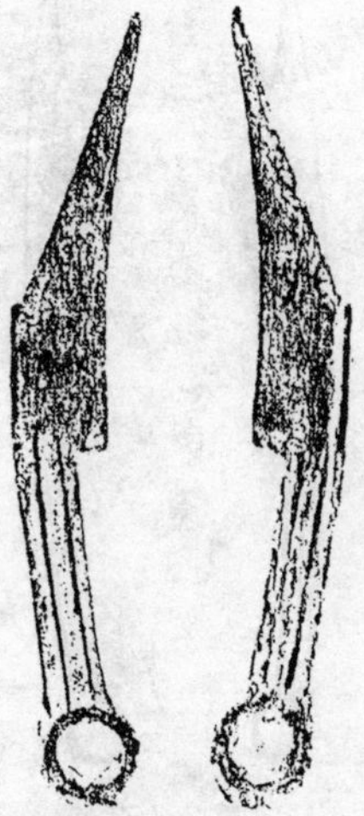

非

剪首刀

图 2-7

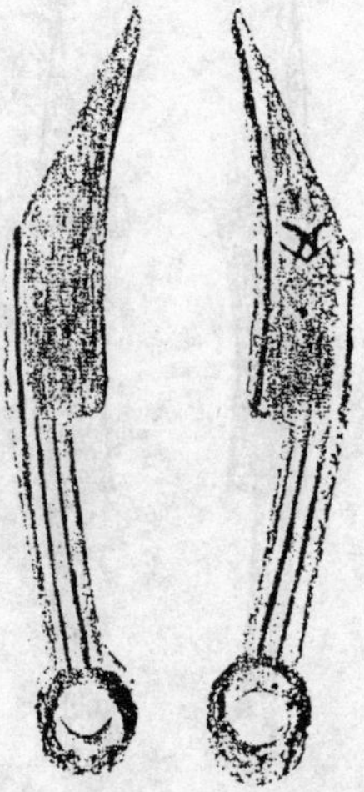

文

图 2-8

针首刀（春秋晚期）

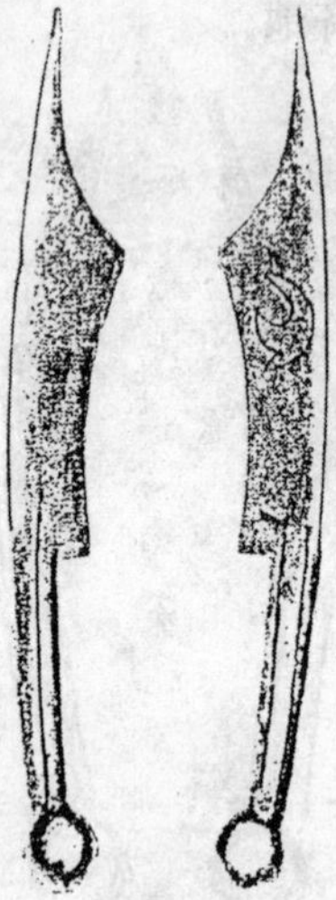

重7.5克
图 2-5

六
图 2-6

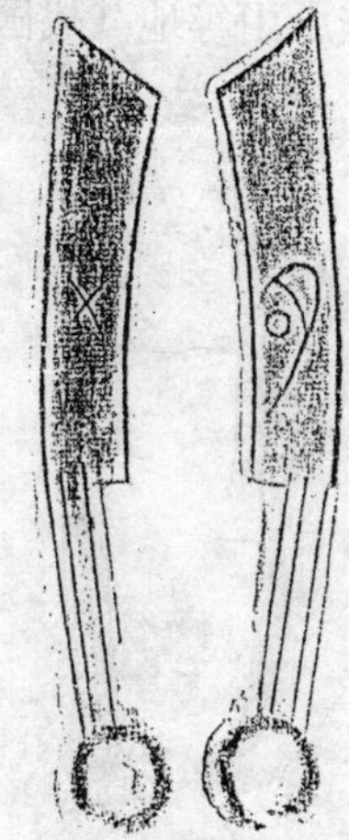

易　背五

重 19.5 克

图 2-9

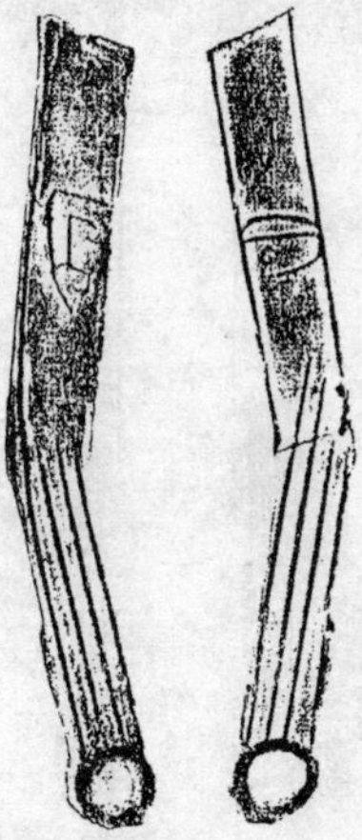

易　背中

重 15.7 克

图 2-10

赵国铸币，流通于燕中山等地（战国中晚期）

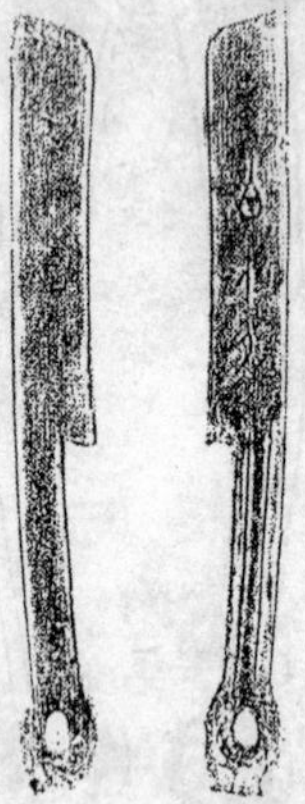

白人匕 背
重 10.8 克
图 2-22

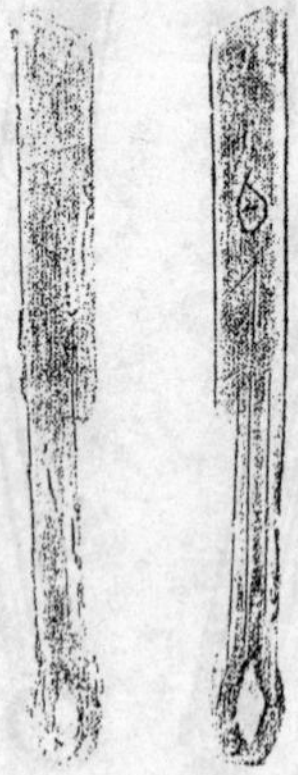

白人 背
重 11.2 克
图 2-21

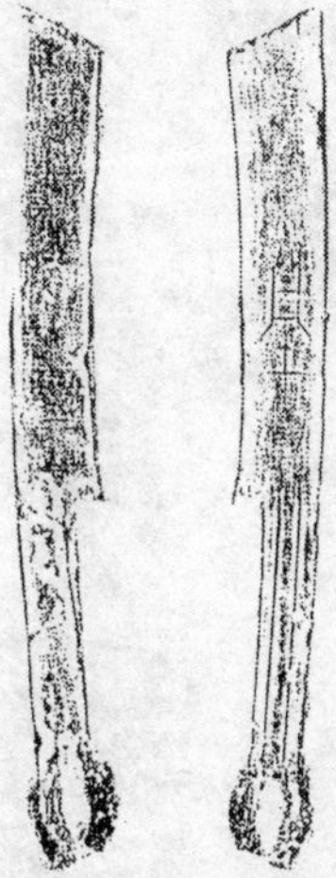

成背一　重 12 克

图 2-25

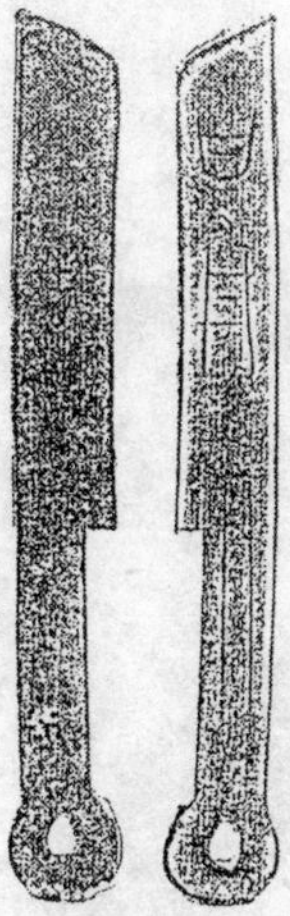

甘丹

图 2-20

成旦（省笔）
1979年河北灵寿出土，厚2厘米
图 2-24

成旦(省笔)
图 2-23

晋阳新匕
图 2-26

晋阳匕
图 2-27

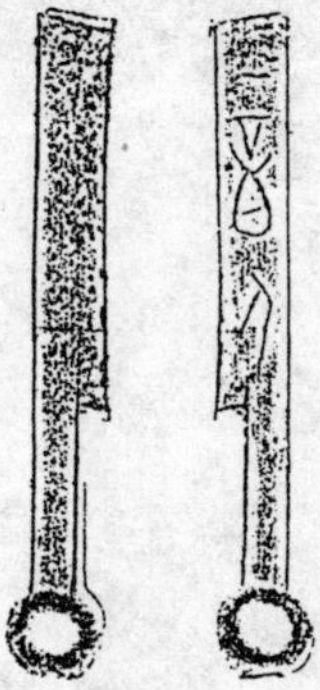

晋匕

图 2-28

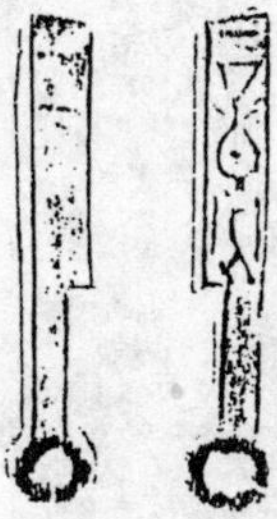

晋半

图 2-29

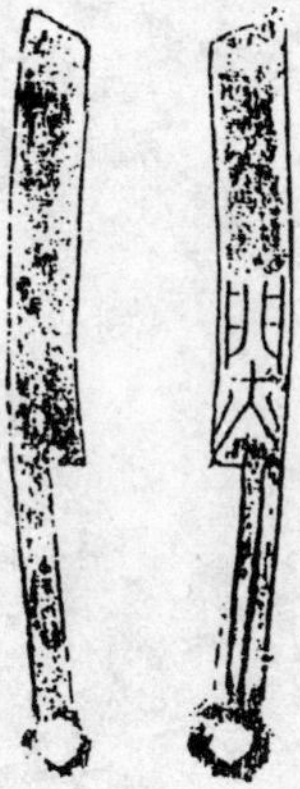

闵

图 2-30

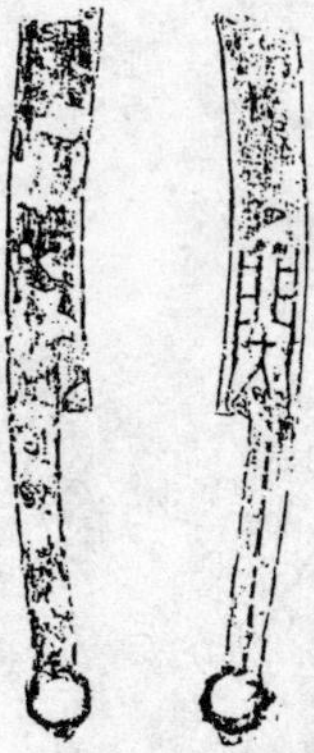

闵

图 2-31

(三)博山刀(韩国中期)

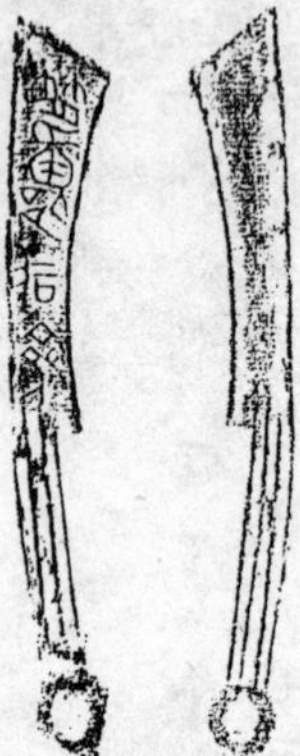

易 背(莒)冶齐匕

重 13.8 克

图 2-11

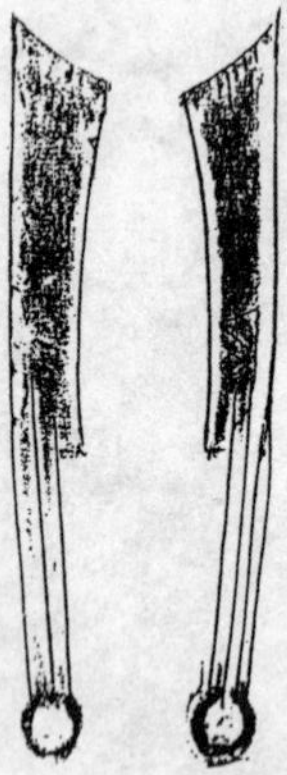

易

重 11 克

图 2-12

3. 圜形钱

（一）秦占领区铸钱

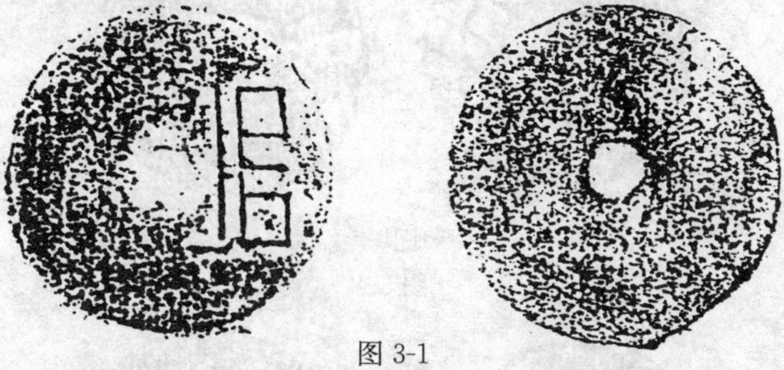

图 3-1

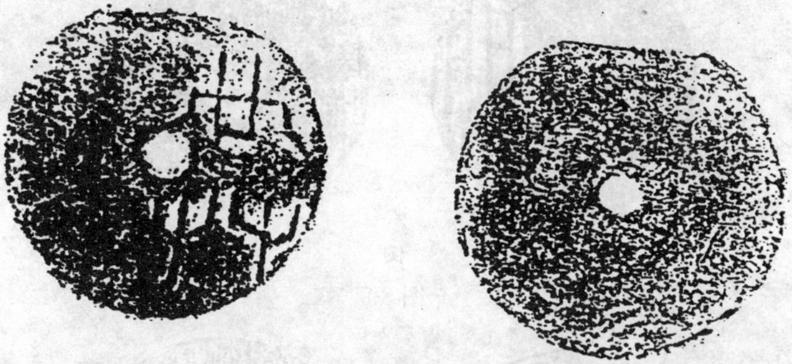

图 3-2

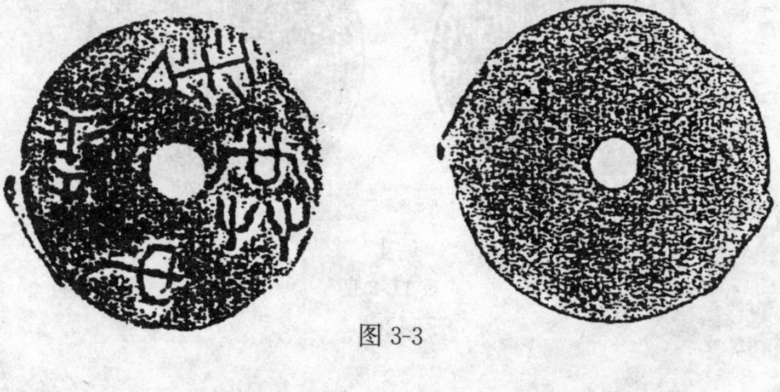

图 3-3

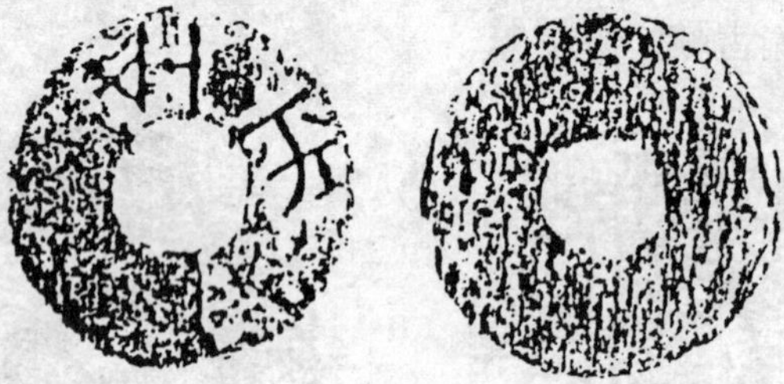

□坪

图 3-4

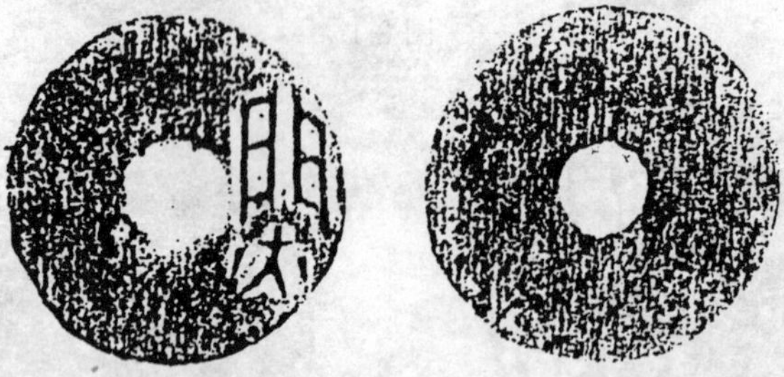

闵

图 3-5

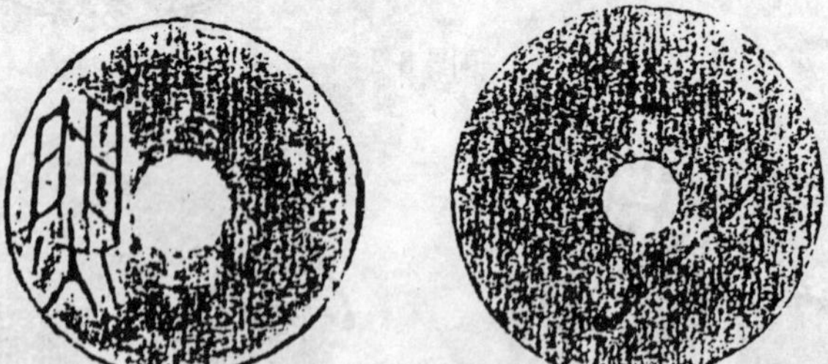

闵

重 11.2 克

图 3-6

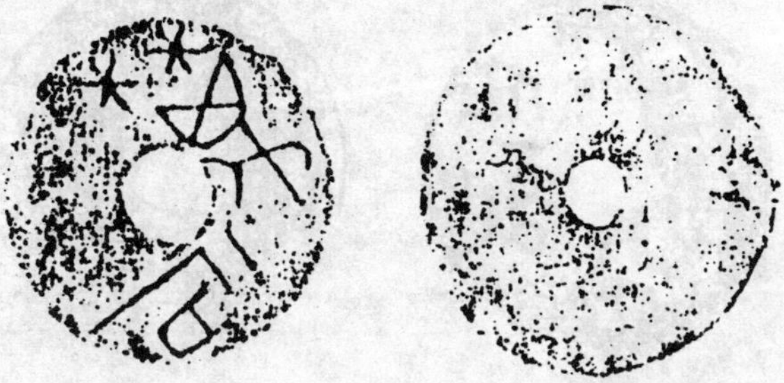

离石

图 3-7

（二）周王铸币

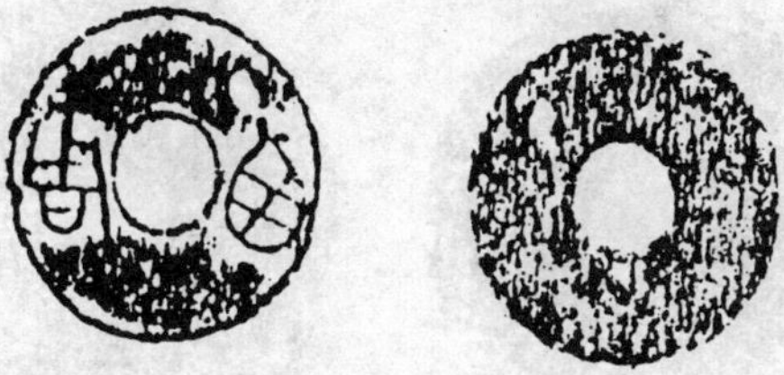

西周

图 3-8

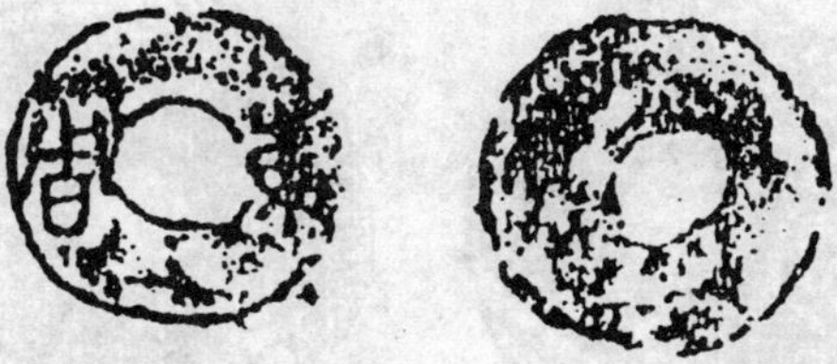

东周

图 3-9

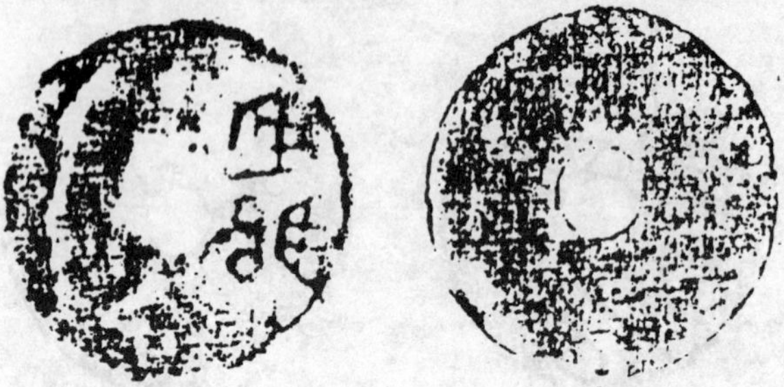

安臧
1958年河南洛阳出土　　重10.7克
图3-10

（三）秦国铸币

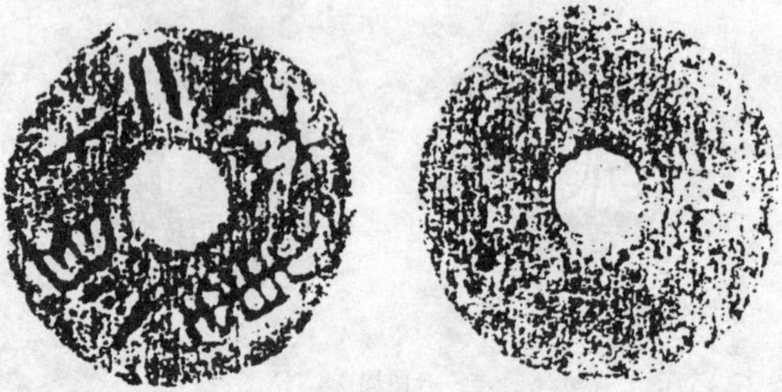

一铢重一两十二　　重9.8克
图3-11

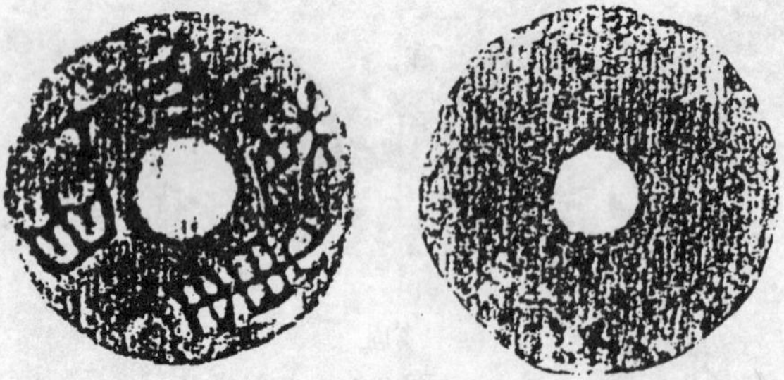

一铢重一两十四
重13.1克
图3-12

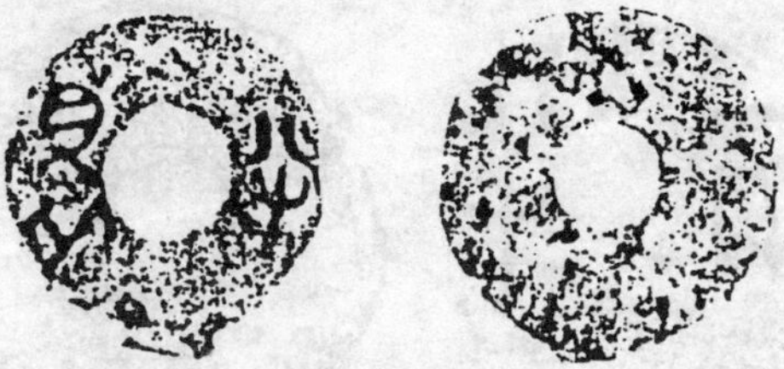

半元　　重 12.5 克

图 3-13

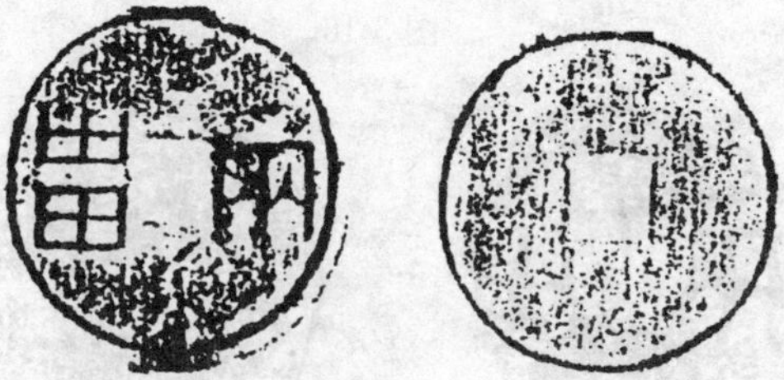

两甾　　重 7 克

图 3-14

秦国半两（战国秦）

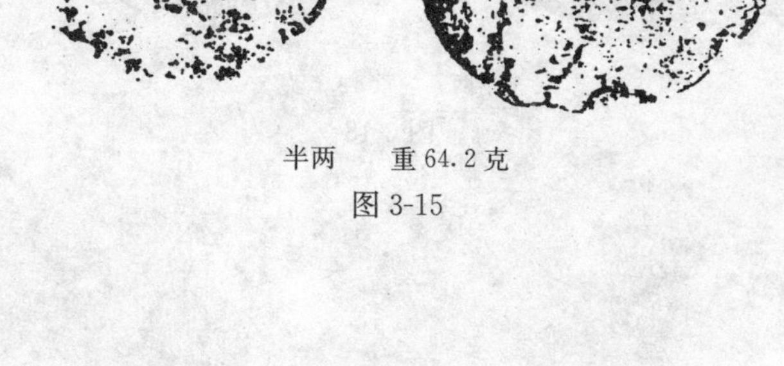

半两　　重 64.2 克

图 3-15

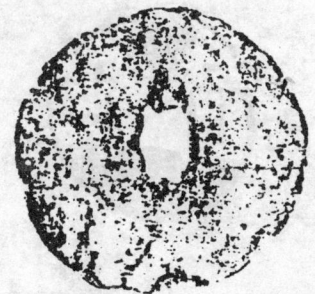

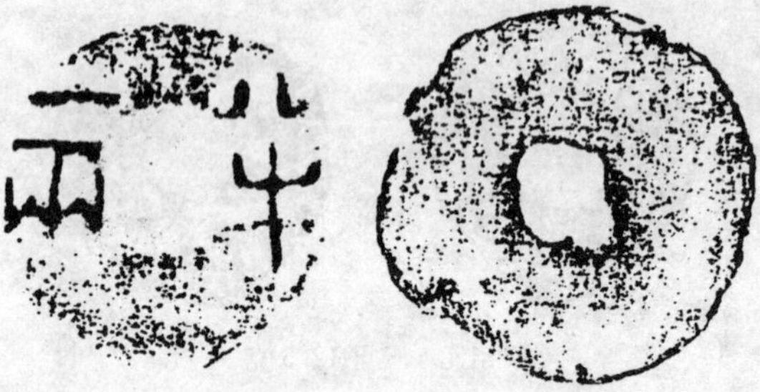

半两　　重 26.15 克

图 3-16

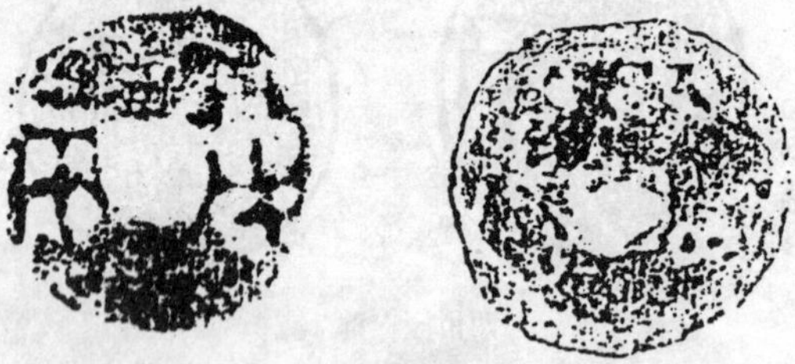

半两　　重 15.1 克

图 3-17

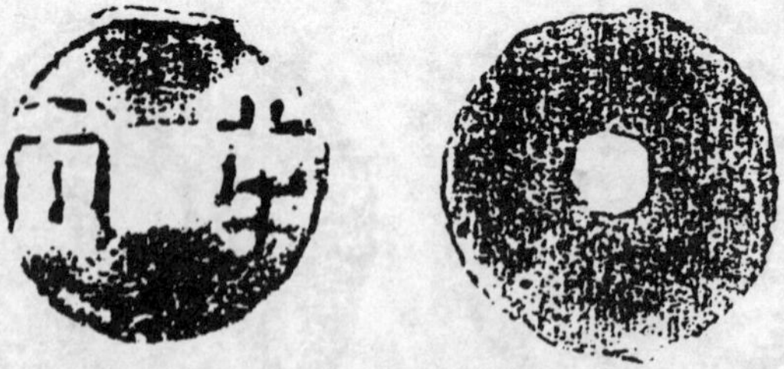

半两　　重 13.6 克

图 3-18

(四)齐国圜钱

齐国铸币

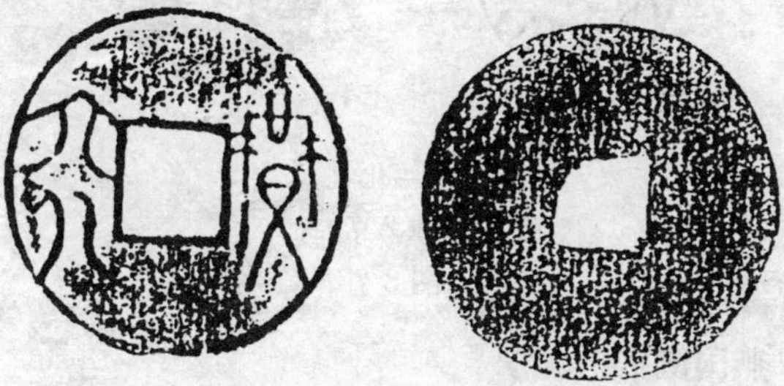

賹六化　　重 9 克

图 3-19

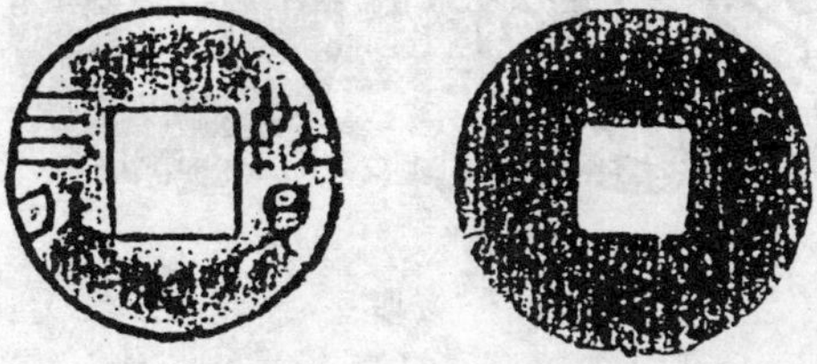

賹四化　　重 4.5 克

图 3-20

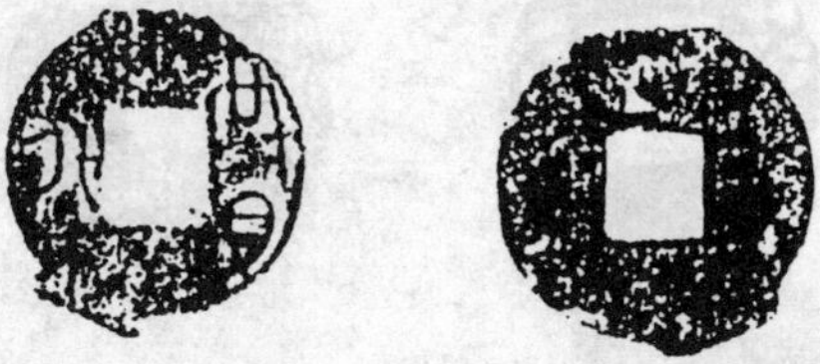

賹化　　重 3 克

图 3-21

嗌化
重 2 克
图 3-22

(五）燕国圜钱
燕国铸币

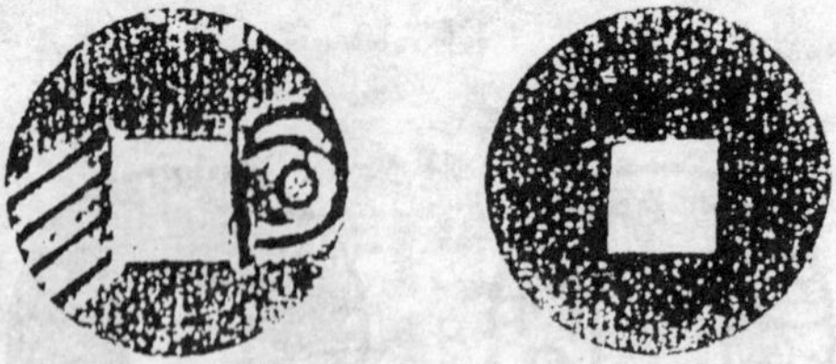

易四
重 4 克
图 3-23

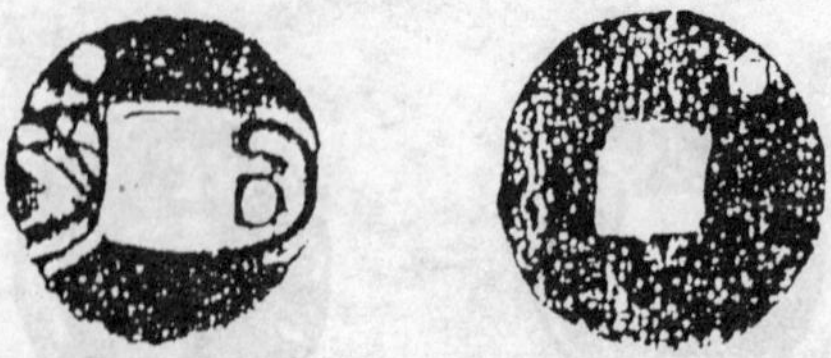

易匕
图 3-24

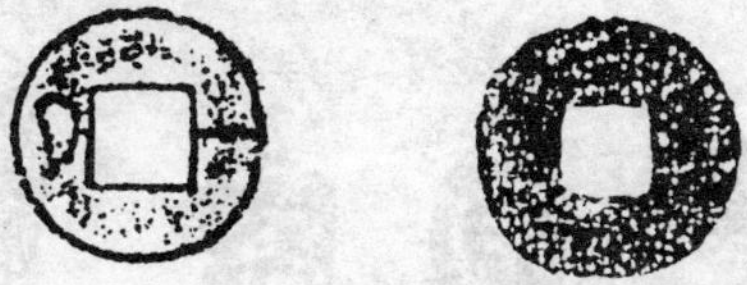

一匕
重 2 克
图 3-25

4. 楚国蚁鼻钱

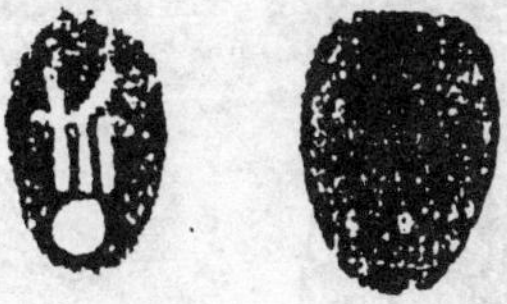

忻
重 4.9 克
图 3-26

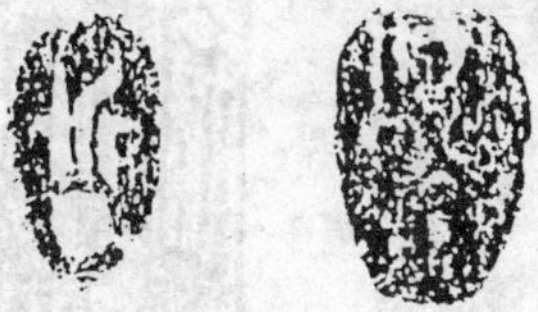

忻
重 5.1 克
图 3-27

金
重 1.1 克
图 3-28

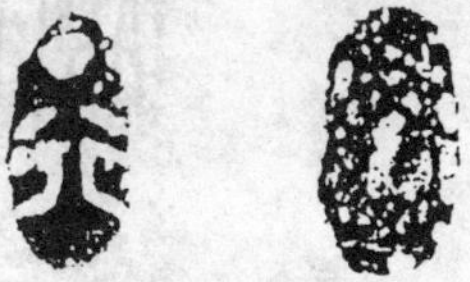

行
重 3.2 克
图 3-29

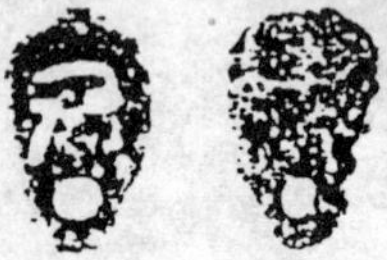

君

图 3-30

匋

图 3-31

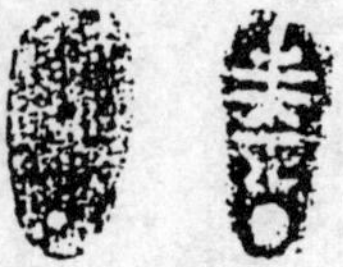

条

重 2 克

图 3-32

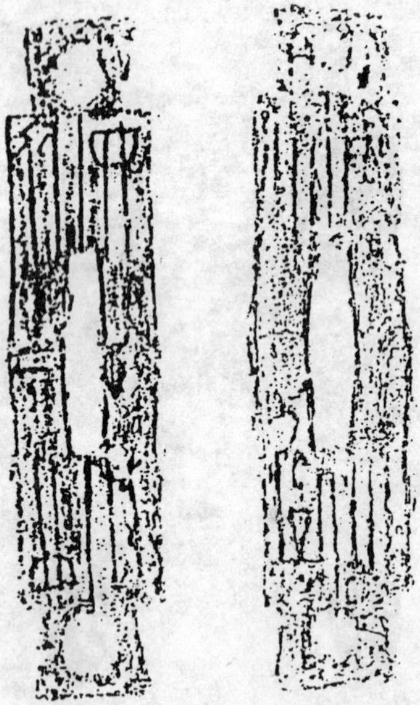

四戋　背当忻

重 14.5 克

图 3-33

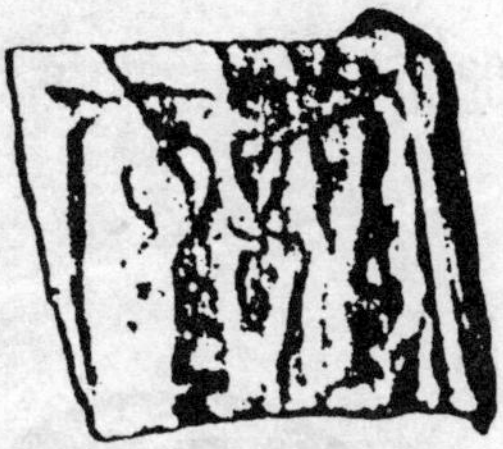

郢爰（放大）
1980年山东费县出土
重17.5克
图3-34

郢爰
图3-35

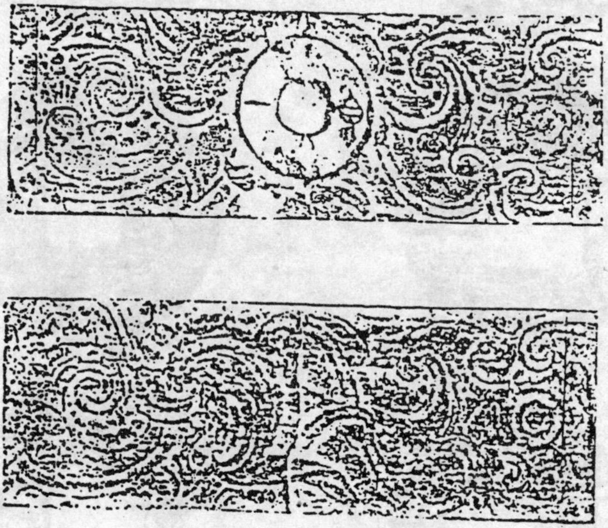

良金一朱·铜钱牌
湖北阳新出土　重34克
图3-36

秦汉至隋的货币

1. 秦统一后的半两

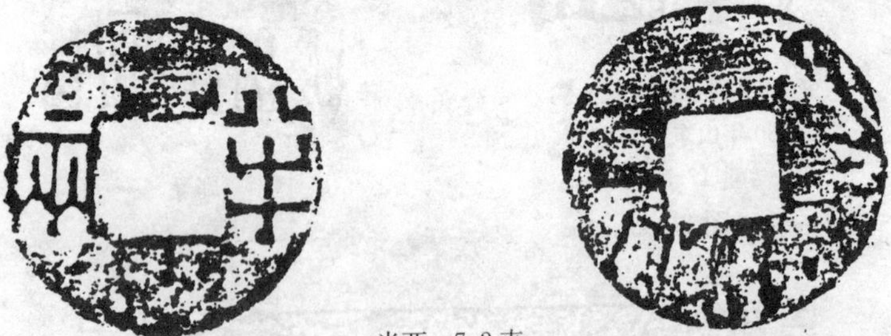

半两 7.2克

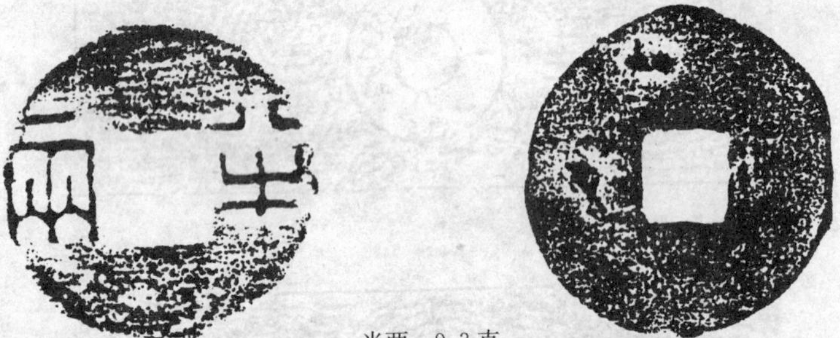

半两 9.3克

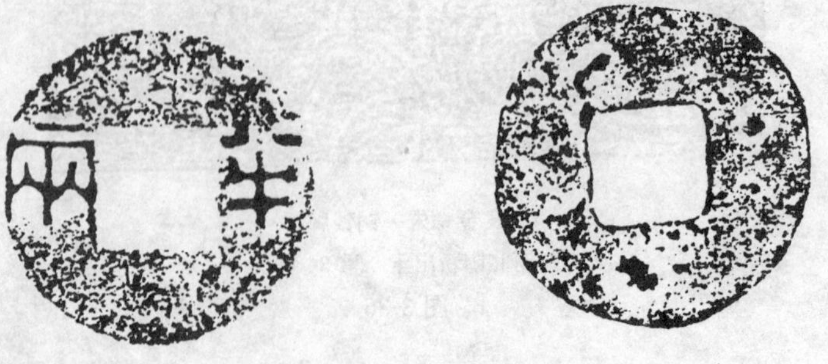

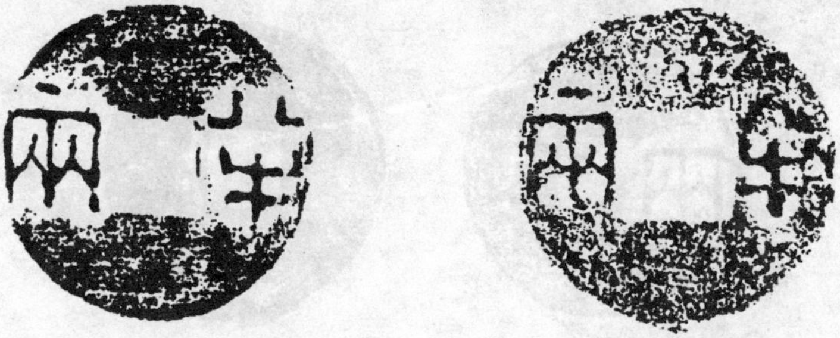

2. 两汉时期（包括王莽）的钱币

西汉铸币
榆荚半两

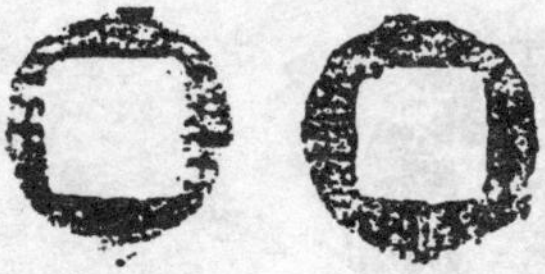

半两 0.7 克

半两 0.4 克

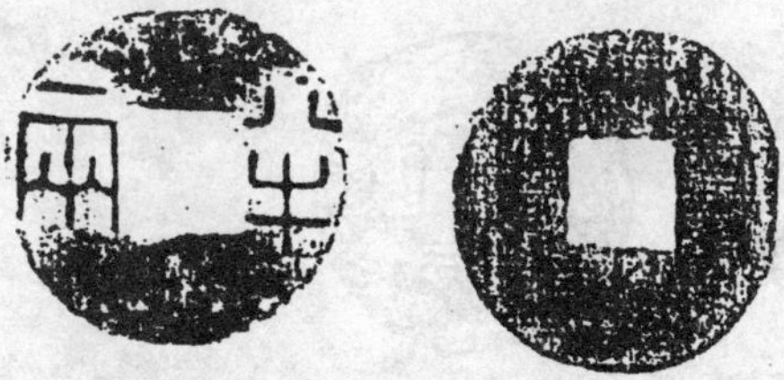

半两 3.8 克

半两 0.5 克

八铢半两

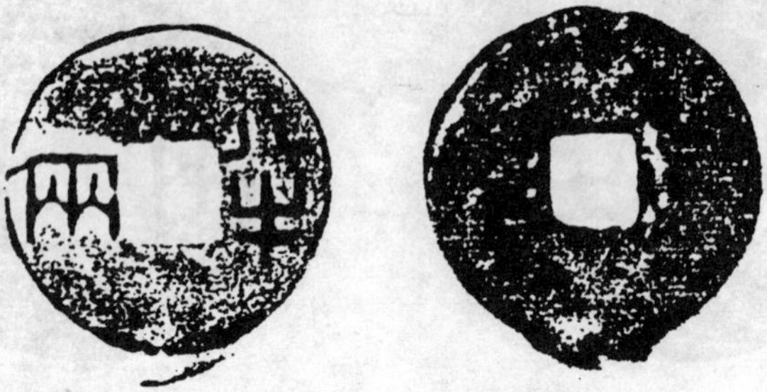

半两 4.4 克

四铢半两

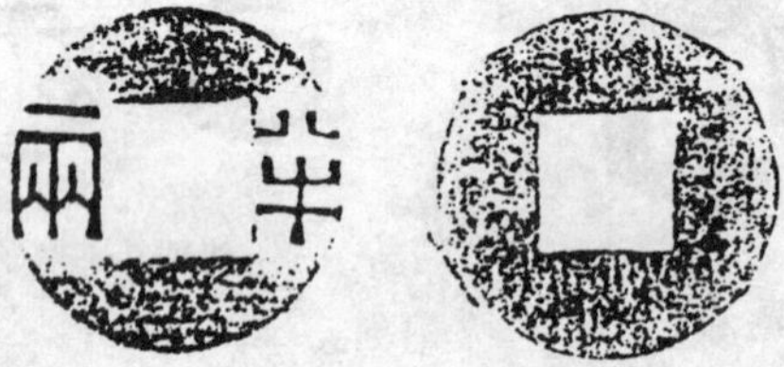

半两 2.9 克

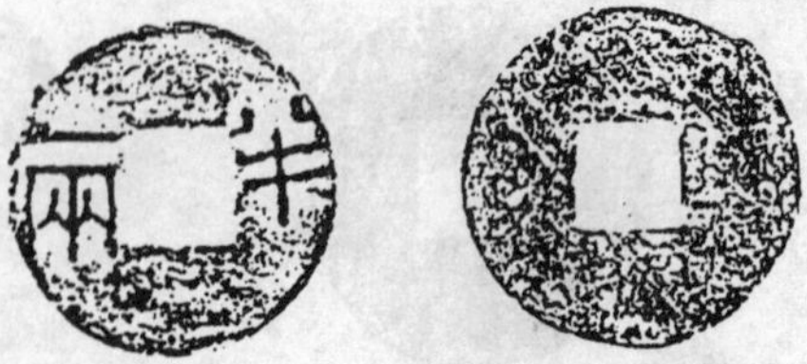

半两 2.9 克

三铢钱（汉武帝元狩四年铸）

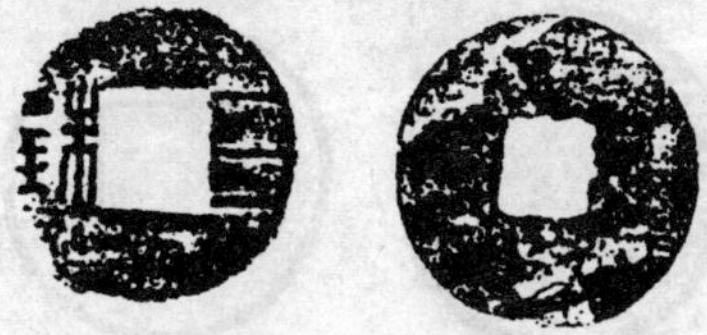

三铢 2.7 克

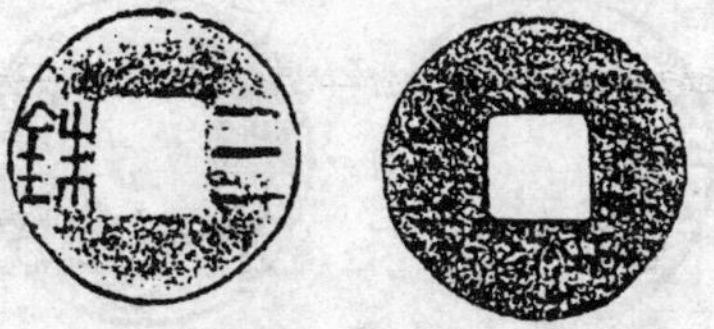

三铢 2.2 克

郡国五铢（汉武帝元狩五年令郡国铸）

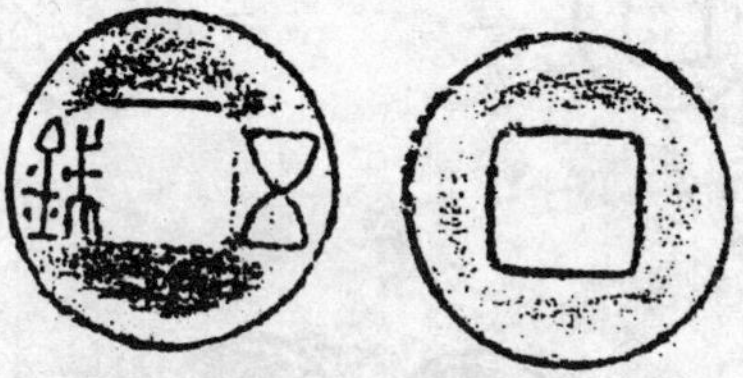

五铢 4.6 克

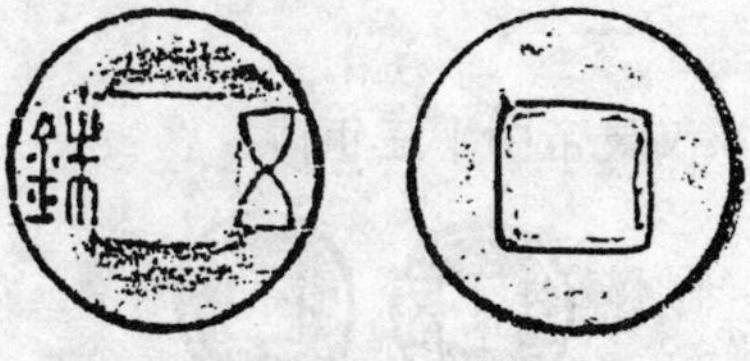

五铢 4.8 克

赤仄五铢（汉武帝元鼎二年由京师钟官铸）

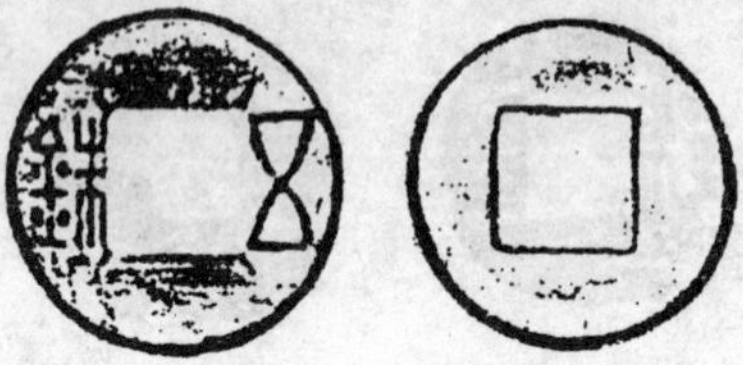

五铢 5.5 克

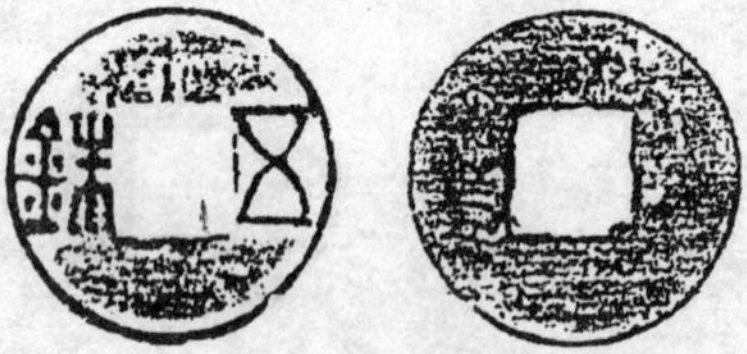

五铢 3.7 克

上林三官五铢（汉武帝元鼎四年由上林三官专铸）

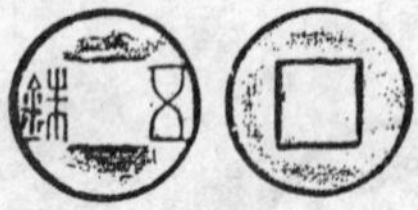

五铢 2.8 克

五铢 4.4 克

东汉铸币

五铢

四出五铢（东汉灵帝中平三年铸）

五铢

剪边五铢（东汉晚期）

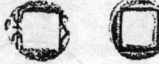

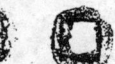

王莽铸币

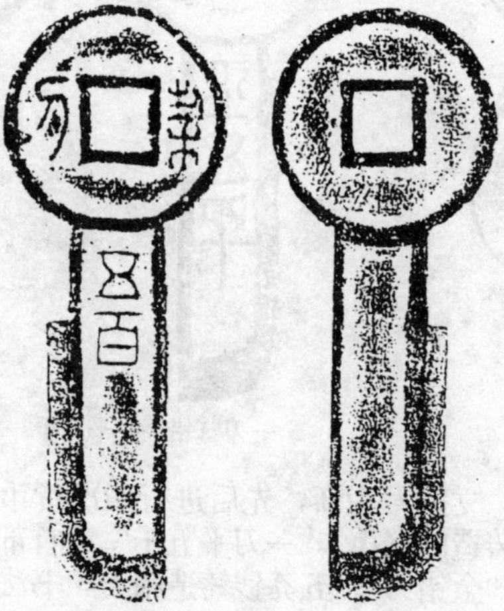

契刀五百　17.4克

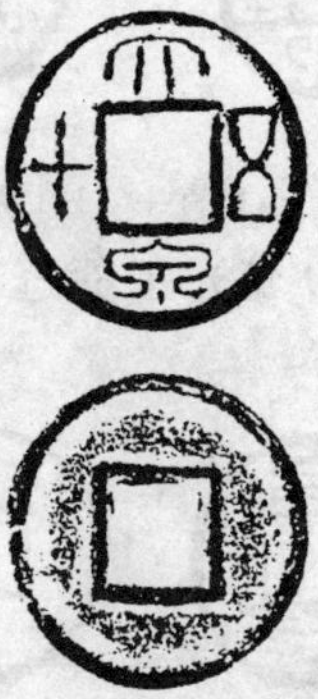

大泉五十　4.0克

西汉末年居摄二年（公元 7 年）王莽进行第一次货币改制铸造的三种钱币。

大泉五十　4.4 克

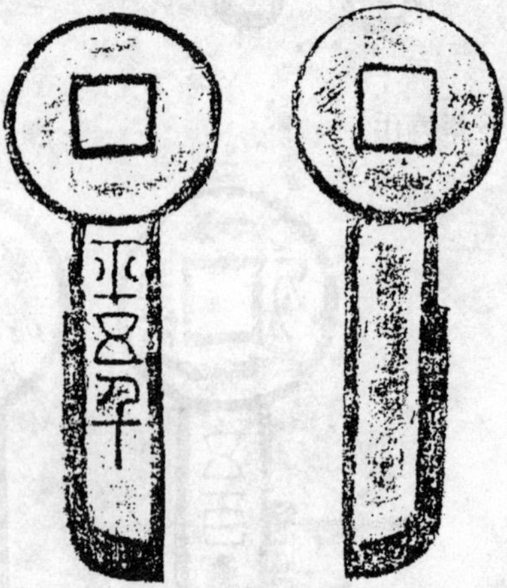

一刀（错金）平五千　20.0 克

王莽篡汉后，立国号为新，先后进行四次货币改制。此三种钱币是第一次改制铸造的钱币。“一刀平五千”刀首部“一刀”二字是错金而成，俗称“金错刀”。王莽钱铸造精美，书法为“悬针篆”。

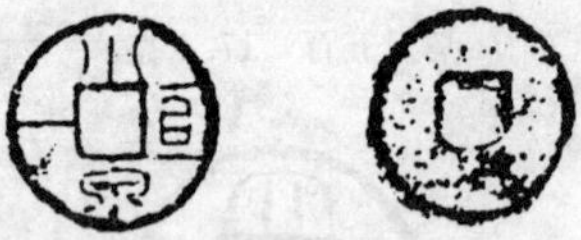

小泉直一　1.1 克

始建国元年（公元 9 年）王莽进行第二次货币改制铸造的“小泉直一”。

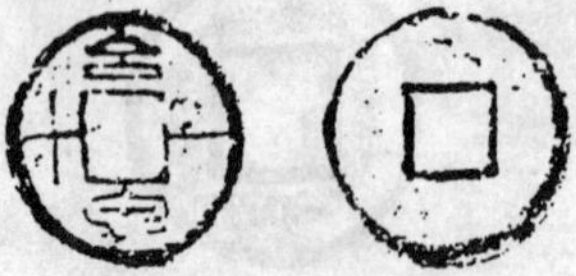

幺泉一十　2.0 克

始建国二年（公元 10 年）王莽进行第三次货币改制，铸造的泉货六品。

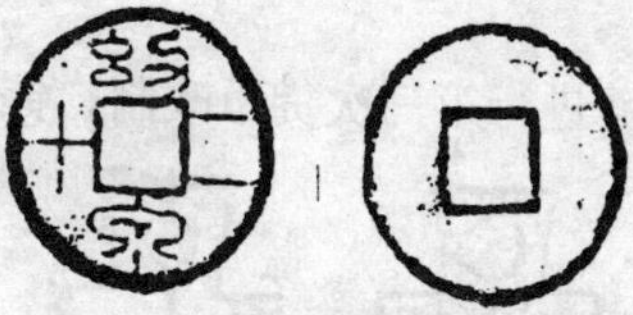

幼泉二十　2.3 克

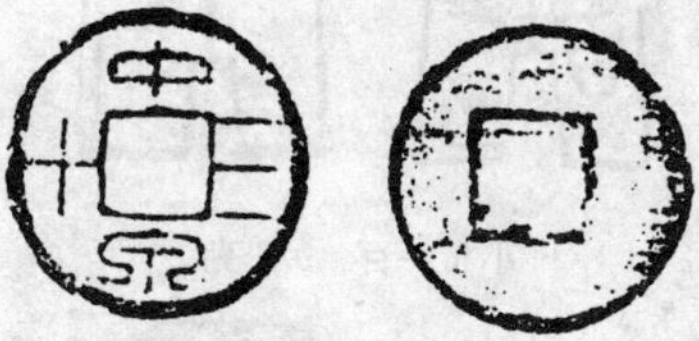

中泉三十　2.8 克

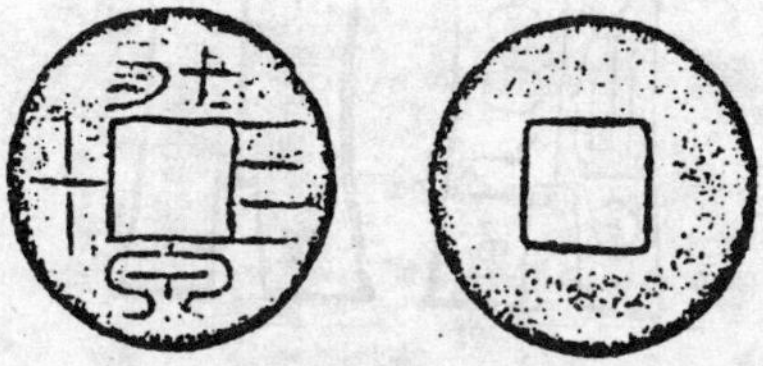

壮泉四十　3.3 克

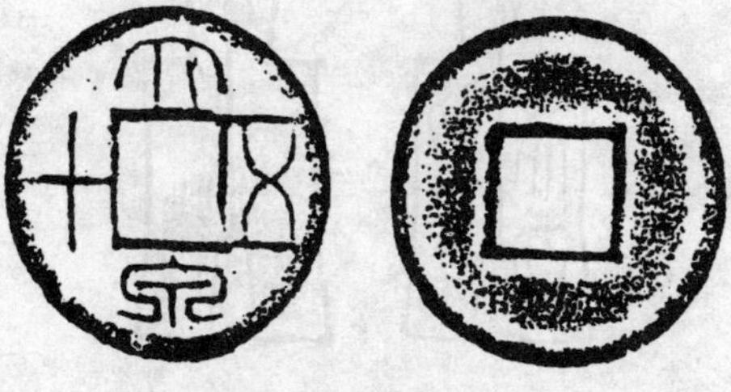

大泉五十　5.3 克

王莽第二次货币改制后废止契刀五百、一刀平五千、五铢铸造“小泉直一”与“大泉五十”并行。第三次改制实行宝货制、铸造六种货币共计二十八品，其中泉货六品，布货十品。

始建国二年王莽进行第三次货币改制，铸造的布货十品。

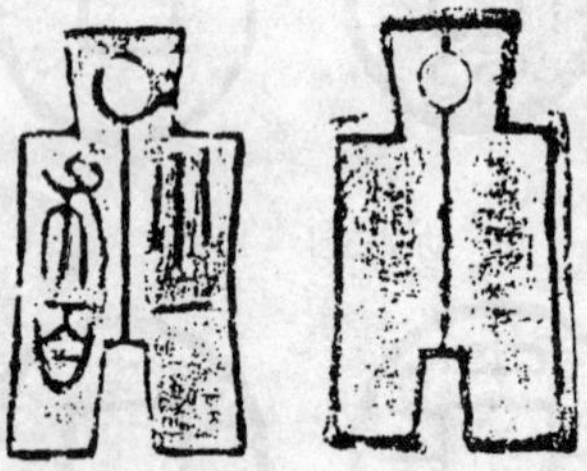

小布一百　9.6克

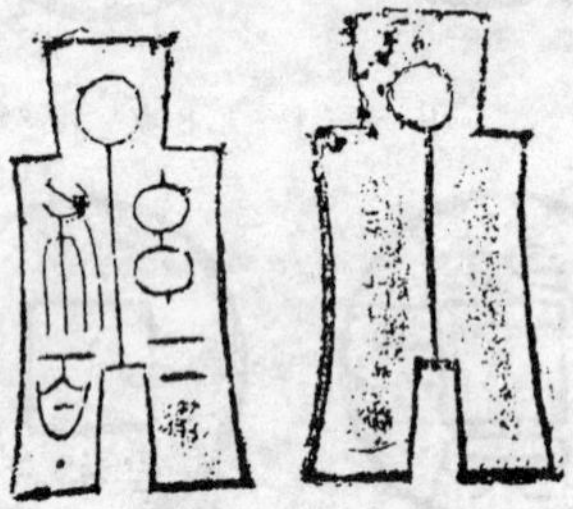

幺布二百　6.1克

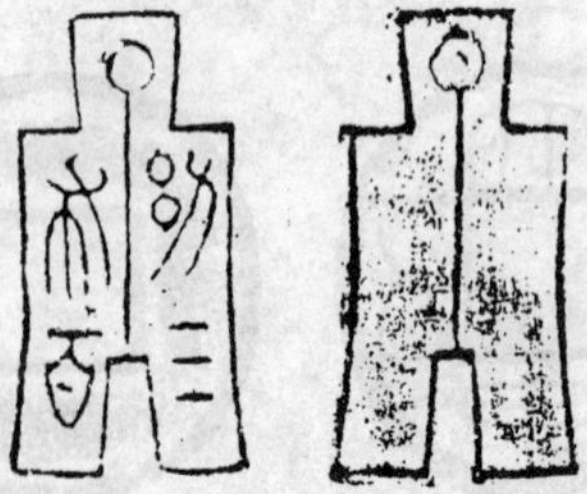

幼布三百　9.0克

序布四百　8.8克

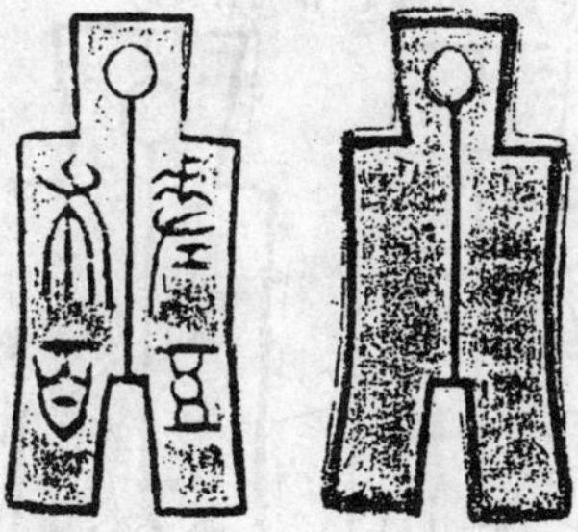

差布五百　9.8克

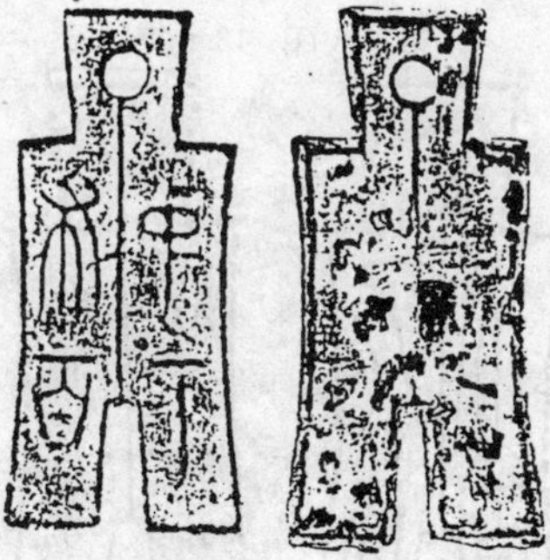

中布六百　9.6克

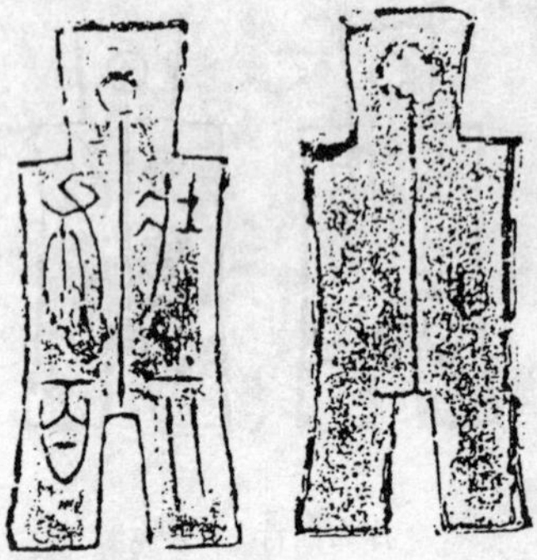

壮布七百　11.0克

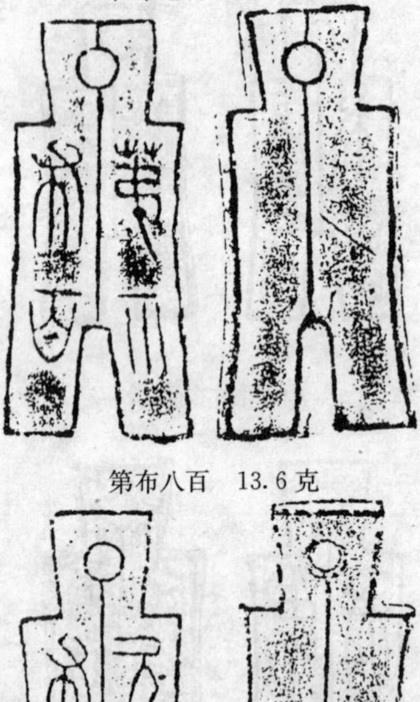

第布八百　13.6克

次布九百　12.6克

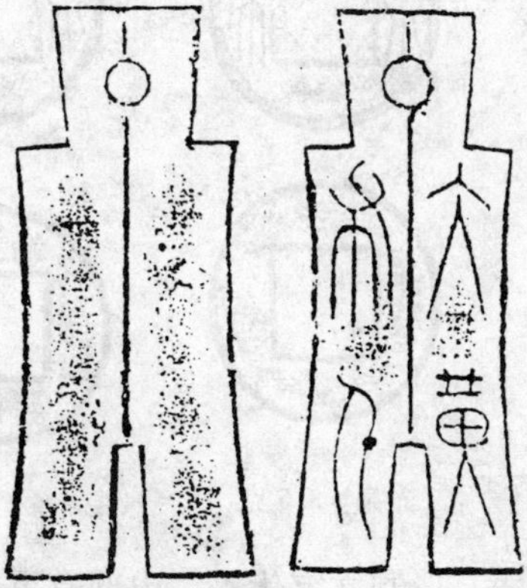

大布黄千　12.2 克

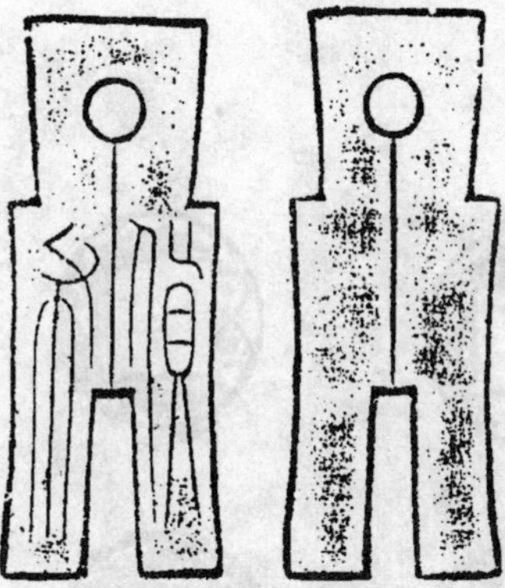

货布　14.4 克

货泉　3.4 克

天凤元年（公元 14 年）王莽进行第四次货币改制，铸行的货布、货泉。文字挺拔刚劲、纤细，俗称“悬针篆”，铸造精良。

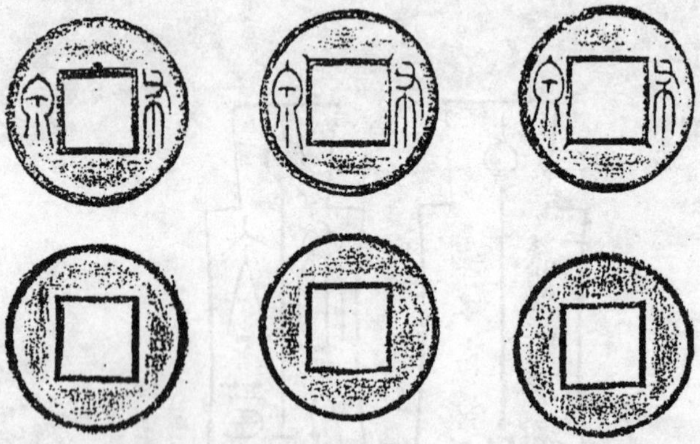

布泉　3.4克　　布泉　3.5克　　布泉　3.3克

布泉亦为王莽铸造，形制文字优美，内部有重郭、四角有决纹。亦有合背者，铸造工整，文字秀美，亦称“悬针篆”。

3. 三国、二晋、南北朝钱币

曹魏五铢

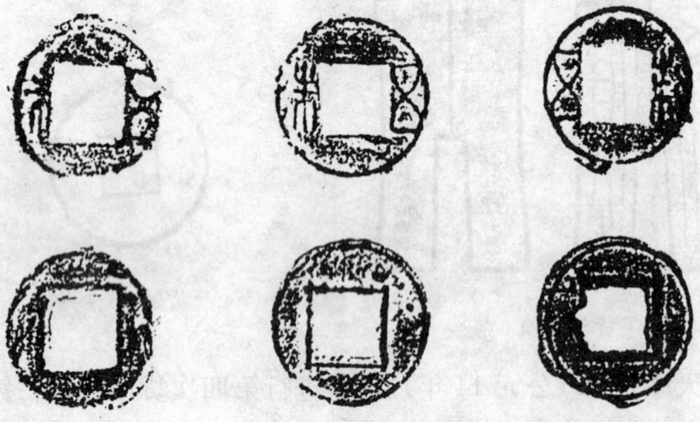

五铢（朱旁一点）　　五铢（朱旁二点）　　五铢（朱旁二点、传形）

五铢(“铢”缺“钅”)

五铢（“铢”缺“钅”）

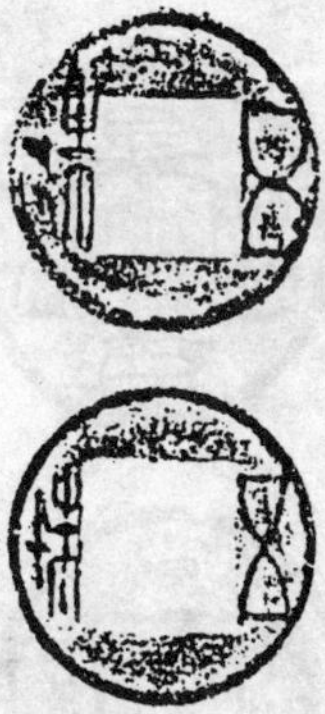

五铢（“铢”缺“钅”）

面有轮郭，制较圆正者为东晋钱，大者为官铸，马鞍山论证会认为“压五压金”钱为曹魏五铢钱。

蜀汉直百五铢

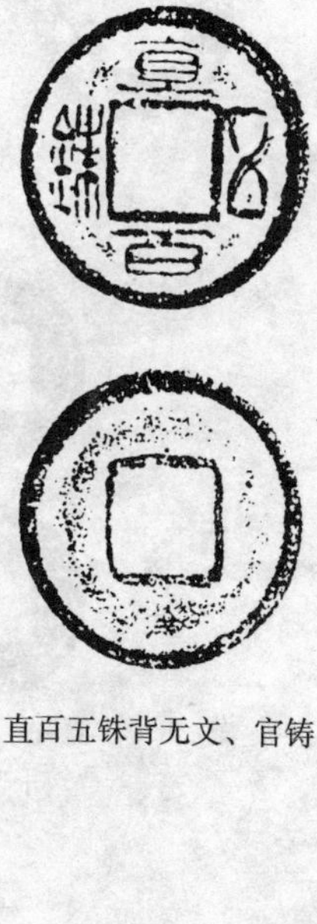

直百五铢背无文、官铸

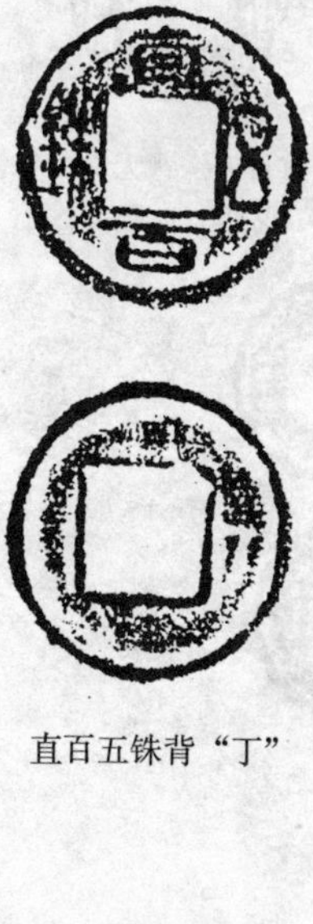

直百五铢背“丁”

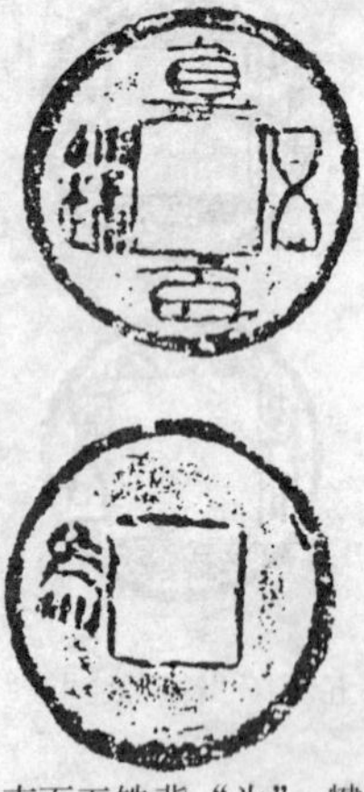

直百五铢背“为”，犍为郡铸。

直百五铢，背为阴文“工”。

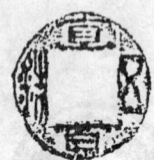

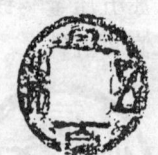

直百五铢背无文，私铸。

蜀汉钱币

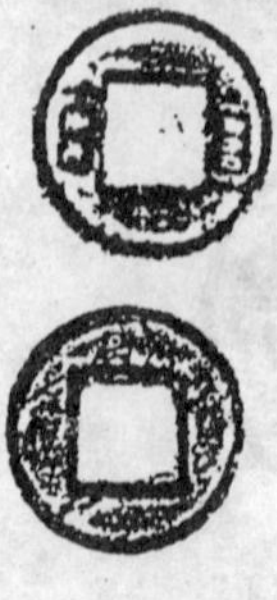

直百背无文

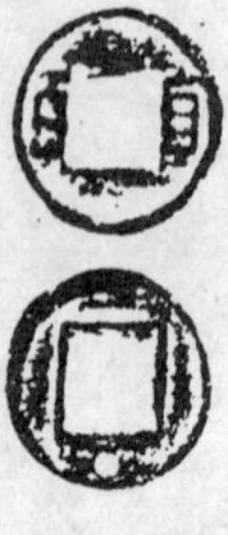

直百小型

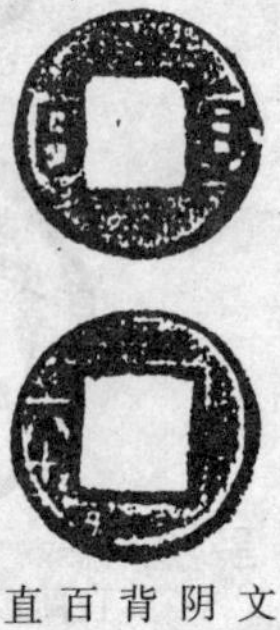

直百背阴文“六十”

太平百钱背水波纹

太平百钱，光背

太平百钱，光背（太字与前品有异）

太平百金光背传形（钱字有文作“金”）

定平一百

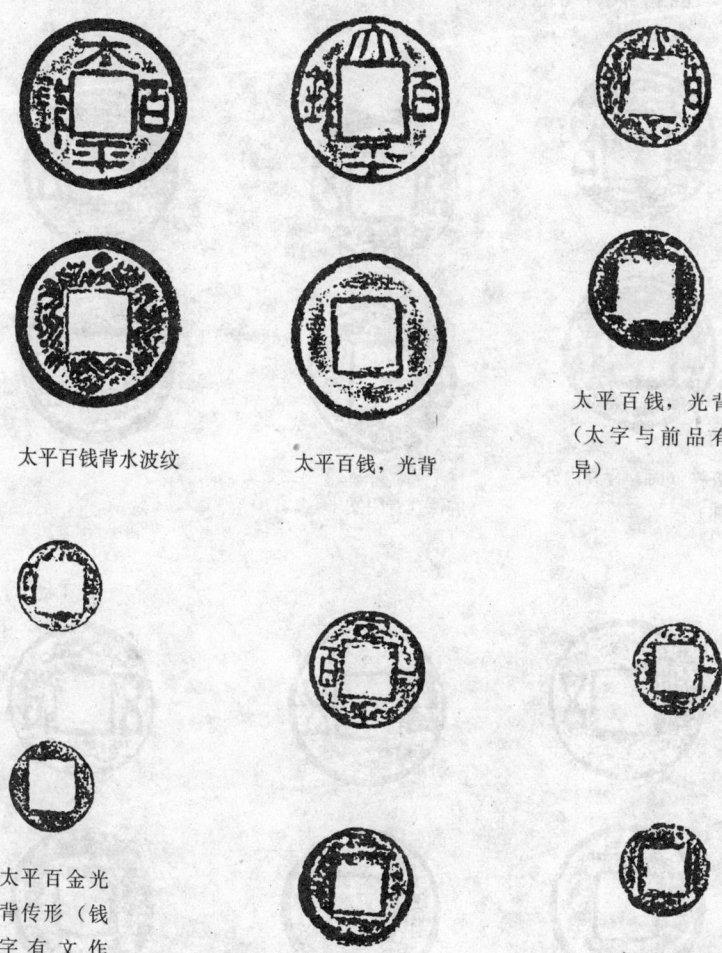

定平一百，小型

西晋早期蜀地铸币

五铢（面、背具内外郭）

五铢（背阴文十六）

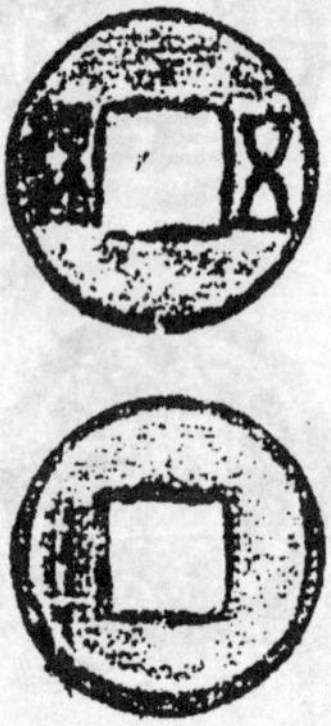

五铢（背阴文廿三）

五铢（背阴文廿四）

五铢（反文）

吴铸币

大泉五百（五下一星）
嘉禾五年（236）铸。

大泉当千　赤乌元年(238)铸。

大泉二千
史书无载，近年有出土。

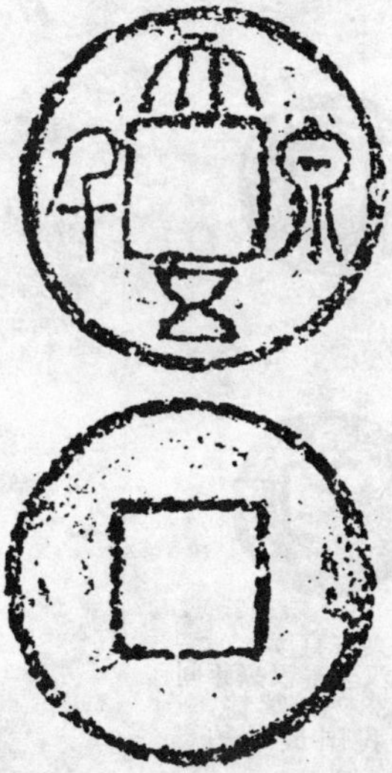

大泉五千
史书无载，浙江省出土。

十六国铸币（有五个政权铸行了钱币）

凉造新泉（凉为国号）。
前凉张轨铸。

太清丰乐
前凉张天锡太清年间(369—375)铸。

丰货
后赵石勒在河北临漳邺城铸。

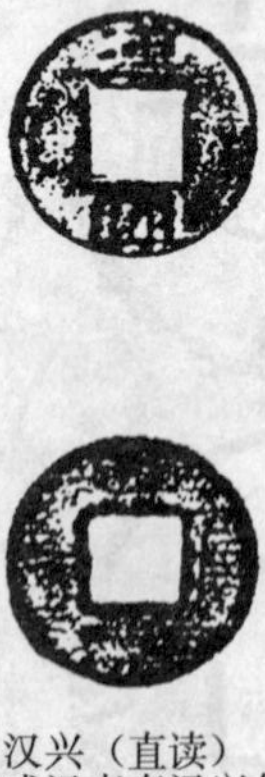

汉兴（直读）
成汉李寿汉兴年间(338—343)铸，是我国最早的年号钱。

汉兴（横读）

太夏真兴（国号、年号）
夏赫连勃勃，真兴年间(419—475)铸。

南朝铸币（430—579）

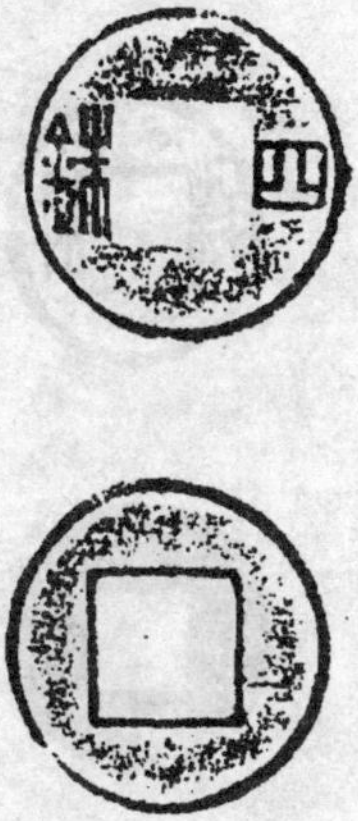

四铢（光背）
宋文帝元嘉七年
（430）铸。

四铢（面上下星）

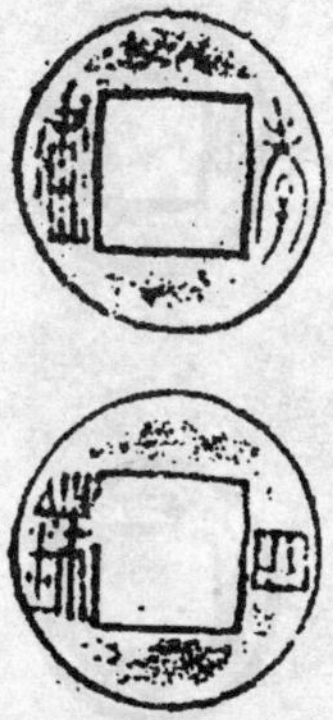

孝建四铢
宋孝武帝孝建元件
（454）铸。
钱文为“薤叶篆”。

孝建（合背）

孝建（背无文）
宋孝武帝时铸。

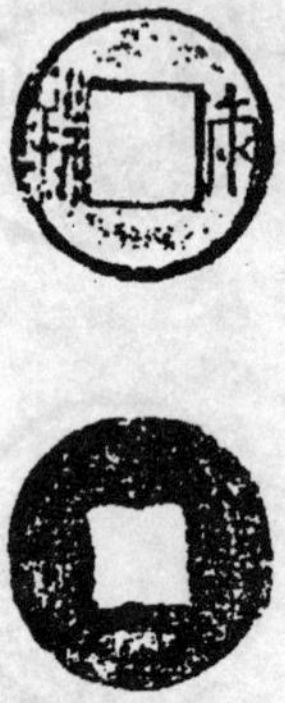

两铢
宋前废帝永光元
年（465）铸。

永光
宋前废帝永光元
年（465）铸。

景和
宋前废帝景和元
年（465）铸。

梁五铢铸币（502—557）

五铢（面内部、无星）

五铢（面内部、上下星）

梁武帝天监元年（502）铸内部五铢，面无星或上下各一星者，制作工整二字端正，与公式女钱并行。

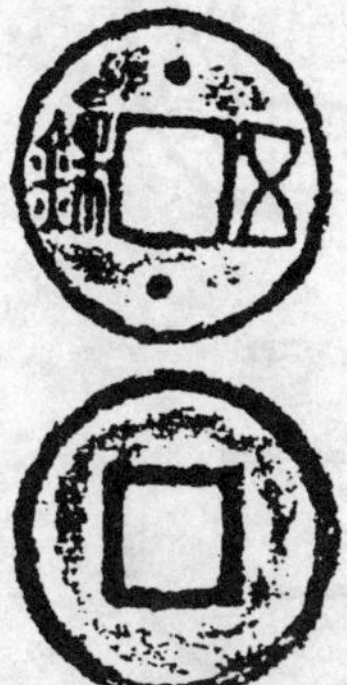

五铢（公式女钱）天监年间（502—519）铸面背无外部，而背有内部因属官铸谓之公式女钱、与梁五铢并行。

铁五铢（背四出）

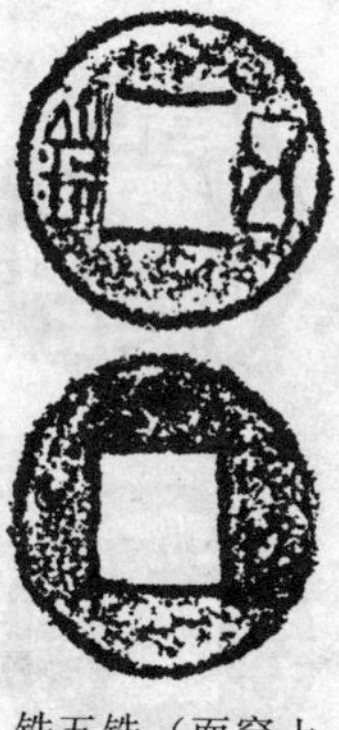

铁五铢（面穿上下二横部）

梁武帝普通四年（523）铸背四出铁五铢。因朝廷罢禁铜钱流通更铸铁钱。民间以铁价贱。易得，大兴私铸，以致出现恶劣铁钱，至大同以后，钱积邱山，交易论贯，至末年以三十五为百、流通极紊乱，钱体大小不一至陈初禁止使用。

四柱五铢（穿四角各一星）

梁敬帝太平二年（557）铸四柱五铢，初一当小钱二十，后改一当十。初铸四柱钱，本想整顿币制，但民不信用，不久梁亡。此钱铸行六个月，故流传绝罕。

陈钱币（562—579）

五铢（面具内部）

陈文帝天嘉三年（562）铸内部五铢较梁五铢重大。

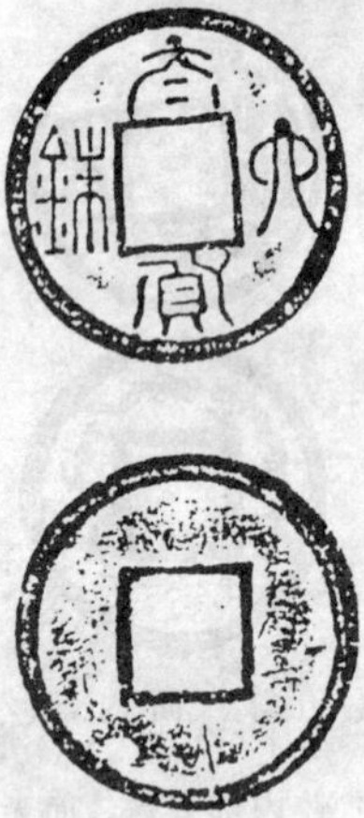

太货六铢

陈宣布太建十一年（579）铸，内外部精整。

北朝铸币（495—579）

北魏钱币（495—534）

太和五铢（大型）

北魏孝文帝太和十九年（495）铸，因许民铸大小不一钱文书体各异。

太和五铢（小型）

永安五铢（光背）

永安五铢（背土）

北魏孝庄帝永安二年(529)始铸。初铸光背因许民铸，大小不一，与小钱并行。孝武帝永熙年间(532—534)更铸背土字钱；东魏孝静帝兴和三年(541)铸背四出纹永安五铢。

东魏钱币　　西魏钱币　　北齐钱币

永安五铢
（背四出效）东魏孝静帝兴和三年（541）铸。

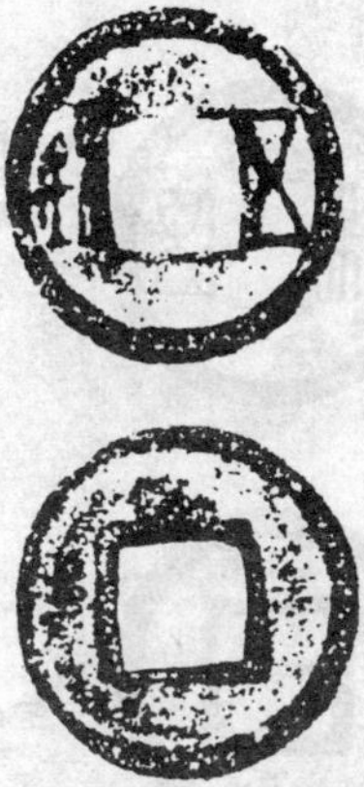

五铢（光背）
西魏文帝大统六年（540）铸。

常平五铢
北齐文宣帝高洋天保四年（553）铸。

北周铸币

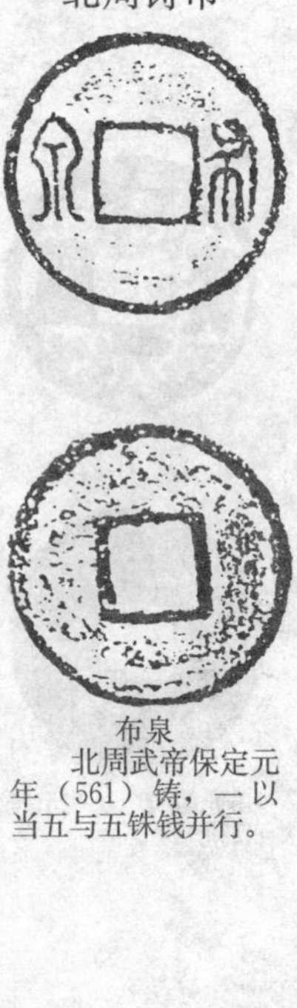

布泉
北周武帝保定元年（561）铸，一以当五与五铢钱并行。

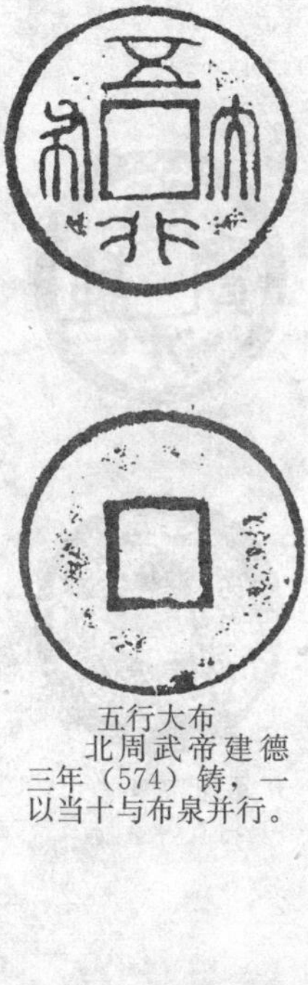

五行大布
北周武帝建德三年（574）铸，一以当十与布泉并行。

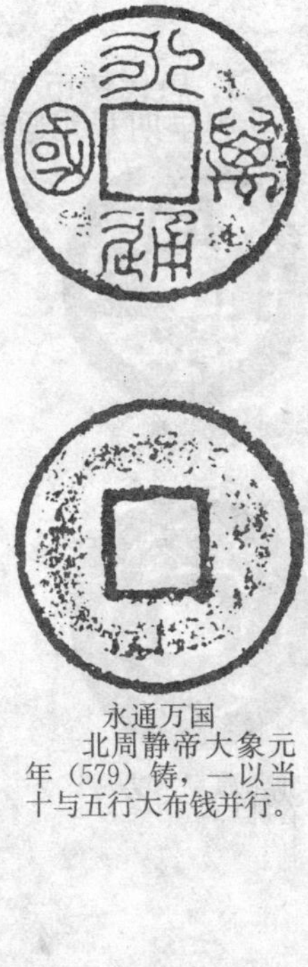

永通万国
北周静帝大象元年（579）铸，一以当十与五行大布钱并行。

4. 隋代五铢钱币

五铢（置样五铢）

五铢（白钱）

五铢（私铸）

唐五代十国的钱币

1. 唐代铸币

唐早期开元通宝

开元通宝（“元”右挑）

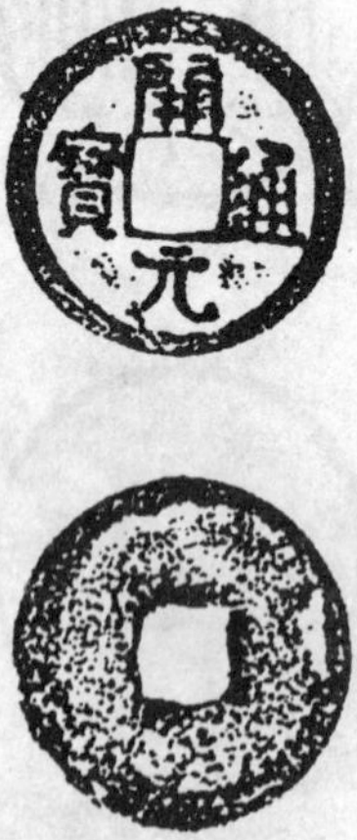

开元通宝（“元”左挑）

开元通宝（“元”双挑）

唐中期开元通宝

开元通宝（背上月）

开元通宝（宝下星、背上斜月）

开元通宝（背上月右竖月）

唐晚期开元通宝

大历元宝

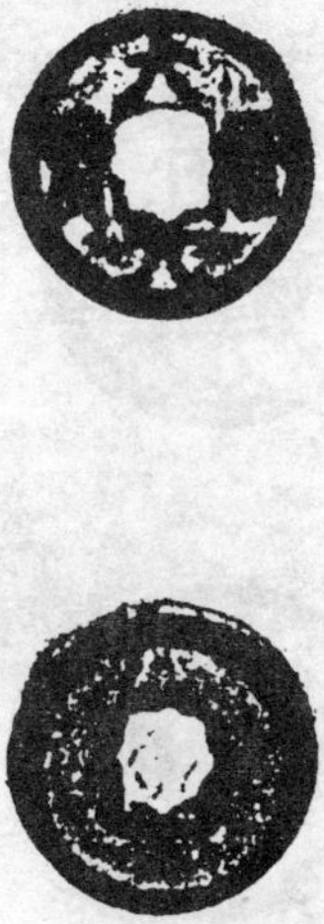

大历元宝

唐代宗大历年间（766—779）在新疆库车地区铸造的地方钱币。

开元通宝（背上昌）

唐武宗会昌五年（845）李绅在扬州铸。

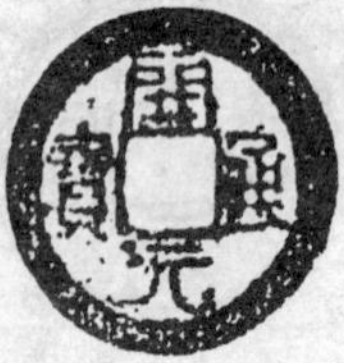
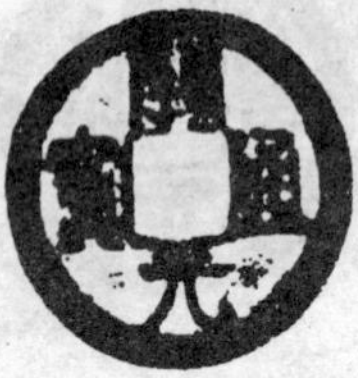

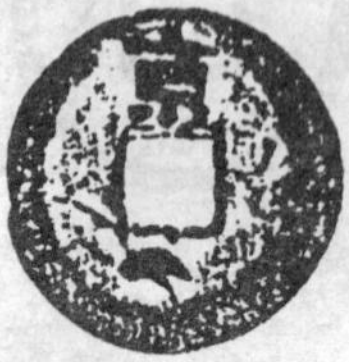

开元通宝（背上“京”下月）

开元通宝（背上“丹”）

开元通宝（背上“监”）

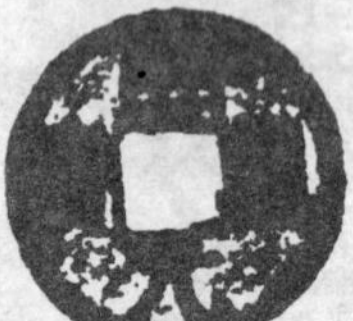

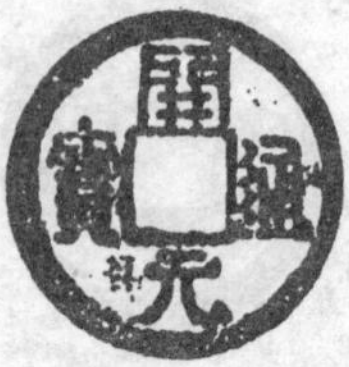

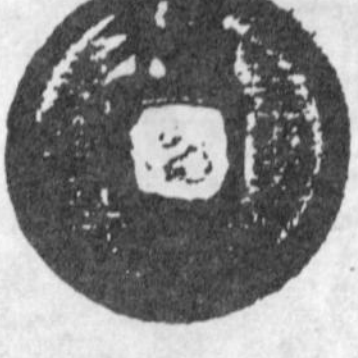

开元通宝（背上“福”）

开元通宝（背上倒“越”）

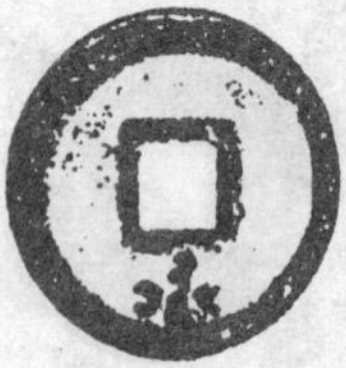

开元通宝（背下“永”）

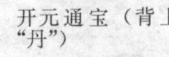

乾封泉宝（旋读）
唐高宗乾封元年（666）铸一当十开元。

乾元重宝（直读）
唐肃宗乾元元年（758）铸一当十与开元通宝并行。

乾元重宝（背下月）

乾元重宝（重轮）

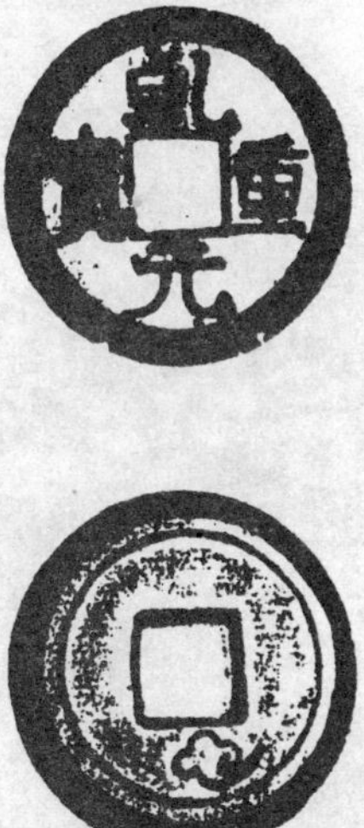

乾元重宝（重轮下祥云）

乾元重宝（背上“十”）

唐肃宗乾元二年，复铸重轮“乾元重宝”，一当开元五十，后改为当三十使用。重轮钱背亦有星、月、祥云、瑞雀改背“十”字者少见。

史思明铸币

得壹元宝（背右竖月）

得壹元宝（背下俯月）

顺天元宝（背上仰月）

顺天元宝（光背）

唐肃宗乾元二年（759）“安史之乱”，史思明在魏州称大圣燕王建元、应天、铸造“得壹元宝”以一当开元通宝之百，史思明称帝，为大燕皇帝，改元顺天。因恶“得壹非长祚之兆，即停铸“得壹元宝”改铸“顺天元宝”。“得壹”、“顺天”钱背有星、月纹，有细缘、阔缘、大样、小样、大字、小字等，得壹钱因铸时短，存世较顺天钱少。

2. 五代十国铸币

五代铸币

天福元宝
五代后晋高祖天福三年（938）铸，因许民铸，故钱币大小不一。

汉元通宝（通下星）
五代后汉隐帝乾祐元年（948）铸，直读。

周元通宝
五代后周世宗显德二年（955）废寺毁佛铸造，仿开元钱，较精。

永安一十（铜）

永安一十（铁）

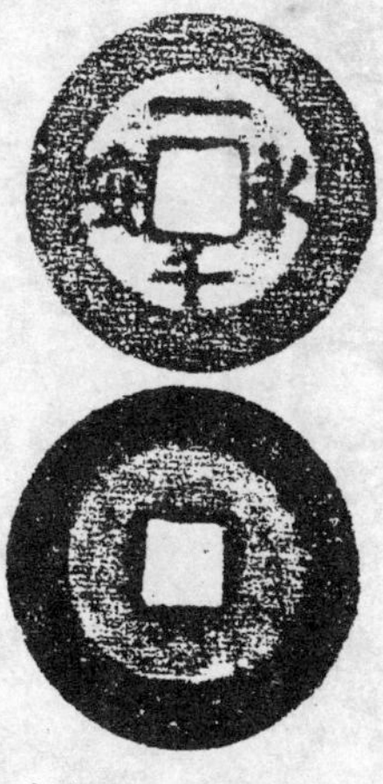

永安一千（铜）

五代初幽州节度使刘仁恭、刘守光父子占据幽州时铸造“永安一十”、“永安一百”、“永安五百”、“永安一千”等铜铁两种钱、永安一十、永安五百铜钱罕见。永安一十左读，其余均右读。

十国铸币

通正元宝
十国前蜀高祖王建通正元年（916）铸造、旋读。

天汉元宝（背上仰月）
十国前蜀王建通正二年（917）改元天汉，更铸天汉元宝钱。

光天元宝（背上仰月）
十国前蜀王建天汉二年（918）改元光天，更铸光天元宝钱，铸量较多，另有铁钱少见。

咸康元宝（背右星）
十国前蜀后主王衍咸康元年（925）铸造。

广政通宝
十国后蜀孟昶广政年间（938—965）铸造铜、铁两种，均罕见。

大蜀通宝
十国后蜀孟昶广政年间（938—965）铸，是后蜀钱币中最罕见品。

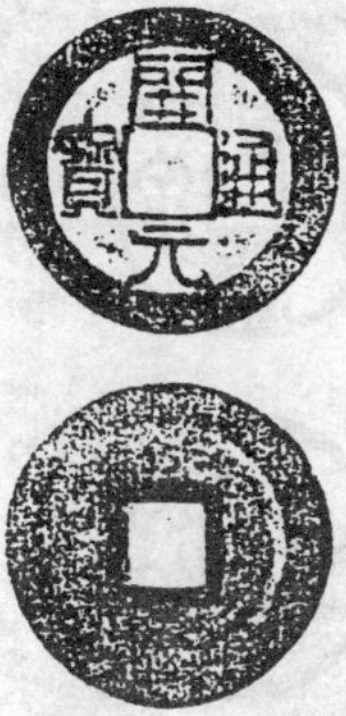

开元通宝（隶书润缘）

开元通宝（篆书润缘）

十国南唐元宗李璟（943—961）仿唐开元通宝钱铸有隶、篆两种书体开元钱，是我国最早出现的对钱。

唐国通宝（背上星）

十国南唐李璟交泰二年（959）铸省隶、真、篆三种书体钱，一当一开元钱二枚，与开元钱并行。另有当上钱较少。

大唐通宝

十国南唐李璟铸造与唐国通宝钱并行。铸造大小不一。

大齐通宝（缺角）

大齐通宝（四眼）

十国吴天祚元年封徐知浩为齐王、天祚三年、吴主禅位徐知浩建国号“大齐”，改元升元（937）铸造“大齐通宝”目前只发现二枚，极罕见。

永通泉货（隶书）

永通泉货（篆书）

十国南唐元宗李璟交泰二年（959）铸造隶、篆两种书体大钱，一当十与开元通宝并行。近年在安徽发现有铁隶书永通泉货，均少见。

保大元宝（背天、铜质）

十国南唐元宗李璟保大年间（943—957）铸厚重大钱"背文"天，极少见。

开元通宝（南唐）

十国南唐元宗李璟（943—961）铸当十开元通宝大钱，少见。

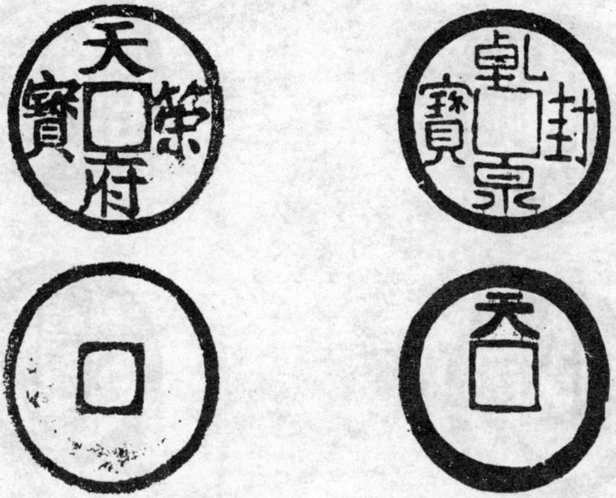

天策府宝：十国楚王马殷受后梁太祖封为天策上将军，乾化元年（911）铸背无文，罕见。

乾封泉宝：十国楚王马殷及其嗣子（912—951）铸铜、铁两种大钱，背文“天”、“天策”、“策”、“天府”。铜质极罕见。

铅开元通宝：十国闽王审知（909—925）铸铜、铁、铅大钱，背有巨星或上闽下月。铜质极罕见。

铜天德福宝：十国闽王延政天福二年（944）铸大铁钱。一当小钱百，背无文。铜天德通宝大钱，史无记载。铜铁均罕见。

铁永隆通宝：十国闽王延羲永隆四年（942）铸大铁钱，背上闽下月、右星、铸时不足一年，存世极罕见。

铜天德重宝背上殷，十国闽王延政天福年间（943—945）铸大见钱，传世极罕见。

宋、辽、西夏、金的钱币

1. 两宋钱币

北宋钱币

宋元通宝（铁母）

宋太祖建隆元年（960）仿开元钱形制铸，真、隶二体铜、铁两种小平钱。铁母少见。

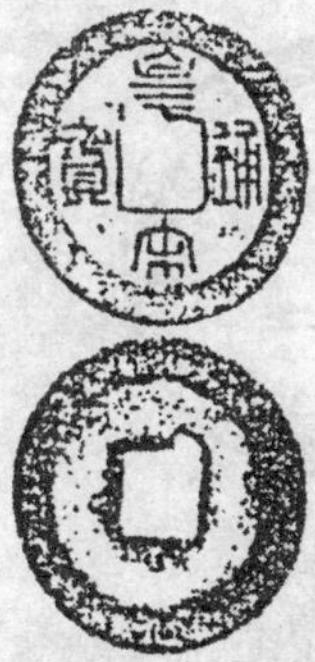

皇宋通宝（折二）极罕见。

景祐元宝

宋仁宗景祐元年（1034）铸，真、篆二体小平钱。有折二铁钱。

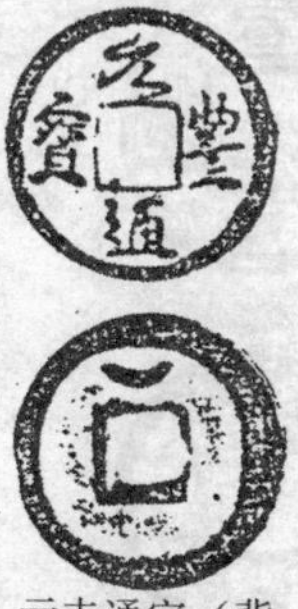

元丰通宝（背上仰月）

宋神宗元丰元年（1078）铸，篆、隶、行三体铜铁钱，可配对，铁母线少见。

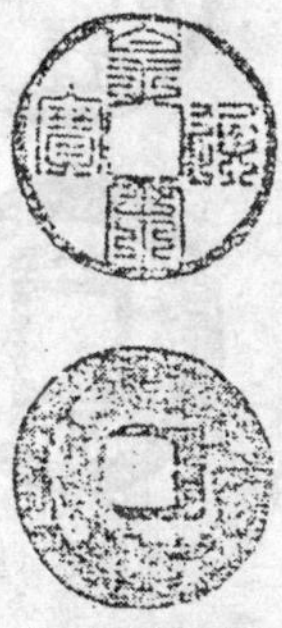

皇宋通宝（九叠篆）

宋仁宗宝元二年（1039）铸，真篆二体平钱，亦有铁钱。版别较多。九叠篆及折二钱是极罕见品。

圣宋通宝

宋徽宗建中靖国元年（1101）铸，篆、行二体小平钱。行书光背、篆书背“当伍”通宝极少。

崇守通宝（旋读）

宋徽宗崇宁年间（1102—1106）铸，有小平、当五、折十三种钱。徽宗御书俗称“瘦金体”亦称“铁划银钩”。并且铁钱。

大观通宝（对读）

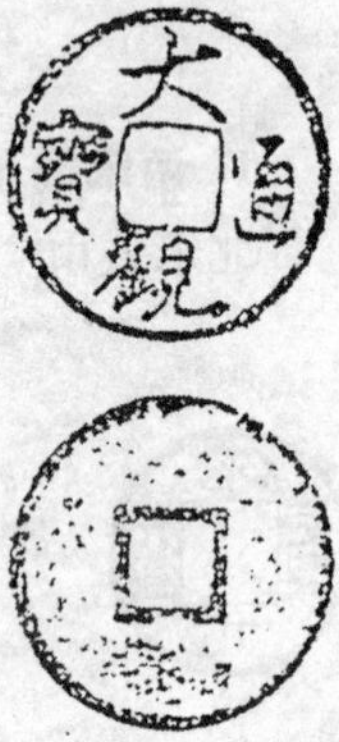

大观通宝（划书、钱母）

宋徽宗大观元件（1107）铸有小平、折二、折三、折五、折十铜铁线，宋徽宗御书“瘦金体”。小平行书铁钱较多。铁母钱最少。

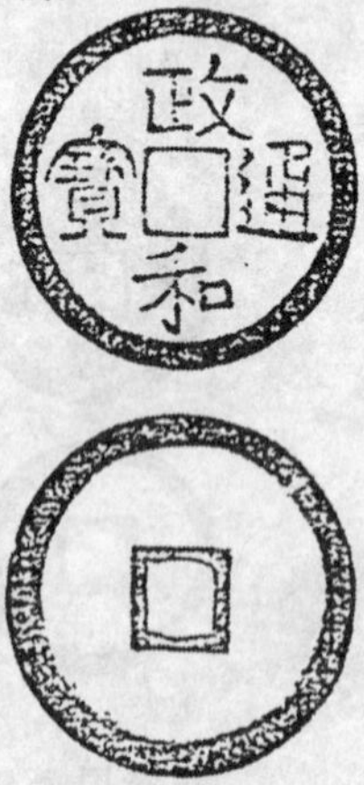

政和通宝

宋徽宗政和年间（1111—1117）铸，篆、隶、真三体铜铁钱，亦铸夹锡钱，可配成对。光背钱母少见。

宣和通宝（铁母）

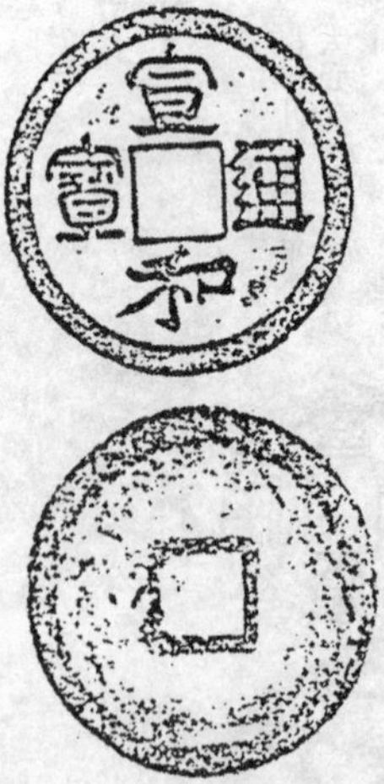

宣和通宝

宋徽宗宣和年间（1119—1125）铸有铜、铁、篆、隶二体小平，折二、折三钱，版别多种，如平钱有巨头宝。圆贝宝，楷通楷和楷宣等，可配成对钱。背有“陕”字者为徽宗御书瘦金体，难得、铁母钱罕见。

南宋钱币

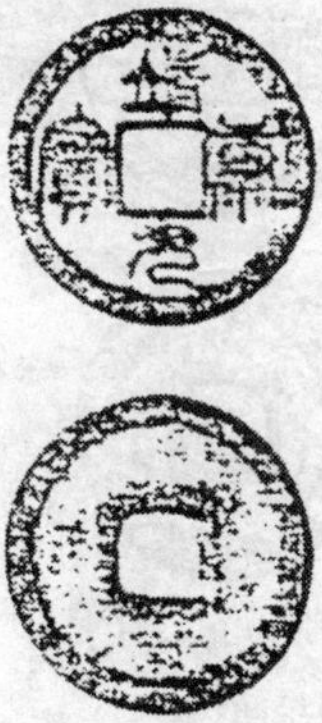

靖康元宝

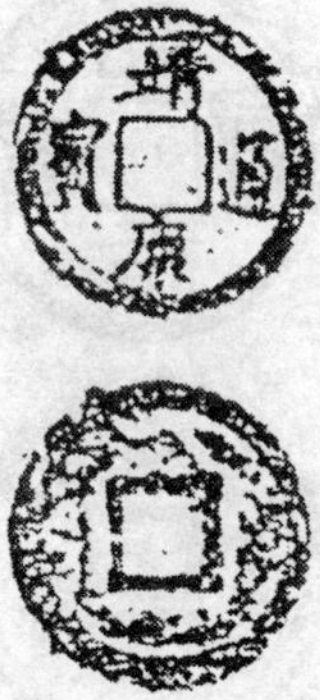

靖康通宝

宋钦宗靖康元年，铸有篆、隶、真三体小平、折二铜、铁钱。元宝旋读、通宝对读。小平及铁母极罕见。

建炎元宝

宋高宗建炎年间（1127—1130）铸有篆、隶二体小平折二、折三钱，小平钱极罕见。

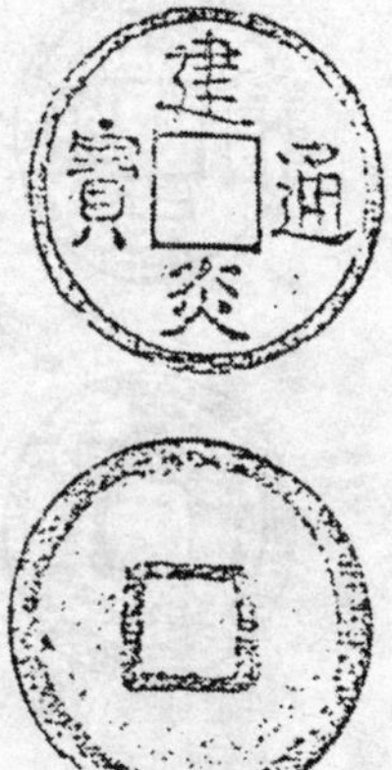

建炎通宝

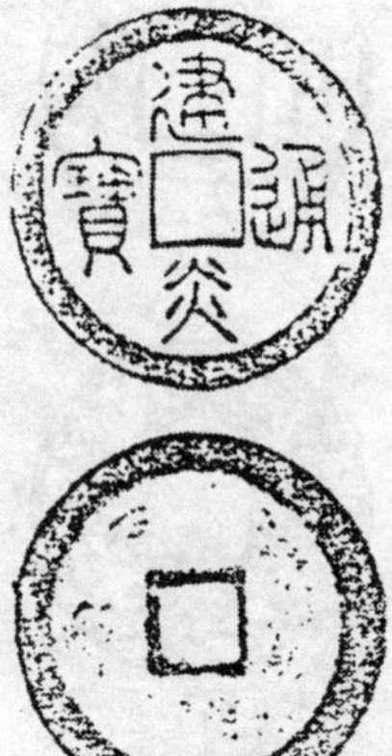

建炎通宝

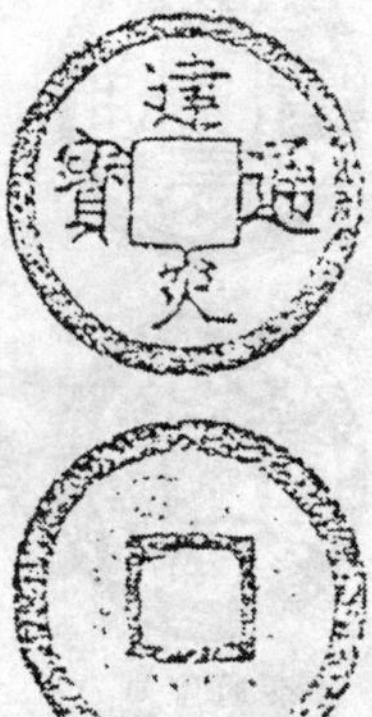

建炎通宝（点建）

宋高宗建炎年间（1127—1130）铸有篆、真、隶三体小平、折二、折三铜铁钱，版别多种、点建较少、铁母极罕。

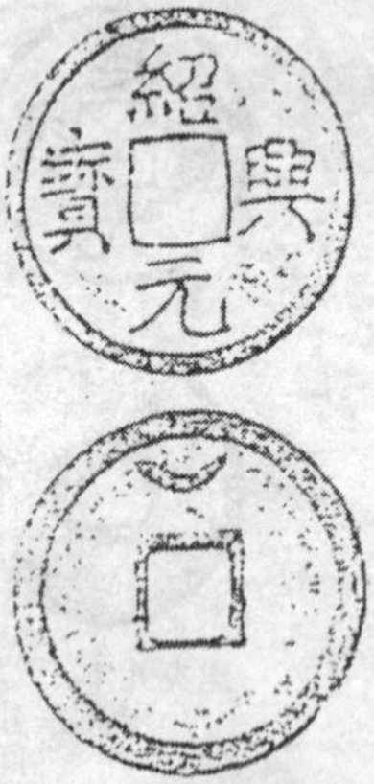

绍兴元宝（背上仰月）

绍兴元宝（背上仰月）

宋高宗绍兴年间（1131—1162）铸，篆、真二体、小平、折二铜、铁钱，多为光背，亦有星、月纹者，小平较少。折五、折十型瘦金体通宝大钱极罕见。

淳照元宝（背十九）

宋孝宗淳照年间（1174—1189）铸有真、篆、隶三体、小平、折二、折三铜铁钱，背文在监名、纪年、从此后钱文以宋体、楷书为文对钱停铸。

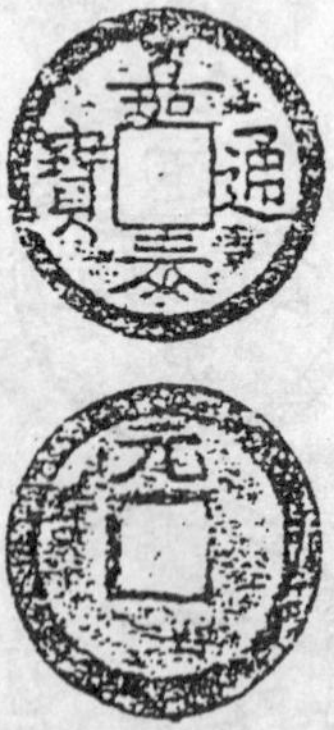

嘉泰通宝（背上元）

宋宁宗嘉泰年间（1201—1204）铸楷书小平、折二、折三铜铁钱，背文纪监、纪年。

大宋元宝

宋理宗宝庆元年（1225）铸有小平、折二、折三铜铁钱，背文纪监名、纪年。另有大宋通宝当十大钱真书存世极少。

绍定通宝（背上三）

宋理宗绍定年间（1228—1233）铸有小平、折二、折三铜、铁钱。背文纪监名、纪年。

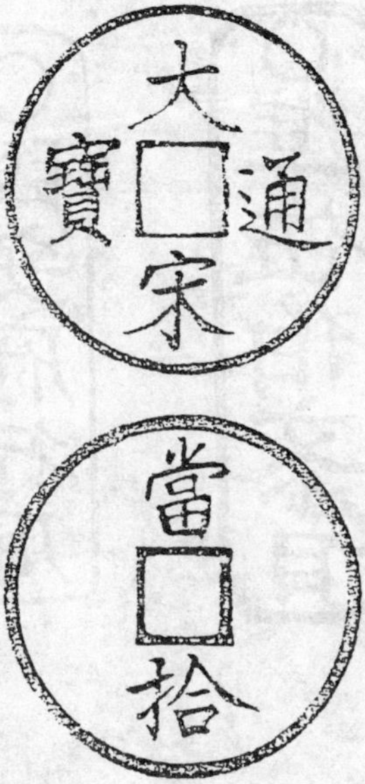

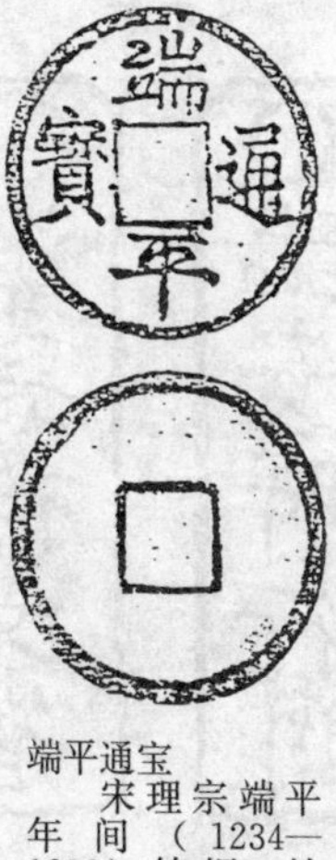

端平通宝

宋理宗端平年间（1234—1236）铸铜、铁折五钱光背。铁母钱罕见。

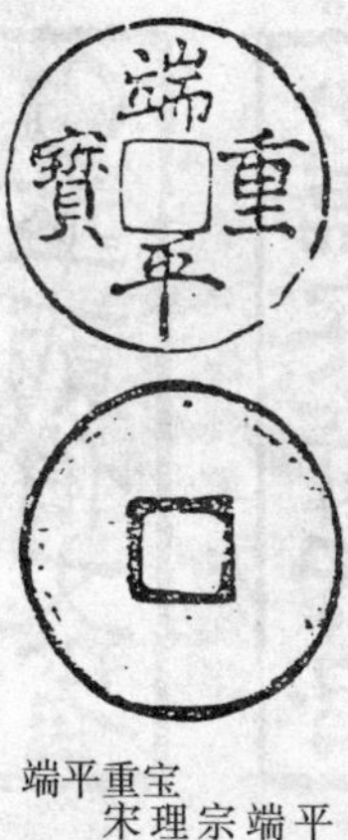

端平重宝

宋理宗端平年间（1234—1236）铸折五铜钱、较少见。

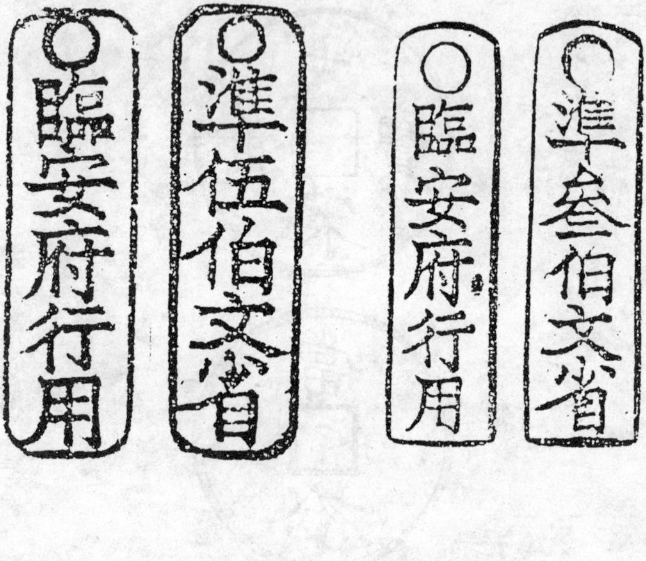

南宋末年在杭州铸“陆安府行用”钱牌。亦称“铸牌”。有铜、铅两种。铜牌为“准贰伯文省”、“准叁伯文省”、“准伍伯文省”三种，均罕见。铅牌为“准壹拾文省”、“准肆拾文省”，罕见。

2. 辽代钱币

辽早期非年号钱。

辽太宗耶律德光天显年间（926—937）铸。

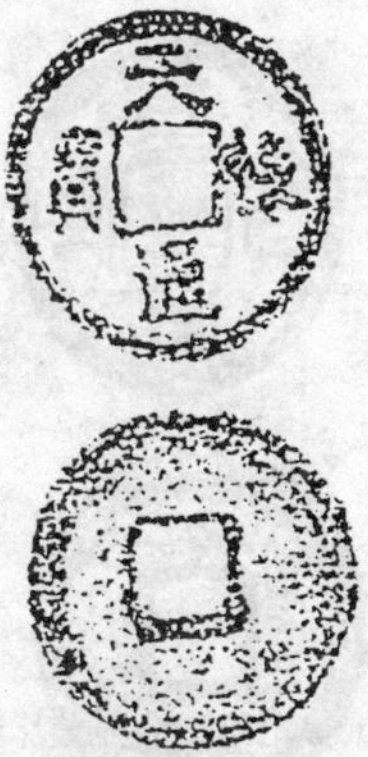

辽世宗耶律阮天禄年间（947—950）铸。

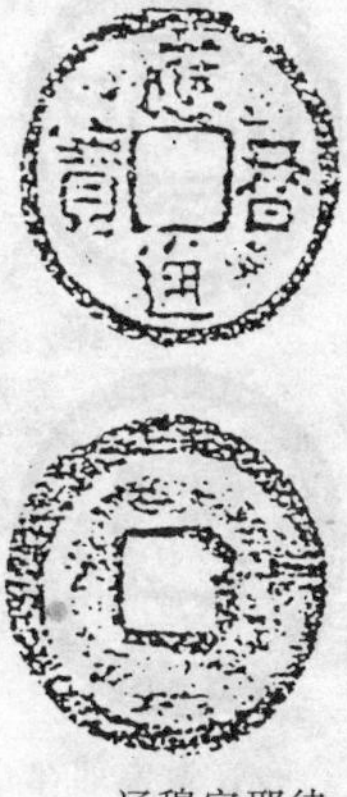

辽穆宗耶律璟应历年间（951—968）铸。

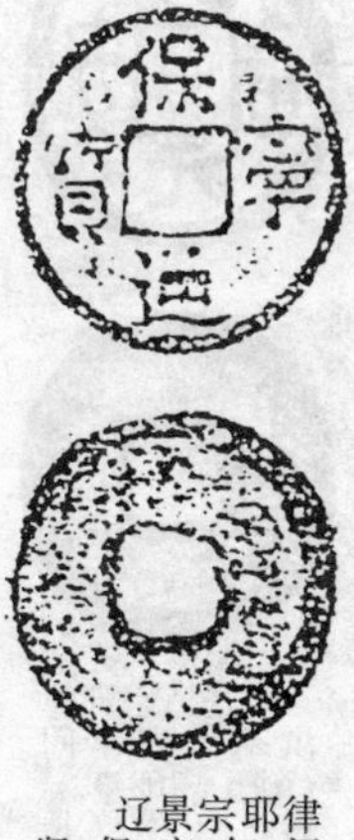

辽景宗耶律贤保宁年间（969—978）铸。

辽圣宗耶律隆绪统和年间（983—1012）铸。

辽兴宗重熙年间（1032—1054）铸。

辽道宗耶律洪基清宁年间（1055—1064）铸。

辽道宗耶律洪基咸雍年间（1065—1074）铸。

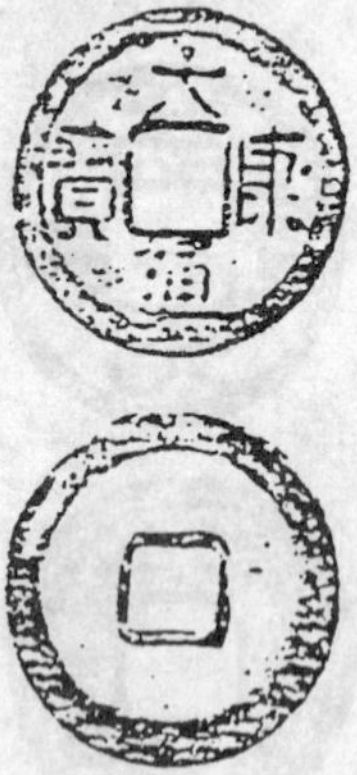

辽道宗耶律洪基大康年间（1075—1084）铸。亦有元宝和大钱。小钱为常见品。

辽道宗耶律洪基大安年间（1085—1094）铸。旋读（长“安”与短“安”有别）

辽道宗耶律洪基寿昌年间（1095—1100）铸，常见品。

辽天祚帝耶律延禧乾统年间(1101—1110)铸。大、小两种。

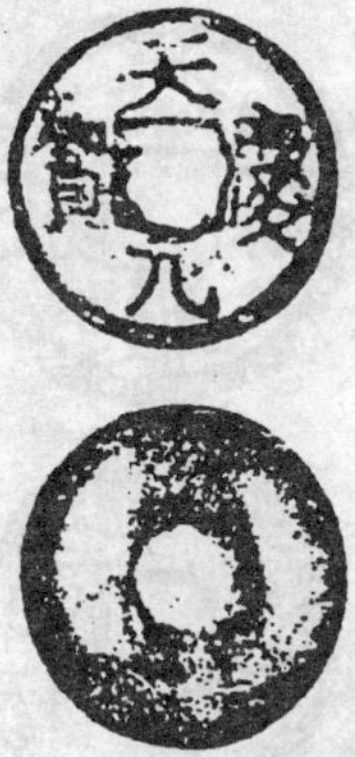

辽天祚帝耶律延禧天庆年间(1111—1120)铸。隶书旋读。与西夏天庆有别。

3. 西夏铸币

福圣宝钱（西夏文）

西夏毅宗福圣承道年间(1053—1056)铸西夏文钱。

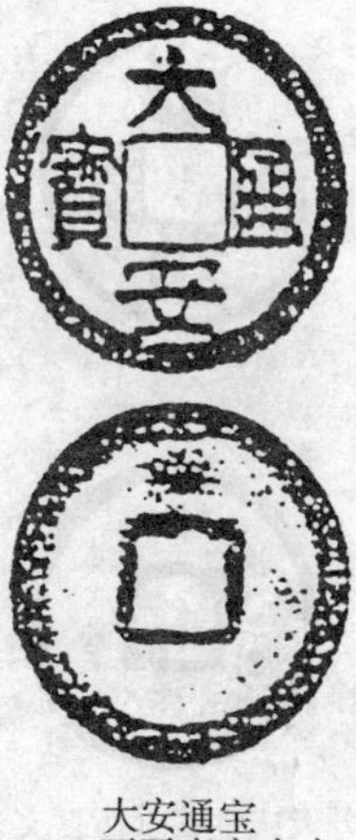

大安通宝

西夏惠宗大安年间（1075—1085）铸汉文钱。

大安宝钱（西夏文）

西夏惠宗大安年间(1075—1085)铸西夏文钱。

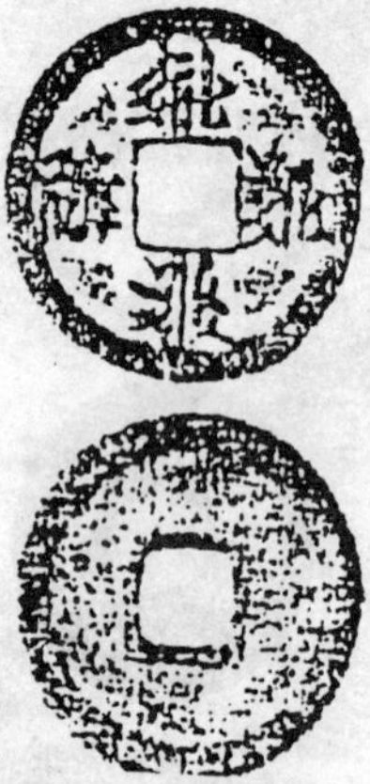

贞观宝钱（西夏文）
西夏崇宗贞观年间（1101—1114）铸西夏文钱极罕见。

元德通宝
西夏崇宗元德年间（1119—1126）铸汉文通宝平钱，重宝折二钱，罕见。

天盛元宝
西夏仁宗天盛年间（1149—1169）铸真书铜、铁两种钱。背上“西”字者罕见。

乾祐元宝
西夏仁宗乾祐年间（1170—1193）铸汉文、西夏文铜、铁钱、铜少铁多。有长“元”短“元”多种版别。

天庆宝钱（西夏文）
西夏桓宗天庆年间铸西夏文钱。旋读光背，少见。

天庆元宝（广穿）
西夏桓宗天庆年间铸汉文钱、罕见。与辽天庆钱文、制作精粗有区别。

皇建天宝

西夏襄宗皇建年间（1210—1211）铸楷书钱。书体秀丽、精美、常见。

光定元宝

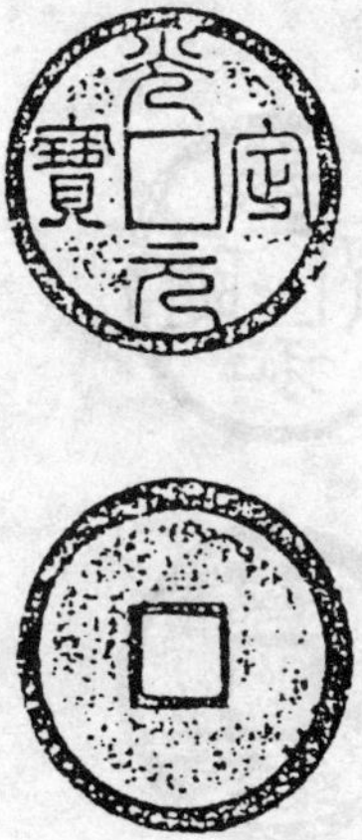

光定元宝

西夏神宗光定年间（1211—1222）铸真、篆二体平钱、书体精美。篆书者极罕见。

4. 金代钱币

正隆元宝

正隆元宝(五笔正)

金海陵王正隆二年（1157）仿北宋钱铸造、制作精良、文字秀美、楷书旋读。“正”字可分四笔正、五笔正，四笔正最多，五笔正少见。另有安南铸五笔正隆钱，其钱体较薄小，与金正隆钱有明显区别，应注意。

大定通宝（背上西）

金世宗大定十八年（1178）铸铜铁大定、楷书直读、背有“申”、“西”字者最精亦有折二型白铜钱，常品。

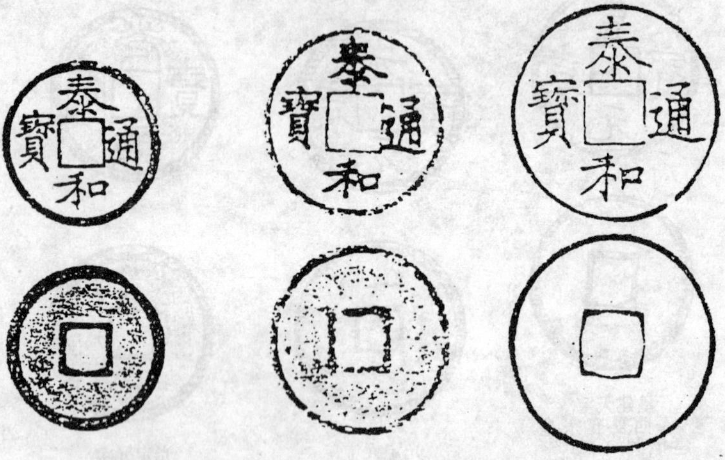

泰和通宝钱、金章宗泰和四年（1204）铸有小平、折二、折三、折十四种楷书钱，字体有瘦金体韵味，此种钱均很珍贵、难得。故有人伪作，传世赝品较多，鉴别时应加注意。

另有泰和重宝，折十大、小二型，制作亦很精美、四字篆书、大书法家党怀英书。流传较多，折三型很罕见。

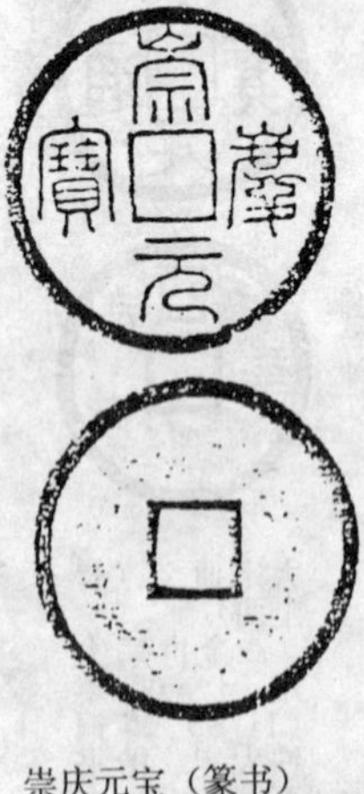

崇庆元宝（篆书）

金纪绍王崇庆年间（1212—1213）铸篆书折五钱，仅发现一枚极罕。另有楷书通宝小平、折二罕见。

至宁元宝

金宣宗至宁元年（1213）铸楷书折五型铜钱极罕见。

贞祐通宝

金宣宗贞祐年间（1214—1217）铸真书直读大小型、三种钱，另近年甘肃发现折二铁钱一枚。极罕见。

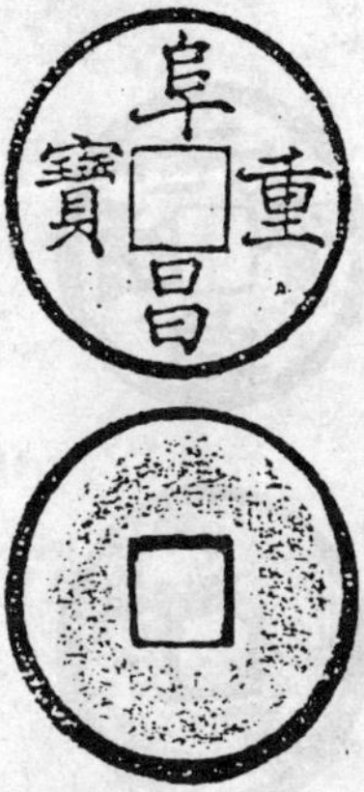

阜昌重宝（真书）

阜昌元宝（真书）

阜昌元宝（篆书）

金灭北宋，封刘豫为皇帝，国号齐，改元阜昌，阜昌年间（1130—1137）铸真、篆二体钱。小平为“元宝”、折二“通宝”、折三“重宝”。真书者精良少见。

元、明、清钱币

1. 元朝钱币

大朝通宝（银）

蒙古人中原，未定国号以前，自号大朝。所铸的银铜二种钱币，近年甘肃省出土，少见。

中统元宝（篆书）

元世祖中统年间（1260—1264）铸篆、楷两种体平钱，罕见。

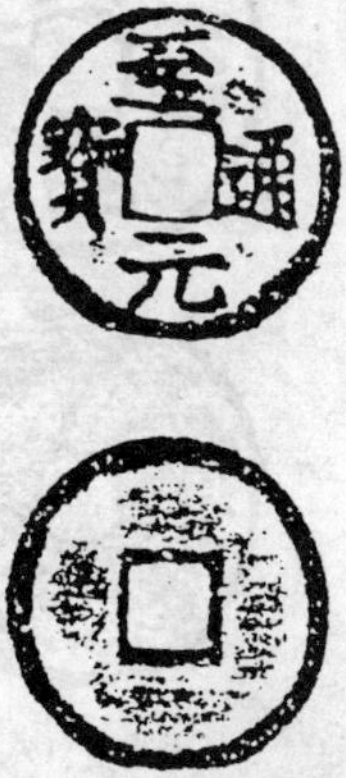

至元通宝

元世祖至元二十二至三十一年(1285—1294)铸汉文、八思巴文两种体大、小不同的钱币，少见。

至元通宝（八思巴文）

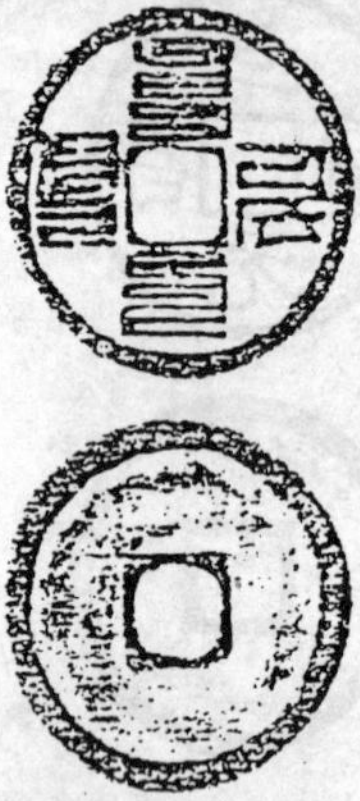

元贞通宝（八思巴文）

元贞通宝

元成宗元贞年间（1295—1296）铸有汉文、八思巴文两种体大、小不同的钱币，少见。

大德通宝（八思巴文）

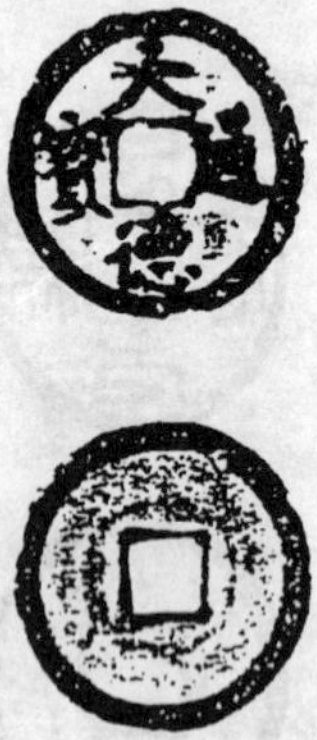

大德通宝

元成宗大德年间（1297—1307）铸有汉文、八思巴文两种体大、小不等的钱币，少见。

武至大通宝元武

武宗至大三年至四年（1310—1311）铸小平、折二钱。较常见。

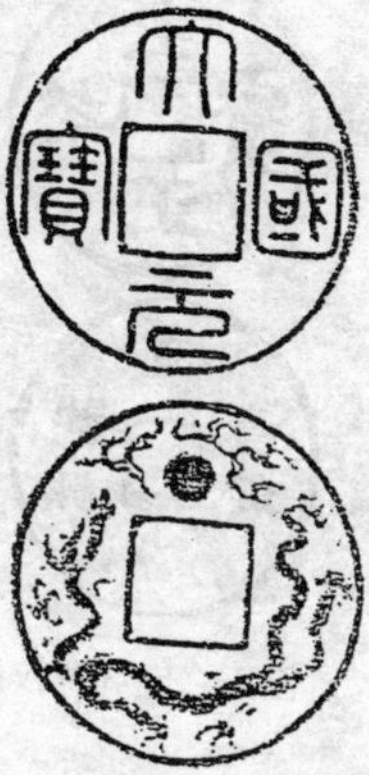

大元国宝（背龙纹）

元至大年间（1308—1311）铸篆书折十大钱、光背、或龙纹二种，稀少。

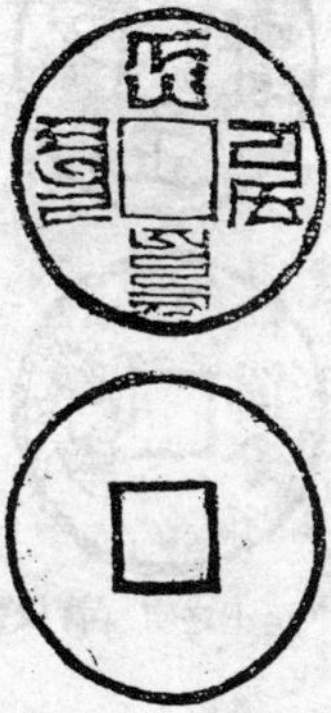

大元通宝（八思巴文）

元武宗至大三年至四年（1310—1311）铸汉文、八思巴文二体钱、汉文者平钱极罕见。

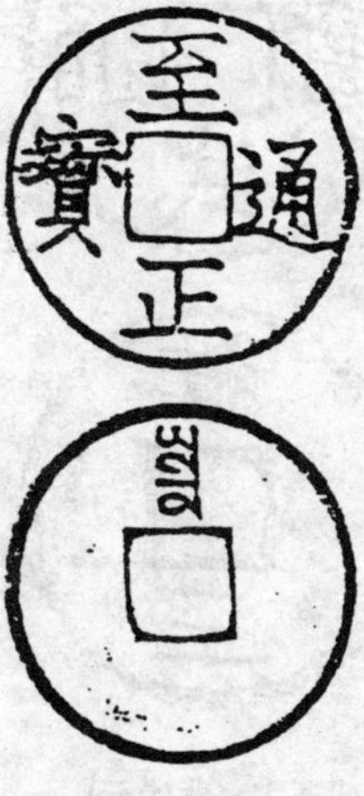

至正通宝（背蒙文寅）

至正通宝（背蒙文辰）

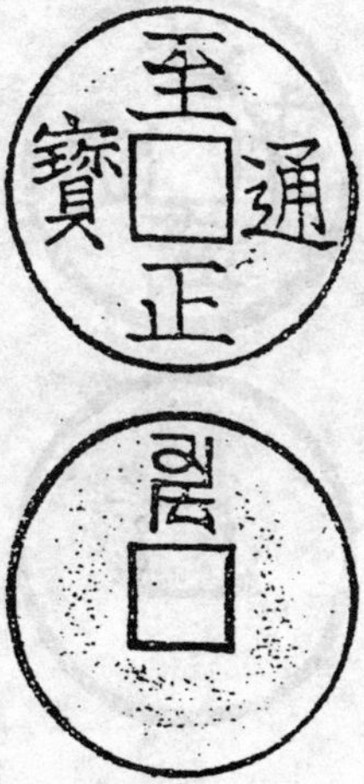

至正通宝（背蒙文卯）

元顺帝至正年间（1341—1368）铸汉文小平、折二、折三、折五、折十、壹两重铜钱。背文八思巴文地支纪年纪数等。制作精美、钱文端庄秀丽。背蒙文寅字者少见。

至正之宝（背权钞伍分）

至正之宝（背权钞壹钱）

元顺帝至正年间（1341—1368）铸权钞钱。背文伍分、壹钱、壹钱伍分、贰钱伍分、伍钱、穿上吉字，与交钞并行。铸量少，存世极罕。伪品较多，应注意鉴别。

2. 明朝钱币

洪武通宝（光背）

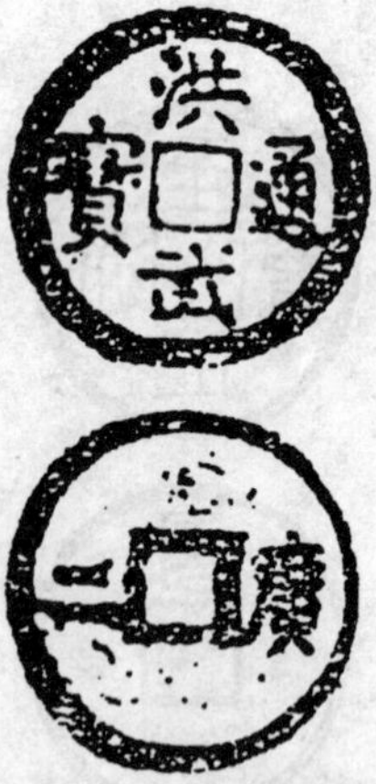

洪武通宝（背广二）

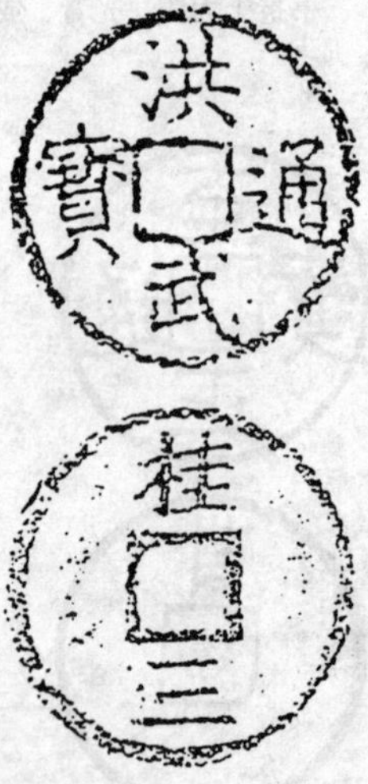

洪武通宝（背桂三）

明太祖，洪武年间（1368—1398）铸楷书小平、折二、折三、折五、当十五等铜钱，背文纪地、纪值、纪重如：京、北平、浙、济、豫、桂、福、广、鄂九局60多种。另日本亦有洪武通宝小平钱，背文“加”、“治”、“木”字样，应注意区别。

永乐通宝（光背）
明成祖永乐九年（1411）铸小平铜钱，常见。另发现背三钱铜钱左上角残缺一角，仅见此一枚，极罕见。

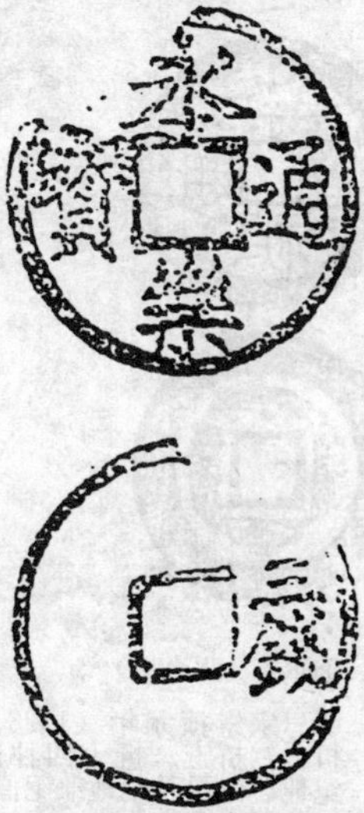

永乐通宝（背三钱）

宣德通宝（光背）
明宣宗宣德九年（1434）铸一种小平钱、背无文。

明孝宗弘治十六年（1503）铸小平钱。另有折十大钱，存世仅一枚，极罕。

明世宗嘉靖七年（1528）铸小平、折二、折三、折五、折十五等铜钱，背纪重有一钱、二钱、三钱、五钱、十一两。折十钱背十字、小平背无纹。罕见。

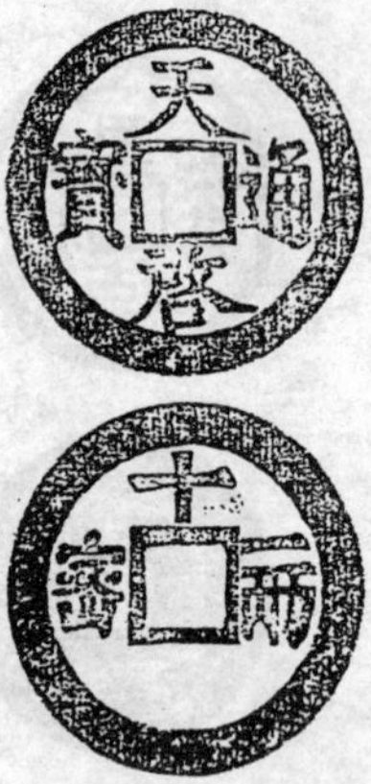

明熹宗天启年间（1621—1627）铸小平、折二、折十三等铜钱。背文纪地、纪局、纪重，亦有星、月纹多种。

崇祯通宝（背上星）

崇祯通宝（背上俯月）

明思宗崇祯元年（1628）铸有楷、隶二体、小平、折二、折五、折十四种铜钱。背文纪重、纪天干、纪地、纪局及纪地兼纪值。另有背满文者和马图形者，合背等多种版别。

弘光通宝（背左贰）

弘光通宝（背上凤）

弘光通宝（背上星）

南明福王弘光元年（1644）铸有小平、折二钱。平钱背上星，及背上“凤”字。折二钱背右“贰”字。“弘”字写法各并，当字有大小，弓字二笔特长者称行“弓”。“通”字走之有单点、双点、称单点通、双点通。

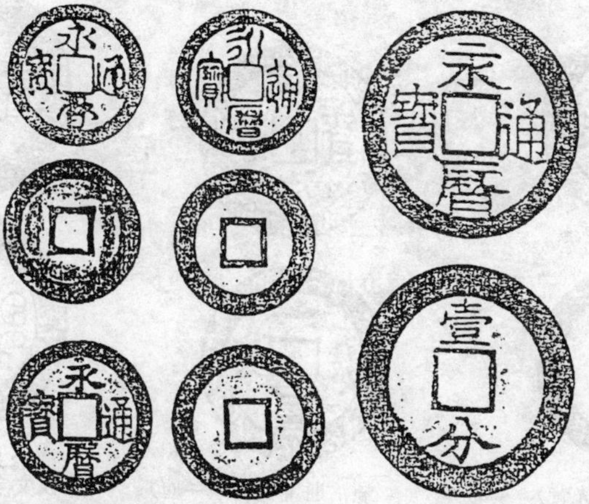

永历通宝南明桂王永历年间（1646—1661）在广西时铸行、篆、楷小平、折二、折五、折十四种钱。背文复杂。有户、工、御、敕、道、督、部、留、粤、辅、明、定、国，二厘、五厘、壹分等字。

3. 清朝钱币

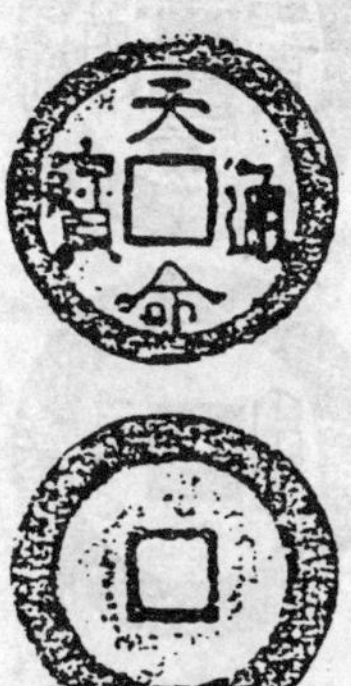

天命通宝

天命汗钱（满文）

天聪汗之钱（背十一两）

清太祖天命元年（1616）在满洲铸老满文天命汗钱（左、右上下读），汉文天命通宝、稀少。

清太宗于1627年改元天聪铸老满文天聪当十大钱。左释作“天聪”、上“汗”、下“之”右“钱”。背左为“十”、右“一两”。较少见。

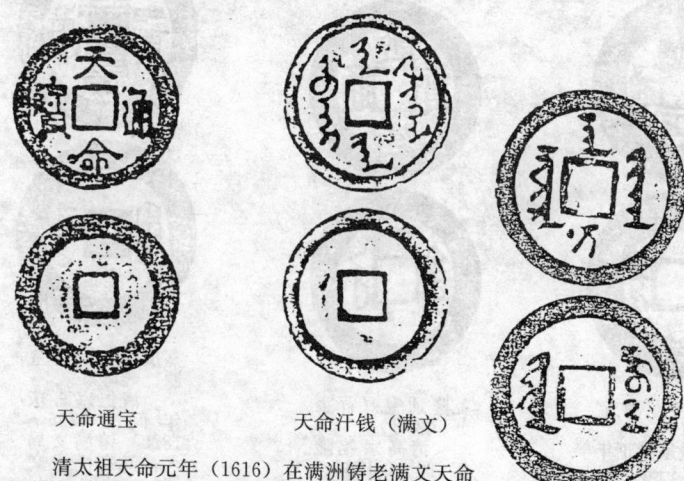

顺治通宝（光背）

顺治通宝（背东一厘）

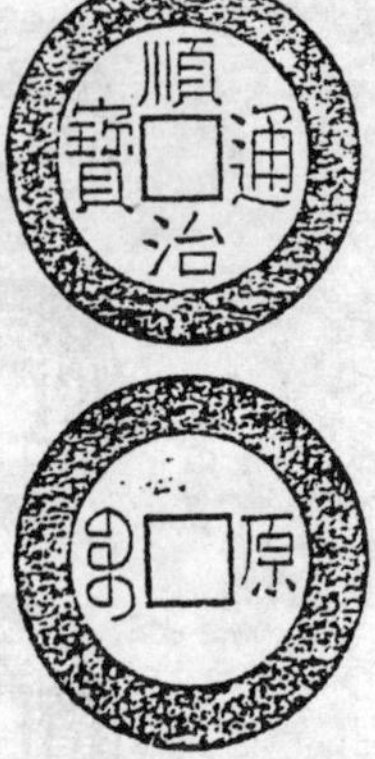

顺治通宝（背满汉文宝原雕母）

清世祖顺治年间（1644—1661）铸有背无文、一厘、汉文、满文、满汉文钱，俗称“顺治五式”钱。平钱铸量最大，大样（亦称折二钱）、折十大钱、右东上一下厘，较罕见，雕母更是难得。

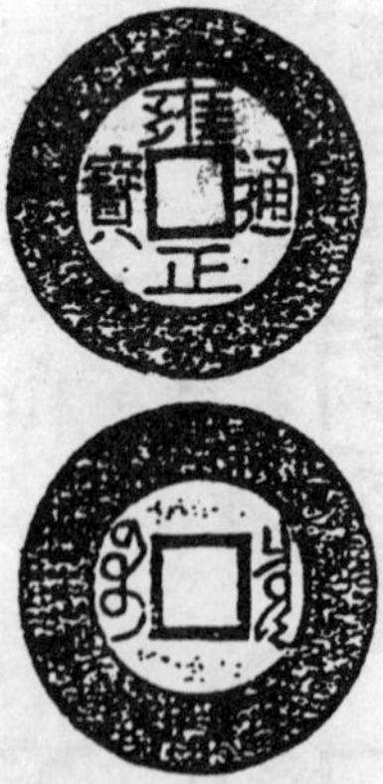

雍正通宝（背宝泉、雕母）

清世宗雍正年间（1723—1735）铸有背满文纪局钱共十五局，另有背满汉文“宁”字极罕见。

乾隆通宝（背宝苏、雕母）

清高宗乾隆年间（1736—1795）铸有背满、维、汉文纪局22种，版别多样，雕母不多见。

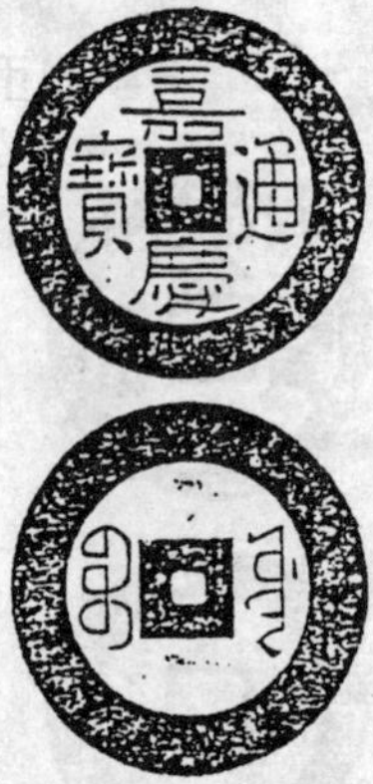

嘉庆通宝（背宝源、雕母）

清仁宗喜庆年间（1796—1820）铸满文局名，又有满汉文钱，吉语钱、福、寿、康、宁套子钱，亦有背星月效者，雕母少见。

道光通宝（背宝泉雕母）

清宣宗道光年间(1821—1850)铸背满、汉、维文局名 21 种，另背有“壹分”者，少数背有星月纹及纪地、纪年、纪值。

咸丰重宝（背宝源当五）

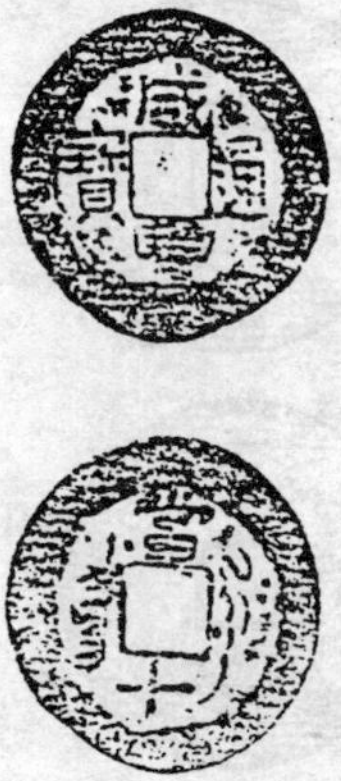

咸丰通宝（背叶尔羌当十）

清文宗咸丰年间（1851—1861）铸有通宝、重宝、元宝、钱，背有满、汉、维文铸局纪地、纪值等。咸丰钱是我国古代钱币中最复杂，版别最多的一种钱币。全国有 28 局鼓铸、铜、铁、铅、锡等不同质地，轻重倒置，大小不一的钱布，多达千种以上。

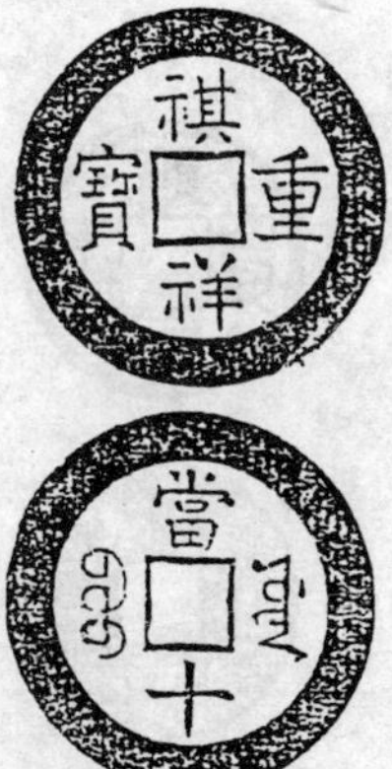

祺祥重宝（背宝源当十母线）

清穆宗祺祥元年（1861）铸通宝平钱、重宝当十。背汉文纪局名、汉文纪值。此钱铸时短，存世少。

同治通宝（背宝泉雕母）

清穆宗同治年间(1862—1874)铸通宝平钱、重宝当五、当十大小不一铜钱，背满文纪局名、汉文纪值。

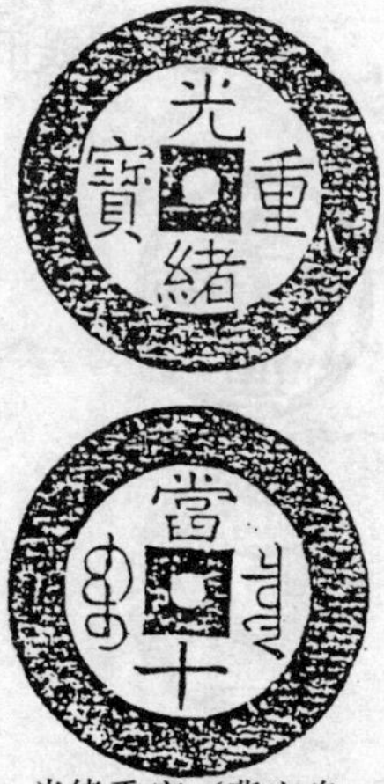

光绪重宝（背宝泉、当十、雕母）

清德宗光绪年间(1875—1908）铸当十大小不同数种铜钱背满文、维文、纪局名、汉文纪值。

光绪通宝（机制）

光绪通宝（背宝奉）

宣统通宝（背宝泉雕母）

清德宗光绪年间（1875—1908）铸轻重大小铜钱数种，背满文、维文纪局名、汉文纪值、纪地。光绪八年（1882）广州机制铸铁，有紫铜、黄铜两种。另有“千字文”套子钱。

清末溥仪宣统年间（1909—1911）铸造大小不同数种铜钱，亦有机制铜钱。

4. 起义军钱币

应感通宝（铜）

应感通宝（铁）

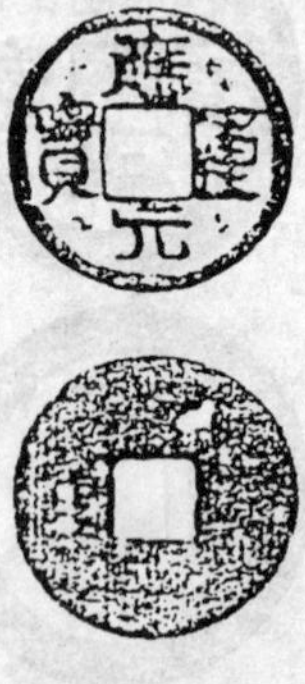

应运元宝（铜）

北宋起义军李顺应运元年（994）在成都铸造“应感通宝”、“应运元宝”铜、铁两种平钱。背无文、隶书、旋读。均很稀少。

天佑通宝（背上一）

天佑通宝（背上贰）

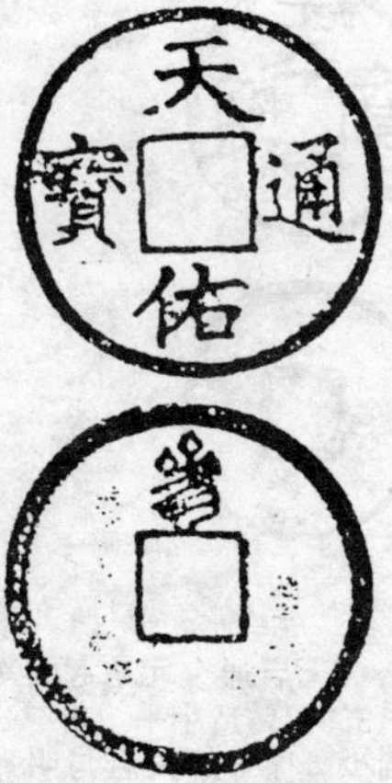

天佑通宝（背上叁）

元末起义军，张士诚天佑年间(1354—1357)在扬州铸背文有“一”、“贰”、“叁”、“五”四种铜线。

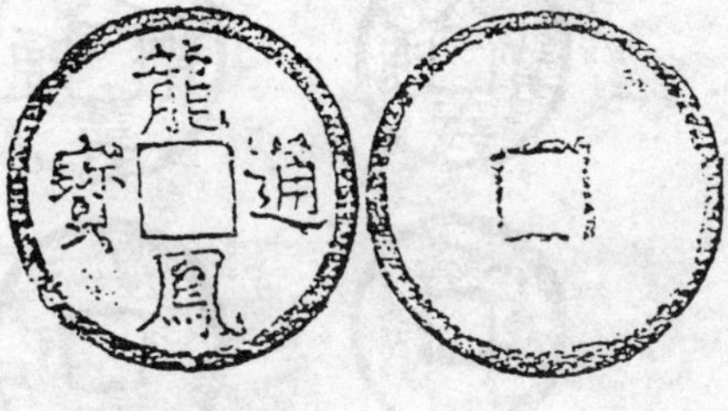

龙凤通宝（折三）

龙凤通宝（小平）

元末起义军韩林儿龙凤年间（1355—1366）铸有小平、折二、折三铜钱、背无文、楷书、直读。

另有一种背“永”字“龙凤通宝”平钱，传为明初、西川起义军田成九铸造，但后来所见“永”字龙凤钱均系伪造。韩林儿龙凤通宝铸量少，流传伪品亦多，鉴别时应注意。

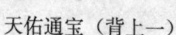

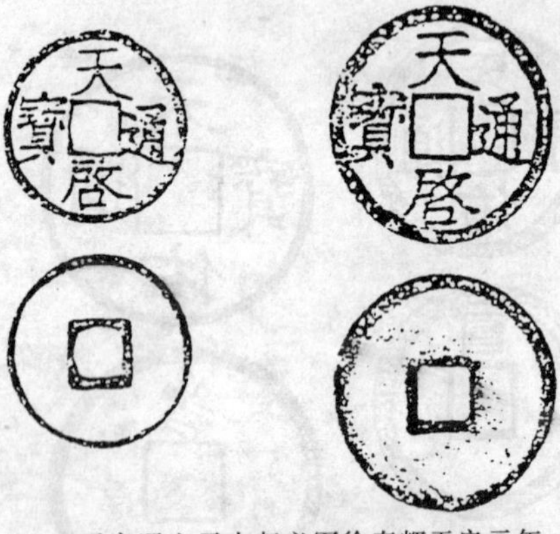

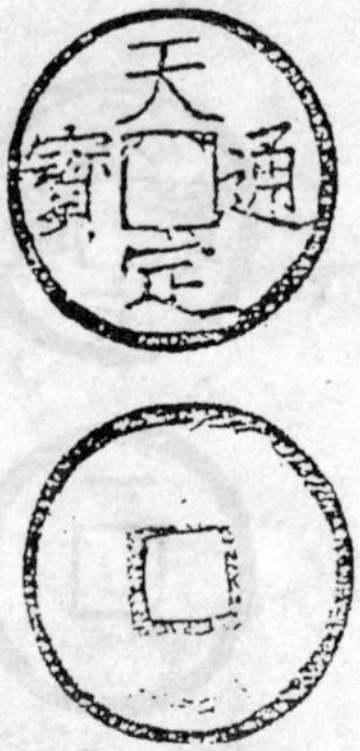

天启通宝元末起义军徐寿辉天启元年（1358）铸造小平、折二、折三铜钱。均很稀少。徐寿辉天启与明熹宗天启文字、形别有区别，鉴别时应注意。

天定通宝、徐寿辉在湖北蕲水称帝后改天启为天定（1359）铸造、小平、折二、折三铜钱。

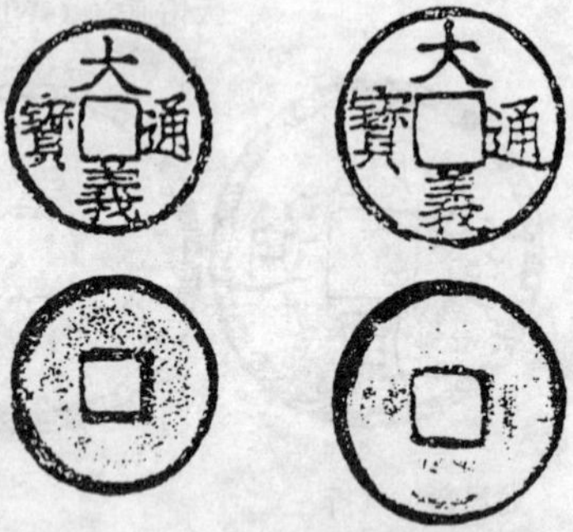

大义通宝，元末起义军陈友谅杀徐寿辉在湖北武昌称帝，国号汉、改元大义，元年（1360）铸有小平、折二、折三铜钱。

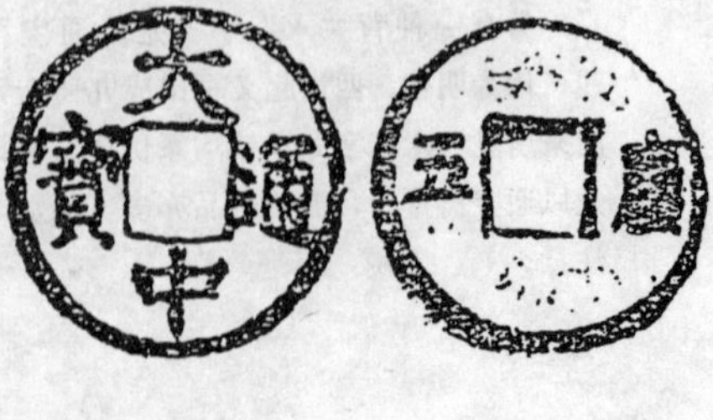

大中通宝、元末起义军朱元璋大中元年（1361）铸有小平、折二、折三、折五、折十铜钱。背文纪地、纪值或纪值兼纪地或无文，种类繁杂各地铸量不一。背福、济、京、北平、鄂、桂、广、等字，均很稀少。

永昌通宝，明末起义军，李自成永昌元年（1644）在西安建大顺国改元永昌，铸造小平、折五、背元文铜钱。

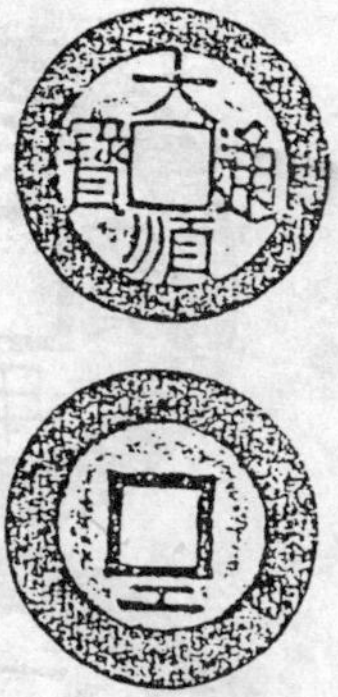

大顺通宝，明末起义军张献忠大顺年间（1644—1646）在成都建大西国、改元大顺、铸造背“工”、“户”、字铜钱。背“川户”字罕见。

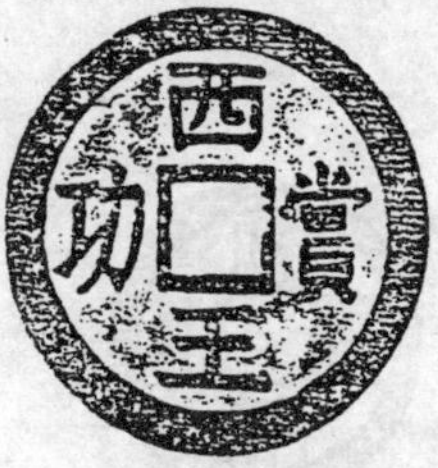

西王赏功、明末起义军张献忠（1644）铸有金、银、铜三种赏功大钱，存世极罕。三种钱均有赝品，鉴别时应注意。

兴朝通宝，明末起义军张献忠养子孙可望入滇称东平王改元兴朝，于1349年铸造背“工”、“五厘”、“壹分”三种铜钱。铸量较多，常见。

利用通宝，吴三桂于康熙十二年（1673）在云南反叛，建号大周改元胎武铸造利用通宝权银钱，背文“云”、“贵”、“二厘”、“五厘”、“一分”、“壹分”或小平光背多种版别铜钱，铸量较多，常见品。

清末起义军洪秀全在南京定都，建立太平天国铸造不同质地的小平、折五、折十、当五十，当百面天国背通宝、面天国背通宝、面太平天国背圣宝、面天国太平背圣宝，天国圣宝背太平，面太平圣宝背天国等钱币。另铸一种面太平天国背圣宝大花钱，极为珍贵。

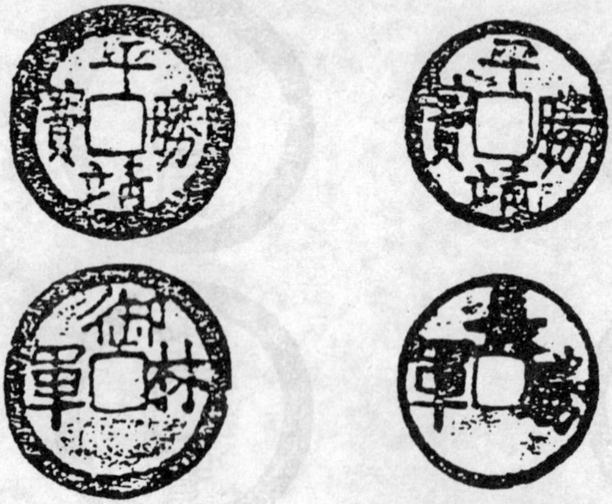

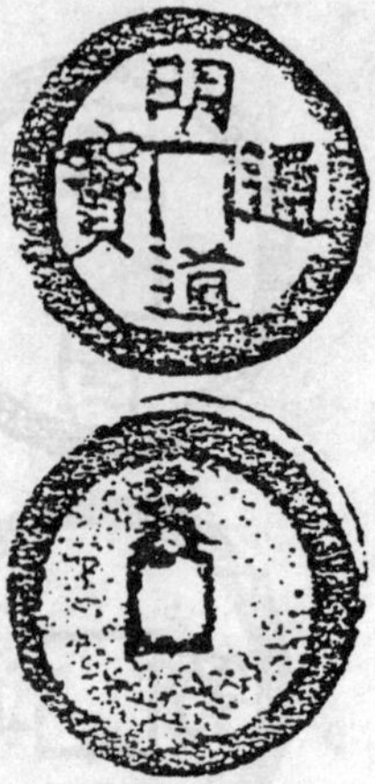

明道通宝，背天，清末起义军天地会李文茂1857年在广西柳州铸造。

平靖胜宝，清末起义军天地会李文茂在广西柳州称平靖王，1857年铸造背有军营名称：中营、前营、后营、左营、右营及御林军、长胜军多种铜钱。

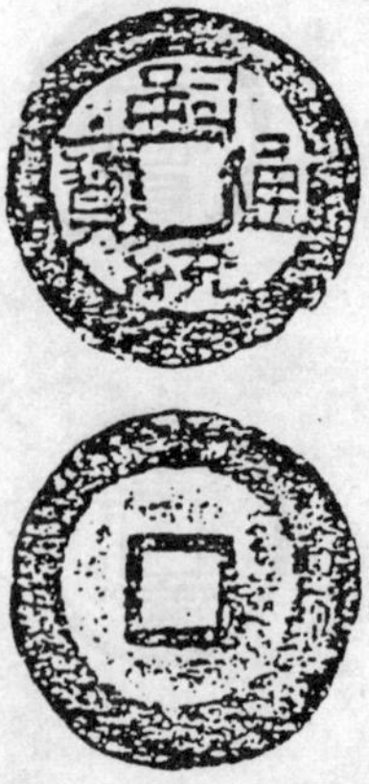

太平通宝背星、月改或明字钱，清末起义军上海小刀会刘丽川领导起义建大明国，改元大运，1853年铸造的星、月或明字钱，意为复明灭清。

嗣统通宝，清末起义军天地会张保山1860年在贵州铸造。

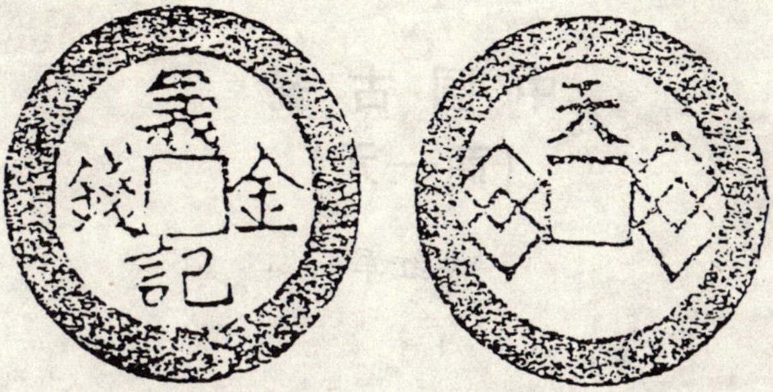

义记金钱，清末起义军，浙江金钱会赵起 1858 年在浙江铸造背有“天”、“地”、“离”等字钱。

中国古瓷
（商—元）

李红军

一、原始青瓷（商—西汉）

（一）商中期

商代中期出现原始青瓷。胎质坚硬，呈灰白、灰褐色，少数为黄白色、青灰、釉色黄绿、青绿色，为石灰釉。成型工艺为泥条盘筑法，多拍印纹饰。有的内外施釉，有的内壁施釉，釉稀薄，不均匀，有流釉现象。

1. 器型

有敞口长颈、折肩深鼓腹圜底尊、敞口深鼓腹圜底罍、敞口圜底钵、敛口深腹圜底瓮、敛口短颈深腹圜底罐、浅盘卷沿圜底高足豆、双耳簋等。

2. 纹饰

少数素面。纹饰有方格纹、篮纹、叶脉纹、锯齿纹、弦纹、席纹、S纹、圆圈纹和绳纹等。

（二）商代后期

新增器型有：敛口深腹双耳罐、侈口平折浅腹圜底盆、敛口浅腹假圈足钵、敛口浅盘喇叭座豆、敞口圆顶鼓、圈足形握手器盖、敛口折沿短颈凸肩壶、敞口圆肩大口尊、圈足簋和碗等。胎色仍以灰白为主，并有少量的青黄色、淡黄色和灰色。釉色多为青色和豆绿色，也有少量的酱色和淡黄色，绛紫色。器釉装饰，有拍印的方格纹、锯齿纹、水波纹、云雷纹、叶脉纹、S纹、网纹、翼形纹、圆点纹、弦纹和附加堆纹等。

（三）西周时期

原始青瓷有所发展，分布地域扩大。

1. 器型

有敞口或敛口浅盘圈足豆、敛口矮领折肩（有的带器鼻）、深腹圈足罍、敛口矮颈圆深腹平底瓮、敞口深腹（有的带双耳）圈足簋、敞口平底碗、敛口深鼓腹平底罐（有的带双耳）、敞口浅盘、直圈足盘、敛口扁圆腹圈足盂、敞口收颈深腹鼓圈足尊、敛口带錾圆鼓腹管状平底盉、敛口扁圆腹平底瓿，敞口浅腹钵等。

2. 胎质

仍以灰白色为多。

3. 釉色

以青绿、豆绿为主，也有少量的黄绿色和灰青色。

4. 纹饰

除部分素面外，均为釉下纹饰的几何纹图案、方格纹、篮纹、云雷纹、席纹、叶脉纹、锯齿纹、划纹、弦纹、S纹、乳钉纹、圆圈纹和折曲纹。

（四）春秋时期

质量提高，胎质细腻，多数器皿由原来的泥条盘筑法改用轮制成型，器形规正，胎壁减薄，厚薄均匀。

1. 器型

有敛口深鼓腹平底罐、敛口扁圆腹平底瓿、敛口浅鼓腹平底盂、大敞口平底碗等。

2. 胎质

多灰白色，少数为黄白色或紫褐色。

3. 釉色

主要为青绿、黄绿和灰绿色。

4. 装饰

主要是釉下大方格纹和编织物纹。

（五）战国时期的原始瓷

浙赣地区的原始瓷胎质呈灰白色，山西侯马、浙江绍兴和肖山一带胎质白中泛灰。这个时期原始青瓷的胎质细密，烧结程度好，采用陶车拉坯成型，器型规整，厚薄均匀，盘、碗、钵、盂的内底有细密的螺旋纹，外底有切割痕。器型有碗、盘、钵、盅、盂、碟、鼎和仿礼器的盉等。

器物外部均施一层薄薄的石灰釉，烧成后多呈青色或青中泛黄，其中有的釉凝成芝麻点状，有些施釉均匀。胎质含铁量降低，白度提高。

（六）秦汉时期原始青瓷

秦汉时期，原始青瓷的胎质氧化铝和氧化铁的含量较高，故除部分烧成温度较高的产品胎骨致密坚硬以外，多数胎质疏松，断面可见许多砂粒，原料的粉碎淘洗和坯泥的揉炼，不及战国精细。

1. 釉

釉层增厚，釉色普遍较深，呈青绿或黄褐色，多为釉中铁的含量较高所致。施釉较战国时有所变化，由战国时的通体施釉变为口、肩和内底等处局部施釉，施釉方法由浸釉变为刷釉。

2. 成型工艺

由战国时拉坯成形、线割器底的作法，变成底身分制，然后粘合成器。

3. 器型

秦、西汉时期的原始瓷，以仿青铜器的鼎、盒、壶、钫、锺、瓿等最为常见，很少见战国时盛行的碗、盘、钵类饮食器。

4. 装饰花纹

以弦纹、水波纹、云气纹和堆贴铺首为主，少见战国时的锯齿纹和S纹。

5. 东汉中期

瓿、钫、罍不见，罐比较流行。原始瓷采用浸釉法，器物多上半釉或大半釉，近底部露胎。釉层加厚，胎釉结合紧密，很少脱釉现象。用快轮拉坯制成器身，再粘接器底成型，器型规整，器壁常见拉坯痕迹。锺、壶类器物，成形后还进行修坯、补水等工序，器表十分光滑。

二、瓷器（成熟瓷）

如果说陶器是人类历史发展到一定阶段的必然产物的话，那么瓷器则是中华民族的一大发明。距今1800多年前，我们的先民终于在东汉时期成功地创烧了瓷器。

（一）陶器、原始瓷、瓷器的区别

陶　器	原始瓷	瓷　器
粘土铁含量高，铝含量低，烧成温度低，多在1150度以下。胎质疏松，吸水率高，维氏强度低，无釉。	粘土铁含量较高、铝含量中等，温度低，多在1150度以下，胎质较致密，吸水率较高，强度较大。局部或整器有釉，釉稀薄不匀，易脱落。	高岭土、瓷石，含铁，低铝，烧成温度高，在1200度以上，胎质致密，吸水率低，维氏强度高，有釉，釉匀，不易脱落。

（二）东汉时期瓷器

1. 器形

东汉晚期的瓷器仍存在原始瓷的某些特征（或者说是相似之处），常见的器型有碗、盘、盏、罐、盆、洗、壶、钟、罍、瓿等，还有少量的砚、唾壶和五连罐等。

2. 装饰

装饰花纹仍以弦纹、水波纹、印贴铺首为主。除绿褐釉以外还出现了黑釉瓷，施釉多不致底。采用浸釉法上釉。

还应指出的是汉代的铅釉陶器。西汉末年出现铅釉陶器，多仿当时的铜器如鼎、豆、壶、博山炉之类。东汉时期反映日常生活的用品增多，亭台楼阁、房屋圈舍、杂耍人物、多种动物（如猪、狗、鸡等陶塑）应有尽有，还有釉陶博山炉等。胎质较粗糙，有粉红、砖红、黄白等色。汉代的釉陶为低温铅釉，釉色有以铜为着色剂的绿釉陶和以铁为着色剂的黄釉陶器，还有以铜铁为着色剂烧成的黄、绿色二色器，应属于三彩器的范围，是早期的三彩器。由于其中着色剂的含量不同，绿釉有墨绿、深绿、浅绿的不同，黄釉有褐黄、浅黄的区别。

三、三国两晋南北朝的瓷器（以越窑为例）

（一）概况

1. 三国时期

常见的器型有碗、碟、罐、壶、洗、盆、钵、盒、盘、耳杯、香炉、唾壶、虎子、泡菜罐、水盂等日用瓷器和鐎斗、火盆、鬼灶、鸡笼、狗圈、谷仓、堆砻磨、米筛等明器。最有名的是南京光华门赵土岗墓出土的青瓷虎子，腹部刻划“赤乌十四年会稽上虞师袁宜作”铭文，还有南京凉山出土的青瓷羊和上虞出土的蛙形水盂。

这个时期青瓷的胎质细腻坚硬，呈淡灰色，但仍有少数烧成温度不足，胎质较疏松，呈淡土黄色。釉纯净，以淡青色为主，少数为黄釉或青黄釉，釉层均匀，胎釉结合牢固，少有流釉或脱釉现象。

纹饰简朴，常见有弦纹、水波纹、铺首、耳面印叶脉纹。

2. 西晋时期

这个时期青瓷与东汉和三国时比，有明显变化。胎质比以前稍厚，胎色较深，呈灰或深灰色。釉层厚且均匀，釉多呈青灰色。

器型有盘口壶、扁壶、鸡头壶、尊、罐、盆、洗、槅盒、灯、砚水盂、熏炉、唾壶、虎子、谷仓、猪栏、狗圈等。品种增加，明器增多，酒器、餐具、文具等大多具备，器形矮胖短。

装饰有铺首、弦纹、方格网纹、联珠纹和忍冬、飞禽走兽组成的花纹带，还有刻划着龙头、虎头和熊形装饰的器具。西晋后期出现褐釉点彩。

3. 东晋时期

东晋初年，越窑青瓷仍然保持着西晋时的风格，没有太大变化。东晋中期以后，青瓷开始普及，但主要还是贵族士大夫的奢侈品。从三国至西晋时一度流行的明器基本停烧。瓷器的造型趋向简朴，装饰减少。常见的器型有罐、壶、盘、碗、钵、盆、洗、灯、砚、水盂、香炉、唾壶、虎子和羊形烛台等。

纹饰以弦纹为主，仍有少量器物饰水波纹。东晋晚期开始出现莲瓣纹，普遍流行褐色点彩装饰。

4. 南朝时期

生产青瓷的窑址越来越多，地域越来越广，逐渐形成了一个庞大的越窑系。

南朝时期的越窑，仍采用前期的制瓷工艺，多数胎质致密坚硬，呈灰色，通体施青釉。少数胎质较疏松，呈土黄色，外施青黄釉或黄釉。

器型有碗、盘、盏、盏托、壶、罐、鸡头壶、唾壶、虎子等日用器皿。由于南朝时佛教盛行，莲瓣纹成为瓷器的主要纹饰。

褐彩（褐色点彩）也很流行，褐点小而密集（东晋时稀疏）。

除越窑以外，还有许多窑场生产青瓷，如浙江温州地区瓯窑、金华地区的婺州窑、浙江德清地区的德清窑。东晋时期产黑釉瓷的窑场有江苏宜兴附近的均山窑。此外在四川、湖南、湖北、江西、福建等地都有青瓷生产。

（二）器形的演变（三国至南朝）

1. 盘

三国盘口和底均较小，上腹大，重心在上部，形体矮胖，不实用，给人不稳定感。东晋盘口、颈增高，腹部加长，多部位比例协调，重心下移，利于使用，也给人以稳定感。

2. 罐

器体不断增高，上腹缩小，下腹和底部扩大，重心下沉，更加实用。

3. 唾壶

三国至晋初，为大口、圆球腹、高圈足，形似尊，后来逐步演变成盘口、圆腹、平底或圈足。南朝时还配以盖和托盘，更加卫生、实用。

4. 碗

早期的碗，口大底小，造型矮胖。晚期碗高逐渐增加，底部加大。南朝已同现代碗相似，器壁变薄，底部较厚，多为圈足。总的来说，碗、钵的发展趋势是由矮向高发展。

5. 蛙形水盂

三国至西晋，整器做成卧蛙形，背置柱形管状口，平底内凹，凹的程度较大，形象逼真。西晋晚期至东晋，大口、圆腹，腹部比例加大，底部变小，内凹的程度减弱，蛙形装饰只是象征性而已。南朝时已经基本脱离了蛙形而变成矮领，口变小，扁圆腹，腹下变细变高，底足外展比例增加，平底。

6. 槅

是仿漆槅而来，三国时槅为方形平底，西晋时仍为长方形，但底部变成曲状花底，东晋至南朝时变成圆盘状平底。

7. 盆

由仿陶盆而来，三国盆口沿外撇，底足变小，内凹较甚。西晋口沿加大，底部内凹的程度减弱。东晋时期盆的口沿变小，腹部变浅，底部增大，只是稍内凹，基本近似平底。

8. 钵

三国时口略敞，壁较直，基本是平底，假圈足。西晋时口外敞，口下斜直内收，底内凹。东晋时钵上腹较直，下腹急剧内收，平底。南朝时钵敞口腹壁弧线内收，平底。

9. 砚

三国、西晋砚为圆形浅盘，下置三兽足。东晋时砚的底微上凹。南朝时砚底更加上凹，砚足开始增多，隋唐时期砚足更多。

10. 熏炉

也叫香熏。三国时熏炉多呈敛口扁圆腹的罐形或盆形，多数为双耳，也有无耳或安丁字形提梁的，腹部镂几排小圆孔以向外排烟，底有三矮足或圈足。西晋炉体为圆球形，上部镂三层三角形孔，下开椭圆形炉门，顶置鸟形钮，炉底置三熊足，下置承盘，承盘下也置三熊足。东晋时熏炉盖部有的堆贴前后交错的莲瓣，或有多层乳钉，形似升腾的火焰。

11. 鸡头壶

鸡头壶始于三国末年，西晋时期的鸡头壶矮胖，多数是在小盘口壶的局部一侧，塑贴实心的鸡头，另一侧塑贴鸡尾，鸡头无颈与鸡尾对称。东晋时壶体变高变大，鸡头制出颈部，鸡尾消失，被高出器口的壶把代替，壶把的下端低于壶体肩部，壶为平底，底部仍然很平。东晋中晚期在把手的上端饰以龙头或熊头。到南朝时器身修长，壶体变得瘦高，盘口加深，壶底变小，鸡颈加长，鸡咀变成圆管状，壶把顶部仍很高，壶颈加高，双系仍桥形。

12. 虎子

源于西汉的青铜器。三国时的虎子呈平置的圆筒形，口部呈45°角上翘，腹下置弯曲的四足，背置虎形提梁。西晋时造型形象与虎形近似，提梁变小，仍置四足并划出虎翅。东晋时虎子发生了较大变化，略呈平底的苹果形，上部加长并折成直角，背部提梁变高，器身变短。南朝时虎子与东晋酷似，只是壶口变大且直，略呈45°角前伸，与现代的溺器相似。

(三) 北朝瓷器

1. 北方青瓷

北方青瓷的生产大约始于北魏晚期，以山东淄博黑寨里为代表。黑寨里窑生产的青瓷，胎骨一般较薄，呈灰白色，火侯较高，釉色深浅不一，有青褐色和青黄色。早器釉层很薄，釉面不匀；晚期采用二次上釉，釉层加厚，釉面明亮润泽。

器型以碗、盘、罐为主。碗的造型与南方青瓷略同，深腹直口，有些碗壁划莲瓣纹，粗壮质朴，具典型的北方风格。盘一般划莲瓣纹。罐多为四系，多作弧形或桥形。此外还有高足盘、玉壶春式瓶、带子口的青瓷盒。这类器物都施满釉，采用轮制成型，胎不太细致，底足内凹。此外，黑寨里窑还生产一种莲花尊，器型高大，堆贴莲花和宝相花，肩腹之间饰联珠人面纹，十分精美，器物胎骨坚致，釉色晶莹，造型优美，代表北朝时期北方青瓷的最高水平。

2. 北方白瓷

河南安阳范醉墓首次发现了北齐武平六年（575 年）北朝的白瓷。这批白瓷胎料细白，没上化妆土，釉层薄而滋润，呈乳白色，但白中普遍泛青，釉厚处呈青色。该墓出土有碗、杯、三系罐、长颈瓶等，造型与北朝青瓷大致相同，故可认定属北方白瓷。其中三系罐由肩至腹部堆塑宽肥的莲瓣，挂釉不至底，露胎处呈淡黄褐色。此外还有白釉绿彩四系罐和长颈瓶。

3. 北方黑瓷

浙江上虞东汉晚期窑址和东晋时德清窑址中都发现有黑釉瓷，而在北方至少在北齐时期已出现了比较成熟的黑瓷，如河北平山县北齐崔昂墓的四系罐等。

四、隋代陶瓷

(一) 造型

隋代瓷器造型的特点，总的来说是修长瘦高，几乎所有器物都体现这一特点。

1. 盘口壶

盘口、长颈，系附贴于肩部。演变趋势是整器由矮小发展到高大，盘口逐渐加高，颈由短变长，腹由圆演变成椭圆，系由桥形变成条状。隋代的盘口壶瘦高，盘口更高，稍外撇，颈长而直，腹呈椭圆形，多为条状系。

2. 鸡头壶

演变趋势是壶体由矮胖变成瘦高，鸡头由实心变成流，由无颈变成有颈，由短颈变成长颈，由条状系变成桥形（也有部分条形）。隋代鸡头壶壶体较南朝更为瘦长，壶口加高，颈更细长，并有了弦纹装饰，鸡头的颈更长，壶把弧度变直，仍为龙头。

3. 罐

隋代的四系罐与南北朝相比，有了明显地变化。腹部凸起弦纹一道，取代了南北朝时的覆莲花瓣装饰。南方流行的罐，器身瘦长，口直而大，无颈，丰肩，瘦胫，底足外展，肩部贴附六系或八系。

4. 瓶

由北朝时的洗口瓶演变而来。盘口、短颈、平底，北朝的瓶腹瘦长，最大直径在近底处。隋代瓶的颈细长，腹径阔大呈椭圆形。

5. 高足盘

在南北朝墓中均有出土，其基本特征是浅盘口，沿外撇，盘心呈平坦喇叭状，高圈足。

(二) 隋代瓷器装饰

1. 印花（模印花纹）

(1) 朵花：有圆形花蕊，花蕊周围有五、六、七、八等数量不等的花瓣，组成各种花朵。一般装饰在器物的颈部和腹部。也有插入条纹之间或与草叶纹间隔，组成新的图案。

(2) 草叶纹：由数片草叶组成，常有规则地插入条纹之间，以装饰器物的颈部和腹部，高足盘的中心也用它组成一幅完整的图案。

(3) 几何纹：纹略呈塔式，上小下大，中腰挂着两支七瓣朵花，它多与五瓣朵花穿插，组成一个单独纹样。常用作碗、高足盘的装饰。

2. 划花

(1) 莲瓣纹：瓣做圆状或尖状两种，常刻划在器物的肩部和腹部。有时在一件器物上同时划印，覆莲瓣用莲瓣组成的图案也很常见，常用来做碗和高足盘的装饰。

(2) 卷叶纹：常与莲花纹一起装饰器物的颈部和腹部。

(3) 波浪纹：似水波浪，常用在器物的弦纹处，以刻划一、二道波浪纹用来装饰碗的口沿或盘心。

3. 贴花

贴花在隋瓷中较常见，常用五片叶组成，与印朵花穿插排列，常用作装饰器物的颈部或肩部。

五、唐代与五代瓷器

唐、五代瓷器的品种，有白瓷、黑瓷、青瓷、三彩、绞釉瓷、绞胎瓷、花釉瓷、黄釉瓷等。

(一) 唐、五代陶瓷的造型特点

1. 唐、五代陶瓷器类增多，使用范围更广。茶具、餐具、酒具、文具、玩具、乐器，实用的瓶罐和各类陈设品，几乎无所不备。瓷制日用品形式多样，造型美观大方，制作精细。

2. 唐瓷浑圆饱满，精巧而有气魄。

3. 出现了许多新器型。如三彩鹰首壶、凤头壶、双龙柄瓶、皮囊壶、花釉拍鼓、三彩塔形罐、带柄鸟形杯等。

(1) 唐代碗：多深腹、直口、平底，与隋代造型基本相似。茶碗器型较小，器身较浅，器壁呈斜直形，敞口，玉璧底，卷唇。碗托最早见于南朝青瓷，唐代茶托口较矮，口沿卷曲作荷叶形。茶碗作花瓣形，还有与托连在一起制成的茶碗。

(2) 注子：酒具，开元前后的注子盘口短颈，鼓腹，短流，有六角形，圆筒形流，与流对称的一侧安曲柄。唐代晚期壶身较高，多作瓜棱形，流、手柄也渐加长。

(3) 酒杯：这种杯与注子合用，有高足杯、圈足直筒杯、带柄小杯、曲腹圈足小杯等。

(4) 双龙耳瓶：是隋代鸡头壶的基本形态受到外来胡瓶影响而产生的，基本是将鸡头去掉换成龙而成，盛行初唐时期。

(5) 拍鼓：原本是西域乐器，后被唐人用花釉瓷制成，器形与现代朝鲜族的拍鼓近似。

(6) 塔形罐：明器，整体高大的底座承担罐身，有的饰有莲瓣等纹饰。盛唐至中唐期间塔形罐为广肩、高盖，底座宽大。晚唐以后则变为窄肩、高盖，底座缩小。

五代时期，陶瓷器造型沿袭晚唐风格，瓜棱形注子壶体变得瘦高，流加长；花瓣形茶盌，茶托及盘碟多作五瓣或六瓣花式。

4. 唐三彩釉陶器

俗称唐三彩器，是一种低温铅釉陶器。用白色粘土作胎，以铅为助熔剂，以含铜、铁、锰、钴等元素的矿物作釉料的着色剂，经800度的温度烧成。有黄、绿、白、黑、蓝等五种基本釉色，各种釉色又有深浅浓淡的变化，如黄色则有浅黄、赭黄、褐黄、褐红，绿则有深绿、浅绿、翠绿等变化。各种色釉相互浸润，融溶流淌，形成五彩斑斓的效果。

5. 唐三彩的器型

天王、武士、文官、显贵、仕女、贵妇、骑射、侍从、牵夫、伎乐，骆驼、镇墓兽、马、驴、牛、狮、虎、羊、鸡、鸭、狗、兔，房屋、仓库、假山、厕所、金柜、车辆等无所不有，包罗了社会生活的各个方面。此外，还有瓶、壶、碗、罐、盘等器皿。这些三彩俑类和日用生活器皿同样显得雍容华贵、富丽堂皇、饱满浑圆，体现出唐朝国力强盛和泱泱大国的气魄。

唐三彩马，头小、颈短，骠肥体壮，硕臀，眼睛炯炯有神；贵妇则体态丰满，面容丰腴；天王、武士个个虎背熊腰，肌肉发达，尽显威武雄壮神态。各种俑类无不体现了唐代雕塑艺术和彩釉艺术的精妙。

（二）窑口

1. 长沙窑

（1）概况

窑址在湖南长沙市郊铜官镇瓦渣坪一带，也称铜官窑。该窑创烧于唐，晚唐五代盛极一时，五代以后衰落。产品以青釉为主，亦有青黄釉；胎色灰白或灰黄，胎质疏松，瓷化程度不高。器物造型多样，除盘、碗、瓶、盒等日常生活器皿外，以罐和壶最为多见。此外还多见狮、象、牛、马、猪、羊、狗等动物和鸡、鸭等家禽瓷塑。器多平底，壶咀多为六角、八角短咀，这是该窑最具典型的器物。

长沙窑早期产品为彩斑装饰，用铁或铜料在胎上涂斑块，施釉后烧成褐斑或绿斑，也有彩斑和模印贴花装饰相结合的。后来釉下彩绘工艺成熟，出现了以铁或铜料直接在胎体上绘成图案纹饰，也有先在胎坯上或刻或划出纹饰轮廓线，然后在填绘褐绿彩的。此外还有施孔雀绿、孔雀蓝釉和釉下铜红彩的。

（2）长沙窑三大贡献：

①成功地发明了釉下彩绘工艺。

②成功地创烧以铜为着色剂的铜红釉色。

③开创了以诗词俚语装饰瓷器的先河。

2. 越窑

越窑是唐、五代至北宋初期的著名瓷窑。如浙江上虞的寺前、帐子间、凌湖，余姚的上林湖至慈溪的上岙湖、白洋湖一带产地为代表。绍兴暨鄞县、奉化、临海、黄岩等地，也都有烧造，形成了一个庞大的越窑系。

（1）初唐的越窑瓷器，基本上仍保持南朝和隋代的风格，器物造型仍然是趋于瘦高清秀，多平底，圈足。釉较薄，釉色或黄或青。尊、壶类仍显高大奇伟，壶嘴变短。

（2）中唐以后质量提高，越器有类玉、类冰和千峰翠色之美誉。唐人陆羽《茶经》评价青瓷茶盏，越窑第一。釉多青绿色。器物显得丰满敦厚，瓶罐类仍以平底、圈足为主，碗、盘开始出现玉璧底。

（3）晚唐起釉色偏于黄色或青中闪黄，以黄色为贵，追求玉的质感，并逐渐发展到湖绿色。玉璧底越来越窄。晚唐五代时期，一部分越窑产区为钱氏吴国宫廷垄断，成为我国最早的官窑，其典型产品即所谓的密色瓷。

（4）越窑器物多种多样：有碗、盘、洗、碟、杯、钵、罐、缸、瓶、执壶、灯、盂等，以罂和茶瓯最为突出。

装饰：唐代以素面为主，仅有堆贴和少量的划花图案。

五代有少数堆贴和刻划花纹，并出现了釉下褐色彩绘。

北宋初期的刻划图案极其丰富，纹饰多取材于唐代的金银器皿。

（5）已发现的有绝对纪年的越窑器有：

唐元和十四年（848年）罂

长庆三年（823年）姚夫人墓志

会昌七年（847年）执壶

大中二年（848年）直口印花碗

大中四年（850年）罂

咸通七年（866年）盖罐式墓志

五代后梁龙德二年（922年）简式墓志，尤其是北宋初的“太平戊寅”［太平兴国三年］（978年）的器物最为多见。器型主要是盘、碗类。

除上述的越窑、长沙窑和生产三彩器的河南巩县大黄二台、小黄二台、耀州窑等窑址以外，北方还有几处著名窑场，如烧白瓷的邢窑、定窑、巩县窑，其中巩县窑白瓷的胎质较疏松较粗，颗粒较大，釉色偏；邢窑器物釉色为白色，多为碗、盘、罐、瓶类，其中邢窑出土了横梁式皮壶，碗类多唇口，壁形底。

六、宋　瓷

（一）瓷窑

1. 耀州窑

北宋著名瓷窑，窑址以陕西铜川黄堡镇为代表，周边有陈炉镇、立地坡、上店等地，宋代属耀州，故名，亦有称铜川窑的。

唐代开始烧制黑釉、白釉和青釉瓷，并施化妆土，玉璧底碗和堆酱彩朵花小盖盒是耀州窑的典型器物。此外，唐代还烧出琉璃瓦、三彩器、白釉、绿彩器、绞胎、茶末釉和花釉器，五代时生产龙纹和官字款器物。

（1）北宋以青瓷为主，也有酱釉器，与紫定器类似（耀州窑酱釉器胎松软，修足欠规正，紫定胎坚致，修足规正）。

（2）北宋中晚期是该窑的鼎盛时期。器型以碗、盘、碟、罐、瓶、盆、炉为主，还有渣斗和各式小杯和倒流壶等。胎质灰白而体薄，釉色匀净。由于胎中含铁的成分，器底或圈足周围呈现一种姜黄色斑块，为耀州窑青瓷的独有特征。

（3）装饰

此时期的装饰以刻花为主，纹络较深，线条刚劲流畅，如缠枝牡丹之类，北宋中期以后出现印花装饰。耀州窑曾为宫廷烧造过贡器。

（4）金元时期

金元时期耀瓷的胎釉日渐粗糙，花纹图案也日渐简单，此时期烧出属磁州窑系的白釉黑花器。

宋金时期耀州窑对许多地区的制瓷业产生了深刻的影响，河南临汝、宜阳、宝丰、新安城关窑、禹县钧台窑、内乡大窑店及广西西村西村窑、广西永福窑等受其影响，都烧制耀州窑风格的产品，形成了一个耀州窑系。

2. 钧窑

钧窑是宋代著名瓷窑之一，金元时期形成了一个窑系即钧窑系，钧窑窑址在河南禹县神垕镇，因禹县古属钧州，故名钧窑。

1974—1975 年对八卦洞和钧窑址的发掘，证明八卦洞是北宋徽宗年间烧出朝廷御用瓷器的瓷窑。

钧窑利用铁、铜呈色的不同特点，烧制出蓝中带红、紫斑或纯天青、纯丹白、玫瑰红、玫瑰紫等多种釉色，但以蛋白石光泽的青色为基调，具有乳浊状不透明的特征。在30倍放大镜下可见大小不等的气泡，互相混杂，上下交错。其胎一般都经过素烧。

(1) 官钧器形

北宋钧窑贡品即官钧的器型，主要有花盆、盆托、洗尊等，其底部施酱釉，一般底部均补有一至十的数字，其尺寸从一至十逐渐变小，器身全名文有“奉华”及“省符”二种，胎青灰细腻、坚硬，底部有一圈小支钉痕，3—7个不等，满釉。

(2) 钧窑民用器

钧窑民用器主要为盘、碗、炉、罐、钵、玉壶春瓶、梅瓶等，尤以盘碗为多。胎质青灰色，露胎处显米黄色，胎质较粗涩，颗粒较大，且坚硬，胎体多较轻薄，个别的稍显厚重，内外均施釉，器外釉至口际。圈足内亦施釉。

(3) 蚯蚓走泥纹

无论官器、民器均施釉较薄，釉面较细，釉面常有流动状的曲线即所谓的“蚯蚓走泥纹”。

(4) 金代钧瓷

金代钧瓷皆民用器，多盘、碗、瓶、罐之类。多天青、月白色，偶见红斑。碗类圈足内有鸡点，施釉至足际，足内一般亦施釉，制作不及宋代精致。

唐代长沙窑创烧的釉下铜红色，北宋时钧窑已烧制得十分成熟。

3. 磁州窑

磁州窑是北宋金元时期的著名瓷窑，窑址在今河北磁县观金镇和彭城镇，因此地宋属磁州故称磁州窑。

(1) 釉色与装饰

其产品以白釉瓷、黑釉瓷、白釉黑花瓷、白釉褐花瓷为主，白釉、黑褐彩瓷多为釉下彩。此外，划花三彩和剔花三彩器少数为釉上彩。白釉瓷装饰有划花、剔花、绿斑、褐斑、珍珠地划花等。白釉釉下黑彩、褐彩划花器，是磁州窑的优质瓷，此外，还有绿釉、釉下黑彩、白釉、釉上红、绿彩及低温黄、绿、褐彩色釉陶器。

（2）瓷器造型

器物有各式碗、盘、碟、瓶、罐等日用器，尤以各式瓷枕最著名，枕底常印有张家造、李家造、王家造、陈家造等戳记，凡印有这类戳记的枕头，都是精品。

（3）胎质

磁州窑器物胎体较厚重，胎质较粗而干涩，有的含砂粒，胎色以黄白为主，少数灰白，胎釉之间均施一层白色化妆土（亦称护胎釉）。釉面多呈乳白色，器底一般采用渣垫垫烧。

（4）装饰内容

磁州窑的纹饰内容基本是两类：

一类是图案纹饰，有花、鸟、虫、鱼、人物、动物等，富有生活气息，清新活泼，生动质朴，具有浓郁的民间色彩。

另一类是在器物上特别是在瓷枕上书写诗词、俚语、警句和宋金时期流行的词牌、曲牌，如《满庭芳》、《辙天子》、《普天乐》、《阮部归》等，语言通俗易懂，寓意深远，发人深思，同时因中国文字的线条流畅，故极富装饰性。

宋代磁州窑对各地制瓷业的影响很大，河南修武当阳峪窑、鹤壁窑、禹县扒村窑、登封河窑；山西介休窑；江西吉州窑；甚至连赤峰缸瓦窑也烧类似产品，随着时间的推移形成了一个磁州窑系。

4. 北宋官窑（汴京官窑）

北宋徽宗时期（大观元年，公元 1107 年）在河南开封即当时的东京汴梁设玄官窑烧制宫廷御器，史称“汴京官窑”，即北宋官窑。由于烧造的时间短，仿制品少，窑场尚未找到，故其窑的面目尚不够清晰。

（1）器型

有碗、盘、瓶（长颈瓶、耳瓶）、水仙盆、三足弦纹樽、壶、炉等，器型典雅，制作精致。圆器的圈足略外撇，裹足支烧；有的琢器，是垫烧的，琢器圈足略高。

（2）胎质

灰胎，颜色不一，有深灰、浅灰、灰黑，胎质淘炼精细、致密、坚实，烧成温度高，质坚硬，胎体也不一致，有薄有厚。

（3）釉

多薄胎厚釉，也有厚胎厚釉的，釉质精细，温润；釉色有天青色、粉青色、翠青色，有一种含蓄的美。釉面布满大开片纹，有的在素胎上施一层深酱色的护胎釉。由于器口釉的垂流，使口沿处釉层减薄，透出胎骨的颜色呈暗紫或黑紫色，即“紫口器”。露胎部分露出深酱色的护胎釉，形成所谓的“紫口铁足"。

（4）纹饰

北宋官窑器基本上是光素无纹，强调或者说是突出釉色的含蓄美，仅有少数饰几道弦纹。

5. 吉州窑

吉州窑窑址在江西吉安，宋时属吉州，故名。又因窑场集中在永和镇，亦称永和窑。

吉州窑始烧于唐，产品是粗青瓷。北宋以烧青白瓷为主，产品与湖田窑相似。注子温碗极精，盘、碗多覆烧。南宋时该窑极盛，以黑釉、白釉褐花、褐地白花及仿定白瓷最著名，此外还产绿釉及琉璃釉器等。黑釉瓷中以黄、黑二色釉交融而成，色调如海龟，玳瑁盏是典型品种。装饰手法有洒釉、剔花、印花、贴花等多种手法，以茶盏中的木叶纹、剪纸贴花凤鸟和梅枝纹等最为精绝。吉州窑白釉褐花器是受磁州窑影响而产生的，但二者有明显的区别：

	磁州窑	吉州窑
釉	粉白、较厚	白中泛黄、较薄
胎体	胎体厚重、胎质较粗、干涩、含砂	胎体较轻薄，胎质较细，不含砂
纹饰	粗犷豪放	纤细精巧
烧成温度	烧成温度高，胎质坚硬	烧成温度低，胎质松软

6. 定窑

（1）概况

定窑在河北曲阳涧磁村和东西燕川村，古属定州故名。此窑创烧于唐，盛于宋金，停烧于元代。唐及五代生产黄釉、绿釉及褐绿釉碗、盆类为主，但以白瓷最为突出。以晚唐时期的玉璧底碗为典型产品，与邢窑产品极为相似，聚釉处呈青绿色，有开片纹，较粗的器物施白色化妆土。五代白瓷更加精细，以唇口碗为多，荷叶洗、三棱洗、小盖盒均极精美，且发现有“会稽”“官”“易定”等刻款。

（2）宋定窑

宋代以产白瓷为主，兼烧酱釉、黑釉、绿釉瓷器，即著名的黑定和绿定。白瓷装饰有刻花、划花、印花和剔花等多种，也有刻划、剔花兼用的。刻画以花果鸟禽为主。印花始于北宋中期，多为龙凤、鸳鸯、游鱼、花卉及婴戏图之类。北宋后期及金代的定窑，印花器纹饰清晰，反映了高超的刻模和脱模技术。白釉描金器即所谓的金装定器极少。所见有白瓷红彩，书“长寿酒”三字的小碗，现藏上博，是我国釉上红彩的早期标本。宋代定器的款识有“官”、“新官”、“尚食局”、“尚药局”、“食官局正七字”、“五王府”、“禁苑”、“德寿”、“奉华”、“风华”、“慈福”、“聚秀”等，说明定器中有一部分是供宫廷专用的。北宋中期为节省窑位提高产量，定窑开创了覆烧的新工艺，给南方青白瓷和北方辽白瓷以深刻的影响。因此北宋中期以后的碗盘类多为芒口。

定窑的器型繁多，有多式碗、盘、罐、炉、瓶、枕、渣斗、盆等，每种器型又富于变化。

定窑白瓷是宋代白瓷之冠，典型的定白瓷胎薄体轻，胎质细白、釉呈白中微微泛黄，即牙白色。釉面有蜡泪痕，修胎极精，釉下可见竹线刷纹。北宋中期以后碗、盘类有在芒口部镶金、银、铜扣的。

除定窑外，山西平定、阳城、乡休，四川彭县，辽代北京龙泉府，赤峰缸瓦窑也烧定窑风格的白瓷，形成了一个定窑系。

定窑、邢窑白瓷区别

定　窑	邢　窑
不上化妆土	上化妆土

7. 龙泉窑

龙泉窑是宋元时期的著名瓷窑，在浙江龙泉县。龙泉窑受越窑、婺州窑和瓯窑影响，在北宋时期兴起了专烧青瓷的瓷窑，以大窑和金村的产品为代表。早期的产品极似越窑和瓯窑。

北宋晚期至南宋前期，器物主要是盘、碗、壶、盆、罐、瓶等。釉色多青中闪灰或青中闪黄，也有少数黄釉的，所谓的“黄龙泉”。纹饰以刻画辅以篦点纹或篦划纹装饰为主。

南宋中期，龙泉窑烧制出著名的粉青釉，技术已相当成熟。南宋末期至元代前期烧成了白色薄胎厚釉的梅子青釉，龙泉窑进入了鼎盛期。器物造型剧增，除盆、盘、碗、碟、盏、高足杯、壶、渣斗等多类日用器以外，水盂、水注、笔架、笔筒等文具用品，各式仿古铜器和玉器的器物也很多见，另外还有鬲式炉、堆塑龙虎盖灌、双耳瓶、八卦炉等典型器物。此时的纹饰基本都是堆、贴花，堆花和贴花装饰代替了刻、划花装饰。比传世哥窑器稍大，一般都是薄胎厚釉，釉色有粉青、深粉青、米黄、深月白等色，开大纹片或小纹片，大部分器物与南宋郊坛下官窑的器物无法区别，应属龙泉仿官器。

元代生产龙泉风格产品的窑场增多，除浙江地区以外，景德镇亦有仿制，形成了一个龙泉窑系。明代龙泉窑仍有生产。

宋龙泉：胎薄体轻，釉层较薄。

元龙泉：胎厚体秀，釉层加厚。

明龙泉：胎质更厚更重，釉层肥厚、印花纹饰。

8. 汝窑

汝窑为北宋后期的官窑，汝窑址在河南宝丰清凉寺村，宋属汝州，故名。其烧造年代约在北宋哲宗元佑元年（1086 年）至徽宗崇宁五年（1106 年）的 20 年间。

（1）器物造型

所见器物以碟、盘、碗、洗为主，还有玉壶春瓶、长颈棒槌瓶和胆式瓶等多种；仿铜器的出戟尊、奁形香炉、盏托及椭圆形四足盆等为其代表性器物。一般都是小件器物，铭文有“奉华”和“蔡”两种，多置于器物底部。汝官器的胎为香灰色，细腻坚硬，胎体轻薄。釉色有天青、粉青色。

（2）釉

①以玛瑙入釉，光泽内含，温润。

②釉中气泡稀疏，俗称“廖若晨星”，大气泡在上，小气泡在下，不在同层位。

③釉有开片，俗称“解爪纹”。明曹昭《格古要论》有“有蟹爪者真，无纹者尤好”的评论。所谓无纹是指肉眼看不出明显的片纹，放大镜下依然可见釉层中有浅色的大小片纹若起若伏。这种汝釉特有的片纹是鉴别汝器真伪优劣与作品精粗的重要依据之一。

（3）工艺

汝官器的烧制工艺是裹足支烧，用耐火土制成的环形支具垫烧而成。支具一般为3—5个钉状凸起，故器有芝麻大小的支钉痕迹，这种支钉痕是识别汝瓷的重要依据。

2000年6—10月河南省考古所根据村民的指点在清凉寺村内进行大规模发掘，最终确定了汝官窑烧造区即在该村内。

此次发掘面积475平方米，清理出汝官窑窑炉15座，作坊2处，大型澄泥池2个，釉料坑2个，灰坑22个和水井1眼。出土了一大批形制较完整，且品种相当丰富的汝官窑瓷器和匣钵、垫饼、垫圈、支烧钉具等窑具和火照等，还获得了许多重要的地层信息。出土器物有圈足盘、平底荷花口盘、套盒、钵、盏、盏托、金口瓶、鹅颈瓶、圆形水仙盆、尊、方壶、圆壶等。釉色以汝官窑最具代表性的天青釉为主，浅天青釉次之，有极少量的近似豌豆青釉。

在发现的器物中，绝大多数都是裹足支烧，器底常见3—5个芝麻大小的支钉，仅部分碗、套盒、盏、圈足瓶、器盖等用垫饼垫烧。

9. 哥窑

所谓哥窑是指古代文献中所说的“哥窑”，而不是指“传世哥窑”。“传世哥窑”即是南宋修内司官窑，这一点前面已经谈及，不再多讲。那么文献中的哥窑在何处呢？

1956年后，浙江文管会对“哥窑”遗址——大窑（文献中的琉田）和溪口作了调查和重点发掘，结果证明大窑等烧出的黑胎青瓷，同文献记载的“哥窑”瓷器的特征相吻合，发掘者认为“相传章生一在龙泉琉田主一窑，所产瓷器为黑胎，紫口铁足，青色釉，有开片。这些特征与大窑、溪口窑址中出土的黑胎青瓷相吻合，黑胎青瓷应当是哥窑的产品无疑。”因此可以断定大窑即是文献中所谓的“哥窑”。近人称为“龙泉哥窑”。

（1）传世哥窑（修内司官窑）

官窑所出器物其胎骨较厚，釉薄，色不一，沉香、浅白、杏黄、深灰，黑色釉石透明，釉面光泽如面容之微汗，润泽如酥。纹饰是人为的装饰，一般均着色，胎色不一，釉流动量小，故紫口或因裹足支烧者多，故铁足者少。

(2) 文献中的哥窑（龙泉哥窑）

民窑器物胎薄釉厚，黑胎为主，釉透明，玻璃光泽感强，不刻意以纹片为饰，一般不着色。胎黑釉厚且透明度高，流动。因均用垫饼垫烧，足根失釉少，无釉处露黑胎，故均为铁足。

官窑与民窑相似处为：均为黑胎，青釉，开片纹，紫口铁足。

10. 郊坛下官窑

郊坛下官窑是南宋继修内司官窑后设立的又一处官窑，窑址在浙江杭州乌龟山郊坛下。

郊坛下官窑的产品属青瓷类。其产品有精粗两类，精者制作工整，胎质细腻，釉层丰厚，多者施七八层釉，釉的乳浊性良好，晶莹剔透，胎体轻薄，有的胎体在1毫米以下。胎有刻划花装饰。

郊坛下官窑器的基本特征是：

(1) 胎有灰、黑、米黄色多种。

(2) 釉有厚薄两种，纹片有大有小。

(3) 釉色有粉青、米黄、深米黄等色。米黄釉器胎亦呈米黄色，这是氧化气氛烧成的结果。而粉青釉器则为黑或灰胎，当是还原气氛烧成的。

(4) 多为紫口铁足，亦有裹足支烧的（窑址出土的一批，如青瓷壶底即是满釉支烧）。郊坛下官窑的器型有瓶、壶、罐、洗、炉等。

其产品皆为精美的青瓷，可分两类，前期产品与北宋汝官窑比较接近，薄胎薄釉，胎色有浅灰、灰、深灰、紫多种，釉色呈粉青、青灰或米黄。多单层薄釉，淡雅光洁。釉面有疏密不一的片纹。器物种类丰富，包括饮食器皿、文具、祭礼器和陈设瓷，设计庄重典雅，碗、盘、洗等圈足高而外撇，用支钉支烧。

后期器物是薄胎厚釉，多次素烧多次上釉，厚度多超过1毫米，个别的比胎还厚。釉色以粉青为主，另有灰青、淡黄、密腊、鹅皮黄、浅紫等，温厚肥润，宛如美玉。釉面普遍有纹片，面青釉纹路较少，黄釉者细密。因釉层肥厚由支钉改为垫饼，垫饼多呈扁圆形，置于底部或圈足下，烧时无釉部分胎白经二次氧化变成铁灰色，即铁足，口部釉下流而变薄，隐现胎骨之灰紫色，即紫口。薄胎厚釉，温润如玉，开片疏密有致，紫口铁足成为郊坛下官窑的重要特征。

11. 修内司官窑（传世哥窑）

修内司官窑是南宋初在临安（杭州）于修内司设的官窑。由于该窑址长期未被发现，传世品中也无法确指何为修内司官窑器，故在陶瓷界一度产生了混乱。故宫博物院李辉炳先生在《宋代官窑瓷器》一书中提出了一个崭新的观点，认为“修内司官窑就是传世哥窑”。其理由是：南宋叶寘的《坦斋笔衡》关于修内司窑产品特征及建窑始末的记载，可以归纳成三点：

（1）修内司官窑是南宋“袭故京遗制”而建的第一座官窑。

（2）其产品是以澄泥制胎，制作精细，釉色莹彻，为世所珍。

（3）郊坛下官窑是其后在郊坛下建筑的第二座新官窑，其产品远逊于修内司旧窑。

明曹昭《格古要论》袭叶寘和顾文荐《负暄杂录》之说，并补充道“官窑器修内司烧者土脉细润，色青带粉红，浓淡不一，有蟹爪纹，紫口铁足，色好者，汝窑相类”。经查，唯传世哥窑符合上述特征。

① 传世哥窑器土脉细润，制作精细。

② 釉色青，有深有浅，有带粉红者，色浓者深如粉红，色

浅者浅如米黄，色好者与汝窑相类。

③ 有蟹爪纹、紫口铁足。

其次，《格古要论》谈到哥窑时也说“哥窑色青，浓淡不一，亦有铁足紫口，色好者类汝窑”。可见曹昭对两者的描述相类，均为“色青，浓淡不一，铁足紫口”。其后的《遵生八笺》又进一步说“官窑品格大率与哥窑相同”。另外，从器型看传世哥窑器的造型都是按宫廷需要设计的，如三足炉、鱼耳炉、乳钉五足炉、双耳乳足炉、觯式瓶、胆式瓶等陈设器，都是宫廷式样，与汝官窑、官窑器的造型有共同之处。因此，对照实物和文献记载，修内司窑即是传世哥窑。

学术界对修内司官窑的定性并未取得一致意见。该窑位于杭州凤凰山与九华山之间，狭长的山间平地上，面积约 2000 平方米，离南宋皇城墙不足百米，距郊坛下官窑约 2.5 公里，此地俗称老虎洞，故亦称老虎洞窑址。从调查发现的结果分析，该窑址年代跨度较大，有南宋的也有元代的。有属于南宋的龙窑 1 座，素烧炉 2 座，还有釉料坑、辘轳坑及紫金土块、素烧坯、3 个残瓷片堆积坑和大量的支烧窑具等。

从出土瓷器看，产品以厚胎厚釉者为主，薄胎厚釉者少见，胎色有香灰、深灰、紫、黑等。釉色以粉青、米黄为主，另有翠绿、灰青、蓝和浅紫等，紫口铁足现象常见。大部分釉面有开片，以碗、盘、杯、罐、碟、壶、洗等日常饮食用器为主，另有仿古铜、玉礼器，祭祀器和陈设器的觚、琮式瓶、青炉、器座、筷子架、花盆等。圈足器之圈足外撇，个别器底刻戌字。

元代地层不但有丰富的仿官瓷片和窑具，还有馒首形素烧炉和房屋遗址。瓷片多为厚胎薄釉，以灰胎为主，另有黑胎和少量的灰红胎。釉色是口沿部分施青釉，其下施青灰，灰中泛黄釉，或是通体施灰色釉、粉青色釉。器物除碗、盘、瓶、盆外，还有棋子、人物、动物等，其中有一碗底釉下写“官窑”二字。窑具也很多，有匣钵等烧具，垫烧具用紫金土制成。装烧窑具繁多，个别支烧具上面有模印八思巴文和虎、鹿等动物图案。根据该窑址所处位置和所出土南宋时代遗址遗物，发掘单位和有关专家将其初步确定为修内司官窑是有比较充分的理由的。

（二）宋瓷的造型与纹饰

1. 造型

如果说唐代陶瓷器型丰满敦厚的话，那么宋代的造型则是修长隽秀，但仍有部分是短硕稳重。而且宋瓷造型丰富。同类器物也富于变化。

（1）玉壶春瓶

撇口细颈，圆腹略下垂，圈足。是北宋时期创烧的瓶式之一，是宋代瓷器中具有时代特点的典型器物。

（2）梅瓶

小口短颈，丰肩，肩下逐渐收敛，圈足。

（3）花口瓶

花式口，细颈微撇，圆腹，圈足。各窑花口瓶的造型略有不同，景德镇青白瓷腹部长圆，圈足；磁州窑系的为白地黑花、三彩、黑彩瓶；耀州窑的产品圆腹，喇叭形足。

（4）卷口瓶

北方磁州窑系的瓶式之一，侈口卷沿，细长颈微撇，口颈相连，呈开放的喇叭花状，圆腹，腹下内收，喇叭形足。

（5）洗口瓶

瓶口似浅洗而得名，南北各窑均有生产，以龙泉窑制品为多，可分为三式：

Ⅰ式瓶，洗口瓶，直颈，圆腹微下重，圈足。

Ⅱ式瓶，洗口瓶，直颈，折肩，筒式腹，浅圈足。

Ⅲ式瓶，洗口瓶，长颈，扁圆腹，圈足。通体有数道弦纹装饰。耀州窑的洗口瓶，颈较短，鼓腹似球状。可见南方窑产的洗口瓶修长；北方产品浑圆。

（6）直颈瓶

直口，口颈相连，多圆腹，圈足。

（7）瓜棱瓶

撇口，直颈，长圆形瓜棱腹，花瓣式圈足，圈足外撇。为宋瓷中常见的器型。

（8）橄榄瓶

撇口短颈，圈足，腹微鼓，口足相若。以瓶体似橄榄而得名。

（9）琮式瓶

南宋创烧，圆口、方身、圈足，口足大小相若，器身凸起横直线纹。

（10）胆式瓶

直口，细长颈，削肩、肩下渐放，腹下半部丰满。因器型如胆而得名。

（11）葫芦式瓶

小口，由上小下大的两个球体组成，上部球体一般细长，下部球体肥硕，中间束腰，圈足，因酷似葫芦而得名。

（12）双鱼瓶

此瓶式始于唐代，整器为立置的双鱼形，鱼腹相连，小口圈足，鱼背向外，双脊制出沟槽，胫部有圆孔，槽上下均附桥形系，以便穿绳。以鱼口为瓶口，眼、鳞、脊均极形象。

（13）多管瓶

俗称五孔瓶，为北宋时期浙江地区常见的器型之一。瓶直口，中有花钮盖，肩部附有向上直立的多棱形五管，圆筒形和多级塔式腹。龙泉窑烧制较多，河北磁州窑也有烧制，但造型与江浙不同，瓶体短肥，圆腹，肩部有直立的短而粗的六管。

（14）蟠龙瓶

宋代明器，大口圈足，腹有圆筒形和多级塔式两种。颈、肩部堆塑腾龙，龙泉窑生产这种瓶较多，大都有盖，盖顶为虎、狗、凤、鹤、鸡、鸟钮，以虎钮居多，故又称为“龙虎瓶”。北方耀州窑的这种瓶多无盖，有的在肩部用龙体盘成曲状双系。

(15) 双耳瓶

双耳瓶因瓶颈两侧附双耳而得名。由于耳的形式不一，又有贯耳瓶、凤耳瓶、鱼耳瓶、环耳瓶等称谓。龙泉窑、哥窑、官窑多为贯耳，多仿汉代壶式样。凤耳瓶、鱼耳瓶是龙泉窑特有的产品。定窑的产品多贴附双环耳。

(16) 净瓶

佛教供器，仿金银器。瓶上部有直立的细长圆管，肩部一侧有上翘的短流，也有龙头流的。此式瓶定窑为多，耀州窑也有生产，长圆腹，圈足。

(17) 壶

宋瓷壶式多种多样，有瓜棱壶、兽流壶、提梁壶、葫芦壶。

①瓜棱壶

喇叭口，长颈，圈足，瓜棱状腹，弯曲形扁把。

②提梁壶

耀州窑特有的样式之一，小口，球腹，下承以三兽足，肩一侧有龙兽流，肩部两侧连以半月形提梁。

③葫芦壶

宋代创新的壶式之一，壶身呈葫芦形，直流（或曲流）贴附于葫芦器身的大球上部，另一侧两截壶体间按束带形曲柄。

④唾壶

东晋时期越窑已有生产，宋时仍流行。器身上部为近似漏斗状碗口，矮束颈，扁圆腹，圈足。

(18) 渣斗

与唾壶近似，但渣斗口大沿宽，唾壶口小。

（19）盏托

始于南朝，宋时大量使用。是茶盏的托盘，有花口、圆口等多种。

（20）注子、注碗

注子为酒器，注碗为温酒器，可单独使用，但基本是配套使用的。

（21）罐

生活器皿之一，多广口、短颈、腹部丰满浑圆、圈足或平底，以前者为多。样式很多，有瓜棱罐、鸡心罐、直口罐、双系罐等。

（22）炉

焚香用具之一，式样很多，有鬲式、鱼耳鼓丁、三足、五足、弦纹、鼎式等。

（23）薰炉

燃香用具，样式很多，但基本有炉身和炉盖两部分，盖上镂孔，燃香时烟由孔而出。

（24）尊

宫廷陈设用瓷，有出戟、撇口、直口等多种式样。

（25）花盆

宫廷陈设用瓷，有莲瓣式、葵瓣式、海棠式、长方式、六方式、仰钟式等，以莲瓣式、葵瓣式为多。

（26）盆

直口宽板沿，浅腹，平底。

（27）樽

宋时宫廷陈设瓷，仿汉代铜樽烧制，器口与器身相连，圆筒式器身，平底，下承三足，器身凸起弦纹数道。

（28）洗

样式很复杂，有三足、折沿、桃形、蔗段、葵瓣、鼓钉、单耳等多种。

(29) 盒

有镜盒、药盒、油盒、粉盒、黛盒、珠盒和盛香料的香盒。

(30) 枕

始烧于隋，唐流行，宋代广泛使用。有长方形、云头形、花瓣形、鸡心形、八角形、椭圆形、银锭形，此外还有虎形枕、龙形枕、荷叶枕、卧女枕，尤以定窑白瓷孩儿枕最为精绝。

2. 宋代陶瓷器的纹饰

宋代陶瓷器上的装饰题材极其丰富，花卉是宋代陶瓷的主要装饰内容之一。其次为龙凤、麒麟、兔、游鱼、鸳鸯、鸭、花鸟、婴戏，水纹也是常见的题材。回纹、卷枝、卷叶、曲带、云头、莲瓣、弦纹则多用来做器物的间饰和边饰。

花卉纹包括：莲花、牡丹、盆花。其中盆花多用在景德镇窑和定窑的碗盘内壁，每等分中印一盆花。

装饰技法：刻、划、剔、印、镂、雕、贴塑、绞胎。

釉装饰：绘、彩釉、书写 、绞釉、点彩。

七、金代陶瓷

金代陶瓷直接承袭北宋和辽，因此无论器型和纹饰都受到北宋和辽的很深影响，故而与北宋和辽有许多相同或相似之处。尤其是建立金国的女真人和建立辽国的契丹人，同属于北方游牧民族，所处地域基本一致，有些辽窑被金利用继续烧造陶瓷，甚至连陶瓷工匠都是辽代的工匠或辽代工匠的后代，故与辽瓷更加接近。金瓷、辽瓷与北宋瓷极难分辨，加之金瓷可供借鉴的标准器很少，故常相混淆，给金代陶瓷研究带来很大困难，直到今日金代陶瓷的研究还是一个薄弱环节，其面貌还不够清晰，故金瓷的研究是今后亟待加强的。

金代陶瓷的器型：

以生活中的碗、盘、罐、瓶、壶为多，其次有杯、洗、炉、盏托、枕和玩具等。瓶有双系、三系、或四系，罐有黑釉双系罐、黑白釉双系罐、白釉黑花双系罐等。琢器有孔雀绿釉长颈瓶、梅瓶、鸡腿罐等。此外还有注壶、温碗、黑釉桃形壶和白釉黑彩葫芦执壶等。碗类多在内底刮涩圈。

金代瓷器的花纹装饰，总的趋势是日益简化，并趋向草率不羁，豪放粗犷。题材以折枝、缠枝花卉和萱草为主，其次有水波、鱼、鸭、人物、婴戏、莲花，此外还有朵花、飞鸟、书写等。

装饰技法：有刻花、划花、印花、剔花、刮花、加彩和绞釉等。

八、元代瓷器

元代制瓷工艺在我国陶瓷史上占有重要的地位，过去相当长一段时间里，元代瓷器一直被忽视，人们只是片面地强调元瓷的大、粗、笨。实际上元代瓷器烧造技术有新突破，大型器物增多，生产规模扩大。首先是制瓷原料的改进，采用高岭土加瓷石的二元配方法，提高烧成温度，减少了器物变形，烧成了许多大型器物。其次是青花和釉里红的烧成，使绘画与制瓷工艺的结合达到一个新阶段。青花瓷始于唐代中期，胎质疏松，烧成温度低于1200℃，青花发色蓝带绿，纹饰为小朵花和方格、菱形、几何纹，还不够成熟。元代青花已相当成熟，釉里红则是元代创烧的新品种。再次，颜色釉创制成功，高温卵白釉、红油、蓝釉，是成功掌握多种呈色剂的标志，而且元代还创烧出了五彩瓷。

（一）元代主要窑场

1. 钧窑系

钧瓷始烧于北宋，窑址在河南禹县神垕镇，到元代以禹县为代表，包括河南省鹤壁、安阳、浚县、淇县、新安、汝州、郏县、宝丰、鲁山、新乡，河北省的磁县，山西省浑源、介休等地，形成了一个庞大的钧窑系。元钧仍以天蓝釉、月白釉及蓝釉红斑器为主。主要是碗、盘、罐、瓶、炉之类的民用瓷，还有少量的执壶、枕、梅瓶、玉壶春瓶、三足炉等大件器物。虽然也有些优秀作品，但质量不及宋、金时期。其装饰主要是含铜釉药用还原焰烧成红斑，还有一种是堆贴花装饰，如呼和浩特出土的元代钧窑堆花三足炉，颈部堆贴麒麟、腹部贴兽面铺首衔环、双鱼耳，阴刻“己酉年九月十五北宋自造香炉一个”铭文。其中堆贴手法为元代所特有。

2. 宋钧瓷与金、元钧瓷的区别

	宋钧	金钧	元钧
料材	灰白、细密、不含砂土；一元配方	介于宋、元之间，瓷土一元配方	灰白、褐黄粗疏有砂粒，磁石加高岭土二元配方
色彩	蓝、月白、天青、玫瑰紫、玫瑰红等颜色相互浸润交融，有蚯蚓走泥纹，釉较光泽	介于宋、元之间，红斑大而不板	天蓝、月白、天青，红蓝分明，有鬃眼，桔皮纹，光泽较差，红斑呆板
釉	满釉，足跟露胎，官窑器底施酱釉，民窑器底施一釉斑。	施釉至足际，圈足露胎不堆釉	半釉，腹下白釉露胎，有堆釉现象
器型	分官窑、民窑，官钧有花盆、尊、奁、洗；民钧有碗、盘、罐、瓶，胎多薄轻，大器少	同宋钧民窑，器型少。胎比宋厚重比元轻薄	同宋钧民窑，器型少。大器胎厚体重
特点	铜红釉与彩釉掺和一起	有红斑	堆贴，镂、雕、点红斑

3. 磁州窑

元代磁州窑在宋代的基础上继续烧制，除河北磁州窑外，河南汤阴、鹤壁、禹县、郏县，山西介休、霍县，内蒙古赤峰，山东等地都有窑场烧造，故形成了一个庞大的磁州窑系。

元代磁州窑以白釉黑花器为主，具有硕大、浑圆、胎体厚重的时代特点。主要器型有碗、盘、罐、盘、枕等。

元代磁州窑系的装饰：碗、盘类多在器心绘简捷而豪放的花鸟纹，构成一个生动图案；亦有出写“元”或“王”字的；外足底常墨书花押，纹路如简笔写意花鸟，极为生动传神。

大罐：多在白釉上绘龙凤纹、花卉和云雁纹。如元大都出土的白釉大罐，腹外书“百草千花雨气新，今朝陌上尽如尘，黄州春色能（浓）于酒，醉杀西园歌舞人。”

大盆：多绘鱼藻纹（多见于汤阴鹤壁窑）。

枕：元代枕比较单一，多为长方形枕，尺寸很大，枕面多绘人物故事、花卉或语句。枕底多刻“古相张家造”的戳记。

元代磁州窑瓶、罐类除白釉黑花外，局部常以酱色绘辅助纹饰。有的在白釉黑花器上罩一层孔雀绿釉。碗类、小型罐类有一部分为白釉上绘红绿彩纹饰的（多见于扒村窑）。

4. 龙泉窑

龙泉窑由宋发展到元代，也形成一个庞大的龙泉窑系。元代龙泉窑在承袭宋代的基础上，在器型和装饰方面又有新的创造。

元代龙泉窑瓷器的器型高大，胎体厚重，元代新创器型有高足杯、菱口盘、束颈碗、环耳瓶、凤尾尊、蔗段洗、荷叶盖罐、动物形砚滴、双系小口罐等。

装饰：元代出现了褐色点彩，并普遍饰有花纹。纹饰采用划、刻、印、贴、镂、堆等多种技法，其印、贴、镂刻是元代龙泉窑新采用的技法。

纹饰内容除承袭南宋的莲瓣、双鱼外，还有云龙、凤、云鹤、小龟、鱼虾、昆虫、鹿衔灵芝，以及“福”字、鹿纹、八仙、八卦、云雷纹、锯齿纹，方格纹、“卐”字、鼓钉、钱纹、银锭、杂宝、四如意、八吉祥、梅月、莲花、牡丹、秋葵、牵牛花、竹叶、灵芝、甜瓜、菊花、马上封候等，此外，还大量出现了文字装饰，如“张”、“富”、“天”等，既有汉字，又有八思巴文。

（二）南方的青白瓷

继宋代出现青白瓷后，元代继续生产，地域也扩大了许多，基本上集中在江西、福建、广东、广西地区。

器型：有碗、盘、瓶、罐、炉、枕，还新出现了诸如扁形执壶、匜、笔山、多穆壶、动物形砚滴、玉壶春瓶、枕、观音像等。

装饰技法：有印花、刻划花、贴花、点彩纹饰。

内容：有花卉（如梅花）、如意云头、覆钟纹、芦苇纹、婴戏纹、串珠纹和文字装饰（如寿山、福海、寿比南山）等。

元青白瓷的釉比宋代略青，不及宋代清澈透亮，胎体普遍增厚，厚重饱满，附件增多，如S形双耳、器下莲座、衔环铺首、小圆系等器物，多棱角。

（三）元代青花瓷

产地景德镇、吉州、浙江省江山县和云南的玉溪县。青花是以钴料在胎上绘画纹饰，再罩以透明釉，经高温烧成的白地蓝花或是蓝地白花瓷器。

元青花的胎：采用瓷石加高岭土的二元配方，故元青花胎中的氧化铝含量较高。胎质白中略泛灰，不十分致密，胎断面常有孔洞，胎体较厚。

釉：色白微青，光润透亮（即影青釉），这是由于釉中氧化钙的含量减少而钾、钠成分增加所致。也有釉色灰青的所谓卵白釉。

青料：元青花瓷所用的青花钴料有进口料和国产料两种，景德镇一般用进口青料即苏勃泥青，含锰低铁高，且含砷，故青花色泽浓艳，釉面有黑色斑点，至正型的大件器多用进口青料。小件器物则多用锰含量高、铁含量低的国产青料，故青花色调显得灰暗，不及苏料的釉浓艳，没有铁锈斑。

（四）元代釉里红瓷器

釉里红是铜料在胎上绘画纹饰后，罩以透明釉在高温下以还原焰气氛烧成，使釉下呈现红色花纹的瓷器。釉里红瓷的烧成要求严格（必须是还原焰）难度大，故元代产量少，弥足珍贵，考古资料显示，在江西元代中期的纪年墓中出土一件“至元戊寅”款的青花釉里红器，说明公元1338年（至元戊寅）年已经生产釉里红品种瓷器。

从出土物和传世品来看元代青花与釉里红，在器型、胎、釉和烧造工艺上是一样的，但是不同之处在于：

	釉里红	青花
纹饰	简单	繁密、细致
装饰	较少	广泛、丰富
色彩	无彩，只有一个较浓的色斑，纹饰多晕散（铜高温下易挥发）	浓淡相宜，很少晕散
发色	铜料烧成钟敏感，故红色多不纯正	发色纯正

（五）枢府（卵白）釉瓷

枢府瓷是元代枢密院在景德镇烧的瓷器。枢府瓷的胎体厚重，釉色呈失透状的乳浊釉，色白微青似鹅蛋色泽，故称卵白，釉粘度大，早期釉中含铁量高，故色泽泛清，晚期含铁量降低，釉的白度增高。

枢府瓷以印花为主，盘、碗类圆器常印双龙纹、缠枝花卉，在花卉间印“枢府”二字，还有印“太禧”、“福禄”等字的。“太禧”是元代掌管祭祀的“太禧宗湮院”的简称，一般说来印“枢府”、“太禧”字款的器物质量较好。

“枢府”瓷的特征，圈足小，足壁厚，削足规正，足内无釉，底心乳状凸起，采用铺沙渣（高岭土和谷壳灰的混合物）的垫饼仰烧方法，底足无釉处呈现铁质红褐色的小斑点，且在边沿粘有沙渣。

（六）元代铜红釉器

铜红釉器是元代景德镇的创新品种，其制作是将一定量的含铜物质做着色剂掺入釉中，高温烧成。难做，量少，珍贵。

器型有碗、盘、印盒之类的小型器物，盘、碗采用印花装饰，器内壁饰双龙纹，器内心划三朵云纹，器底均不施釉，红色多不纯正。

（七）元代钴蓝釉瓷

高温钴蓝釉瓷是元代景德镇创烧的新品种，其器型有小碗、盘、梅瓶、高足碗等。装饰方法：蓝釉描色彩，其次是蓝釉白花，如蓝白龙纹、伊斯坦布尔蓝釉白花飞凤、海马、灵芝、花卉。

（八）元代瓷的造型

元代瓷器的造型主要有盘、碗、罐、瓶、执壶、高足杯等。四系小口壶、僧帽壶和多穆壶是元代的创新品种。

1. 罐

可分为两种形式：一种是直口，溜肩，肩以下渐丰，至腹部最大处内收，平底。这类罐一般口径大于足径，或口径与足径相等，整个造型显得矮、胖，极个别的口大底小。这类罐有青花和白地黑花器。另一类罐是直口短颈，溜肩，常在肩与腹之间贴双兽耳，平底。一般底径大于口径，整体显得瘦长，罐有盖，盖顶饰狮钮者多。此类罐较少，制作精细，为北方民窑所不见。

2. 瓶类

以梅瓶和玉壶春瓶最常见。以前的梅瓶小口、丰肩、瘦底，元代梅瓶的口部加高，口沿平坦，肩部丰满，一般无盖。元代前期的玉壶春瓶多袭宋制，敞口，颈部以下渐丰，椭圆腹，颈部内收，圈足外撇，还有一种八方的玉壶春瓶较为少见。元末明初的玉壶春瓶则颈部多短而粗，腹部肥大，重心下垂。

3. 执壶

壶身为玉壶春瓶，腹上置流，流的高度与壶口平齐，流与颈间装饰以S形饰物，与流对称的另一侧安壶把，把高与流平齐或稍低，壶口外撇的程度较玉壶春瓶小，壶口上有盖。另一种型式的执壶，壶体虽仍为玉壶春瓶，但颈部矮短，壶身矮胖，流与柄也相应缩短，此式壶仅见于景德镇青花和龙泉窑产品。元大都出土的青花扁壶，壶体为扁圆形，以凤头作流，凤尾作柄，腹部绘飞凤的双翅，是一种特殊的壶式。

4. 碗

有敞口、敛口之分。敞口碗深腹小圈足，底足无釉，多见有枢府釉和青花。敛口碗基本相同，唯口沿内敛，仅见于青花。

5. 高足杯

口微撇，浅腹，承以上小下大的竹节状高圈足，见有青花龙泉、白釉黑花，枢府、钧窑、德化等窑烧制。

6. 四系扁壶

此式壶具有浓郁的时代特征，为元代创烧器型，亦为明清所不见。小敞口短束颈、溜肩、扁方体、肩部两侧置对称的半环状双系，平底。多见于景德镇青花瓷和釉里红，龙泉、磁州窑也有此类产品。

7. 盘

元代盘多为折沿，有圆口和菱花口两类。浅腹，坦底，圈足，底足无釉。多见于景德镇青花，龙泉窑也有生产。此外，还有小型薄胎盘、折沿，平底无釉。还有青花和蓝釉描金者。

8. 匜

浅腹，一侧带流，流下安一小圆系，平底。见有青花、青白瓷、釉里红和蓝釉描金品种。

9. 僧帽壶、多穆壶

为元代创烧的壶式，具有强烈的少数民族风格，可能是藏族、蒙族等处的奶酒器。

此外还有葫芦瓶、象耳瓶、直径瓶、军持花觚、盏托等。

（九）元代瓷器的装饰

元代瓷器的装饰技法，有刻、划、堆贴、镂、雕和印花、绘花等，前面已经讲过。\

元青花的纹饰有主题纹饰和辅助纹饰两种：

主题纹饰：有松竹梅（岁寒三友，有的加洞石，构成松竹梅石）、牡丹、莲花、蕃莲、菊花、牵牛花、芭蕉、灵芝、山茶、海棠、瓜果、葡萄等植物纹，有龙凤、鹤、鹿、鸳鸯、鹭鸶、麒麟、狮子、海马、鱼、螳螂、蟋蟀等动物纹；此外还有竹石、杂宝、十字杵等。辅助纹饰有卷草、锦地、回纹、钱纹、浪涛（海水江芽）、蕉叶、莲瓣、云肩、变体莲瓣、缠枝花卉等。

另外主题纹饰中属于历史故事题材的有昭君出塞，周亚夫细柳营，萧何月下追韩信、蒙恬将军、三顾茅庐等，当与元代戏曲小说和版画盛行有关。

总之，元青花的装饰特征是多层次（七八层）画面满，纹饰繁缛很少留白，大花大叶，画花留白边，莲瓣间留有间距，纹饰虽繁密但有条不紊，毫不零乱，主次分明。